긍정적 차별로 모든 학생을 성공으로 이끄는

대담한 리더십
5가지 원칙

EXCELLENCE THROUGH EQUITY

긍정적 차별로 모든 학생을 성공으로 이끄는

대담한 리더십
5가지 원칙

앨런 M. 블랭크스테인, 페드로 노구에라, 로레나 켈리 엮음

이종미 옮김

EXCELLENCE
THROUGH
EQUITY

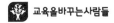 교육을바꾸는사람들

일러두기

이 책에 사용된 두 용어 'equity'와 'excellence'는 각각 '형평성'과 '탁월성'으로 번역함을 원칙으로
하되, 저자의 집필 의도를 살려 '형평성'은 '긍정적 차별', '탁월성'은 '모든 학생의 잠재력 실현' 등
으로 문맥에 맞게 의역하였다. 또한 제목 및 본문에 사용된 'Excellence through Equity'라는 어구
는 '긍정적 차별로 모든 학생의 성공을 이끈다'와 같이 의역하였음을 밝힌다.

추천의 글

데즈먼드 투투(Desmond Tutu)*

나는 식민지 정부가 민주적으로 선출된 대통령에게 평화적으로 권력을 이양하는, 세계적으로 보기 드문 사건을 촉진하는 기폭제 역할을 했고 그 과정을 모두 지켜본 사람이다. 그 경험을 통해 나는 강력한 힘을 지닌 사상, 그리고 그 사상을 실천하기 위해 헌신하는 사람들이 결합할 때 변화가 일어난다는 것을 실감했다. 앨런 M. 블랭크스테인(Alan M. Blankstein)과 페드로 노구에라(Pedro Noguera)가 엮은 이 기념비적인 책 또한 그런 변화를 끌어내는 촉매제가 될 것으로 생각한다. 대담하고 설득력 있는 비전과 다양한 성공 사례, 그리고 독자들을 위한 행동 지침이 담긴 이 책은 전 세계 수백만 명의 아이들에게 발전과 새로운 희망을 향해 나아갈 길을 제시한다.

한계점에 다다르고 있는 세계의 급박한 상황을 고려할 때 이 책의

---

* 데즈먼드 투투는 남아프리카공화국의 인종차별 정책에 반대하는 비폭력 운동을 주도하고 아프리카민족회의(ANC)를 결성하여 기존 식민 정부와 평화적 협상을 이끈 인물이다. 그 결과 1994년에 흑인의 선거권과 인권 보호를 명시한 새로운 헌법이 채택되었고 넬슨 만델라가 대통령으로 선출되어 평화적으로 정권이 이양되었다. (편집자)

출간은 매우 시의적절하다. 점점 커지는 경제적 격차, 인종 간 거주지 분리, 무자비한 공권력 남용, 불공정한 교육과 같은 몇 가지 징후들은 40여 년간 아파르트헤이트(apartheid, 과거 남아프리카공화국의 인종차별 정책을 가리키던 말이었으나 현재 인종차별 정책을 나타내는 국제 용어로 공식 사용함-옮긴이)로 고통받아 온 모든 남아프리카공화국 국민들과 나에게는 이미 익숙한 것들이다. 우리가 겪은 불공정과 잔혹함은 제도적인 것이었으며 국가가 공식적으로 용인한 사항이었다. 그러나 미국의 현 상황은 남아프리카공화국과 다름에도 불구하고 그것을 감내해야 하는 미국의 아이들과 가정, 지역 주민들에게는 비슷한 느낌으로 받아들여지는 듯하다. 2014년 당시의 미주리주 퍼거슨시(2014년 8월 무장하지 않은 18세 흑인 남성 마이클 브라운이 백인 경찰관에게 총격으로 피살되면서 지역사회 구성원들의 대규모 시위가 촉발되었고, 이후 미국에서 인종차별과 불평등, 공권력 남용 등에 대하여 새로운 관심을 일으키는 계기가 되었음-옮긴이), 그리고 이와 유사한 여러 도시를 살펴보면 이 말에 수긍할 수 있을 것이다.

점점 더 많은 시민이 박탈감과 분노, 절망, 억압을 느끼는 나라의 앞날은 어두울 수밖에 없다. 이런 나라에서는 사회기반 시설 및 공공분야 지원이 소홀해져 경제는 침체되고, 권력 장악을 위한 폭력적 투쟁이 발생하기 쉽다. 하지만 남아프리카공화국 국민들의 선택은 달랐다. 지배 계급인 백인 이주자들이 자발적으로 정치권력의 독점을 포기한 것은 아마도 식민주의 지배 역사에서 유례를 찾아볼 수 없는 일일 것이다. 많은 이들의 예상과 달리 남아프리카공화국은 격렬한 내전에 휩싸이지 않았고, 권력의 이양 과정은 놀라울 만큼 평화롭게 진행된 나머지 기적이라 묘사되기도 한다.

모두를 위해 더 높은 수준의 도덕적 기반과 번영의 길을 선택하는 데는 많은 도전이 뒤따른다. 여기에는 제로섬(zero-sum, 한쪽의 이득이 다른 쪽의 손실이 되어 총합이 언제나 0이 되는 것-옮긴이) 게임, 즉 누군가의 희생은 불가피하다는 구시대적 사고방식에 맞서는 일도 포함된다. 이 책은 전 세계 학교에서 일어나는 현실을 근거로 들어 이러한 구시대적 사고방식을 정면으로 반박한다. 이는 남아프리카공화국을 비롯한 아프리카 고유의 전통이자 가치인 '우분투(Ubuntu)', 즉 '당신이 있어 내가 존재한다.'라는 공동체 중심의 사고방식과도 밀접하게 관련된다.

'우분투'는 남아프리카공화국 국민들이 최초로 직접 선출한 넬슨 만델라 대통령이 사용한 말로, 이후 '진실화해위원회(TRC, 1995년 남아프리카공화국 정부가 인권 침해를 해결하기 위해 설립한 사법 기관으로 데즈먼드 투투가 초대 의장을 역임함-옮긴이)'의 활동을 뒷받침하는 정신적 토대가 되었다. 위원회에 속한 이들 모두가 상처받은 사람들이었지만 치유와 통합에 나섰다. 과거 인종차별 정권에 맞서 투쟁하는 과정에서 일어난 온갖 추악한 범죄와 진실을 파헤쳤고 악랄한 인종차별 범죄자들에게도 사면의 기회를 베풀었으며, 대립하는 세력 간의 화해를 모색하는 등 갈등의 골을 메우려고 애쓴 것이다. 가장 영향력 있는 지도자부터 가장 큰 피해를 겪은 젊은이들까지 위원회에 참여한 모든 사람들은 공평하고 평등한 환경을 만드는 일에 주력했다. 회의실에 가구를 배치할 때조차 가장 주력한 것은 공평하고 평등한 환경을 조성하는 것이었다. 한 예로 위원회가 열릴 때마다 위원들은 피해자들보다 더 높은 단상이 아니라 의도적으로 같은 눈높이에 배치된 의자에 앉았다.

이 책은 모든 학생이 인종과 출신 배경에 상관없이 필요한 자원과 교육과정에 접근이 가능한 환경에서 학습할 때 얼마나 큰 발전을 이룰 수 있는지를 실제 사례로 분명히 보여 준다. 또한 개별적으로 흩어져 있을 때보다 소속감을 가지고 단합되어 있을 때 학생들이 더욱 강력한 성장을 할 수 있다는 사실도 입증한다. 이러한 환경에서 학습은 더욱 촉진되고 개인은 한층 존중받을 수 있다.

피부색이 서로 다른 사람들 모두가 이러한 환경에서 성공적으로 살아가는 멋진 현실에 대해 어떤 이들은 자기 자녀가 누릴 것들을 빼앗길까 봐 두려워한다. 이 책의 저자들은 여러 학교와 학구, 국가로부터 이런 두려움을 극복해 낸 강력한 비결을 찾아 제시하고 있다. 그 비결은 바로 형평성(equity), 즉 긍정적 차별이다. 긍정적 차별을 구현한 학교 공동체는 소외계층 학생뿐만 아니라 그렇지 않은 다수 집단의 학생들까지도 훌륭하게 교육한다는 것을 독자들은 실제 사례를 통해 확인할 수 있을 것이다.

도덕적 기준으로는 새롭고 올바른 성공의 길이지만 사람들이 별로 가지 않은 길을 걸어가려면 용기가 필요하다. 바람직하고 가치 있는 비전에 매료되었더라도 막상 수많은 장애물에 맞서 여정을 성공적으로 이어 나가려면 구체적인 방향과 용기가 있어야 한다. 이 책은 이런 점을 고려해 모험의 길에 나선 선구자들이 어떻게 성공적으로 앞서 나갔는지를 집중 조명한다. 아울러 그 모든 것을 '대담한 리더십 5가지 원칙'으로 설명한다.

특히 중요한 것은 남아프리카공화국에서 권력이 성공적으로 이양될 수 있었던 결정적 요인이다. 남아프리카공화국 국민들은 단지 정부의 요직을 차지하는 사람들의 피부색을 바꾸기 위해서가 아니라 자기가 속한 공동체와 사회의 특질을 변화시키기 위해 투쟁했다. 그렇다. 우리가 원하는 것은 배려하는 사회, 서로를 아끼는 사회, 개인의 가치가 존중받는 사회였다. 이 책은 미래 세대를 위해 그런 사회를 만들어 주고 싶은 사람들에게 앞으로 나아갈 방향을 제시한다.

이 책은 승자와 패자라는 이분법적 방식을 버리고 모두가 함께 용기 있는 도약에 뛰어들 것을 제안한다. 모든 사람을 성공으로 이끄는 이 새롭고 흥미진진한 길로 안전하게 여행을 이어 가기를 바란다. 대담하고 실용적인 이 책이 좋은 지침이 되어 줄 것이다.

신의 축복이 함께하기를.

차례

모든 아이를 위하여

제1원칙, 핵심에 다가서라

모든 아이를 위하여

천 리 길도 한 걸음부터

_ 노자

리더는 긴 여행을 위한 첫걸음을 내디딜 용기를 지닌 사람이다. 용기라는 말은 '마음(heart)'을 뜻하는 프랑스어 '쾨르(coeur)'에서 나왔다. 미국 초기 원주민 공동체 다수가 '마음'을 최고의 덕목으로 여겼는데, 이는 타인을 위해 헌신하고 스스로 힘을 키우며 두려움에 맞서는 일이기 때문이다. 교육자들은 종종 아이들의 성공을 위해 자신을 희생하며 두려움에 맞선다. 교육에 변화를 가져오려면 용기 있는 리더가 필요하다.

도입에서 앨런 M. 블랭크스테인(Alan M. Blankstein)과 페드로 노구에라(Pedro Noguera)는 새로운 패러다임을 설명하며 행동을 촉구한다. 이 패러다임은 '긍정적 차별을 통해 모든 학생을 성공으로 이끈다(Excellence Through Equity)'라는, 우리 시대의 민감한 쟁점을 다루고 있다. 이들은 '가진 자 대 못 가진 자'라는 제로섬 방식으로 교육을 바라보는 시각에 문제를 제기하며, 아동 발달과 신경과학, 환경적 영향이라는 세 가지 요소를 기반으로 패러다임을 설명한다. 그리고 모든 학생을 성공으로 이끌 비전을 간략히 기술한 다음 비전 실현의 원동력으로 '대담한 리더십'을 제시하고 있다(Blankstein, 2004, 2010, 2013).

이어지는 15개의 장에서는 '대담한 리더십'의 5가지 원칙을 실제 사례를 통해 생생히 확인하게 될 것이다. 각 장마다 리더십의 핵심 원칙을 적어도 하나 이상 살펴볼 수 있다. 5가지 원칙은 상호 작용하는 것으로 단순히 여럿을 모아 둔 집합체가 아니라 서로 영향을 주고받는 틀로 기능한다. 예를 들어 '핵심에 다가서라(제1원칙)'라는 원칙은 학습공동체 전체를 위한 '조직 차원의 의미를 구축하라(제2원칙)'에서도 필요하고 때로 중복될 수도 있다.

1장과 2장은 앞에서 설명한 5가지 원칙의 상호 작용을 학교와 전체 교육 시스템 차원에서 구체적으로 다루게 된다. 먼저 1장은 브록턴 고등학교로 살펴본 학교 차원의 변화에 관한 글이다. 브록턴 고등학교는 매사추세츠주에서 규모는 가장 크고 학력은 최저 수준인 학교였다. 그러나 수전 사코비츠(Susan Szachowicz) 교장의 지도하에《U.S 뉴스월드앤드리포트》선정 최우수 고등학교로 변모했다. 사코비츠 교장의 퇴임 후에도 이 학교가 계속 발전하고 있다는 것은 교장의 리더십이 효과적이었음을 나타내는 또 다른 증거다.

브록턴 고등학교의 사례는 '용기의 순환', 즉 위기에 직면했을 때 핵심에 다가서는 것, 조직 차원의 의미를 구축하는 것, 목표를 향해 일관되게 집중하는 것, 사실을 직시하고 두려움에 맞서는 것, 지속 가능한 관계를 형성하는 것 등 대담한 리더십 5가지 원칙의 상호 작용을 잘 보여 주고 있다. 또한 학생들을 위해 고안된 행동 계획에서 새로운 패러다임의 세 가지 원칙인 신경가소성, 학생의 발달 욕구, 학생을 둘러싼 환경 속의 장애 요인들을 어떻게 고려했는지도 확인할 수 있을 것이다.

2장에서 마이클 풀란(Michael Fullan)은 형평성의 구현을 위해 교육 시스템 전반에 걸친 해결책을 제시하면서 큰 그림을 그리는 데 주력한다. 그리고 교육의 형평성을 높이는 기회를 늘리는 원칙과 함께 발전을 지속하고 유지하는 방법도 소개한다.

'모든 아이를 위하여'는 책 전체를 이루는 주요 내용들의 토대를 제공한다. 앞으로 이어질 긴 여정, 즉 대담한 리더십의 5가지 원칙과 실제 사례를 살펴보는 여정의 첫걸음을 내딛는 용기 있는 리더들에게 도움이 되기를 바란다.

도입 ──────────────── 긍정적 차별,
교육 변화의 새로운 패러다임

앨런 M. 블랭크스테인, 페드로 노구에라

'형평성'이라는 말은 뜻이 분분하고 혼란스럽다. 경제적 수준이 제각 각인 청중에게 이 말을 거론할 경우, 부유한 특권층은 종종 언짢아 하며 외면하려 할 것이다. 반면 취약계층 사람들은 부족한 복지 수당이나 사회적 관심이 늘어나지 않을까 기대하며 솔깃해서 귀를 기울인다.

반응이 이렇게 갈리는 까닭은 형평성이라는 용어가 종종 제로섬 상황을 떠올리게 하기 때문이다. 사회적으로 혜택받지 못한 사람들을 위해 더 많은 서비스를 제공하는 일은 혜택을 받아 온 사람들의 몫이 줄어드는 일이라고 생각하는 것이다. 이처럼 형평성을 추구하는 것을 제로섬으로 인식하거나 승자와 패자 간의 대립으로 생각하면 논의가 무력해져 어떤 진전도 기대하기 어렵다. 우리가 정의하는 형평성의 구현이란 모든 학생이 성공에 필요한 조건을 반드시 제공받게 하겠다는 약속이다. 그러나 형평성에 관한 대화는 특권층 아동 대 소외계층 아동이라는 '타협 불가능한' 두 대상의 필요를 모두 충족할 방법을 둘러싼 격렬한 논쟁으로 바뀌기 일쑤다. 그리고 모두를 절망적인 무기력 상태에 빠뜨리고 만다.

이 책은 제로섬 사고에서 벗어나는 방법과 그렇게 해야 하는 설득력 있는 이유를 제시한다. 그리고 형평성 구현의 사례, 즉 긍정적 차별로 모든 학생을 성공으로 이끌어 낸 학교, 학구, 지역사회 기반 단체들의 실제 사례들을 상세히 기술한다. 이를 통해 '모든 학생을 성공으로 이끄는 것'과 '형평성을 높이는 것' 사이의 교착 상태를 벗어나야 한다는 주장을 알리고자 한다.

역행하는 교육 정책

미국의 학업성취도는 여타 국가들과 비교해서도 꾸준히 하락하고 있다. 학습기회 및 학습 성과 면에서의 지속적인 격차 또한 그 원인 가운데 하나다. 국제학업성취도평가(PISA) 결과에서도 미국의 학생들은 다른 경제적 부국 학생들에 비해 거의 진전이 없었고 심지어 퇴보한 경우도 있었다(OECD, 2012). 이 결과를 좀 더 자세히 살펴보면 불평등의 심화가 미국 교육의 퇴보에 영향을 미치는 주요 요인임을 알 수 있다. 미국대학입학시험(ACT) 점수를 분석한 연구 결과를 보면 시험에 응시한 전체 학생 가운데 39퍼센트 정도만 대학 교육을 위한 준비가

된 것으로 판단된다(Resmovitz, 2014). 백인의 경우 대학 교육이 가능한 최저기준 점수를 통과한 비율은 49퍼센트, 아시아계는 57퍼센트였지만 아프리카계 미국인은 11퍼센트, 라틴아메리카계는 18퍼센트에 불과했다. 미국의 취학 아동 중 백인을 제외한 유색인의 비중은 점점 커지고 있으며(National Center for Education Statistics, 2013), 2041년경에는 유색인이 미국 인구의 다수를 차지할 것으로 추정되는 점을 감안하면(Frey, 2013), 이러한 경향은 매우 우려스럽다.

미국의 아동 중 23퍼센트는 빈곤 가정 출신으로 대도시 학구에도 빈곤 가정 아동이 많은 편이다. 게다가 미국은 다른 경제적 부국에 비해 학교 재정 조달이나 우수 유치원 입학 기회, 의료 서비스 면에서 불평등을 제도적으로 용인하는 측면이 있다(Sahlberg, 2011). 빈곤의 증가와 불평등이 학업성취도 하락에 어느 정도 책임이 있다는 설득력 있는 증거에도 불구하고 정책 입안자들은 이 문제를 지금까지 무시해 왔다(Barton & Coley, 2010). 그러고는 학업성취기준을 높인다거나 교사의 책무성을 강화하는 방법으로 학업성취도를 높여 보려는 생각을 고수한다. 그러한 전략이 아무 효과도 없다는 일관된 증거에도 불구하고 말이다(Fullan & Boyle, 2014).

학력 수준이 뛰어난 국가들과 비교할 때 미국이 추구해 온 정책 방향이 학력 수준 저하에 일조했다는 실질적 근거를 제시한 연구가 있다(Darling-Hammond, 2011). 하지만 미국의 주요 정책 입안자들은 새로운 전략을 고민하거나 방침을 바꾸는 데 지극히 소극적이었다. 미국 교육부가 의뢰한 보고서를 보면 재정 조달 및 교육 기회의 형평성에 더 초점을 맞추도록 요구한다(Equity and Excellence Commission, 2013). 그런데도 정부는 정책의 변화를 모색하지 않고 편협한 책무성 기준만을 교육 현장에 계속 들이댄다. 학교의 역량을 키우고 학생들의 다양한 필요를 충족할 수 있도록 추가 지원을 제공하는 것이 아니라, 압박하고 수치심을 주는 방법으로 학교의 개선을 독려하는 것이다. 이 같은 전략은 지금까지 효과가 없었을뿐더러 앞으로도 그러하리라는 점은 분명하다. 교육뿐만이 아니다. 임금, 주택, 보건, 그리고 삶의 질 등에서도 형평성을 무시하는 처사는 불평등을 점점 더 심화시키고 국가의 미래와 복지를 좀먹게 할 것이다.

모두를 성공으로 이끄는 힘

적어도 교육에서만큼은 점점 증가하는 불평등과 제로섬의 수렁에 갇혀 있는 현 상황에 대한 대안이 있다. 그것은 바로 형평성과 탁월성이 대립하는 것이 아니며, 형평성 추구를 통해 모든 학생을 성공으로 이끌 수 있다는 점을 인식하는 것이다. 아직도 많은 사람이 이런 생각을 지나치게 급진적이라고 여긴다. 최근 몇 년간 추진되어 온 정책 방향을 생각해 보면 그럴 수도 있다. 하지만 지난 수백 년간 쌓아 온 인류의 경험을 자세히 들여다보면 중요성을 더욱 실감할 수 있다. 프랭클린 D. 루스벨트(Franklin D. Roosevelt)가 내세운 뉴딜(New Deal) 정책(미국에서 1930년대 대공황 기간 동안 시행된 정부 주도의 공공부문 개혁 - 옮긴이)의 메시지와 시대정신이 그러했다. 린든 B.존슨(Lyndon B. Johnson)이 다수 야당의 반대를 물리치고 승인을 끌어낸 민권법(Civil Rights Act, 인종, 종교, 국적에 따른 모든 차별을 철폐하여 누구나 평등한 권리를 갖는다는 사실을 명시한 법-옮긴이)에 담긴 메시지와 시대정신이 그러했다. 마틴 루터 킹(Martin Luther King Jr.) 등이 미국의 인종차별 정책을 평화적으로 끝내기 위하여 행진하고 단결함으로써 결국 미국 정부의 협력을 이끌어 낸 메시지와 시대정신이 그러했다. 이 사례들은 "모두가 성공할 때 우리도 성공한다."라는 엘리너 루스벨트(Eleanor Roosevelt)의 말처럼 형평성을 높이면 사회에서 공공의 이익도 확대될 것이라는 사실을 분명히 보여 준다.

교육에서도 마찬가지다. 형평성을 높이려는 시도는 역사적으로 꾸준히 이어져 왔다. 린든 B.존슨 대통령은 수많은 반대를 물리치고 초중등교육법 제1장(Title I, 모든 아이가 일정 수준의 학업성취를 할 수 있도록 국가에서 공정하고 평등한 기회를 보장해야 한다는 내용-옮긴이) 제정을 이끌었는데, 이는 시민권의 확대 및 빈곤과의 전쟁, 그리고 형평성 강화에 대한 대통령의 의지에서 나온 것이다. 이런 생각은 이후 여성의 교육권, 소수자의 권리, 장애인의 교육권을 증진하는 데도 필수적인 전제로 작용했다(National Center for Learning Disabilities, 2014). 또한 1990년대 학교에서 빈곤층 아동에게 인터넷 사용 기회를 대거 확대했을 때(Tyack & Cuban, 1995), 그리고 '프로미스 네이버후드(Promise Neighborhoods, 2010년 오바마 정부에서 시작한 교육 및 사회복지 프로그램-옮긴이)' 정책이 시작되었을 때 다시 한번 효과적인 근거로 작용했다.

이 사례들은 사회의 진보가 구성원 모두를 위한 기회의 확대에 달려 있다는 공통점을 갖는다. 또한 살아가는 데 필수적인 부분에서 가장 취약한 이들을 포함, 더 많은 사람이 혜택을 함께 나눌 수 없다면 집단의 발전은 이루어질 수도, 유지될 수도 없다는 점을 상기시킨다. 프랭클린 D. 루스벨트의 뉴딜 정책은 민주당원이나 북부인만을 위한 것이 아니었다. 마틴 루터 킹은 흑인들의 더 나은 삶을 위해 단결을 촉구했지만, 가난한 백인이나 소외된 빈곤층을 외면하지 않았다. 비전을 지닌 리더들은 모든 사람에게 공평한 기회가 주어져야만 그 혜택이 모두에게 돌아간다는 점을 알고 있다. 교육 기회의 확대는 인종, 성(性), 경제적 격차, 학습 격차와 관련된 구조적 장벽을 제거하는 데 도움이 되었고 사회 전체를 이롭게 했다. 일부 시민의 권리를 확대하려는 조치들이 모든 사람의 권리를 점진적으로 확대하고 모든 어린이에게 양질의 교육을 제공하는 기반을 증대시킨 사례도 있다. 형평성 제고를 통한 개혁은 사회 전체까지는 아니더라도 일부 노골적인 불평등을 줄임으로써 민주주의를 굳건하게 했다. 그러한 개혁을 통해 한때 차별받고 소외되었던 사람들이 스스로 능력을 키워, 이전에 자신들을 가로막았던 바로 그 사회의 발전에 기여한 것이다.

이러한 맥락에서 모두의 성공을 위해 형평성을 높여야 한다는 생각은 새삼스럽거나 억지스럽지 않다. 오히려 시간이 흐를수록 인류의 진보에서 핵심적이고 필수적인 것으로 자리 잡았다. 교육에 이 생각이 적용되었을 때 우리 사회는 민주적인 이상을 실현하는 쪽으로 좀 더 가까이 다가가게 되고, 사회의 발전에 기여할 수 있는 사람들의 수도 확대될 것이다(Katznelson & Weir, 1985).

이 책에서 강조하는 것은 긍정적 차별이 '가진 자', 즉 부와 권력을 지닌 사람들에게 위협이 되지 않는다는 사실이다. 위협은커녕 자녀에게 최상의 기회를 제공할 능력이 되는 이들에게 돌아갈 혜택은 더욱 커질 수 있다. 소외계층에 대해 공감과 연민의 감정을 지니는 것은 21세기에 성공적인 삶을 살아가는 데 꼭 필요한, 정서적이고 지적인 능력 습득에 도움이 된다(Wagner, 2008). 앞으로 살펴보겠지만 다양한 배경의 사람들과 함께 일할 기회를 얻지 못한 사람들은 함께 살아가야 할 대다수의 사람과 효과적으로 상호 작용하기 어려워질 것이다.

편협하게 사리사욕에만 초점을 맞추는 것은 공동의 이익뿐만 아니라 우리 아이들이 누릴 최상의 이익까지 침해한다. 이를 뒷받침하는 증거는 충분하다. 빈곤층과 중산층 부모들이 아이를 먹이고 돌보는 기초적인 보육이라도 확보하기 위해 애쓰는 동안 자녀를 엘리트 유치원에 넣으려고 노력하는 일부 부유층 부모들은 모든 아이에게 성공적인 삶의 기회를 제공하려는 사회적 노력을 약화시킨다. 빈곤층 부모가 자녀를 부유층 학교에 은밀히 등록하는 것 또한 마찬가지다. 비참하고 열악한 환경에서 살아가는 다수의 사람을 외면한 채 소수를 위한 혜택에 몰두할 수는 없다는 사실을 유념해야 한다. 어떤 부모든 자기 자녀가 양질의 교육 기회를 얻을 수 있다면 무엇이든 하려고 하겠지만, 다른 이들의 필요와 요구는 무시하고 내 아이만 돌보면 그만이라는 생각은 버려야 한다. 다른 사람을 돕는 것이 내 아이에게도 실제로 이롭다는 걸 보여주어 기존의 생각을 변화시켜야 한다.

이 책은 가진 자와 못 가진 자 사이에 넘을 수 없는 장벽과 차이가 있다는 통념에 반기를 든다. 우리는 모든 젊은이가 각자의 재능과 잠재력을 최대한 발휘할 수 있는 교육이야말로 사회 전체에 이익이 된다고 주장한다. 교육의 사명은 그 방법을 찾는 것이며, 미국을 비롯한 여러 나라에서 성공적인 학교와 학구로 꼽히는 곳은 실제로 이 점에 집중하고 있다. 역사적으로도 인종차별과 편가르기는 발전에 결코 도움이 되지 않음을 알 수 있다. 양자택일의 이분법적 사고를 견지하는 것 또한 끊임없이 긴장을 초래할 뿐이다. 이 책은 긍정적 차별로 모두를 성공으로 이끄는, 즉 모두를 이롭게 할 패러다임을 채택하는 것이 더 나은 결과를 가져다주는 방법을 보여 준다.

인구통계학적 특성, 즉 인종과 계층은 아이의 운명을 결정하는 요소가 될 수 없다. 이미 학교와 대학에서는 인종과 계층에 상관없이 성취도를 가늠하고 있으며, 어떤 아동이든 각자 재능과 능력을 지니고 있음이 방대한 연구를 통해 입증되었다(Boykin & Noguera, 2011; Darling-Hammond, 2011). 학습자들의 다양한 교육적 필요를 충족할 수 있도록 수많은 전략과 프로그램도 마련되고 있다. 모든 아동을 교육할 수 있다거나 교육해야 하는가에 대한 논쟁에 다시 불을 지피는 것은 이제 더 이상 중요하지 않다. 정말 중요한 쟁점은 교육자들이 자원을 어떻게 활용할 것인지에 있다. 이제부터는 긍정적 차별로 모두를 성공으로 이끄는 목표를 달성하는 데 방해되는 요인을 살펴보고, 그 문제점을 분석할 것이다.

형평성을 우려하는 주장

일반적인 믿음으로는, 사용 가능한 자원은 한정되어 있으므로 한쪽이라도 성공하려면 다른 쪽의 실패를 감수하는 방식으로 자원을 분배해야 한다고 여긴다. 이러한 믿음의 저변에는 공정한 방식으로 자원을 재분배할 경우 과거에 이득을 본 사람들은 손해를 입고 그 손해를 통해 이전에 부당한 대우를 받은 사람들의 이득을 보전해 줄 것이라는 가정이 깔려 있다. 또한 이러한 생각은 다음과 같은 주장과 맥을 같이 하고 있다.

• **한 곳에 돈을 쓰면 다른 곳에는 쓸 돈이 없다**

이런 확신 때문에 많은 이들이 다른 아이들의 희생이 뻔히 보이는데도 결국 자기 자녀에게 이득이 되는 정책을 옹호한다. 극소수의 이타적인 사람들만이 타인의 이익을 위해 자기 자녀에게 돌아갈 자원을 양보할 것이다. 그러나 이는 전체 그림의 일부에 불과하다. 최상의 수업을 위해 기술이나 재정적인 지원은 필수적이지만, 직원들의 사기나 학교 문화, 교사와 학부모 간 신뢰와 존중을 바탕으로 한 협력 관계 등도 그에 못지않게 중요하기 때문이다. 이 책에 제시된 다양한 사례들은 이를 잘 보어 주는데 특히 6장에 세시뇐 샬롯-메클렌버그(Charlotte-Mecklenburg) 학구의 경우 우수한 교육자들을 의도적으로 저학력 학교에 배치해서 모든 학교가 혜택을 보게 된 사례.

• 빈곤층 학생들과 함께 공부하면 내 아이의 성적이 떨어질 것이다

최근 반 편성 과정에서 사회경제적 지위를 고려하는 학구 수는 10여 년 전과 비교할 때 점점 늘어나는 추세다(Kahlenberg, 2012). 그 결과 인종, 사회경제적 지위, 능력이라는 3가지 요소에 기초하여 학급 내 다양성이 미치는 영향에 대한 연구가 활발히 이루어져 왔다.

이들 연구는 다양한 사회경제적 지위와 인종, 민족으로 구성된 학생 집단에서 과거에 학습부진이었던 아이들의 성적이 향상되었음을 보여 준다(Mickelson & Bottia, 2010). 다양한 배경의 학생들이 함께 학습하고 개인의 특성에 맞게 개별화지도를 할 수 있는 교사들에게서 가르침을 받는다면 모든 아이의 향상을 기대할 수 있다. 게다가 인종 차별 폐지 정책을 시행한 뒤에도 사회경제적 지위가 높은 학생들의 성취도는 떨어지지 않았다는 연구 결과도 있다(Mickelson & Bottia, 2010).

이 책에서 우리는 수준이 제각각인 학생들의 수리력과 문해력 및 학업 성과가 동시에 향상될 수 있는 학급 구성, 학생들의 서로 다른 모국어와 문화적 배경을 활용함으로써 수업 전반을 풍요롭게 만들고 성취도를 높이는 원리를 실증적으로 보여 줄 것이다. 그리고 미국에서 가장 규모가 큰 뉴욕시 공립 학구의 몇몇 사례를 들어 수업 참여, 평가, 프로젝트기반학습(project-based learning)이 교육의 형평성을 이루어 내는 것을 입증할 것이다.

• 인종 및 자원에 관한 태도를 바꾸는 것은 어려운 일이다

정말 그렇다. 이 책에서 '용기'라는 주제를 언급한 것도 바로 이런 이유에서다. 앞으로 살펴보겠지만 형평성 구현, 즉 긍정적 차별을 실현하는 일은 추진하는 데 용기와 확신이 필요하다. 이 길에 함께하려는 사람들을 위해 '대담한 리더십'의 5가지 원칙을 제시한다. 이 책에 소개된 리더 대다수는 의도했든 안 했든 간에 이 5가지 원칙을 수용하고 있는데, 흥미로운 것은 이들이 주도한 변화 과정에서 맞닥뜨린 저항은 예상보다 훨씬 적었다는 사실이다. 앞으로 이어질 여러 장에서 기술되는 일부 학구와 한 개 주(州), 그리고 최소 두 국가의 사례 연구를 보면 이 말이 사실이라는 걸 알 수 있다.

형평성을 지지하는 주장

· 마땅히 해야 할 옳은 일이다

모든 아이는 성공하는 데 필요한 것을 사회로부터 제공받을 수 있어야 한다. 이는 사회 구성원들이 공유해야 할 도덕적 의무의 하나다. 최근 세계 각지에서 일어난 인권 운동은 이러한 사회의식 확대에 기여해 왔고, 일부에서는 외부의 압력이나 인종차별 철폐 명령 때문에 형평성의 필요를 수용하고 있기도 하다.

그러나 형평성 구현은 사회 전체에 분명하고 굳건한 도덕적 사고가 뒷받침되어야만 지속될 수 있다. 실제로 몇몇 리더는 변화의 필요성을 도덕적 의무로 제시하고 구성원들의 반발을 극복하는 데 성공했다. 이 책은 형평성 구현이 도덕적으로 우월하다는 인식과 함께 '우리가 해야 할 옳은 일'임을 보여 주는 실질적 증거에 기반하고 있다.

• 사회경제적 지위가 유리하고 우수한 학생에게 더욱 도움이 된다

사회경제적 지위가 유리하고 학업적으로 우수한 학생들의 경우, 출신 배경에 상관없이 누구나 필요한 자원과 교육과정에 접근 가능한 교육 환경에서 더욱 잘 학습한다. 형평성 구현에 주력하는 학교는 우수한 학생들의 기회를 제한하지 않으며 오히려 모든 학생에게 개별화된 지원을 해서 우수한 학생들이 더욱 풍부한 교육 경험을 갖도록 한다. 배경이 다양한 학생들을 통합하기 위한 노력 속에서 학습환경은 더욱 흥미롭고 풍부해진다. 랭스턴 휴스(Langston Hughes, 1920년대 미국에서 흑인 문학에 대한 관심을 높인 아프리카계 시인–옮긴이)의 시를 분석할 때, 흑인, 동양인, 백인 등 다양한 배경의 학생들이 함께하는 환경에서 학생들은 더 많은 것을 얻을 수 있다. 이 책의 뒤에서 데니스 리트키(Dennis Littky)와 달린 버그(Darlene Berg)가 제시한 사례를 보면, 21세기 교육의 핵심인 사회정서적 능력은 학생들이 문화적·경제적 지위를 넘어 다양한 사람과 의사소통하기 위해 반드시 배우고 계발해야 할 학습의 필수 요소임을 알 수 있다. 교사들 또한 마찬가지다. 서로 다른 수준과 다양한 학습 양식을 모두 반영하여 접근해야 하는 과제를 안게 되었기에 교수전략은 훨씬 복잡하고 정교해졌다.

• 학교에 대한 지원이 더 늘어날 수 있다

잘하는 사람들에게 더 큰 관심과 기회를 주면 훨씬 더 잘하는 경우가 많다. 이 책에서 조명한 교육자, 학교, 학구 중 다수는 권위 있는 상이나 사회적 인정, 그리고 추가적인 기금 지원을 받은 덕분에 기존에 진행해 온 의미 있는 일을 확장해 나갈 수 있었다. 매사추세츠주 브록턴 고등학교는 다양한 사회경제적 배경과 인종의 학생들을 성공적으로 지원한 공로로 여러 상을 받았다. 샬롯-메클렌버그 학구는 형평성 구현의 성과로 브로드상(Broad Prize, 성취도 격차 해소에 기여한 미국의 학구에 주는 상–옮긴이)을 받았다. 이처럼 긍정적 차별을 실행한 학구에서 실제 경험으로 입증된 성과 및 교육 철학에 감명받은 펜실베이니아주 애빙턴의 학부모들은 사립학교와 차터스쿨에 다니던 자녀들을 공립학교로 전학시키기도 했다.

・학부모와 직원, 지역사회의 지원이 늘어난다

이어지는 장에서 리더들은 교육 변화 초기 자신들이 겪었던 두려움과 지역사회와의 갈등에 관해 이야기한다. 그들이 시도한 변화 중 하나는 해당 학구의 학생 전원이 대학과목 선이수제(AP) 강좌를 들을 수 있게 한 것인데 가장 극렬하게 반대하던 사람 가운데 일부는 결국 변화의 옹호자가 되었다.

・형평성을 선택하지 않으면 파국뿐이다

『손자병법』에서 손자는 '구지(九地)', 즉 아홉 가지 전투 지형과 각 지형별 장단점을 기술한다. 아홉 번째 지형은 함정에 빠진 적이 도저히 도망칠 수 없는 곳인데, 겉보기와 달리 전투에 있어서 가장 위험한 곳으로 묘사된다. 승리를 앞둔 장수라면 전세가 아무리 유리하더라도 이 지형은 피해야만 한다. 왜냐하면 이곳은 더 이상 잃을 것이 없는 적군을 맞닥뜨려야 하는 곳이기 때문이다.

극심한 가난을 겪는 지역에는 불공정이 만연하고 절망이 번져 나간다. 점점 더 많은 사람이 자신의 삶은 개선될 여지가 전혀 없다고 결론을 내리고 있다. 희망이 사라지면 낙담해서 약물에 의존하는 사람들이 생겨나며, 더 이상 잃을 것이 없다는 생각으로 극단적인 변화를 추구하는 사람들도 생긴다. 몇몇 국가에서 이는 혁명으로 이어졌는데 한 예로 '아랍의 봄(Arab Spring, 중동 및 북아프리카 국가에서 일어난 민주화 운동—옮긴이)'을 들 수 있다. 미국 미주리주 퍼거슨시의 경우 지역사회에 극심한 격변을 초래하기도 했다. 그러나 드물긴 해도 남아프리카공화국의 예처럼 속도는 아주 느릴망정 형평성이 향상되면서 희망이 퍼져 나가는 사례도 있다. 이것이 가능했던 것은 현명한 지도부 덕분이다. 만델라와 그 지지자들은 자신들을 탄압했던 집권층을 보복하고 고통을 주는 대신 인종차별 제도를 무너뜨리는 쪽을 선택했다.

교육에 깊게 뿌리내린 불평등, 이른바 성취도 격차의 이면에 숨어 있는 학습기회의 불균형을 해결하지 않는다면 우리 사회 전체가 위험에 처하리라는 점은 더욱더 분명해지고 있다. 긍정적 차별로 형평성을 구현하는 것만이 진정한 대안이다. 이것이 어떻게 가능한지는 이 책에서 앞으로 입증해 나갈 것이다. 모든 사람을 공장에서 찍어 내듯 획일화하는 현재의 공장식 모형에서, 개개인의 차이를 존중하고 모든 학생의 필요를 충족하도록 패러다임을 바꾸면 충분히 가능한 일이다.

새로운 패러다임

> 위기에 처한 패러다임으로부터 정상과학의 새로운 전통이 태동할 수 있는 패러다임으로 이행하는 것은 그간의 누적된 과정과는 거리가 멀다. 오히려 새로운 기반에 근거해서 그 분야의 가장 기본이 되는 일반적인 이론 중 일부를 바꾸는 식의 재건에 가깝다. 패러다임 이행을 완료하면 그 전문 분야에 대한 견해, 방법, 목적은 바뀌게 될 것이다.
>
> _토머스 쿤(Thomas S. Kuhn)

> 젊은이들과의 작업에서 꼭 성취해야 할 일은 긍정적이고 건전한 요소들을 찾고 강화하는 것이다. 그것이 아무리 깊이 숨어 있을지라도 말이다.
>
> _칼 윌커(Karl Wilker)

이 책은 모든 학생이 성장할 수 있는 학교 및 학습 공동체를 건설하는 방법에 관해 이야기한다. 문제행동이나 폭력적 행동 때문에 문제 학생으로 규정당하고, 둔하다거나 건방지다고 낙인찍히고, 구제 불능이라며 외면당해서는 안 된다. 학교는 모든 아동이 필요를 충족할 수 있도록 도와주어야 한다. 이것이 학교가 조직된 목적의 하나다. 이 말은 교육자들이 아이들의 재능과 잠재력을 키우는 데 시간을 두고 모든 학생을 알아 가야 한다는 뜻이다. 교육자들은 학습장애나 문제행동의 근본 요인들을 해결하고 강점은 강화해서 학생들에게 자신감을 심어 주고 궁극적으로 자립심을 높일 수 있는 위치에 있다.

우리는 학생에게 등급을 매기는 학교를 거부한다. 우수한 아이에게는 최상의 지원을 제공하면서 열등하고 문제가 많은 아이에게는 양질의 교육을 제공할 가치가 없다고 여기고 최소한의 지원만 제공하는 그런 학교 말이다. 우리가 원하는 학교는 모든 아이가 성공하도록 헌신하는 곳이며 그런 학교에서는 모든 아이의 학습 필요가 존중받을 수 있다. 교육에서 긍정적 차별을 구현하자면 반드시 전제해야 할 것이 바로 모든 아이는 다르다는 사실이다. 개인이 성장하고 발전하며 궁극적으로 성공하기 위해서는 각자 필요한 것을 확실히 지원받을 수 있어야 하고, 학교는 아이들 하나하나의 필요를 충족시키는 데 헌신해야 한다는 것이다.

긍정적 차별로 모든 학생을 성공으로 이끄는 학교 공동체를 건설하는 것, 이는 소외계층 학생뿐만 아니라 모든 학생에게 혁명적인 일이다. 좋은 소식은 이것이 달성 가능한 목표라는 점이다. 이 목표는 이미 일부 학급, 학교, 학구에서 확고하게 실현되어 가는 중이며, 일부 국가에서 실제로 시행 중인 교육 정책의 핵심적인 특징이기도 하다. 이 책에는 그러한 목표를 위해 헌신한, 다양한 유형의 아동 대상의 사례가 많다. 필자들은 각자 시행한 전략과 자신들이 직면했던 과제에 대한 통찰을 보여 준다. 인내심을 갖고 대담한 리더십을 발휘한다면 반드시 성공을 거둘 것이라 확신한다.

하지만 위와 같은 목표를 대규모로 추진하자면 새로운 개혁 전략

이상의 무언가가 필요하다. 그것은 바로 우리를 안내해 줄 새로운 패러다임이다. 새로운 패러다임은 승자와 패자가 존재한다는 가정에서 벗어나도록 하고 제한적인 제로섬 사고방식에서 우리를 자유롭게 해준다. 이 패러다임은 새로운 정책이나 전략, 일련의 실천과 기술을 뛰어넘는 것으로, 기존과 다른 인식론적 관점에서 또 다른 렌즈를 통해 우리의 작업을 들여다볼 수 있도록 해 준다. 『과학 혁명의 구조(The Structure of Scientific Revolutions)』(1962)를 쓴 토머스 쿤에 따르면 이전에 과학적 탐구의 틀을 제공했던 패러다임으로는 더 이상 설명할 수 없는 이상 현상에 직면할 때 패러다임의 이행이 시작된다고 한다. 쿤의 관점에서 보자면 패러다임은 그들 주변에서 규명되는 지식의 총체적이고 기본적인 특성을 규정하는 세계관이라 할 수 있다.

쿤이 생각한 패러다임은 비록 과학에 국한되는 것이긴 하지만, 그 개념을 약간 수정하여 교육에도 적용할 수 있다. 교육에서 교수학습과 관련해 우리의 사고를 이끌었던 패러다임은 '지능이란 측정 및 평가가 가능한 선천적 특성'이라는 믿음에 근거한다(Lehman, 1996). 또한 능력주의(meritocracy)라는 개념, 즉 사회는 특권이나 지위보다는 재능이나 노력, 기술 같은 우수성에 따라 구성되어야 한다는 견해와도 깊은 관련이 있다(Bell, 1973). 이상화된 능력주의는 개인의 능력을 확인하기 위해 지능 검사를 만들어 냈고, 20세기 초 군대 내 승진이나 계급 분류, 대학 입학, 그리고 취업이나 직무 배정까지도 합리화하기 위해 사용되었다(Fischer, 1996).

능력주의라는 개념은 노예 제도, 여성에 대한 경시 등 온갖 차별적 신념과 관행들이 당연하게 용인되었던 19세기에 비하면 여러 면에서 진전된 것이었다. 게다가 당시 급부상하던 아메리칸 드림, 즉 지능과 근면성, 선천적 재능이 물려받은 특권보다 훨씬 큰 가치를 지녔다는 생각과 잘 맞아떨어지면서 널리 퍼져 나갔다. 이렇게 20세기에 능력주의기 유행하자 차별적인 관행에 도전하고 성공의 기회를 가로막는 장애물, 특히 교육과 관련된 장벽을 제거하라고 요구하는 일도 한층 용이해졌다(Carnoy & Levin, 1985). 물론 부와 특권을 물려받은 사람들은 여전히 그렇지 않은 이들에 비해 훨씬 유리하다. 부유한 부모들은 대개 학교에 덜 의존하며, 다양한 자원을 이용하여 자녀들이 앞서 나가도록 도와주기 때문이다. 그럼에도 불구하고 능력주의라는 이상의 출현은 우리 사회가 한 걸음 더 나아가는 데 중요한 의미를 지닌다. 왜냐하면 사회의 위계질서를 만드는 기초가 인종, 계급, 종교, 상속 같은 특권이 아니라 성취가 되어야 한다는 개념이 바로 능력주의에서 나왔기 때문이다.

능력주의라는 패러다임 내에서 여러 가지 진전이 이루어졌지만 현재 이 패러다임의 효용성이 다한 것만은 분명하다. 대부분의 학교만 보더라도 아동의 인종, 사회경제적 지위, 주거지는 그 아이가 학교생활을 얼마나 잘 해낼지를 예측하는 지표가 되며, 앞으로 아이가 다니게 될 학교 수준까지도 짐작할 수 있는 잣대가 된다. 재능과 노력에 대해 보상하는 것은 분명 좋은 일이다. 하지만 아이에게 투자할 시간과 자원이 부족한 부모, 아이의 잠재력을 계발할 만한 여유가 없는 학교에서 자기 재능을 발달시킬 기회조차 갖지 못하는 아이들이 있다는 사실을 인식할 필요가 있다. 실제로 학생들의 재능과 잠재력을 알아보지 못하고 넘어가는 학교가 너무나 많다. 부모가 자녀의 교육적 필요를 지원할 능력이 부족한 경우 더욱 그렇다. 현재와 같은 교육 방식은 21세기에 요구되는 직업이나 대학 교육, 그리고 삶의 어려운 문제들에 대비하지도 못하고, 단지 학습에 흥미를 잃고 학교를 떠나는 수백만 명의 인력을 양산해 낼 뿐이다. 진정으로 모든 아동이 잠재력을 계발할 기회를 갖도록 하려면 새로운 교수학습 방식에 접근해야 한다.

우리에게는 두려움과 불안을 뛰어넘을 수 있는 새로운 패러다임이 필요하다. 두려움과 불안 때문에 승자와 패자가 꼭 존재해야 한다는 생각을 고수하고 있으며, 수많은 학교에서 그토록 많은 아이가 실패하는데도 그것을 용납하고 있다. 빈곤층 아동이 많은 학교에서 중도 탈락률이 높고 실패가 만연한 것은 개인의 재능과 의지만으로도 충분히 사회의 장벽을 극복할 수 있다는 능력주의 패러다임의 부산물이기도 하다. 성공과 실패가 예측 가능한 패턴 속에 자신을 가두는 관행과 인습에서 자유로워지려면 새로운 패러다임, 즉 긍정적 차별로 모든 학생을 성공으로 이끌 수 있다는 사실을 받아들여야 한다.

만약 모든 학생이 도전과 자극의 기회를 갖는 학교, 모든 학생의 재능을 계발할 수 있는 학교를 만들고 싶다면, 그런 학교로 안내해 줄 변화된 패러다임이 필요하다. 그런 측면에서 보면 아동낙오방지법(NCLB)은 진일보한 것이라고 주장할 수 있다. 2001년에 이 법이 제정되었을 때 미국 역사상 최초로 학교는 인종과 계급과 사회적 지위에 상관없이 모든 아동에게 학습이 일어나고 있다는 사실을 입증해야 했다. 정말 대담한 아이디어였다. 다만 학교에서 입증해야 하는 '학습의 증거'가 오로지 표준화시험에서 얼마나 좋은 점수를 받았는가에 그쳤다는 점만 제외하면 말이다. 시험과 평가는 일반적으로 학습을 모니터링하는 데 사용되는 중요한 도구지만, 아동낙오방지법은 시험에서 학생이 어떤 성적을 거두었나에 따라 학생을 평가해야 한다는 견해를 더욱 공고히 했고, 학교에서 교육과정이 왜곡되는 결과를 초래했다. 많은 학교에서 미술과 음악과 체육은 시험 과목이 아니라는 이유로, 자원이 부족하거나 시험 준비에 더 많은 시간이 필요할 때 빼 버릴 수 있는 '기타 과목'으로 취급받았다. 이처럼 아동낙오방지법은 교육을 앞으로 나아가게 하기보다는 아동의 능력에 대해 종종 성급하고도 부정확한 판단을 내리게 만드는 경향을 강화했다. 게다가 애초에 개선하려고 했던 성취도 격차에서도 그다지 나아진 것이 없었다.

새로운 패러다임의 기초

새로운 패러다임은 아동 발달, 신경과학, 그리고 아동의 발달과 학습에 관한 환경 요인의 영향이라는 세 분야 연구에 기반하고 있다. 교육에서 이 세 분야는 오래전부터 중요하게 생각되어 왔다. 새롭게 알게 된 사실은 이 세 분야의 지식이 상호 작용을 하면서 개별 학생의 필요를 충족시키고 교육 정책과 그 실천을 이끌어 내는 데 쓰인다는 점이다. 새로운 패러다임을 지탱하는 주춧돌에 해당하는 이 세 분야의 구체적인 특징을 간략히 설명하고 그들이 상호 작용을 하는 방식을 살펴보기로 한다.

▌아동 발달

아동 발달 분야의 연구는 오랫동안 교육의 이론과 실천을 주도해 왔다. 프뢰벨(Froebel) 등 공교육의 초기 설계자들은 아동의 인지·정서·심리·신체적 발달이 서로 연관되어 있으며, 상이한 학습과제를 수행하는 역량은 생애 주기의 각 단계에서 이루어지는 점진적 발달과 관련된다고 인식했다(Wood, 1998). 아동 발달에 관한 연구는 학교 교육과정 개발(Connor, Morrison, & Petrella, 2004), 학교 내에서 적용해 온 학습전략(Chatterji, 2006), 그리고 가장 중요한 요소인 교원 양성(Ames, 1990, 1992)에 영향을 미쳤다. 이들 연구의 길잡이가 되어 준 관련 문헌의 중심 주제는, 아동 발달이 연령에 상응하는 전형적인 패턴을 따르는 반면 각각의 발달단계에서 필요한 스킬을 습득하는 방법과 시기 등은 상당한 차이가 있다는 인식이었다. 즉 개인의 차이, 사회적 맥락의 차이, 문화적 차이 등이 모두 발달과정과 관계 있다는 것이다. 예를 들어보자. 대개 아동은 8~15개월 사이에는 걷기를, 2~4세 사이에는 혼자서 유아용 변기를 사용하는 법을 배운다. 이런 스킬을 습득하는 데 있어서 정상으로 간주하는 범위는 상당히 넓다. 대부분의 발달심리학자나 소아과 의사들은 이런 스킬을 조금 이르게 혹은 늦게 습득하는 것이 영재 또는 비정상을 의미하는 것이 아니라는 걸 안다(Brooks-Gunn, Fuligni, & Berlin, 2003).

최근 들어 교육은 아동 발달과 관련된 지식이나 연구로부터 멀어지고 있다. 정책 입안자들은 표준화된 시험으로 측정한 학생의 성취도를 가지고 학교에 책임을 묻는 일에 집중했다. 그러다 보니 읽기 학습처럼 중요한 학습지점에 도달하는 데 아동 발달이 어떻게 관련되는지 인식하는 일에도 소홀해졌다. 아동낙오방지법이 채택되자 학교에서는 학생들이 수리력과 문해력에서 연간적정향상도(Adequate Yearly Progress, AYP)를 달성하고 있다는 걸 입증해야 했고(Brooks-Gunn, et al., 2003), 이후 나이나 학년이 같은 아동은 모두 비슷한 속도로 유사한 스킬을 습득할 수 있어야 한다는 식으로 아동 발달 차이에 대한 인식도 변했다. 모국어가 영어인지 아닌지, 교육받는 학교의 유형이나 생활 환경이 어떠한지는 전혀 고려 대상이 되지 않았다(Paris & Newman, 1990).

앞으로도 거론하겠지만 긍정적 차별로 모든 학생을 성공으로 이끈다는 원칙을 추구하는 학교와 프로그램은 학생 개개인이 발전하기 위해 필요한 것을 해결하는 데 집중한다. 실제로 다수 학교 및 프로그램에서는 이러한 필요를 충족하기 위해 학습을 개인화(personalize)하려고 시도한다. 이는 대부분의 학교가 보유한 스킬과 자원을 넘어서는 일이지만 교육계에서 이루어진 수많은 혁신 덕분에 점차 실현 가능해지고 있다.

학교와 프로그램 차원에서 이런 목표를 추구하지는 못한다고 하더라도, 누군가는 개별 학생의 필요를 충족시킬 수 있는 창의적 전략을 고안하고 있다. 모든 학생이 3학년까지는 능숙한 읽기 수준에 도달해야 한다고 가정하기보다는 이 책에 소개된 일부 교육자들처럼 아동 발달에 대한 이해를 바탕으로 다양한 실천 방안을 개발하는 식으로 말이다. 그들은 난독증을 겪는 아이처럼 배우는 방식이 다른 아이들이 읽기 학습을 할 때 더 많은 지원을 받게 하고 시간도 더 많이 쓸 수 있도록 했다. 이 문제는 단지 기대를 낮춘다거나 어떤 아이들은 읽기를 배우지 못할 것이라고 단정하는 것이 아니다. 그저 모든 아동이 같은 속도와 방법으로 읽기를 배워야 하는 것은 아니라는 인식에 근거한 방법일 뿐이다. 고등학생들에게 대수학과 기하학 같은 까다로운 수학 강좌를 듣도록 권유하는 것도 마찬가지다. 일부 유익할 수도 있겠지만, 만약 읽고 쓰는 능력이 복잡한 문장형 수학 문제를 극복할 만큼 뛰어나지 않다면, 추가로 읽기와 쓰기를 지원하지 않는 이상 그런 강좌를 듣게 하는 것은 부적절하다는 것을 간파한 학교들이 있다. 앞으로 살펴볼 브록턴 고등학교 또한 마찬가지다. 이 학교의 접근법은 문해력이 부족한 수많은 학생뿐만 아니라 영어학습자들(ELLs)에게도 도움이 되었다. 학생들에게 필요한 교육을 보장하는 유일한 방법은 교육자들, 학교, 프로그램이 학생 개개인의 발달에 맞는 필요를 이해하고 대응하는 것이다. 앞으로 공유하게 될 각각의 사례를 통해 이 사실을 분명히 확인할 수 있을 것이다.

▌신경과학

최근 수 년 사이 뇌에 대한 신경과학자들의 인식이 달라졌다. 기존에는 뇌를 유아기 이후 거의 변화가 없는 정적인 기관으로 생각했는데, 이제는 뇌를 연결하는 신경 경로 및 시냅스가 자극, 정보, 행동, 주변 환경에 반응해 꾸준히 변화한다고 보는 것이다. 신경가소성(neuroplasticity)이라는 용어는 자극과 경험에 반응하여 신경세포가 활성화되면서 지속적으로 발달하는 뇌의 능력을 가리키는 말이다. 신경과학 연구가 점점 더 활발해짐에 따라 뇌의 물리적 구조와 기능 조직은 성인이 되어서도 경험이나 자극에 따라 달라질 수 있다는 것이 밝혀졌다(Pascual-Leone, Amedi, Fregni, & Merabet, 2005).

뇌 연구는 아동이 어떻게 학습하는지에 관한 우리의 사고에 중대한 영향을 미친다. 지금까지 학교에서는 학생들의 학습 필요를 효율적으로 충족시킨다는 목표하에 수준별수업(tracking), 즉 능력별로 모둠을 만들거나 반 편성을 했다. 이러한 관행은 대개 인종과 사회경제적 지위에 따라 학생들을 분류하는 결과를 가져왔다. 즉 저소득층이나 소수민족 학생들은 거의 예외 없이 열등반이나 보충학습반으로, 부유층 및 특권층 아동들은 우수반으로 편성되었던 것이다(Oakes, 2005). 뇌가 탄력적이라는 사실을 생각하면 이런 관행은 시대에 뒤떨어질뿐더러 최신 연구 결과도 제대로 반영하지 못한다. 게다가 수많은 학습자가 각자의 필요를 충족할 권리와 기회를 누리지 못하게 한다. 연구에 따르면 뇌는 놀라울 정도로 가변적이며, 중년이나 노년기에도 여전히 매우 활발하게 주변 환경에 적응하고 있다(Fischer & Bidell, 2006, p.27). 학업적 성공은 선천적 지능에 달린 게 아니라 열심히 공부한 결과라고 학생들을 격려하면 성취도가 개선될 가능성이 더 높다(Dweck, 1999; Boykin & Noguera, 2011). 학생들이 뇌의 유연성에 관해 알게 되면 실제로 학업 성과를 높일 수 있다는 연구 결과도 존재한다 (Trzesniewski & Dweck, 2007). 교사들은 새로운 신경 연결이 이루어지 거나 기존 연결이 더 강화되면 학습이 더 활발해진다는 점을 이해할 필요가 있다. 교과목을 통합하거나 학생들의 삶과 관련된 프로젝트를 고안하는 것은 기존의 신경 경로를 활용하는 데 도움을 준다.

이미 많은 학교와 학구에서 신경과학 연구를 활용해 학생들의 학 업을 진전시키도록 다양한 지원을 하고 있다. 성공적인 사례와 그 성 공을 입증하는 연구는 아이들의 재능과 능력을 키우기 위해 우리가 훨씬 더 많은 일을 할 수 있다는 또 다른 증거를 제시해 준다.

▌환경 요인

오래전부터 교육자들은 가족, 또래 집단, 지역이란 요소를 포함한 주 변 환경이 아동의 발달과 학습에 영향을 미친다는 사실을 이해했다 (Rothstein, 2004). 지역이라는 환경 요인에는 공기 질을 비롯해 개인 과 집단의 폭력, 주거의 질, 아동에게 주기적으로 노출되는 소음의 정 도나 수질 같은 것까지도 포함될 수 있다(Jackson, Johnson, & Persico, 2014). 최근에는 환경이 아동에게 미치는 영향에 대한 인식이 더욱 확 대되어 미디어, 비디오 게임, 음악, 기타 여러 유형의 대중문화 같은 간 접적인 한경까지도 이동 빌딜에 중내한 넝향을 미치는 것으로 밝혀지 고 있다(Syme, 2004).

심리학자 유리 브론펜브레너(Urie Bronfenbrenner)는 개인의 성장과 발달에 영향을 미치는 다섯 층의 환경 체계가 있다는 이론을 펼쳤다.

이들은 각각 미시 체계(microsystem), 중간 체계(mesosystem), 외부 체계(exosystem), 거시 체계(macrosystem), 연대 체계(chronosystem)라고 한다(1975). 브론펜브레너의 이론은 환경이 개인의 성장과 발달에 미치는 영향에 초점을 둔다. 그의 연구는 대인 관계에서부터 탈산업화나 이민 같은 광범위한 사회적 동향에 이르기까지 다양한 층의 환경 요인 및 그것들이 개인에게 미치는 영향에 주목한다는 점에서 중요하다. 빈곤율이 높아지면서 많은 연구자가 불량 식품, 열악한 보건 위생, 안전 문제, 주거 불안정, 폭력, 영양 부족 등이 아동의 복지와 행복에 부정적인 영향을 미치는 데 주목해 왔다(Eccles & Gootman, 2002). 마찬가지로 해외에 거주하는 가족이나 친척과 연락을 주고받는 이민자 가정의 아동은 몸은 미국에 있지만 전쟁, 기근, 자연재해에 대해 인지하게 되며, 이 또한 아동의 행복이나 학업성취도와 깊이 관련된다(Suárez-Orozco, Suárez-Orozco, & Todorova, 2009).

학생들의 학습과 환경의 관계가 이처럼 명백한데도 최근 몇 년간 교육 정책은 환경 요인이 아동에게 미치는 영향을 무시하는 듯하다. 연방 정부와 주 정부는 학교가 유해한 환경 요인에 대응하고 이를 줄일 수 있도록 지원할 방안을 생각하지도 권고하지도 않는다. 오히려 상황을 외면하는 식으로 접근하고 있으며, 환경이 학교와 아동에게 미치는 영향을 인정하지도 않는다.

학교는 학생에게 영향을 미치는 환경 요인을 의도적으로 살펴야 한다. 공장 폐쇄와 유독성 폐기물 처리장, 폭력 집단, 주택 압류, 부실한 식사 등의 환경 요인은 아동과 학습에 중대한 영향을 미칠 수 있다. 그런 환경으로부터 발생하는 악영향을 학교가 막아 내기란 불가능할지 모른다. 그러나 학교는 그러한 상황에 대응하고 영향을 줄일 수 있는 전략을 생각해 낼 수 있을 것이다. 앞으로 소개될 장에서 일부 학교는 독자적 대응이 어려운 환경 요인의 해결을 위해 지역 보건소 및 방과 후 프로그램과의 파트너십을 만들었다. 비록 환경 속 장애 요인을 제거할 수는 없더라도 이러한 전략은 좀 더 통합적이며 총체적인 접근을 통해 학생들의 필요를 충족시킬 수 있는 학교의 역량을 높여 준다.

아동 발달, 신경과학, 환경 요인에 대한 인식이라는 3개의 주춧돌은 '긍정적 차별로 모든 학생을 성공으로 이끈다'라는 패러다임을 뒷받침한다. 아동의 필요에 부응하고 대처하기 위한 일관된 시스템에 이 목표를 적용하면 발달단계의 필요와 학습 필요를 충족시키는 학교의 능력을 높일 수 있다. 물론 쉬운 일이 아니다. 증가하는 사회적 불평등의 문제가 몇 가지 전략만으로 감소하거나 없어지리라고 생각하지 않는다. 그래서 새로운 패러다임으로 접근할 필요가 있다. 이것이야말로 학교가 학생들의 학습 필요를 위해 어떤 일을 할 수 있는지, 그리고 그와 관련해 매우 참신한 사고방식을 드러낸다고 보기 때문이다. 독자들이 이 책에 실린 사례들을 보고 고무되어 교실, 학교, 도시, 주 그리고 그 이상의 많은 곳에서 새로운 패러다임을 적용할 방법을 생각해 보길 바란다. 새로운 패러다임의 모든 요소가 이후 소개할 여러 사례에 반영된 것은 아니다. 그러나 새로운 패러다임은 그 자체만으로도 모든 학생을 성공으로 이끌기 위한 목표를 학교에서 효과적으로 추구해 나갈 방법을 생각하는 데 유용한 틀이 될 것이다.

실행 원칙

먼저 우리가 뻔하고 정형화된 방식의 전략을 세우진 않을 것으로 생각해 주길 바란다. 모든 아동은 흥미와 기질과 필요가 저마다 달라서 이를 충족시키려면 다양한 전략이 필요하다는 점을 인정하는 게 중요하다. 형평성, 즉 긍정적 차별은 모든 아동을 똑같이 대하는 것이 아니다. 하지만 새로운 패러다임의 세 주춧돌, 즉 아동 발달, 신경과학, 환경적 영향에 대한 인식을 행동 지침으로 삼는 학교와 교육자가 의존할 전략들은 서로 비슷하다는 점은 의심의 여지가 없다. 예를 들어 이 책에 소개된 일부 학교와 학구는 학생들의 학습 정도와 개별 학습 계획을 측정하여 진행 상황을 모니터링하고, 그들의 필요가 충족되는지 확인하기 위해 수행기반평가(performance-based assessment)에 의존하고 있다. 또한 소외계층 학생들을 위하여 방과후수업의 질을 높이고 방학 동안 학습경험을 제공하며, 현재 거주하는 지역을 벗어나 외부와의 노출을 증가시키는 등 더 많은 학습 시간을 제공하고 시야를 넓히기 위해 노력하고 있다. 많은 교육자가 이를 형평성 구현을 위해 중요하게 인식하고 있다. 이들을 비롯한 제반 전략들은 앞으로 상세히 기술할 것이다.

다음으로 부모 또는 보호자, 교사, 관리자 등 이해관계자 간의 협력 관계 구축이 필요하다. 이들이 협력하여 모든 학생의 성공을 지원할 때 예측되는 성취 패턴에서 벗어날 가능성도 커진다. 물론 성인인 이해관계자들을 협력하게 만드는 것은 어려운 일이고 때로 갈등이 생길 수도 있다. 모든 학생을 성공으로 이끈다는 목표를 공유하고 설정하려면 무엇이 아이들을 위한 최선인지 깊이 생각해 보아야 한다. 모든 학생이 미래에 필요한 능력을 갖추도록 해야 한다는 책임감도 필요하다. 교사들이 인종, 계층, 언어가 제각각인 학부모들과 허심탄회한 대화를 나눌 수 있도록 사회적 스킬을 제공하기도 쉬운 일이 아니다. 수준별수업을 폐지하거나 AP 강좌 수강 기회를 확대하려는 결정에 대해 특권층 학부모들이 항의할 때, 교장과 교육감이 이를 견디고 감당할 수 있도록 지원하는 일 또한 어려운 일이다. 그럼에도 불구하고 우리가 앞으로 보여 줄 여러 학교와 프로그램은 장기적인 관점에서 학생들의 성과를 높이기 위해 책무성을 공유하고 이끌어 낸다는 공통점이 있다.

이 논의의 중심에 있는 가장 복잡한 문제 가운데 하나는 '모든 학생의 성공'이 무엇을 뜻하는지 정의하는 일일 것이다. 모든 학생의 대학 입학을 보장한다거나, 모든 학생이 읽기와 쓰기, 수학 같은 핵심 과목에 능숙한 상태로 졸업하게 만든다는 약속을 하지 못하는 행정가들에게 한 걸음 뒤로 후퇴했다느니, 학생들 개인을 위험에 내모는 것이라느니 비난할지도 모른다. 하지만 아동낙오방지법 같은 야심 찬 약속이 모든 학생의 성공을 이끌어 내는 데 실패한 것은 분명하다. 사실 아동낙오방지법은 아이들이 교육받는 환경 조선을 대체로 무시했고 시험 점수에만 편협하게 집중했기에, 그 법이 목표로 했던 직접적인 대상인 소외계층 학생들의 교육 성과를 높이는 데는 별 도움이 되지 못했다(Darling-Hammond, 2011). 빈곤층이나 노동자 계층의 아이들은 대학 공부에 맞지 않으므로 직업 훈련을 받아야 한다고 여겼던 때가 있다. 학교가 모든 학생의 성공이라는 원대하고도 현실적인 목표 실현을 위해 그러한 과거로 돌아갈 필요는 없다. 성과에 대한 우리의 관심이 지속된다면, 성취 패턴의 예측 가능 정도가 인종이나 계층과 관계없다는 사실을 확실히 인식한다면, 그리고 학생들이 학업에서 더 큰 성공을 거둘 수 있는 환경을 만드는 데 있어서 교육자, 정책 입안자, 학부모, 지역사회 지도자, 학생 등 모든 이해관계자가 자기 역할에 책임을 진다면, 모든 학생을 성공으로 이끄는 학교를 만들 수 있을 것이다.

모든 학생의 필요를 충족시킨다는 목표에 대해 모든 이해관계자가 상호 책무성과 책임을 공유할 때 비로소 학교는 '긍정적 차별로 모든 학생을 성공으로 이끈다'라는 목표를 실현할 수 있다. 앞으로 살펴볼 일부 학교에서는 시험을 통과하거나 능숙(proficiency)해지는 데 그치지 않고 숙달(mastery)을 목표로 공부하게 한다. 이런 학교에서는 교사가 효과적인 수업이 무엇인지 분명히 알고 학생들에게 양질의 학습경험을 제공할 수 있도록 지원하는 시스템을 잘 갖추고 있다.

우리의 목표에 상호 책무성과 책임의 공유라는 원칙을 반영할 때, 교육자들에게 과연 모든 학생의 필요를 충족시키는 학습환경을 만들어 주었는지 의문이다. 학습 성과를 변화시키려면 학교 내 상황, 즉 학습환경의 분위기나 문화에 초점을 두는 편이 더 쉽다. 이 책에서 우리가 소개하는 학교, 프로그램, 교육자는 자신들이 돕는 학생들의 미래가 인구통계적 특성에 따라 결정되는 것이 아니라고 확신하기 때문에, 학습 성과가 좋지 않을 때도 학생이나 학부모, 그들이 거주하는 지역을 탓하지 않는다. 이는 미국 전역 및 세계 각국에서 교육자들이 적극적으로 다루는 도전 과제다.

　마지막으로 우리가 하고 싶은 말은 이러한 목표의 출발점이 학생 개개인의 필요를 철저히 파악하고, 각 구성원이 자신의 역할을 이해하는 공동체를 만드는 것이란 사실이다. 이는 독자들에게 분명 생경하게 다가왔을 것이다. 아이들이 어떻게 학습하고, 그들이 무엇에 의해 동기를 부여받고, 어떤 도전에 직면해 어려움을 겪는지 등을 파악함으로써 모든 학생이 성공하는 데 필요한 것을 충족시킬 수 있는 환경이 만들어진다. 또한 우리는 학생들도 이 목표를 향한 과정의 일부가 될 수 있다고 믿으며, 그들이 성공하는 데 무엇이 필요한지 스스로 밝힐 수 있는 자리를 마련해 줄 것이다. 어린이를 포함해 그 누구도 다른 사람이 제공해 주는 것을 수동적으로 받아들이기만 할 것으로 생각해서는 안 된다. 설령 그들의 이익을 위해 제공하는 것이라고 할지라도 말이다. 우리는 학생이 지식과 정보를 탐색하는 데 힘쓰며 적극적으로 참여하고 협력할 수 있는 학습환경을 추구한다.

　이 책은 긍정적 차별로 모든 학생을 성공으로 이끈다는 패러다임을 더 많은 학교와 지역에 소개하는 데 목표를 둔다. 이 목표는 모든 아이가 배울 수 있다는 슬로건을 뒷받침하는 데 그치지 않고 그 이상이 가능한 시스템까지 창출할 수 있다. 그런 슬로건이나 시스템은 이미 주위에 많다. 날로 심각해지는 불균형과 학습 격차는 우리 사회의 더 큰 불평등을 반영하는 것이며, 새로운 접근이 필요하다는 가장 명백한 증거다. 이 책에 소개된 새로운 접근 사례들은 지금까지 의존해 온 기존의 것들과 완전히 다른 실천 방법 및 과정을 채택함으로써 우리의 목표가 달성 가능함을 보여 준다.

패러다임 전환의 원동력

다음 여러 장에서는 우리의 목표를 현실로 만드는 데 결정적 역할을 한 교육자들의 용기 있는 행동을 소개하고 이를 성공으로 이끈 대담한 리더십을 제시한다. 각 장마다 이 과제를 성공적으로 실현해 낸 교육자들과 학교, 학구, 지역, 주, 국가까지 구체적인 사례가 실려 있다. 아울러 성공을 가로막는 장애물들과 이를 뛰어넘어 앞으로 나아가는 방법도 소개한다. 이 책은 우리의 목표가 도덕적 차원의 설득에 그치지 않도록 헌신하는 교육자, 학부모, 지지자를 위하여 만들어졌다. 그리고 이러한 목표를 실현하는 데 필요한 틀과 실질적 지침을 제공하는 자원이자 행동을 뒷받침하는 근거가 되어 줄 것이다.

'긍정적 차별로 모든 학생을 성공으로 이끈다'라는 개념이 널리 받아들여지려면 앞에서 설명한 새로운 패러다임에 걸맞은 비전 외에도 해결해야 할 문제가 있다. 형평성 때문에 부유층이 손해를 입지 않을까 두려워하는 마음을 갖지 않도록 도울 만한 구체적인 전략이다. 우리는 인종과 출신 배경에 상관없이 누구나 필요한 자원과 교육과정에 접근이 가능한 학교를 목표로 하며, 부유층 자녀가 그런 학교의 일원이 되었을 때 어떤 혜택을 보게 되는지 알려 주고 싶다. 비전에 관해서도 마찬가지다. 그 비전을 달성하려면 사회적, 경제적, 심리적, 학업적인 면에서 더 많은 것이 필요하며, 이는 학교에 오는 아이들의 열망과 필요를 충분히 지원할 수 있을 만큼 탄탄해야 한다. 사회가 진정한 발전을 이루려면 모두에게 이로운 전략이 필요하다. 이 책은 새로운 비전을 위한 출발점을 제공한다. 이 비전은 '가진 자'들의 특권 상실에 대한 두려움을 충분히 해소할 수 있을 만큼 대담하며, 흔히 '못 가진 자'의 특징으로 여기는 체념이나 무력감을 날려 버릴 정도로 희망적이다. 우리는 모든 학생을 성공으로 이끌 수 있는 최선의 길이 긍정적 차별에서 시작된다는 것을 확신하며, 앞으로 여러 장에 걸쳐 이를 보여 주는 구체적인 사례를 제시할 것이다.

행동할 수 있는 용기

분야와 시대를 막론하고 리더들은 인간에게 없어선 안 될 중요한 미덕으로 용기를 꼽았다. 우선 짤막한 예를 보자.

> 용기는 모든 미덕의 어머니다. 왜냐하면 용기 없이는 다른 일을 꾸준히 행할 수 없기 때문이다.
>
> _아리스토텔레스(Aristotle)

용기가 없다면 다른 미덕은 모두 의미가 없다. 용기는 인간의 자질

중 으뜸이며 제대로 존중받는다면 다른 자질을 모두 이끌어 낸다.

_윈스턴 처칠(Sir Winston Churchill)

용기는 모든 미덕 중 가장 중요한 것일지 모른다. 용기가 없다면 사람은 다른 어떤 미덕도 일관되게 실천할 수 없기 때문이다.

_마야 안젤루(Maya Angelou)

미덕은 용기라는 발판 위에 꽃을 피운다.

_로버트 루이스 스티븐슨(Robert Louis Stevenson)

　수 세기 동안 리더십은 용기와 긴밀하게 연관되었다. 1189년부터 1199년까지 집권한 리처드 1세는 전장에서 용맹을 떨쳐 '사자의 마음을 가진 리처드'라는 별명으로 불렸다. 서구 사회에서는 용기를 전쟁이나 전투에서 거둔 물리적 공훈이나 영웅담과 결부하여 언급해 왔지만 이 말은 본래 프랑스어 '쾨르(coeur)' 즉, '마음'에서 나왔고, 전통적으로 '마음에서 나오는 행동'을 가리킨다.

　아메리카 원주민 사회에서는 공공의 이익을 위해 희생할 것을 권장함으로써 젊은 용사들의 용기를 조직적으로 함양했다. 최고의 용사는 '아끼는 소유물과 이별할 수 있으며 동시에 칭송의 노래를 부를 수 있는 사람'이었다(Standing Bear, Agonito, 2011, p.235). 리더들은 젊은이들이 패배를 두려워하지 않고 공동체에서 가장 취약한 사람들, 즉 노인과 아이와 여자의 안전과 복지를 위해 희생할 수 있도록 이끌었다. 우리 또한 취약계층의 복지를 향상시키려는 원정에서 용기의 근원으로 돌아갈 필요를 느낀다. 원주민들이 이해했던 것처럼 용기 있는 행동은 마음에서 우러나오는 강력한 미덕이다. 형평성을 향한 이 원정은 사회에서 가장 취약한 이들을 위한, 그래서 모두를 위한 것이기도 하다. 우리는 용기를 힘의 원천이자 이 책의 틀로 사용하려 한다.

현재 아이들을 가르치는 데 사용하는 방법보다 더 새롭고 나은 방법이 필요하다는 것은 연구 결과로도 현실로도 분명하다. 다만 그런 변화를 일으키는 데는 헌신과 용기가 필요하다. 아동낙오방지법 같은 정책을 지금도 옹호하는 이유는 고부담(high-stakes) 표준화시험 결과에 책임지지 않는 학교는 신뢰할 수 없다는 두려움 때문이다. 이에 대하여 우리는 모든 이해관계자 사이의 상호 책무성을 기반으로 하는 시스템을 대안으로 제시한다. 주 의회 및 주지사 사무실에서는 적절한 보조금에 대한 책무성을, 학급과 학교에서는 적절한 자원 제공 및 지도에 대한 책무성을, 지역사회와 가정에서는 신뢰와 참여라는 책무성을 공유하자는 것이다.

새로운 패러다임, 특히 우리 시대에 가장 논쟁적인 주제를 다루는 패러다임을 발전시켜 나가자면 여러 방면에서 대담한 리더십이 필요하다. 이 책은 『Failure Is Not an Option(실패는 선택이 아니다)』(Blankstein, 2004, 2010, 2013)에서 개략적으로 설명한 리더십의 핵심 원칙을 사용하여 이러한 노력을 계속해 나갈 수 있는 길을 보여 준다.

이 원칙들은 개별적인 것이 아니다. 하나의 원칙에 따른 행동은 나머지 원칙들의 발전을 가져오며, 결과적으로 모든 학생을 성공으로 이끄는 리더십 역량을 구축하게 된다. 편의상 각각의 원칙을 구분해 몇 개의 장으로 나누긴 했지만 각 장의 내용은 하나 이상의 원칙들을 다루고 있다. 각 장에서 중요한 계기가 되는 사건이나 인상적인 데이터를 보면 공통적으로 인종이나 사회경제적 지위에 따라 학생들의 성취도에 명백한 격차가 드러난다는 걸 알 수 있는데, 용기 있는 리더는 이런 현실과 내적 두려움에 맞선다. 그리고 핵심 가치를 활용해 상황을 변화시킬 수 있는 구체적이고 중요한 목표와 행동에 헌신할 동력을 이끌어 낸다. 일단 전략이 정해지면 리더들은 교사, 학부모, 학생의 참여를 이끌어 내고, 상호 지원을 통한 결속을 강화하며, 공동의 목표와 행동을 꾸준히 이어 가게끔 지원한다. 이 같은 대담한 리더십은 이 책 전반에 걸쳐 자주 등장하며, 1장에서 브록턴 고등학교의 변화 과정을 전형적 사례로 소개할 것이다. 이 학교는 미국 내에서 학력이 가장 높은 매사추세츠주에 속해 있고 규모가 큰 편이며, 과거에는 최악의 학교로 평가되었으나 최고의 학교로 탈바꿈했다. (변화와 성공의 원동력으로 형평성을 어떻게 활용할 것인가의 문제는 10장에서 전 매사추세츠주 교육위원회 위원장이 좀 더 상세히 설명한다.) 2장의 필자인 마이클 풀란(Michael Fullan)은 "시스템의 핵심적인 목표는 모든 학생의 학습에 대한 도덕적 의무임을 선언하는 것이 중요하다."라고 말한다. 그는 가든그로브 학구에 대한 사례 연구를 통해 교육적 노력에 응집성을 기하는 것을 포함, 대담한 리더십의 5가지 원칙과 중복되는 성공 요인을 제시한다. 3장부터 14장까지는 대담한 리더십의 5가지 원칙을 다음과 같이 설명하고 있다.

• 핵심에 다가서라

새로운 구상은 초기에는 외부의 명령, 예를 들면 인종차별 철폐 명령 같은 것으로부터 시작된다. 책에 실린 실질적인 전략들은 그렇게 시작한 작업이 진전되는 데 도움을 줄 수 있다. 하지만 그것이 꾸준히 유지되려면 리더 및 여러 이해관계자의 도덕적 목적과의 연계가 항상, 예외 없이 명확해야만 한다. 사람들은 자신이 하는 일에 대하여 왜 그런 노력을 들여야 하는지, 그것이 자신과 집단의 사명 및 가치와 어떻게 관련되는지 알아야 한다. 그렇지 않으면 그 노력은 곧 중단될 우려가 있다. 우리는 종종 우리가 하는 일에 도덕성을 반영하거나 다른 사람에게 영향을 미치기 위해 도덕성을 거론한다. 실제로 이 책의 필자들도 긍정적 차별과 각자가 느끼는 도덕적 의무, 개인적 열정을 연관 지어 설명하고 있다.

3장에서 캐럴 코빗 버리스(Carol Corbett Burris)는 사우스사이드 중학교에서 시작된 수준별수업 폐지가 시스템 전반으로 확대된 과정을 설명한다. 교내에서 벌어진 싸움과 학업 실패를 보여 주는 데이터에 자극받은 록빌센터 학구의 리더들은 핵심 사명과 가치에 집중, 학교 시스템에 극적이고 지속적인 변화를 창출했다. 4장은 오크힐 학교의 린다 하퍼(Linda Harper)가 썼는데, 형평성에 대한 개인적 성찰이 학교 공동체에 대규모의 변화를 촉발한 기폭제가 된 과정을 보여 준다. 5장에는 에이브럼 발로위(Avram Barlowe)와 앤 쿡(Ann Cook)의 글이 실려 있다. 이들은 고부담 시험을 이용해 학업성취도에 등급을 매기는 주와 학교에서의 형평성 문제를 다루었다. 그리고 다른 교육학자들과 함께 학생 중심의 수행평가를 진행함으로써 뉴욕시 전역에 걸쳐 성공적인 학교 네트워크를 구축했다.

• **조직 차원의 의미를 구축하라**

파편화된 학교와 시스템을 결속시키는 일은 공동의 비전과 목표를 향해 모든 이해관계자를 자극하고 하나로 통합하는 데 매우 중요하다. 특히 명확성이 부족한 시스템에서 초기에 변화를 추진할 때 유익하다. 6장의 저자 앤 블레이크니 클라크(Ann Blakeney Clark)는 '최고의 인재를 가장 필요한 곳에 배치한다'라는 단순하면서도 전략적인 개념을 사용해, 성취도가 낮은 학교에 절실히 필요한 인재 배치 방법을 설명하고 있다. 샬롯-메클렌버그 공립학구는 이 전략을 적극적으로 실행한 결과 브로드상을 받기도 했다.

7장은 교육과정과 평가에 관한 앨리슨 즈무다(Allison Zmuda)의 설명이다. 이 글은 학생들이 학업에서 의미를 찾아내고 사전 지식과 연결하며 관련성을 찾는 데 도움을 주는 맞춤형 학습(personalized learning)을 소개한다. 8장에서 데니스 리트키(Dennis Littky)는 학생들의 흥미를 바탕으로 개별화된 교육과정을 구성하는 아이디어를 제시하고 빅픽처러닝(Big Picture Learning)의 전체적인 틀을 소개했다. 9장의 저자인 에스트렐라 올리바레스 오렐라나(Estrella Olivares-Orellana)는 이중언어를 구사하는 과학 교사다. 그는 문화를 수업 자원으로 활용하는 것이 영어학습자(ELLs)와 관련된 수업을 설계하는 일에도 도움이 된다고 밝힌다.

제시된 각각의 사례에서 필자들은 자신의 노력을 뒷받침하는 명확하고 설득력 있는 근거를 제시하고, 소외된 학생들에게 이러한 노력이 어떤 의미를 갖는지 설명한다. 학교와 삶에서 성공에 대한 최소한의 희망도 품지 못하고 단절된 채 살아가던 젊은이들에게 그것은 유례없는 성공적 결과를 가져왔다.

• 목표에 일관되게 집중하라

새로운 시작은 어떤 것이든 궤도를 이탈하기 쉽다. 현 상태에 도전하는 것일수록 더욱 그렇다. 이 같은 위험을 피해 나가려면 리더십이 필요하다. 10장의 필자인 폴 레빌(Paul Reville)은 전 매사추세츠주 교육위원회 위원장으로서 자신이 경험한 이례적인 성공의 이유를 6가지 근거를 들어 설명하고 있다. 그중 하나는 다양한 협력자들의 지속적 헌신이다. 이에 더하여 그는 탁월한 성공에도 불구하고 여전히 가난한 학교와 지역사회에 추가적인 지원을 제공해야 한다는 용기 있는 결론을 내림으로써 목표에 지속적으로 집중하라는 원칙을 뚜렷이 보여 준다. 레빌은 K-12 시스템의 개혁은 현재 할 수 있는 최대치일 뿐이라고 지적하면서, 더 높은 차원의 성공을 이끌어 낼 정책의 새로운 엔진을 설계하는 데 도움이 될 8가지의 권고 사항을 제시했다.

• 사실을 직시하고 두려움에 맞서라

변화하는 것보다 현상을 유지하는 게 일반적으로 더 쉽다. 하지만 그것이 항상 옳거나 최선인 것은 아니다. 이 책에는 학생 간에 격차가 존재한다는 명백한 현실을 변화 촉진의 계기로 삼고 변화의 두려움을 극복할 수 있도록 도운 리더가 등장한다. 11장의 필자 에이미 시셀(Amy E. Sichel)과 앤 베이컨(Ann H. Bacon)은 교육감으로 일했던 경험을 기록했다. 이들은 꽤 성공적이라고 평가받는 학구에 있었지만, 저소득층 및 유색 인종 학생들의 형편없는 성취도가 확연히 드러난 데이터를 접하자 곧바로 변화에 착수했고, 이후 학교 공동체를 '좋은 학교'에서 '탁월한 학교'로 변모시켰다. 12장의 필자인 달린 버그(Darlene Berg)는 수학 과목의 학습 성과에서 사회경제적 지위가 다른 학생들 사이에 격차가 존재한다는 걸 발견했다. 그는 이 사실을 어쩔 수 없는 것으로 받아들이지 않았다. 오히려 함께하는 팀에게 예측 가능한 결과에 안주하지 않도록 요구하고 도전적 과제를 수행하는 데 필요한 지원을 제공했다.

• 지속 가능한 관계를 형성하라

모든 용기 있는 행동과 발전은 무수히 많은 사회적 관계와 맥락 속에서 일어난다. 현명한 리더들은 신뢰와 참여를 촉진하는 것의 중요성을 알고 있다. 이들은 핵심적인 이해관계자들뿐만 아니라 조직 내에서 다른 관점을 가진 사람들과도 공통된 기반을 만들기 위해 노력한다. 13장에서 마커스 J. 뉴섬(Marcus J. Newsome)은 학교 내에서 관계를 형성하고 유지하는 방식을 핵심으로 설정하고 이와 일치하는 사례를 소개했다. 14장에서 루시 N. 프리드먼(Lucy N. Friedman)과 사스키아 트레일(Saskia Traill)은 방과후 프로그램에 대해 지역사회와 지속 가능한 관계를 만들고 지원하는 방법을 서술한다. 필자들은 존중, 신뢰, 상호 책무성에서 비롯되는 관계 구축이 필수적이라는 사실을 보여 준다.

이 책의 마지막인 15장은 앤디 하그리브스(Andy Hargreaves)가 썼다. 그는 핀란드, 스웨덴, 그리고 웨일스 3곳과 미국, 캐나다에서 학업성취도에 영향을 주는 변수를 분석, 지금까지 설명한 5가지 원칙을 모두 이끌어 낸다. 하그리브스는 이 책의 초반에 언급한 내용, 즉 용기 있는 리더들이 당면한 현실을 재평가하고 미래 전망을 앞당겨 보여 주어야 한다는 것, 그리고 모든 시민의 경제적, 교육적 향상과 전반적인 삶의 질 제고를 위해 행동할 것을 촉구한다. 또한 실패한 정책은 폐기하고 아이들의 사기를 북돋울 정책은 추구해야 할 과제를 안고 있는 정책 입안자들을 위해 8가지의 권고 사항을 요약해 제시하며 글을 마무리한다.

형평성의 실현을 위해서는 몇몇 개인이 아니라 다수의 사람에게 용기를 주고, 헌신하게 하고, 주변 사람들의 사기를 북돋울 수 있도록 격려하는 리더십이 그 진행 과정 속에 꼭 필요하다.

지금부터 소개하려는 용기 있는 지도자들의 실천, 성책, 목적은 앞에서 기술한 '새롭고 보다 강력한 패러다임'과 연결되어 있다. 그 패러다임의 핵심 원칙들을 수용함으로써 우리는 긍정적 차별로 모든 학생을 성공으로 이끌 가능성을 높여 나갈 것이다. 이미 언급했듯이 이는 수 세기에 걸쳐 인류가 진보해 온 것과 같은 방식이다. 현재의 접근법은 너무나 많은 사람을 억압하며 심지어 더 밝고 평등한 미래를 꿈꾸는 것조차 막고 있다. 이 책의 독자들이 새로운 패러다임을 받아들여 모든 아동을 위해 더 밝은 미래를 만들어 갈 방책을 강구해 줄 것이라 믿는다.

1장 ——————— 학교 차원의 변화
브록턴 고등학교의 변화로 살펴본 5가지 리더십

수전 사코비츠

형평성을 구현하려는 학교 문화가 브록턴 고등학교에 처음부터 정착되었던 것은 아니다. 지난 수십 년간 이 학교 리더들은 학생들이 이용하기 쉽도록 교육 프로그램을 구성한다는 철학을 유지해 왔다. 그러나 프로그램 활용은 온전히 학생들의 몫이었고 학교에는 실패의 문화가 만연해 있었다. 오랫동안 브록턴 고등학교에 몸담아 온 한 교장은 종종 "학생들은 실패할 권리가 있다."라고 말하곤 했는데 유감스럽게도 우리 학교 학생들 다수가 그 '권리'를 실제로 누렸다. 학문적인 엄정함이나 학업성취도 같은 것은 체육대회보다도 뒷전으로 밀려났다.

9학년에서 12학년까지 4,200명의 학생이 다니는 브록턴 고등학교는 매사추세츠주에서 제일 큰 고등학교다. 학생들은 다양한 인종과 민족으로 구성되었고 사회경제적 차이도 크다. 인구통계는 학교가 당면한 문제를 한눈에 보여 준다. 학생들 중 약 60퍼센트는 흑인으로 아프리카계 미국인과 카보베르데(아프리카 서북부의 섬나라–옮긴이)인, 아이티인이 포함되어 있다. 나머지 학생들 중 백인은 22퍼센트, 라틴아메리카계는 12퍼센트, 다인종이 2퍼센트, 아시아계가 2퍼센트 정도다. 학생 중 17퍼센트는 영어 능력에 한계가 있는 학습자(LEP)이며, 40퍼센트는 영어를 모국어로 사용하지만 능숙하지 못하다. 76퍼센트의 학생이 빈곤 계층으로 무료 급식 또는 정부 지원 혜택이 있는 급식을 제공받는다. 매사추세츠주 초중등교육부에 따르면 학생들 중 80퍼센트가 도움이 필요한 상황으로 분류되며 11퍼센트는 특수교육 대상자다. 학생 대다수가 가정에서 최초의 고등학교 졸업생이자 대학 진학자인 형편이다.

1998년 매사추세츠주는 고등학교 2학년생을 대상으로 고부담 시험인 종합평가시스템(MCAS)을 도입했다. 졸업장을 따려면 영어와 수학 시험을 모두 통과해야 했다. 시험 결과가 처음 발표되었을 때 브록턴 고등학교는 매사추세츠주에서 학력이 가장 낮은 학교 가운데 하나였다. 영어에서는 44퍼센트의 학생들이 낙제점을 받았고 22퍼센트만 '영어 구사가 가능한' 수준으로 판명되었다. 수학의 경우 75퍼센트가 낙제점을 받았고 대학 공부를 해 나갈 수준의 학생은 7퍼센트에 불과했다. 수백 명의 브록턴 고등학교 학생들이 졸업을 포기해야 할 위기에 놓였다. 이듬해에도 별다른 진전은 없었다. 《보스턴 글로브》는 매사추세츠주 최악의 학교 중 하나로 브록턴 고등학교를 언급했고 학생들은 실패자로 낙인찍혔다. 특단의 조치를 취해야 한다는 요구가 높

　　　　　　　　　　　　　　　　모든 아이를 위하여

아졌다. 더 이상 "학생들은 실패할 권리가 있다."라는 철학이 지속될 수는 없었다. 브록턴 고등학교의 모든 학생이 성공의 길로 다가가야 할 때가 된 것이다.

그리고 이러한 바람은 정말 실현되었다! 브록턴 고등학교가 '완벽하게 변신에 성공한 주인공'으로 되돌아온 것이다. 2009년 10월 9일 《보스턴 글로브》는 "브록턴 고등학교의 성공적인 반전"이라는 제목으로 다음과 같은 기사를 실었다.

> 매사추세츠주 최대의 공립 고등학교이자 4,200명의 학생이 재학 중인 브록턴 고등학교는 범죄, 빈곤, 주거환경, 노숙자 문제 등으로 어려움을 겪는 지역에 자리 잡고 있으며 실패할 수밖에 없는 온갖 이유를 안고 있다. 하지만 이 학교는 최근 수년간 다른 학교들이 이루지 못한 일들을 성공적으로 해 내고 있다. 현재 브록턴 고등학교는 MCAS 점수에서 탁월한 향상을 보여 주며 매사추세츠주의 희망의 상징으로 떠오르는 중이다.

상상해 보라. 브록턴 고등학교가 학업 성적으로 인정받았을 때 학생, 교직원, 학부모를 비롯해 지역사회의 자부심이 얼마나 컸을지, 《U.S 뉴스월드앤드리포트》 1면에 '최고의 고등학교'로 소개되었을 때 모두가 얼마나 기뻐했을지 말이다. 그뿐만이 아니다. 브록턴 고등학교는 11년 연속 국제교육리더십센터 모범학교, 중등학교개선센터 선정 시범학교로 뽑혔고, 포드햄 대학교 교육대학원에서 수여하는 상을 받았다. 또한 하버드 대학교 성취도격차연구소에서 발간한 보고서 및 매사추세츠주 주지사의 연례 연설에서도 집중적으로 조명됐다. 브록턴 고등학교는 '실패할 수밖에 없는 온갖 이유를 가진 학교'에서 '높은 기준과 큰 기대치를 지닌 학교'로 완전히 탈바꿈했다. 학업성적 향상도 놀라웠지만 그보다 더 중요한 것은 학교 문화의 변화였다. 이는 시험 점수의 향상을 넘어서는 훨씬 더 대단한 일이었다.

어떻게 이런 일이 일어났을까? 모든 학생을 성공으로 이끈 비결은 무엇일까? 변화 과정에서 우리가 깨닫게 된 사실은 바로 문제의 근원이 학생이 아닌 어른들에게 있었다는 것이다. 이 문제의 개선을 위하여 우리는 문해력(literacy), 즉 읽고 쓰는 능력에 초점을 두고 가르치는 방법을 변화시켰다. 그 결과 학생들의 성취도는 놀랍게 개선되었고 학교 문화도 달라졌다.

사고 관점의 변화

브록턴 고등학교의 반전은 높은 낙제율에 스트레스를 받고 뭔가 해야겠다고 결심한 교사들로부터 시작됐다. 교사들은 스스로 재건위원회를 결성했고 회의를 개최했다. 첫 회의에서 한 교사가 MCAS 점수를 칠판에 붙이고 그 밑에 "이것이 우리가 할 수 있는 최선일까?"라고 쓰자 모두가 "아니요!"라고 외쳤는데 이것이 브록턴 고등학교의 변화를 향한 첫 시작이었다.

첫 3년간 우리는 MCAS 성적을 올리는 데 집중하기로 하고 기출문제를 분석해 예상문제를 만들었다. 이 과정에서 가장 출제 가능성이 높다고 평가된 '셰익스피어 집중 공략'이 학교 전체를 대상으로 실시되기도 했다. 하지만 MCAS에서는 더 이상 셰익스피어가 언급되지 않았고 우리의 작전은 '위대한 셰익스피어의 완패'로 끝나고 말았다.

혹독한 교훈이었다. 재건위원회는 예상문제를 미리 짚어보는 정도로 MCAS 성적을 올릴 수 없고 변화를 이끌어 낼 수도 없다는 점을 인정했다. 교사들은 다시 그동안의 MCAS 데이터를 꼼꼼히 살펴보았고, 그 결과 읽기와 문제해결, 어휘, 사고 및 추론 기능에서 우리 학생들이 전반적으로 낮은 점수를 받고 있음을 파악했다. 문제는 이것이 빈곤 가정 등 특정 집단 학생들에게서만 나타나는 현상이 아니었다는 점이다. 교사들은 이 문제의 해결을 위해서는 낙제생뿐만이 아니라 모든 학생을 대상으로 해야 한다는 데 의견을 모았다. 이렇게 해서 시험 대비 대신 문해력 개선에 초점을 두기로 원칙이 정해졌고, 수많은 질문과 논의를 거듭하며 개선 방안의 틀이 만들어졌다. 다음은 우리의 사고가 바뀔 수 있었던 중요한 질문들이다.

- 학교에서 무엇을 어떻게 가르치고 있으며, 학생들이 실제로 학습하고 있다는 것을 어떻게 알 수 있는가?

학교에서는 구조화되고 세분화된 내용의 교과를 가르친다. 문제는 어떻게 가르치냐였다. 대다수 교사들은 경험이 많고 수업에도 능숙하지만, 그렇지 못한 교사들도 분명 있다. 그들은 수업을 부담스러워했고, 일방적인 강의나 교사 주도 활동에 의존하고 있었다. 학생들이 실제로 학습하고 있다는 것을 어떻게 알 수 있는지 물었을 때 대부분의 교사들은 잘 모르겠다고 대답했다. 이 질문은 교사들이 자신을 되돌아보고 브록턴 고등학교 학생에게 주어지는 교육의 질은 전적으로 교사들에게 달려 있다는 사실을 깨닫는 계기가 되었다. 학교 전체에 공통으로 적용되는 기준이 전혀 없었다는 사실 또한 분명했다.

• 학생들이 MCAS뿐만 아니라 학교, 그리고 학교 밖에서까지 성공을 거두려면 무엇을 알고 무엇을 할 수 있어야 하는가?

이 문제는 아마도 가장 활발하게 논의한 내용일 것이다. 우리는 이에 대한 대답으로 문해력 개선 방안을 마련했다. 그리고 문해력에 대해 정의하고, 학생들이 문해력을 어느 정도 획득했는지 입증할 방법을 연구하고 규정했다.

• 현 상태에서 인력이나 자원을 더 보충할 가능성이 별로 없다는 가정 하에, 지금 갖고 있는 인력과 자원 가운데 더 효과적으로 쓸 수 있는 것은 무엇인가?

우리가 찾은 답은 바로 시간이라는 자원이었다. 오후 일과의 상당 시간이 교육과 관계없이 허비되고 있었다. 자율학습 시간은 학생들에게 할 일 없이 보내는 시간으로 인식되고 있었다. 차라리 그 시간에 프로그램을 계획하든지 수업을 실시하든지 했더라면 나았을 것이다.

이런 의견에 따라 학교 일과 시간 조정이 시작되었다. 학생 시간표만이 아니었다. 교장의 지원하에 한 달에 두 번, 수업 개선을 위한 교무회의가 새로 마련된 것이다. 지금까지 열렸던 교무회의는 행정적 사항을 공지하거나 안전훈련 준비, 노동조합 업무 같은 논의를 위해서만 열렸을 뿐 학생들의 교육과 관련된 문제는 다루지 않았다. 하지만 현재 브록턴 고등학교의 교무회의는 문해력을 가르치는 데 필요한 논의와 교사 훈련이 이루어지는 문해력 워크숍으로 변모했다.

• 우리가 통제할 수 있는 것과 통제할 수 없는 것은 무엇인가?

학생들이 일상에서 부딪히는 어려움들을 학교가 모두 통제할 수는 없다. 가정의 빈곤, 열악한 주거환경, 폭력, 가정불화, 무관심, 언어 습득 문제 등 학교가 통제할 수 없는 핑곗거리는 한두 가지가 아니다. 하지만 그렇다고 해서 학교가 손을 놓은 채 방관만 하고 있을 수는 없는 일이다. 우리는 학생들이 매일 학교에서 보내는 시간 자체에 좀 더 집중하기로 했다. 어떻게 하면 그 시간을 학생들의 학업성취도 향상을 위해 가장 적절히 쓸 수 있을 것인지 스스로 질문하고 따져 볼 필요가 있었다.

재건위원회가 위와 같은 문제들과 씨름하면서 활발히 논의한 결과 내린 결론은 학생 모두의 문해력 향상에 주안점을 누어야 한다는 것이었다. 그리고 문해력 습득 문제는 단지 영어과나 수학과만의 문제가 아니라 학교의 모든 교사가 책임을 공유해야 할 문제라는 것도 인식했다. '모두의 문해력'에서 '모두'라는 말은 말 그대로 '전부'를 뜻한다.

이어서 문해력 개선에 관해 초안이 마련되었다. 문해력을 더욱 명확하게 정의하고 모든 학생을 대상으로 문해력 개선에 집중하는 교육과정 모델이 만들어졌다. 모든 교사는 담당 교과의 내용을 활용해 문해력을 높이려고 노력했고, 학교의 꾸준한 지원 속에서 점차 문해력 전문가로 성장할 수 있었다.

이처럼 학교 전체에서 끈기 있게 헌신적 노력을 기울인 것이 바로 향상과 개선을 이끈 비결이었다. 더 이상 학생에게 제공되는 교육의 질이 어떤 교사를 만나느냐에 따라 달라지는 운에 좌우되게 할 수는 없다. 학생들은 학교에서뿐만 아니라 학교 밖의 일상에서도 성공적인 삶을 살아갈 수 있도록 일련의 스킬 및 사고 과정을 숙달할 기회를 갖게 되었다.

모두를 위한 문해력

재건위원회에서는 '학생들이 알아야 할 것'과 '할 수 있어야 하는 것'들을 논의하여 목록으로 정리하고 읽기, 쓰기, 말하기, 추론의 네 영역으로 분류했다. 이는 학생을 향한 학업적 기대치를 구체적이고 측정 가능한 방법으로 정의하는 과정의 일환이었다. 학생들에게 문해력을 가르치기로 결정했기에 문해력이란 무엇인지 정의를 내리는 것은 필수적인 일이었다.

문해력 초안을 만들기까지 재건위원회 위원들은 과목 간 소규모 그룹 토론을 진행하고, 교원을 비롯해 학부모와 학생이 포함된 학교 협의회, 심지어 브록턴시 상공회의소에까지 자문을 구했다. 이런 노력은 반드시 필요한 것이었다. 왜냐하면 모든 학생과 학부모가 이해할 수 있도록 분명하게 문해력을 정의하고 서술해야 했기 때문이다. 게다가 이렇게 정의한 문해력은 각각 모든 교과에 적용되어야 했고, 그러한 능력에 숙달한다면 해당 교과에서 높은 학업 성취를 이루어 낼 것으로 기대되었기에 교사의 의견도 매우 중요했다. 오랜 기간 교육에 관여하는 모든 사람들의 의견을 듣고 수많은 논의와 수정을 거친 끝에 읽기, 쓰기, 말하기, 추론 영역으로 구성된 일련의 문해력 차트(**도표 1.1**)를 완성할 수 있었다.

완성된 문해력 차트는 곧바로 모든 학급에 게시되었다. 하지만 여전히 수업에는 별다른 변화를 가져오지 못했다. 다시 한번 근본적인 문제로 되돌아가서 어떻게 하면 모든 교과의 교사가 표준적인 방식으로 문해력 수업을 할 수 있을지 고민해야 했다. 모든 학생은 문해력을 학습할 필요와 자격이 있고, 성공하려면 문해력에 숙달해야 했다. 이것은 교육의 형평성에 관한 문제였다.

그러면 문해력 수업은 어디서부터 어떻게 시작해야 할까? 선택과 집중이 필요한 문제였다. 만약 문해력 차트에 있는 모든 능력을 한꺼번에 공략하러 든다면 교사도 학생도 과부하에 설릴 게 뻔했다. 이 문제를 논의하기 위해 수 차례나 더 재건위원회 회의가 열렸고 열띤 토론이 이루어졌다.

열정적인 한 교사가 목소리를 높여 주장했다.

문해력이란 무엇인가

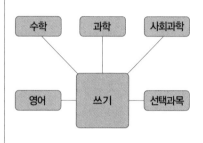

읽기 영역	쓰기 영역
수학 과학 사회과학 / 영어 **읽기** 선택과목	수학 과학 사회과학 / 영어 **쓰기** 선택과목

• 사실적 이해 혹은 추론적 이해를 통한 내용 파악하기	• 메모하기
• 학습목표 및 사전에 학습할 어휘를 포함, 읽기 전, 읽는 중, 읽은 후의 독서전략을 모든 읽기 과제에 적용하기	• 사고 과정을 설명하기
• 글에서 다루는 화제를 조사하기	• 주장을 펼치고 적절히 뒷받침하기
• 정보를 수집하기	• 비교하고 대조하기
• 글의 주장을 파악하기	• 개방형 글쓰기, 즉 지문을 읽고 그에 관한 구체적 질문에 답을 제시하며, 자기 의견이 아니라 지문에 있는 증거를 사용해 자신의 주장이 옳다는 걸 입증하는 글 쓰기
• 글의 중심 문장 파악하기	• 실험에 대해 설명하고 발견한 내용을 보고하며 결론을 제시하기
• 주요 개념을 이해하고 의미를 구축하기	• 읽고 보고 들은 것에 대해 반응을 표현하기
• 자신의 경험과 관련지어 확장하기	• 완전한 문장으로 자신의 생각 전달하기
	• 공식적인 양식으로 보고서 작성하기

말하기 영역	추론 영역
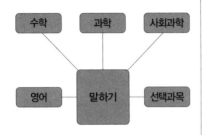	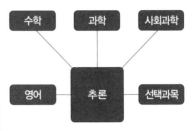

- 완전한 문장으로 자신의 생각 전달하기
- 주요 구절의 의미를 구두로 설명하기
- 쟁점에 대해 토론하기
- 학급 토의나 공개 토론에 참여하기
- 학급이나 또래 집단, 지역사회에서 구두로 발표하기
- 포트폴리오를 소개하고 발표하기
- 읽고 보고 들은 것에 대해 반응하기
- 상대가 듣고 이해할 수 있는 방식으로 의사소통하기

- 표나 도표, 그래프를 만들고 해석하고 설명하기
- 수를 계산하고 해석하고 설명하기
- 서술형 문제를 읽고 분석하며 풀기
- 논증이나 가설을 뒷받침하는 통계를 해석하고 발표하기
- 하나의 패턴을 파악하고, 설명하며, 패턴에 근거해 예측하기(모두 또는 일부)
- 논증이나 풀이에서 오류를 발견하기
- 논증이나 풀이과정의 논리를 설명하기
- 유추나 증거를 둘 다 또는 하나만 사용해 자신의 사고를 뒷받침하기
- 시간과 공간의 관계를 설명하고 해석하기

"쓰기부터 시작해야 합니다. 쓰기는 생각을 표현하는 일입니다. 만일 자기 생각을 분명하고 조리 있게 써낼 수 있다면 교사는 학생이 그 능력에 숙달했는지, 그리고 해당 교과 영역에 숙달했는지 더 잘 평가할 수 있습니다."

이날의 논의를 통해 우리는 확신을 얻었고, 전 교과 모든 교사에게 쓰기를 가르치는 훈련을 시작하게 되었다.

구상의 실행과 모니터링

재건위원회는 학교 전체에서 실행할 쓰기 교육과정 개발을 시작했다. 일단 10단계 과정을 결정한 다음 모든 교사를 위해 각 과정을 세세한 훈련으로 어떻게 모형화할지 방법을 찾아야 했다. 그것이 문해력 워크숍의 첫 번째 과제가 되었다.

재건위원회 논의 결과 교사 대다수가 읽기나 쓰기를 가르치는 방법을 훈련받은 적이 없다고 스스로 인정했다. 어떤 교사는 학생들에게 읽기를 가르치면서 "그냥 다시 읽어 보세요!"라고 하는 게 전부였다고 말했다. 일반적인 고교 교사 양성 프로그램은 주로 교과의 내용 학습에 초점을 두기 때문이다.

우리가 목표로 하는 문해력 개선 방안은 브록턴 고등학교의 모든 교사가 공통의 교육과정, 어휘, 평가기법을 사용해 가르치도록 훈련하는 것이었다. 이는 브록턴 고등학교에서 혁명이나 다름없었다. 이전까지 한 번도 모든 교원에게 초점을 두어 교육이 이루어진 적은 없었던 것이다.

교무회의 시간마다 모든 교사를 대상으로 재건위원회가 개발한 개방형 글쓰기 과정(open response writing process) 훈련이 시작되었다. 교사들은 담당 교과에 포함된 텍스트를 사용해 쓰기의 바탕이 될 맥락자료를 개발했다. 성공의 열쇠는 학교 전체에서 똑같은 과정과 기능을 가르치고 적용할 수 있는 일관성을 확보하는 데 달려 있었다.

모든 교사의 훈련이 진행되는 동안 재건위원회는 일정표를 고안했다. 교장과 교감은 일정표를 학급에 배포하고, 각 교과마다 포함된 내용으로 일주일간 쓰기를 가르치도록 배정했다. 역사 교과를 예로 들면, 역사교사에게 배정된 일주일 동안 미국의 독립 전쟁을 가르치되, 교사가 선택한 읽기자료를 이용해 글쓰기를 위한 맥락자료를 만들어야 한다. 단 이 경우에도 학교 전체적으로 똑같은 쓰기 기준을 적용한다. 실행 일정표는 두 가지 면에서 고안되었다. 첫째, 모든 교사가 참여하고 있다는 게 명확히 드러나도록, 또 행정적인 모니터링이 용이하도록 정확한 일정이 명시되어야 했다. 모든 실행 과정은 어떤 경우에도 우연이나 운에 따르지 않고 철저히 계획적으로 이루어졌다. 교사들은 모든 학생에게 문해력과 관련된 지식과 스킬을 가르치기 위해 헌신적으로 노력했다. 우리가 추진하는 문해력 개선 방안은 이전에 한 번쯤 경험한 바 있는 일회적인 전문성 계발과 완전히 달랐다. 둘째, 일정표를 통해 모든 학생이 해당 능력을 반복적으로 연습하도록 한다는 것이다. 의도적이고 반복적인 연습은 숙달에 필수적이다.

학교 전체에 걸친 기준을 확립하는 것은 새로운 시도였고, 평가 과정에 일관성을 확보하는 것은 참신한 도전이었다. 모니터링되는 모든 것이 성취에 해당했다. '모든' 것은 '전부'를 의미한다는 재건위원회의 믿음에 따라 모든 교원의 실행 과정과 모든 학생의 결과물의 질을 전부 모니터링했다. 쓰기를 가르치려면 일관성 있는 채점기준표(rubric)를 마련하여 학교 전체에 적용하는 일이 필수적이었다. 아마 이 과정에서 가장 중요했던 것은 교사들이 학생의 결과물을 수집하여 검토한 내용일 것이다. 교사들은 학생의 결과물 검토를 위해 교과목 간 모임을 진행했고 좋은 아이디어도 많이 나왔다. 실제 결과물을 비교하는 과정에서 학생에 대한 학교의 기대치가 서로 일치하지 않는다는 점을 확인할 수 있었다. 교직원 중에는 현재 요구하는 엄격한 기준에 학생들이 과연 도달할 수 있을지 의심하는 사람도 많았다. 하지만 회의적이었던 교사들도 몇몇 수업에서 학생들이 만들어 낸 쓰기 결과물의 질을 직접 확인하면서 점차 문해력 수업이 쓰기 결과물의 질적 향상에 미치는 영향을 이해하게 되었다.

모든 학급에서 똑같은 목표, 똑같은 과정, 똑같은 평가가 이루어질 수 있도록 실행하는 일을 우리는 계속 흔들림 없이 수행해 나갔다. 예외는 없었다. 학생들도 학교에서 뭔가 이전과 다른 일이 일어나고 있다는 걸 인식하기 시작했다. 이전에는 읽기와 쓰기에 이토록 집중했던 적이 없었다. 또한 학생들은 주 단위에서 실시하는 평가뿐만 아니라 모든 수업에서 일관되게 적용되기 시작한 중요한 스킬을 배워나갔다.

교직원의 참여

솔직히 모든 사람이 참여할 때까지 기다리고만 있었다면 우리는 여전히 그대로였을 것이다. 우리는 기다리는 대신 서서히 앞으로 나아갔다. 예전의 브록턴 고등학교는 너무 많은 목표에 짓눌리고, 너무 자주 계획을 세웠으며, 끝없이 논의를 거듭했지만 단 한 번도 제대로 출발선에서 발을 떼고 실행하지 못했다. 하지만 이번만큼은 문해력 개선 의제를 추진하는 일에 우선순위를 두어 반드시 실행해야 했다. 우리는 그동안 매사추세츠주 전역에서 실패한 학교로 낙인찍혀 왔다. 더 이상 논의에 시간을 허비할 수는 없었다. 무엇이든 해야만 했다.

300여 명의 교직원 중에는 물론 반대하는 사람도 있었다. 하지만 재건위원회와 리더들의 전폭적 지원 속에 교사들은 문해력 개선 수업을 실행하기 시작했다. 교원노동조합은 이 과정에 처음부터 참여하여 모든 추진 과정을 함께했다. 우리는 계약 사항을 위반하지 않도록 주의를 기울였다. "저는 영어가 아니라 미술교사로 채용되었어요.", "걱정 마세요, 곧 지나가겠지요.", "이런 환경의 아이들에게서 대체 뭘 기대할 수 있겠어요?" 이렇게 냉소적인 반응도 없지 않았다. 하지만 우리는 명확한 지침과 과정, 수많은 훈련과 지원, 강력한 모니터링으로 대응해 나갔다.

진정한 참여는 결과가 있을 때만 따라오는 법이다. 다행스럽게도 즉각적이고 놀라운 향상을 확인할 수 있었다. 문해력 개선 방안을 시작한 첫해에는 낙제율이 반으로 줄어들었고, 능숙 등급의 비율은 두 배로 올라갔다. 이듬해에도 그런 결과를 만들어 내자 반대하는 목소리는 점차 잦아들었다.

어려움을 겪는 학습자들을 위한 안전망

문해력 스킬 지도 및 학생 결과물 수집과 검토에 대한 세심한 모니터링 덕분에 학교 전체의 기준도 점점 향상되고 있었다. 우리가 제공한 문해력 수업은 학생들이 브록턴 고등학교를 졸업한 이후에도 성공하는 데 도움이 될 만한 것이고, 실제로 분명 효과가 나타나고 있었다! 하지만 학생 가운데 일부는 더 많은 지원과 직접적인 지도, 그리고 피드백이 필요하다는 점도 드러났다.

교사들은 도움이 필요한 학생들을 파악하기 시작했고 그들을 위해 낮 시간과 방과 후에 일대일 지원 수업이 마련되었다. 개인별교육계획 (IEPs)은 학생 개개인이 기준에 도달하는 데 필요한 문해력 목표와 지원을 포함하도록 수정되었다. 진척 상황을 꼼꼼히 모니터링하기 위해 개인별교육계획이 필요한 모든 학생 및 영어학습자(ELLs) 모두에 대한 포트폴리오가 만들어졌다.

학교에서는 '액세스센터(Access Center)', 즉 자율적으로 학습할 수 있는 공간을 만들고 낮 시간과 방과 후에 학생들을 도와줄 교사진을 채용했다. 교사 외에 선후배 학생들도 모집하여 또래 튜터링을 함께 진행했는데, 이들은 쓰기 과정에 대한 훈련을 워낙 잘 받은 터라 학교 전체의 과정과 일관성을 유지할 수 있었다.

액세스센터에 대한 학생들의 호응은 높았다. 한 학생이 작성한 보고서에 의하면, 처음 엑세스센터를 찾아간 이유는 교사의 추천이었지만 시간이 지날수록 편안하고 안전한 분위기를 느낄 수 있었고, 도움이 필요할 때 긍정적인 격려와 실질적 지원을 받을 수 있었다고 했다. 센터는 얼마 안 가 학생들로 북적이는 공간이 되었다. '복서-2-복서(Boxer-2-Boxer, 복서는 브록턴 고등학교의 상징물인 개를 나타냄–옮긴이)'라는 이름의 멘토링 프로그램도 운영했는데, 이것은 선배들이 1학년 담당 교사들과 짝을 이루어 지원을 제공하는 프로그램이다. 이처럼 문해력 개선 방안은 철저하게 학교 전체의 헌신 속에 이루어졌다.

성공이 가져온 더 큰 성공

문해력 개선 방안을 실행에 옮기느라 고단했던 1년이 지나고 첫 번째 MCAS가 치러졌다. 결과를 기다리는 동안 나는 극심한 스트레스를 겪었다. 브록턴 고등학교 학생들의 읽기와 쓰기 능력이 향상된 것은 이미 알고 있었지만, 우리의 노력을 입증하려면 MCAS 결과가 어떻게 나오는지가 중요했기 때문이다. 매사추세츠주 교육위원회 위원장에게서 브록턴 고등학교가 최고의 성적 향상을 보였다는 전화를 받았을 때 얼마나 기뻤던지! 그뿐만이 아니다. 브록턴 고등학교의 낙제율은 절반 이하로 줄어들었고 숙련도 순위는 놀랄 만큼 향상되었다. 그리고 상승 추이는 10년 넘게 유지되고 있다.

처음에는 우리가 추진한 문해력 개선 방안을 대수롭지 않게 여겼던 사람들이 이제는 함께 나아갈 준비를 하고 있다. 왜 쓰기를 가르쳐야 하느냐는 불만 대신 "이 방법은 꽤 효과가 있어요. 또 무엇을 하면 될까요?"라는 말이 들려왔다. 지금 브록턴 고등학교의 교사 간에는 문해력 스킬을 가르치고 필요한 일련의 사고과정을 제공하면 모든 학생이 성공을 거둘 수 있다는 암묵적 합의가 이루어지고 있다.

교사들은 문해력과 관련된 다양한 스킬을 갖출 수 있도록 똑같은 형식으로 훈련을 계속했다. 이렇게 갖춰진 스킬은 교사들이 훈련을 마치고 나면 학생들에게 전수될 것이다. 적극적인 읽기 전략 사용하기, 어려운 읽기자료 분석하기, 시각자료 읽기 및 분석하기, 시청각자료 분석하기, 그래프와 도표 분석하기, 말하기 능력 개발하기, 이해도 확인하기, 문제해결 전략, 영어학습자(ELLs)의 학업 지원하기, 문맥 속에서 어휘 가르치기 등이 문해력 워크숍에 새롭게 포함되었다.

요약

브록턴 고등학교의 변화는 어느 날 갑자기 쉽게 이루어진 것이 아니다. 이 사실은 중요하다. 변화는 인내심을 갖고 학생들의 문해력에 집중하며 계획을 세워 연습하고 열심히 노력한 결과였다. 변화를 향한 노력이 제대로 유지되지 못하는 경우도 많고 따라하기 어려운 경우도

모든 아이를 위하여

흔하다. 하지만 브록턴 고등학교의 문해력 개선 방안은 10년 이상 지속되어 왔을 뿐만 아니라, 전국의 학회에서 성공 사례로 언급되면서 수많은 학교와 학구가 따르고 있다. 여기에서 우리가 발전시켜 온 문해력 개선 방안의 4단계를 간략히 소개하기로 하겠다.

- **1단계, 권한의 강화**

처음 재건위원회가 시작된 것은 MCAS 점수를 높이려는 의무감 때문이었지만 이 모임은 곧 학교의 개선에 막강한 영향력을 발휘하는 두뇌 집단으로 발전했다. 재건위원회 위원들은 가르칠 목표가 될 스킬을 결정하고, 훈련과정을 개발하고, 학생들에게 해당 스킬을 가르칠 수 있도록 교사들을 이끌었으며, 학생들의 결과물에 관한 논의를 주도했다. 이는 진정한 교육 리더십이라고 말할 수 있다.

- **2단계, 문해력에 집중하기**

학교를 개선하기 위해 너무나 많은 목표가 설정되고 고상한 전문 용어로 노력을 포장하는 경우가 많았다. 우리는 해마다 새로운 노력을 시작하는 대신 문해력에 집중했다.

- **3단계, 충실히 실행하기**

모든 교사들은 정해진 일정에 따라 문해력 개선을 위한 훈련을 받았다. 학생들도 마찬가지로 문해력 숙달을 위해 체계적이고 계획적인 수업을 받았다.

- **4단계, 모니터링 지속하기**

치밀한 모니터링 과정은 교사들과 학생들 모두에게 유용했다. 모니터링을 통해 학교 전체의 기준을 확립하고 나니 학생들은 학교가 기대하는 수준을 알게 되었다. 학생들의 결과물을 수집하고 검토할 때도 교사들은 모든 학생에게 일관된 기준을 세울 수 있었다.

교훈

브록턴 고등학교가 긍정적 차별로 모든 학생을 성공으로 이끈다는 목표를 달성하는 데 필요했던 것은 고상한 비전이나 교육적 언사가 아니었다. 교과목에 상관없이 학생들 모두가 삶에 필요한 문해력을 갖출 수 있도록 끈기를 갖고 집중해야 한다는 사실이었다. 그 과정에서 우리는 다음과 같은 교훈을 얻을 수 있었다.

첫째, 모든 학생을 성공으로 이끌기 위해서는 '모두'에 대한 기대치를 높이는 것이 필수다. 물론 그것이 전부는 아니다. 높은 기대치와 함께 학생들은 그런 기대치에 도달하는 데 필요한 스킬을 배워야 한다. 모든 학생에게 읽기, 쓰기, 말하기, 추론에 필요한 문해력을 가르치는 것은 학생들이 평가와 수업에서 성공하도록 준비시키고, 대학과 직장, 학교 밖 생활에서도 성공할 수 있게 대비시킨다.

둘째, 학생뿐만 아니라 교사의 학습에 집중할 필요가 있다. 학생이 받을 수 있는 교육의 질은 어떤 교사를 만나느냐에 따라 달라지는 경

모든 아이를 위하여

우가 너무나 많다. 학생의 성취도가 과연 최고의 교사를 만날 수 있을 만큼 운이 좋을까에 달려 있다는 말이다. 학교를 개선한다는 것은 학교 전체의 수업을 개선하는 일이다. 양질의 수업이야말로 학교의 변화를 이끌어 내는 원동력이다. 새로운 교수법으로 문해력을 가르치는 데 집중했을 때 학생들은 더욱 열정적으로 수업에 참여했고 놀라운 향상을 보여 주었다.

셋째, 모든 사람이 참여할 때까지 기다리고 있지만 말고 먼저 행동을 취할 필요가 있다. 우리는 교육계획을 마련하는 쪽으로는 전문가들이지만, 그 계획을 실행에 옮길 때는 실수를 하기도 한다. 수많은 시행착오를 거쳤지만 브록턴 고등학교의 모든 사람들은 추진을 위해 힘을 모았다. '모두'라는 말은 실제로 '전부'였다.

브록턴 고등학교는 실패자로 낙인찍힌 학교였지만 이제 전국적으로 인정받는 변화 모델 학교로 완벽하게 변신했다. 매사추세츠주 교육위원회 위원장인 미첼 체스터(Mitchell Chester)는 《보스턴 글로브》에 다음과 같은 글을 실었다(Vaznis, 2009).

제게 있어서 브록턴 고등학교는 다양한 학생 집단을 수용하는 학교일수록 학업성취도가 높은 학교로 바뀔 수 있다는 증거랍니다. 제 기억 속에는 학교 건물을 돌아다니며 수업에 들어갔을 때 경험했던, 학생들과 교사들 간의 존중의 문화가 아주 생생하게 남아 있어요. 그런 건 아무 학교에서나 볼 수 있는 게 아니지요.

우리의 일이 끝나려면 아직도 가야 할 길이 많이 남아 있다. 브록턴 고등학교의 문화가 바뀐 것에는 자부심을 느끼지만 힘든 작업은 앞으로도 계속될 것이다. 그럼에도 불구하고 우리 학생들은 최선의 노력을 기울일 만한 가치가 충분하다.

2장 ——————————— 시스템 차원의 변화

실제 교육 변화 사례로 살펴본 5가지 리더십

마이클 풀란

교육계에서 형평성에 관심을 두기 시작한 것은 1983년 미국에서 「A Nation at Risk(위기에 처한 국가)」라는 보고서(미국의 교육 제도가 평범한 학생들을 양산하는 풍조에 빠져 있다는 비판적 관점에서 변화의 필요성과 방향을 제시한 보고서-옮긴이)가 발표되면서부터였다. 그 후 30여 년간 요란한 홍보와 함께 많은 비용을 투입했지만 학생들의 성취도를 높이고 학업 격차를 해소하는 문제는 거의 진전이 없었다. 보고서는 새로운 변화를 위한 행동을 촉구했지만 전혀 구체적이지 않았고 아무런 전략도 없었다.

무슨 행동을 말하는 것이냐고 물을지도 모르겠다. 그 행동을 시작하는 데만 거의 20년에 가까운 시간이 걸렸는데, 2001년 아동낙오방지법으로 얻은 것이라고는 목표에 도달할 수 있는 전략은 전혀 없이,

그저 요란하게 떠들어댄 구호뿐이었다. 그리고 10년 뒤 우리는 형평성의 중심을 하위 5퍼센트의 학교를 개선하는 데 둔 '최고를 향한 경쟁(Race to the Top)' 정책을 만났다. 이 정책과 함께 등장한 것이 내용과 전략을 모두 갖추고 형평성이라는 목표도 포함하는 국가공통핵심성취기준(Common Core State Standards, CCSS)이었다. 하지만 모든 학생의 학습을 개선하는 데 있어서 이것이 시스템에 얼마나 도움이 될 것인가? 내 대답은 별로 그럴 것 같지 않다는 것이다. 국가공통핵심성취기준은 몇몇 장점에도 불구하고, 큰 진전을 이루어 내기에는 통제하기 너무 어렵고 복잡한 점이 많기 때문이다. 게다가 서로 도움이 되지 않는 조건하에 운영되는 세 가지 시스템, 즉 성취기준과 교수법과 평가 시스템들을 대대적으로 개선해야 하는 부분이 있다.

이 장에서 나는 교육 개혁에 대한 불협화음에서 한 걸음 물러나서 진실로 효과가 있는 것을 밝혀내려 한다. 그러기 위해 다음 두 가지 방법을 사용할 것이다. 첫 번째는 기본적인 요소들을 나열하는 것이며, 그다음에는 이것이 실행에서 어떤 모습을 갖게 될지 몇 가지 중요한 사례를 제시하는 것이다.

시스템 전체의 동시 개혁

북미에 있는 다수의 대규모 시스템에 대한 우리들의 연구와 그 자료를 꼼꼼히 읽어 보면, 서로 병행해서 사용할 때 중요한 변화를 일으키는 몇 가지 요인을 밝혀낼 수 있다. 성공 요인을 논하기 전에 최우선으로 생각해야 하는 3가지의 두드러진 지향점이 있다.

첫째, 이상하게 들릴 수도 있지만, 만약 시스템을 바꾸고 싶다면 개선의 대상이 시스템 전체, 즉 하위 5퍼센트 또는 20퍼센트의 학교가 아니라 모든 학교라는 점을 선언해야 한다. 밀물이 모든 배를 들어 올리듯 모든 학교가 개선에 대한 의무감을 가져야 한다는 말이다. 전체 시스템이 움직여야만 진전이 지속될 가능성이 조금이나마 있을 것이다. 특정 학교나 학구 한두 곳에서 아무리 좋은 성과를 거둔다고 할지라도 실패의 요인과 주변 환경의 악화를 몰고 올 빈틈은 언제든 있는 법이다. 이는 최고의 학교나 학구에서조차도 문제가 될 수 있다.

둘째, 해결책이 지나치게 복잡해선 안 된다. 많은 것들이 얽히고설킨 '혼잡함(complicatedness)'과 서로 연관된 많은 요소에서 해결책을 찾아가는 '복잡성(complexity)'은 본질적으로 다르다. 전자는 조정의 단계를 추가하고 진행 중인 프로젝트의 수를 늘릴 때 발생하며, 이러한 대응은 혼란과 과부하를 키울 뿐이다. 반면 후자는 핵심 요소를 하나로 모아 유기적으로 연결하는 것과 관련된다. 이런 프로세스는 '단순성(simplexity)', 즉 차이를 만드는 핵심 요소의 최소 개수(일반적으로 6~8개)를 밝혀낸 다음(상대적으로 간단한 부분), 그들이 상호 작용하도록 조율하는 것(상대적으로 복잡한 부분)이다.

셋째, 앤디 하그리브스(Andy Hargreaves)와 내가 '밀고 당기는 힘'이라고 부르던 것을 통합해야 한다(Hargreaves & Fullan, 2012). 변화를 밀어붙일 수는 없다. 변화를 강요하면 사람들이 반기를 들 것이다. 하지만 그저 운에만 맡겨 둘 수도 없다. 운에만 맡겨 두면 아무 일도 일어나지 않기 때문이다. 그때 '밀고 당기는 힘'을 결합하는 리더십이 아주 중요해진다. 변화가 어려운 이유는, 새로운 아이디어가 나와야 하고 시스템 내부의 대다수가 그 아이디어를 적극 수용하여 자기 책임 의식을 가져야 하기 때문이다. 이러한 현상에 대해 나는 다음과 같이 정의한다. 효과적인 변화 과정은 좋은 아이디어를 구체화하고 다시 개선하면서 집단 내 구성원들 간에 역량과 주인 의식을 키워 가는 것이다. 정교한 리더십은 그러한 과정에 내재된 모든 문제를 함께 관리한다.

요약하면, 형평성 실현이라는 성과를 위해서는 3가지의 근본적인 대처 방안이 필요한데, 그것은 시스템 전체라는 관점(모든 사람이 관련되어 있다는 생각), 단순성(모든 사람이 수용할 수 있는 소수의 핵심 요인), 그리고 밀고 당기는 힘(혁신 역량과 주인 의식)이다.

좀 더 자세히 살펴보자. 지난 15년 동안 동료들과 나는 여러 시스템(학구, 주, 지역, 국가)과 함께 일하며 성공의 역학을 경험하고 이를 이끌어 내기 위해 노력해 왔다. 이 모든 작업에서 우리는 학업성취도에 대한 기대치를 높이고 격차를 해소하는 것에 목표를 두고, 측정이 가능한 학생들의 결과와 관련된 특정 요인들을 살펴보았다. 그리고 조앤 퀸(Joanne Quinn), 엘리너 애덤(Eleanor Adam)과 함께 8가지 상호 작용 요인을 포함한 최신 해석을 내놓았다(표 2.1). 이 8가지 요인이 상호 작용하면서 집중적이고 끈기 있게 시스템 개선을 추구하는 문화가 생겨날 수 있다는 것이다. 또한 각각의 요인은 독자적으로도 효과가 있으며 상호 긍정적인 영향을 주고받는다.

　　　　　　　　　　　　　　　　모든 아이를 위하여

뒤에서 몇 가지 예를 제시하겠지만 여기서 간단히 언급하자면, 가장 중요한 것은 각 시스템의 핵심 목표가 '모든 학생을 위한 학습이 이루어져야 한다'라는 도덕적 의무에 있음을 천명하는 것이다. 그런 목표를 천명했으나 실패했던 아동낙오방지법과 달리, 시스템 전체의 변화를 옹호하는 사람들은 이 목표를 향한 구체적이고 실질적인 전략을 개발하고 있다. 나 역시 저서 한 권의 제목을 『Moral Imperative Realized(도덕적 의무의 실현)』이라고 붙이기도 했다. 이 책에서 나는 '어떤 진전을 이루어 가고 있는지 뚜렷이 확인할 수 없다면 그것은 진정한 도덕적 의무가 아닐 것'이라고 언급한 바 있다. 구체적 실현의 중요성, 즉 진정한 진보의 척도라는 점을 강조하여 논의에 불을 지피고 싶었기 때문이다.

나머지 7가지 요인은 시스템 개선의 실현 가능성을 높인다. 그중 하나로 소수의 야심 찬 목표(보통 3~4개 정도)를 달성하는 것을 보자. 뒤

표 2.1 시스템 전체의 변화에 기여하는 요인

1. 도덕적 의무에 대한 깊은 책임감

2. 소수의 야심 찬 목표에 대한 끊임없는 추구

3. 발전 지향적 문화 확립과 역량 구축을 위한 투자

4. 각각의 시스템 단계에서 리더십 구축

5. 참여를 장려하는 분위기

6. 실제 참여와 경험을 통한 학습

7. 투명한 데이터를 이용한 실행 개선

8. 혁신과 진전 과정의 모니터링

에서 다시 살펴보겠지만 성공적인 시스템은 과부하를 거부해야 할 때를 안다. 또한 세부 목표를 연결하여 핵심 목표로 응집하는 방법, 그리고 핵심 목표를 꾸준히 강조하며 추진하는 방법을 알고 있다. 매우 복잡해지는 관료주의적 요구를 비롯하여 핵심에서 벗어난 여러 가지 문제, 즉 집중을 방해하는 사항들의 영향을 없애거나 약화시킬 방법도 찾아낸다.

변화를 가로막는 가장 큰 방해물 중 하나는 사람들이 무엇을 해야 할지 또는 어떻게 해야 할지 모른다는 점이다. 다시 말하면 사람들에게는 능력, 즉 당면한 문제를 처리할 수 있는 역량과 스킬이 필요하다. 일반적으로 사람들은 변화를 두려워한다. 미지의 것을 두려워하기 때문이다. 그러기에 리더는 학습하는 문화를 확립해야 한다. 과정상의 실수를 새로운 것을 배우는 정상적인 학습과정의 일부로 여기는 문화, 신뢰를 키우는 문화, 그리고 무언가 개선하는 일에 대한 긍정적 압박이 형성되는 문화를 확립해야 한다는 말이다. 발전된 문화는 자유방임이 아니다. 정의하자면 오히려 선택된 목표에 관련된 사람들의 스킬과 성과가 실제로 발전하는 것을 의미한다. 이러한 발전에 도움이 되는 것이 바로 역량 구축 기술로, 개인과 집단이 전문성을 키우기 위해 기울이는 노력의 일종인 '더 효과적인 교수법' 같은 것들을 예로 들 수 있다. 새로운 능력은 여러 이점이 있는데 이들은 본질적으로 효율성을 높이고 더 큰 명확성과 주인 의식을 창출한다.

시스템 각 단계에서의 리더십도 중요하다. 저서 『Principalship(교장의 역할)』에서 나는 교장이 사소한 사항 하나하나를 통제하며 세부 사항에 집착하고 있다는 점을 지적하고, 형평성이란 의제의 더 큰 진전은 교장이 적극적으로 학습을 선도해 갈 때 이루어진다고 밝혔다(Fullan, 2014). 교원들과 함께 학습자로 참여함으로써 교장은 학교 발전을 위해 해결해야 할 문제를 더 잘 파악하고 다른 이들의 리더십도 키울 수 있다. 각 단계에서 또 다른 리더를 키워 낼 수 있는 리더는 시스템의 단기적 효율성뿐만 아니라 장기적 지속 가능성의 중심이다.

5번과 6번은 서로 관련된다. 학구 전반에 걸쳐 참여를 장려하는 것은 여러 가지 의미가 있다. 학구가 안고 있는 가장 큰 문제는 응집성(coherence)을 주관적인 개념으로 사용한다는 것이다. 사고 관점의 응집성은 중요한 문제다. 게다가 응집성은 공유되고 깊이도 있어야 한다. 직원들 간에 공유한 업무 특성은 일상적으로 강력한 힘을 발휘한다. 직원들이 '학습이란 일상적으로 해야 하는 일'이라는 생각을 공유함으로써 조직의 문화가 정의되고 개발된다. 교사와 교장에게 가장 영향력이 큰 학습의 형태는 무엇이 있을까? 너무나 피상적이고 일시적인 평가, 실행과 동떨어진 전문성 계발은 거리가 멀다. 뚜렷한 목적을 갖고 상호 작용을 하도록 만들어진 일상적인 학습이 포함된다는 점에서 나는 '협력적 문화'를 꼽고 싶다. 이전에 나는 앤디 하그리브스(Andy Hargreaves)와 전문성 자본(professional capital)의 문화를 자세히 설명한 바 있다. 이는 인적 자본(개인의 자질), 사회적 자본(집단의 자질), 결정 자본(증거 기반 결정과 전문가의 판단 수준)으로 구성된다. 학교 내의 협력적 문화를 기대하고 개발하는 학구, 학교끼리 서로 배울 수 있도록 네트워크 전략을 사용하는 학구, 학교와 중심 학구 사이에 상호 협력 관계를 형성하는 학구, 이러한 학구들은 학구 전체의 참여에 따른 영향력과 정체성을 실제 효과적으로 활용하는 것이다.

7번과 8번도 긴밀하다. 교육계는 데이터가 넘쳐난다. 형평성 향상과 관련해 데이터를 효과적으로 쓰려면 선행되어야 할 것들이 있다. 첫째, 데이터는 판단을 위한 것이 아니라 주로 개선을 위한 것으로 자리매김해야 한다는 것이다. 실제로 진단용 데이터와 개선된 수업지도는 둘 다 교수법에 해당한다. 지도에 초점을 맞추려면 데이터와 교수 활동을 통합해야 한다. 둘째, 투명성이 필요하다. 문화가 발달하려면 실행과 결과에 관한 모든 데이터에 쉽게 접근할 수 있어야 한다. 성공하는 사람은 누구이며, 성공을 거두기 위해 그들은 어떤 교수법을 채택했는가? 투명성은 효과적인 내적 책무성의 역할, 즉 해당 집단이 자신들이 얼마나 잘하고 있는지를 스스로에게 설명하는 역할뿐만 아니라 상대로부터 배우는 데도 꼭 필요한 요소다.

이 8가지 요인을 모두 활용할 수 있을 때 그 학구는 외부의 책무성 요건에 효과적으로 부합할 만한 위치에 올라선다. 이런 자질을 갖춘 학구는 더 좋은 성과를 거둘 수 있다. 신뢰와 영향력을 얻는 데는 성공만 한 것이 없다. 또한 그런 학구들은 자기들이 무엇을 하고 있는지를 분명하게 말할 수 있다. 그들은 말만 번지르르한 것이 아니라 일을 진행하면서 실제로 실행하고 있는 것을 말할 수 있다. 왜냐하면 그들은 구체적으로 일하고 자기들이 얼마나 진전되고 있는지에 관해 끊임없이 확인하기 때문에 책무성을 인식하게 된다. 이런 학구는 발전 중인 학구 중에서도 최고의 사례가 된다.

실제 사례

시스템 전체를 변화시키는 전략이 교육의 형평성 구현에 얼마나 효과적이며 지대하게 기여하는지 명백하게 보여 주는 3가지 사례가 있다. 하나는 캘리포니아주 애너하임 지역에 있는 가든그로브(Garden Grove) 학구, 또하나는 센트럴밸리 프레즈노시 근처에 있는 생어(Sanger) 학구의 사례이다. 나머지 하나는 온타리오주 전역에 걸친 변화 전략과 관련이 있다.

가든그로브 학구에는 50개 이하의 초등학교와 20여 개의 중고등학교가 있다. 학생 인구는 4만 7천 6백 명으로, 이들 중 라틴계와 아시아계 학생이 86퍼센트, 평균 빈곤율은 72퍼센트에 달한다. 2004년에 캘리포니아주 성취기준에 도달한 고등학교 졸업생 비율은 24퍼센트였는데 이는 캘리포니아주 전체와 오렌지카운티 평균보다 훨씬 낮은 수치였다. 하지만 2012년 즈음에는 이 비율이 50퍼센트까지 상승하여 캘리포니아주 평균(38퍼센트)과 오렌지카운티 평균(43퍼센트)을 넘어섰다. 특히 가든그로브 학구 내 초등학교들은 영어와 수학 점수가 10년간 꾸준히 상승해 도심 지역에서 가장 성취도가 높은 학교들과 동등한 수준까지 이르렀다. 전반적으로 향상된 성과 속에서 모든 집단의 격차는 줄어들었다. 간단히 말하자면 핵심은 시스템, 즉 학구와 그 학구에 속하는 모든 학교에 있다. 지면 관계상 일부만 간략하게 언급하겠지만 이 내용은 미국교육연구소(American Institutes for Research)의 보고서(Knudson, 2013)에 바탕을 둔 것이다.

이 기간에 교육감으로 재직한 로라 슈발름(Laura Schwalm)은 전형적인 '특정 영역에 집중하는 문화'를 정착시켰다. 보고서에 묘사된 것처럼 가든그로브 학구의 성공은 이 지역의 문화로 깊이 정착된 6가지의 서로 연관된 요소로 압축할 수 있다(Knudson, 2013). 일명 '가든그로브 방식'이라고 일컫는 6가지 요소는 다음과 같다.

1. 학생과 교사가 중심이 됨
2. 응집성
3. 관계 형성의 강조
4. 중앙 부처의 서비스 정신
5. 신뢰와 권한 부여
6. 지속적인 개선

전반적인 집중은 한두 가지만 따로 실행한다고 되는 것이 아니고 몇 가지 사항을 함께 실행함으로써 가능하다. 변화의 복잡성을 고려할 때 소수의 사항이라 하더라도 그렇다. 이 경우에는 6가지 요소가 그 사항에 해당한다.

먼저 가든그로브 학구는 학생과 교사의 성공에 집요하게 집중한다. 학생과 교사 중 어느 하나도 소홀히 할 수 없다는 점을 잘 알기 때문이다. 동료들과 함께 워크숍을 진행해 보면, 모든 학생이 배울 수 있다는 사실에는 참여자의 대다수가 동의하면서도 모든 교사가 배울 수 있다는 사실에는 쉽사리 동의하지 않는 모습을 종종 본다. 여기서 취할 수 있는 첫 번째 단계는 학생과 교사의 학습이 쌍방향이라는 사실을 깨닫는 것이다. 가든그로브 학구는 학생과 교사의 학습을 가장 중요하게 여기기 때문에 단지 시험 성적에만 초점을 맞출 수 없다는 사실을 안다. 초점은 질 높은 수업지도에 맞춰져야 하며, 특히 질 높은 수업에 대한 공유가 있어야 한다. 여기서 어려운 점은 이 공유가 대규모의 교사 간에 이루어져야 한다는 사실이다. 가든그로브 학구의 경우 70여 개나 되는 매우 다양한 학교에서 공유가 이루어져야 했다. 그렇다면 질문은 양질의 수업지도법을 확산하려면 추가로 어떤 조치를 해야 하는가이다.

학생과 교사가 중심이 되어야 한다는 첫 번째 요소는 관련 전략을 함께 개발했을 때만 의미가 있다. 두 번째 요소인 응집성은 이 책의 목적에 어울리는 단어다. 응집성은 교육과정과 수업지도, 평가, 전문성 계발, 재정 등의 요소를 단순히 일치시키는 것에 그치지 않고, 개인과 집단이 이 요소들을 매일 어떻게 경험하느냐의 문제가 된다. 이런 면에서 가든그로브 학구의 리더들은 시스템 전반에 걸쳐 최고의 아이디어와 (증거 기반의) 관행을 파악하고 확산하는 데 집중하고 있다. 중요한 것은 아이디어가 상부, 하부, 수평 어느 방향에서 오느냐가 아니라, 효과적인 아이디어는 무엇이며 어떻게 확산할 수 있을 것인가이다. 여러 방면에서 응집성은 변화 프로세스의 중심이며, 이것을 달성하기가 어렵다는 사실도 우리는 과소평가하지 않는다. 나머지 5가지 요소는 가든그로브 학구의 문화가 수업의 질을 높이고 응집성을 강화하는 데 기여하기 때문이다. 요점은 로라 슈발름 교육감의 다음 발언에 잘 나타난다. "만약 어떤 것이 너무 무거워서 움직이기 어려우면 모두 함께 같은 방향으로 밀어야 한다. 그렇지 않으면 매우 훌륭한 사람들도 고립된 존재가 되어 큰 힘을 발휘할 수 없다."(Knudson, 2013, p.10)

이 문화의 또 다른 강력한 요소는 '관계에 대한 강조'로서, 직원을 채용할 때 가든그로브 학구의 문화에 그들을 환영하면서 쏟는 관심이다. 새롭게 들어온 직원들은 첫날부터 조직과 동료와 학구 리더들로부터 존중받는 느낌을 받게 된다. 그러나 개인을 존중하는 이런 특성은 나머지 5가지 요인이 작동하는 맥락 속에서 자연스럽게 발현되는 것이다. 이런 요인들 덕분에 개인이 추구하는 가치가 일의 내용과 잘 연결된다는 점에 주목할 필요가 있다.

대다수 학구의 문제는 온갖 형태의 고립된 수업 관행이 곳곳에 존재한다는 점이다. 수업지도 방식의 감독을 엄격히 하거나, 해결책으로 수업지도 방식을 사전에 자세히 규정하면 반발하거나 겉으로만 순응하는 척한다. 이와 대조적으로 가든그로브 학구는 집중이란 서로 연관된 힘이 작용하는 과정이라는 점을 보여 주었다. 리더들은 양질의 지도에 대한 비전으로부터 시작하며, 교사와 행정가는 개인적·집단적 역량 구축을 통해 최선의 결과를 내서 비전을 달성하고자 한다. 또한 교사들과 행정가들을 채용해 이들이 교직에 종사하는 동안 역량을 강화한다. 아울러 학생들이 성과 지표에 비추어 볼 때 얼마나 잘하고 있으며 자기 교정을 하는지도 항상 평가한다.

새로운 교육감인 가브리엘라 마피(Gabriela Mafi)가 같은 문화권에서 발탁된 것은 그리 놀라운 일이 아니다. 그는 10년간 성공적인 성과를 낸 슈발름 교육감 밑에서 중학교 수업지도 국장을 역임했다. 집중은 예전과 똑같은 것을 의미하지 않으며 그것은 내용의 질이 아니라 과정의 질을 뜻한다. 집중은 향후 수년간 불확실한 시기에 진행될 혁신과 꾸준한 개선에 도움이 될 수 있다. 또한 캘리포니아의 신규 법안이 된 국가공통핵심성취기준이나 지역 기금, 책무성, 디지털 유비쿼터(digital ubiquity) 등 새로운 정책 사안과 씨름하게 될 것이다.

캘리포니아주 센트럴밸리에 위치한 생어(Sanger) 학구는 가든그로브의 약 4분의 1 크기로 1만 8백 명의 학생들과 20여 개 학교가 있다. 인구통계학적인 비율도 가든그로브 학구와 비슷하다. 73퍼센트는 저소득층, 84퍼센트는 소수민족으로 대부분 라틴계이며 아시아계도 증가 추세다. 1999년에 지역 노조는 다음과 같은 요란한 문구의 광고문을 내걸었다. "400명의 불행한 교사가 존재하는 곳에 오신 것을 환영합니다." 2004년에 이곳은 캘리포니아주에서 가장 낮은 성취도를 보이는 98개 학구 중 하나로 지명되었고 프로그램 개선이 필요한 지역으로 통보받았다. 그로부터 10년이 채 지나지 않아 생어 학구의 학생들은 학업성취도지표(API)에서 캘리포니아주 영어학습자(ELLs)들의 성취도를 크게 앞서게 된다. 생어 학구의 점수는 820점까지 빠르게 상승하여 캘리포니아주의 평균인 788점과 목표 점수인 800점을 모두 넘어섰다. 노조 리더 중 한 명은 "이 지역에는 같이 일하고 싶지 않은 교장이 한 명도 없습니다."라는 말까지 했다(David & Talbert, 2013, p.3). 어떻게 해서 이런 일이 일어났을까?

2004년 교육감으로 임명된 마크 존슨(Marc Johnson)은 교장들에게 관찰 대상 명단에 오르는 것은 경각심을 가져야 할 신호라고 말하며 분위기를 조성했다. 핵심적인 조치는 가든그로브 학구와 비슷했다. 요컨대 서로 연관된 몇몇 요소에 집요하게 초점을 맞춘 것이 성공의 비결이었다. 데이비드와 탈버트는 "학구 리더들은 학습 조직의 바람직한 미래상을 그리고, 그 방향으로 나아갈 몇 가지 원칙에 집중했다."라고 말한다(David & Talbert, 2013, p.5).

다음은 데이비드와 탈버트가 확인한, 생어 학구의 사례를 뒷받침하는 3가지 핵심 원칙이다.

첫째, 변화에 대한 점진적 접근을 취한다. 변화에는 시간이 필요하다. 상호 보완적인 전략 몇 가지를 택하여 매년 꾸준히 집중하라.

둘째, 증거 기반의 결정을 내린다. 학생들에 관한 자료를 면밀히 살펴 우선순위를 정하라. 피드백 루프를 이용해 검증하고 접근법을 향상시키고, 증거를 기반으로 실행의 효과성을 확인하고 전파하라.

셋째, 집단적으로 헌신하는 문화를 구축하고 관계를 개선해 변화를 지속시킨다. 목적에 대해 소통하고 신뢰를 구축하며 자기 주도성을 강화해 실행의 효과를 높여라.

가든그로브 학구와 마찬가지로 생어 학구에서 확인한 것은 "모든 아동은 배울 수 있다."라는 도덕적 사명감과, 좋은 결과를 얻으려면 관계 구축을 통해 강력한 실행에 초점을 두어야 한다는 것, 이 둘의 결합이다. 데이비드와 탈버트는 다음 4가지 측면에서 학구의 문화가 바뀐 것을 지적했다(David & Talbert, 2013, p.7).

첫째, 고립된 존재로서의 교사에서 협업과 책임 공유자로의 전환
둘째, 교과서대로 진도 나가기에서 학생의 필요 진단으로 전환
셋째, 관리자로서의 교장에서 학습 선도자로서의 교장으로의 전환
넷째, 상부의 명령 따르기에서 상호 책무성으로의 전환

생어 학구의 사례는 효과적인 책무성이 어떻게 작동하는가를 알려 준다. 또한 '학생 중심'에 관한 확실한 원칙과 비징벌적 문화(데이터의 사용은 수업 개선을 위해서만 쓰였다), 그리고 결과나 실행의 투명성 덕분에 추가적인 개선을 이루어 낼 수 있었다. 한편 학교들은 단순히 결과 자체를 보여 주기보다는 증거를 기반으로 높은 책임감을 보여 주었다(물론 증거 기반은 더 나은 타당한 결과를 가져오는 데 기여했다). 학구 역시 책임감을 갖고 교장과 학교를 지원함으로써 성공에 기여했다. 서로 간에 작용하는 이런 책무성 의식은 가든그로브에서도 볼 수 있었던 강한 유대감이다. 이는 중앙 부처의 서비스 정신으로서 성과의 질과 영향력이 향상될 것이라는 높은 기대감에 대한 대가였다. 이루어진 진전에 대해서는 열린 풍토 속에서 꾸준히 재검토가 일어난다. 이런 자율적 교징은 프로세스 속에 내장되어 작동된다.

세 번째 사례는 '온타리오 초점 있는 개입 파트너십(OFIP)'이라 부르는 학교 변화 전략이다. 이 변화 전략은 시스템 전체를 대상으로 하는 접근법을 취하며, 온타리오주 내 72개 학구와 4천 9백여 개의 학교 전

체의 개선이 목표임을 분명히 한다는 점에서 이 장의 주제와도 일치한다. 또한 문해력과 수리력, 그리고 고교 졸업 격차를 줄이는 데 초점을 둔다. 여기서는 변화 전략 전반에 관해서는 더 이상 설명하지 않고, 구성 요소에 관해서만 이야기하려고 한다. 전략에 따라 독립적인 평가 기관의 데이터 분석을 거쳐 '지속적으로 성과가 낮거나' '성취도가 진전을 보이지 않는' 학교들이 분류되었다. 이 학교들은 교직원 모두의 수업지도 역량을 구축하기 위해 명시적 지원을 받았으며, 이때 교직원들의 능력을 평가하고 재단하기보다는 그들의 견실한 발달에 초점을 둔 접근법이 강조되었다. 직원들은 직접 교육에 관여하는 외부의 보조 교사들로부터 지원을 받았다. 그리고 인구통계학적으로 유사하며 어느 정도 성공을 거둔 외부 학교들과 연계되었다.

첫 번째 개선 단계에는 부진한 학생 비율이 높은 학교들이 포함되었다. 두 번째 개선 단계에는 평균 성적이지만 결과는 그다지 인상적이지 않은 학교들이 포함되었는데, 이는 평균을 유지하는 학교들 또한 개선 계획에 포함한다는 전략을 분명히 드러낸다. 4천여 초등학교 중 800개 이상의 학교가 참여한 것은 해당 전략이 시스템 전반에 대한 노력임을 잘 보여 준다(2014년에는 69개 학교가 참여했다). 이 전략은 성취기준을 높이고 격차를 줄이려는 목표와 결합함으로써 핵심 하위그룹인 영어학습자(ELLs)와 특수교육 대상 학생, 그리고 빈곤 학교의 성취도 격차를 크게 줄여 주고 있다. 우리가 온타리오주에서 주목한 것은 시스템 전체에 형평성 전략을 계획적으로 실행하고 움직이게 만든 대규모 노력의 실체였다.

결론

내가 내린 중요한 결론은, 형평성을 달성하려면 시스템 전체에 대한 집중이 필요하며 그것은 다음 3가지 요소로 이루어진다는 점이다.

첫째, 개선 노력에 시스템 내부의 모든 학교가 포함된다는 목표가 반드시 공표되어야 한다.

둘째, 개선 노력을 이끌어 가려면 핵심적인 소수의 전략적 요소를 활용해야 한다. 앞에서 8가지 핵심 요인을 제시한 바 있다.

셋째, 시스템 전반의 결과를 촘촘히 모니터링하여 앞으로의 발전을 위한 개입의 수단으로 사용해야 한다. 이 말은 교장을 교체한다거나 하는 강력한 개입까지도 배제하지 않지만, 전반적인 중점은 시스템 전체를 개선하려는 노력에 놓여 있다.

이 원칙들을 따른다면 형평성을 달성할 기회를 얻게 될 것이다. 또한 앞에서 제시한 3가지 사례처럼 지속 가능한 개선을 이룰 조건도 확립하게 될 것이다. 간단히 말해, 성공을 원한다면 형평성은 전체 시스템의 책임이 되어야 한다.

제1원칙

핵심에 다가서라

단계적으로 진행되는 계획들의 흐름을 탐색하고 다양한 이해 당사자 집단의 이익을 균형 있게 조율하는 것은 섬세하고도 힘든 작업이다. 반대하는 집단의 도전에 직면했을 때도 그러한 노력을 지속하자면 리더는 자신이 하는 일의 핵심인 목적, 신념, 의도에 대해 확고하게 이해해야 한다(Blankstein, 2004). 이 책의 저자들 역시 핵심에 다가선 사람들이었다. 자신들의 행동뿐만 아니라 그렇게 행동하는 이유까지도 스스로 이해한다는 뜻이다.

그러나 핵심에 도달하기까지는 꽤 깊이 있는 성찰이 필요하다. 리더라면 '내가 가장 가치 있게 여기는 것은 무엇인가?', '내 삶의 목적은 무엇인가?', '내가 하는 일에 대해 나는 어떤 의도를 갖고 있는가?'와 같은 질문을 자신에게 던지고, 오랜 시간을 들여 비판적으로 분석해야 하나 쉽지 않은 일이다. 워낙 복잡한 작업이다 보니 어떤 이들은 아예 접근 자체를 꺼릴 정도이며, 시간이 부족하다거나, 이런 식의 자기 성찰 자체가 리더로서 유약한 인상을 주고 불필요하게 여겨진다는 등의 부정적 요인들도 존재한다. 그런 요인들은 리더가 뭔가 힘든 결정을 내려야 할 때 어려움을 가중시키기도 한다.

게다가 리더라는 역할이 주는 외로움도 있다. 교육계의 리더들은 때때로 중요하고 논쟁적인 결정을 해야 할 때 다른 사람들이나 교직원들을 배제하는 편이 안전하다고 생각하곤 한다. 하지만 핵심을 인식하고 받아들이며, 신뢰하는 동료들의 충고를 활용하는 것은 리더로서 할 수 있는 가장 중요하고도 유용한 일이다. 의견이 다른 사람들의 말을 가감 없이 경청하는 것도 여기에 포함된다(Bennis, 1989). 이어지는 여러 장에서 필자들은 반대 의견에 직면했을 때 그것을 넘어서고 전진하는 데 있어서 핵심 가치를 어떻게 활용했는지, 그리고 어떤 도움을 받았는지 사례를 들어 설명할 것이다.

3장에서 캐럴 코빗 버리스(Carol Corbett Burris)는 학교 내에 공고하게 굳어져 내려온 문제들을 해결하는 데 핵심 가치를 어떻게 활용했는지 설명한다. 고등학교 교사였던 그녀는 수준별수업이 저소득층과 소수민족 학생에게 잠재력을 발휘할 기회를 주지 못한다고 생각했다. 그리고 형평성 실현을 위해 헌신적으로 노력했고, 개혁 실행의 결과를 즉각 평가하겠다는 의지를 내보였다. 덕분에 반대하는 이들을 설득하고 위기를 극복할 수 있었다. 자신의 핵심을 굳건히 고수함으로써 교육위원회와 학부모들의 반대라는 험난한 불살을 헤쳐 나갔던 것이다. 많은 어려움이 있었지만 그는 교사로서 가졌던 실천적 지식과 학생들의 필요에 대한 깊은 이해를 바탕으로 주변 이해 당사자들의 참여를 이끌어 내고 앞으로 나아갈 수 있었다.

4장에서 린다 하피(Linda Harper)는 학습부진으로 소외된 학생들의 성취를 높인 방법에 대해 유용한 통찰을 제공한다. 고도의 성찰을 거쳐 개발된 프로세스에 그녀의 개인적 경험과 전문적인 학습기회가 더해져 발전된 '핵심에 다가서기' 과정을 보게 될 것이다. 하퍼는 장애가 있거나 규율 위반 행동을 하는 등 학교 속에서 다양하게 나타나는 학생들의 행동을 수용하며, 그들이 학업에서 성공하도록 돕는 학교 문화를 발전시켰다. 또한 효과적인 학업 프로그램과 성공적인 졸업을 위한 지원이 모든 학생에게 제공되어야 한다고 믿었다. 오크힐 학교(Oak Hill School)의 성공준비 아카데미(Success Prep Academy)는 하퍼의 이 같은 믿음에서 개선되고 성공을 앞당긴 사례다.

5장에서 에이브럼 발로위(Avram Barlowe)와 앤 쿡(Ann Cook)은 지금이 우리의 사고에 근본적인 변화를 고려할 때가 아닌지 묻고 있다. 필자들은 엄정하고 수준 높은 교육과정으로 모든 학생을 단련시키려는 노력을 설명하면서 자신들의 신념, 목적, 의도를 분명히 한다. 그리고 수행기반평가를 통해 학생들이 아는 것과 할 수 있는 것에 집중함으로써 더 많은 학생에게 공평한 학습기회를 제공할 수 있다는 걸 보여준다. 그들의 중점은 전통적인 국가 주도의 표준화시험에서 수행기반평가로 전환하는 데 있다. 이곳의 리더들은 핵심에 다가갔다는 점에서 성공적인 리더라고 말할 수 있으며, 거대한 변화를 이끌 만하다는 신뢰와 도덕적인 영향력을 부여받는다.

각 장마다 독자들은 서문에서 설명한 새로운 패러다임의 요소를 찾아볼 수 있을 것이다. 필자들은 모두 학생들의 발달 욕구에 집중하며, 이전에 분류·측정·평가하던 방식과 완전히 다른 방식으로 학생들의 학업 역량을 확인하고 있다. 또한 그들은 학생들이 학교 밖에서 부딪히는 난관에 대해서도 예리하게 이해하며, 이런 난관을 변명거리로 삼지 않고 오히려 해결하고 완화할 방법을 찾는다. 이는 긍정적 차별을 통해 더 많은 학생이 잠재력을 실현할 수 있도록 헌신하는 것이다.

기회의 격차 줄이기

수준별수업 폐지로 긍정적 차별을 구현한 록빌센터 학구

캐럴 코빗 버리스

핀란드의 교육 전문가 파시 살베리(Pasi Sahlberg)는 핀란드의 국가 개혁에 관해 이야기하면서 특히 교육의 형평성이 어떻게 변화를 주도했는지 자세히 설명한다. 저서 『핀란드의 끝없는 도전: 그들은 왜 교육 개혁을 멈추지 않는가(Finnish Lessons)』(2010)에서 살베리는 다음과 같이 말한다.

> 교육의 형평성은 모두에게 동등한 교육을 받을 기회를 열어 주는 것 이상의 의미가 있다. 교육에서 형평성의 원칙은 지역, 상황의 차이와 상관없이 모두에게 질 높은 교육을 보장하는 것을 목표로 삼는다. 핀란드에서 형평성이란 공평한 교육 기회를 보장하는, 사회적으로 공정하고 포괄적인 교육 시스템을 갖는 것이다(p. 45).

핀란드는 국제학업성취도평가(PISA)처럼 학업성취도를 국제적으로 측정하는 시험에서 높은 수준의 성과를 내는 국가 가운데 하나다.

살베리의 말이 맞다. 만약 학교에서 형평성에 대한 고려 없이 탁월성을 달성하려고 하면 그 시도는 실패할 수밖에 없다. 하지만 교육자들이 모두에게 기회를 주는 학교를 만들어 낸다면 모두를 성공으로 이끌 수 있을 것이다. 핀란드에서는 최상위권과 최하위권 학생들 간의 성취도 격차가 줄었을뿐더러 학교 간의 격차도 좁혀졌다. 핀란드의 개혁에는 형평성과 관련된 많은 방안이 활용되는데, 가장 눈에 띄는 것 중 하나는 능력별 학급 편성으로 알려진 수준별수업 관행을 폐지한 것이다. 형평성 강화를 통해 탁월성을 이끌어 낸 사례로 록빌센터(Rockville Centre) 학구에서 일어난 일을 살펴보겠다.

수준별수업 폐지에 체계적으로 착수한 학교에서는 모든 학생에게 기회의 문이 열렸고, 학교들은 수십 년간 꾸준히 개선에 참여했다. 뉴욕주 이사회 인증시험(New York State Regents diploma, 뉴욕주에서 실시하는 표준화시험으로, 이후 '인증시험(Regents)'으로 줄여 표기함—옮긴이) 취득 과정만 살펴보아도 성취도 격차가 줄어든 것을 확인할 수 있다. 특수학교 학생들을 포함, 모든 학생은 졸업 전 2년간 국제바칼로레아(IB) 교육과정을 이수한다. 특수교육을 위한 별도의 학급은 운영하지 않는다. 예전에는 '우등생들을 위한 교육과정'으로 존재했던 것이 지금은 '모두를 위한 우수한 교육과정'으로 변모했다.

롱아일랜드에 위치한 록빌센터 학구는 인종 및 사회경제적 구성이 매우 다양한 곳으로, 지역 주민들은 이런 차이에 따른 분리를 당연하게 받아들인다. 학교에서 다수를 차지하는 것은 중산층 이상 가정의 백인 학생들이다. 반면 공공주택법에 따라 보조금을 지원받는 공공주택 거주 저소득층 학생들도 있다. 학생 가운데 약 21퍼센트가 흑인 및 라틴아메리카계이며 15퍼센트가량은 무료 급식 및 할인 지원을 받는다.

과거 록빌센터 학구는 오늘날처럼 형평성이 보장된 곳이 아니었다. 1970년대만 해도 이 학구의 학교들은 인종 차별을 철폐하라는 명령을 받았고 초등학교 한 곳이 폐쇄되기까지 했으며, 대대적인 조정을 해야 했다. 1981년에는 학구 내 유일한 고등학교인 사우스사이드 고등학교에서 인종이 다른 학생들 간 충돌이 일어났다. 1991년에는 흑인과 백인 학생들 간에 극렬한 싸움이 벌어져 학교 문을 며칠 동안이나 닫아야 했을 정도였다.

학교에서 벌어진 인종 간 충돌은 그동안 학생들을 서열화하는 방식에 맞춰 이질적인 교육 경험을 설계해 왔던 학교 공동체에 경각심을 갖게 했다. 수준별수업 제도는 학생들을 분리했고 차별을 경험하게 했다. 학교에서 벌어지는 싸움은 거의 언제나 하위반에서 일어났다. 상위반에는 중산층 이상의 백인 학생들이 대다수였던 반면 하위반은 흑인과 라틴아메리카계 가정의 아이들, 그리고 노동자 가정 출신의 백인 학생들이 다수였다. 윌리엄 존슨(William H. Johnson) 교육감과 로빈 캘리트리(Robin Calitri) 교장은 수준별수업의 문제점을 깨달았고, 이후 체계적으로 수준별수업 제도를 정비하며 문제 해결을 시도했다.

사우스사이드 중학교의 수준별수업 폐지

수준별수업은 고등학교에서만 시행되는 것이 아니다. 오히려 중학교에서 시작되는 경우가 일반적이다. 1988년만 해도 사우스사이드 중학교에는 5개로 분리된 수준별수업이 있었는데 이들은 시간이 지나면서 하나로 통합되었다. 그리고 수준별수업을 축소할수록 학교 전체의 성취도는 향상되었다. 비록 여기서 시도한 '축소'라는 전략은 하위반을 없앤다는, 상대적으로 더 쉬운 선택이긴 했지만, 낙제하는 학생의 수는 확실히 줄어들었다.

사우스사이드 중학교에서 사용한 수준별수업 축소 전략은 최하위반을 없애는 것이었다. 래리 밴드워터(Larry Vandewater) 교장은 학생들을 더 높은 수준으로 끌어올려 하위반을 단계적으로 폐지해 나갔다. 그는 학부모들에게 중학교 아이들의 사회정서적 측면을 고려하는 일이 중요하다는 점을 강조했다. 그리고 6~8학년 시기가 학생들에게 기회를 열어 주고 자신의 학습 능력을 믿도록 학교가 도와주어야 할 때이므로, 어린 학습자들에게 타인보다 열등하다는 꼬리표를 붙이고 높은 기대치에 부응할 기회를 스스로 저버리게 만들어서는 안 된다는 점을 분명히 했다.

이렇게 해서 5년 만에 수학과 과학을 제외한 모든 교과의 수준별수업이 폐지되었다. 수학과 과학의 경우 학생들은 6학년부터 두 반 중 하나를 선택할 수 있었는데 상위반은 속성으로 빠르게 진도를 떼는 과정, 나머지 반은 일반 과정이었다. 1992년부터 1995년 사이에는 상위반을 선택한 학생들이 33~42퍼센트 정도였다. 이 정도만으로도 상당히 개선된 것이었지만 여전히 해야 할 일이 많이 남아 있었다. 모든 학생이 수학 교과에서 상위반을 선택할 자유가 있었지만 실제로 흑인, 아시아계, 라틴아메리카계 학생들과 백인 학생들의 선택 비율은 같지 않았기 때문이다. 예를 들어 1996~1997년에 상위반 속진학습으로 8학년 수학을 듣겠다고 선택한 학생 중 흑인 학생은 11퍼센트, 라틴아메리카계 학생은 15퍼센트에 불과했지만 백인 및 아시아계 학생들은 50퍼센트 이상이었다. 학교에서 이루어지는 계층화는 학생들에게 불리하게 작용하는 경우가 많다. 속성이 아닌 일반과정의 8학년 수학반의 경우 소수민족 학생, 빈곤 가정 학생, 그리고 특수교육 학생의 비율이 지나치게 높아 전형적인 하위반의 특징을 보였다. 상위반에 비해 낙제 비율도 훨씬 더 높았다.

중학교에서 수학 속진학습이 잘 이루어지면 나중에 미적분학과 같은 고등 수학 과정을 수강하기 쉬워진다(뉴욕주에서는 수학 실력이 뛰어난 8학년 학생들이 9학년 과정인 대수를 미리 수강할 수 있게 하고 있다). 그런 만큼 속진학습 여부를 선택에 맡기는 처사는 모든 학생을 성공으로 이끌 공평한 방안이 될 수 없다. 진정으로 모든 학생에게 공평한 학습경험을 제공하고 성취도 격차를 줄일 수 있는 효과적인 전략은 단 하나뿐이었다. 모든 학생이 수학 과목에서 상위반 속진학습을 할 수 있을 만큼 실력을 향상시켜야 하는 것이다. 과학 과목의 수준별 수업도 마찬가지로 폐지되어야 했다.

이에 따라 사우스사이드 중학교에서는 모든 학생이 수학 과목의 속진학습을 받을 수 있도록 하기 위한 장기적 계획을 구상했다. 이어서 1995년에는 6학년의 수학 수준별수업을 모두 폐지한 대신 모든 학생이 수학 속진학습 과정에 참여하도록 했다.

수준별수업 폐지라는 개혁은 결코 쉽게 달성할 수 있는 것이 아니다. 기존에도 수준별수업을 폐지하려는 노력이 있었지만 학교 내외부의 부담과 반발 때문에 제대로 진행되기 어려웠다(Oakes, Wells, Jones, & Datnow, 1997; Welner, 2001). 당장 처리해야만 할 현실적인 과제도 있었다. 일부 학부모와 교사들은 모든 학생을 대상으로 수학 속진학습을 실시하는 것에 대해 강력히 반발했다. 특히 상위권 학생의 부모들은 수학을 못하는 아이들과 같은 수업을 받으면 자기 아이가 부당한 대우를 받을까 봐 걱정했다. 이러한 우려를 그냥 지나칠 수는 없었다. 이를 해소하려면 우리가 추진하는 계획이 모든 학생에게 긍정적인 효과를 발휘한다는 점을 확실히 보여 줄 필요가 있었다.

가장 먼저 수학에 지원이 필요한 학생 및 도움을 희망하는 학생들에게 이틀에 한 번씩 '워크숍'이라는 이름으로 별도의 수학 수업이 실시되었다. 모든 수학 교사들의 시간표는 일주일 동안 속진학습 네 차례, 격일제 수학 워크숍 두 차례로 변경되었다. 그리고 모든 교사들이 공동으로 수업계획과 평가에 관해 대화하고 조정할 수 있도록 집중적인 논의 기간을 두기로 했다. 이 시기 동안 교사들은 수학에 어려움을 겪는 아이들의 학습을 진전시킬 방안에 대해 깊이 있게 논의할 수 있었다.

그다음으로 수학 수업의 질적 수준 저하에 대한 학생과 학부모의 우려를 해결해야 했다. 학교 관리자들이 나서서 학생과 학부모를 설득했다. 교사들은 수업시간은 물론이고 방과후에도 수학 경시대회 참여 등 심화학습 활동을 자발적으로 제공했다. 델리어 개러티(Delia Garrity) 교감은 네 명의 교육위원회 위원들과 함께 이전에 낙제점을 받은 학생들과 상위권 아이들을 포함한 수학반을 구성했다. 이는 '긍정적 차별의 수학교육'이라는 자신감의 메시지로 지역사회에 전달되었다. 그리고 교직원들의 전문성 계발 및 프로그램의 평가와 조정을 위해 정기적인 모임을 운영하며, 교육과정 작성, 학습활동 개발, 학습자료 선택 및 학생들의 진전도 평가를 수행했다.

델리어 개러티 교감은 이러한 실행 과정의 성공을 이끈 핵심 인물이었다. 과거 수학 교사였던 그는 분기마다 학생들의 합격률과 낙제율을 분석하여 공유했는데, 특히 변화에 반대하는 교사들과 많은 대화를 나누려고 노력했다. 이러한 노력 덕분에 반발하던 교사들도 더이상 감정적으로만 대응할 수 없었다. 개러티 교감은 논의가 감정적으로 치우칠 때마다 데이터를 이용하여 노련하게 흐름을 바로잡곤 했다. 실제로 데이터 분석 결과는 수준별수업 폐지로 낙제율이 증가할 것이라는 우려와 상반된 것이었다. 성취도가 낮은 하위권 학생들이 다양한 수준의 집단에 섞이면서 까다로운 속진학습 과정을 경험하게 되었는데도 이전보다 수학 성취도가 향상된 것이다. 물론 이런 결과에도 불구하고 몇몇 교사들은 여전히 회의적이고 비판적인 태도를 보였다.

밴드워터 교장과 개러티 교감은 비판적인 교사들의 목소리에도 귀를 기울였다. 교사들이 불만을 제기할 때면 그들은 이렇게 되묻곤 했다. "그렇다면 학생들의 성공을 위해 더 필요한 것은 무엇이라고 생각합니까?" 이러한 방식은 논의의 초점을 '개혁이 잘 진행되고 있는가?'가 아닌 '개혁이 잘 진행되려면 무엇이 필요한가?'로 이끄는 것이었다.

수준별수업을 폐지하려 할 때 이에 반대하는 교사들 중 일부는 반대하는 학부모들과 연대해 의도적으로 부정적 소문을 퍼뜨리기도 했다. 실제로 사우스사이드 중학교에서 일어났던 일이다. 그 결과 수준별수업 폐지 후 이전보다 더 많은 학생이 낙제 점수를 받고 있으며, 인증시험(Regents) 낙제율도 이전보다 증가했다는 내용의 소문이 교육위원회와 교육감에게까지 들어갔다. 그러자 교육감은 사우스사이드 중학교의 교사들을 직접 한자리에 모으고 그동안의 성과와 공로, 노력을 먼저 치하한 다음 교육위원회에서 들은 소문을 언급했다. 현명하게도 그는 학생들을 성공하게 하려면 어떤 지원이나 도움이 필요한지 물었을 뿐, 소문의 진원지가 어디인지, 누가 이런 말을 퍼뜨렸는지 등에 대해 추궁하지 않았다. 이런 노력을 통해 부정적 소문은 자연스럽게 잦아들 수 있었다.

시험일이 다가왔고 학생들은 훌륭히 시험을 치러 냈다. 대부분 시험 직후 채점한 가채점보다 높은 점수를 받았고, 8학년 전체 학생 중 84퍼센트가 합격 통지를 받았다. 특히 놀라운 것은 85퍼센트 이상의 성취도를 기록, 숙달 수준인 마스터 레벨에 오른 학생이 52퍼센트나 되었다는 사실이다(Burris, Heubert, & Levin, 2008).

이후에도 합격률은 지속적으로 상승했고 주(州) 교육과정이 바뀐 후에도 꾸준히 증가했다. 2014년 6월에는 사우스사이드 중학교 8학년 학생 중 97퍼센트가 뉴욕주의 졸업 기준을 통과했다. 그리고 매년 전체 학생 가운데 60퍼센트 이상이 중학교 졸업 전 AP 과정의 미적분 수업을 듣고 있다.

수학 과목의 수준별수업 폐지가 성공적으로 진행되자 학교에서는 과학 과목으로 눈을 돌렸다. 모든 학생들이 생명과학 과정을 수강한 다음 속진학습으로 심화과정을 이수하게 한 것이다. 그 결과 지난 6년 간 8학년생 모두가 고교 수준의 지구과학을 속진학습으로 수강했다. 졸업시험 결과는 성공적이었다. 대부분의 학생들이 고교 수준의 지구 과학 학점을 미리 취득하고 고등학교에 진학했다. 또한 주에서 운영하는 실험기반 생물환경(Living Environment) 과정까지 도전할 수 있게 됨으로써 고등학교 생물 교과 성적 또한 향상될 수 있었다.

사우스사이드 고등학교의 수준별수업 폐지

사우스사이드 중학교에서 수준별수업 폐지가 진행되는 동안 사우스 사이드 고등학교에서도 이러한 시도가 서서히 추진되었다. 1997년 봄 내가 사우스사이드 고등학교의 교감으로 부임할 당시, 학교에는 교과 영억마나 2~3개 난계로 수순별수업이 마련되어 있었고 어떤 반을 선택할지 학생 스스로 결정할 수 있었다. 외국어는 유일한 예외였는데 9학년에서 12학년까지 단 하나의 반만 존재했다.

수준별수업을 폐지하려는 생각은 내가 이 학교의 관리자로 오게 된 중요한 이유였다. 이전에 교사로 재직했던 고등학교는 수준별수업 체계가 공고했고 학생의 사회경제적 지위와 인종만으로도 학급의 서열을 파악할 수 있을 정도였다. 구성원의 다양성이 증가할수록 이런 경향은 더욱 심각해졌다. 사우스사이드 고등학교 교감 지원 면접을 치르면서 나는 교육의 형평성을 최우선으로 추구하는 교육자들을 만날 수 있었고, 운 좋게도 교감 자리를 제안받게 되었다.

사우스사이드 고등학교에 부임한 뒤 나는 수학과와 과학과 관리 감독 및 학교 시험 관리 업무를 맡게 되었다. 이에 따라 9학년생의 영어 및 사회 교과 중간고사와 기말고사를 검토했는데 상위반과 하위반 모두 똑같은 문제와 내용으로 시험을 치를 뿐만 아니라 상위반 학생에게는 점수에 가중치를 부여하고 있었다. 불공평한 방식일 뿐만 아니라 애초에 상위반과 일반반으로 구분된 수준별수업이 왜 필요한지, 각각의 교과과정들은 무슨 차이가 있는지 의문이었다.

오랜 논의 끝에 우리는 상위반과 하위반을 구분할 필요가 없다는 결론을 도출할 수 있었다. 이듬해 9학년 영어 및 사회 교과의 수준별수업이 폐지되었고 모든 학생이 상위반 교육과정을 수강하게 되었다. 그리고 추가로 수업지원이 필요한 학생들을 위하여 격일제 지원수업이 운영되었다. 그리고 10여 년간 수준별수업 폐지를 함께 진행해 온 로빈 캘리트리 교장이 2000년에 은퇴하면서 내가 그 뒤를 이어 교장으로 임명되었다. 본격적으로 수준별수업 폐지를 실행할 때가 된 것이다(Burris & Garrity, 2008).

기회의 학교로 변모하다

교장으로 부임하자마자 나는 곧바로 사우스사이드 고등학교 학생들의 인증시험(Regents) 결과를 면밀히 살펴보았다. 그리고 여전히 큰 격차가 존재하고 있음을 확인했다. 2000년에 시험을 통과한 학생들 중 아프리카계 미국인 및 라틴아메리카계 학생들의 비율은 32퍼센트에 불과했지만 백인과 아시아계 학생들은 88퍼센트에 달했다. 특히 소수민족 학생들의 합격률은 눈에 띄게 낮았다. 이 모습은 수준별수업에서도 그대로 나타났다. 인종, 민족, 사회경제적 지위만으로도 그 학생이 상위반인지 하위반인지 파악할 수 있을 정도였다. 이런 상황에서 학생이 수준별수업을 스스로 선택하게 하는 것은 결코 최선의 해결책이 될 수 없었다.

9학년에서 영어 및 사회 교과의 수준별수업 폐지를 추진했던 노력은 성공적이라고 평가할 만했다. 다양한 학생들로 편성된 학급은 과거의 하위반보다 훈육 문제에서 겪는 어려움이 줄어들었고, 학급의 분위기와 문화는 과거의 상위반과 비슷했기 때문이다. 수업과 훈육에서 부담이 줄어든 교사들은 지원수업을 받는 학생들이 더 높은 수준의 수업을 받을 수 있도록 열정적으로 헌신했다.

2000년 가을에는 뉴욕주 교육과정 일부 교과에서 크고작은 변화가 있었다. 나는 이 변화를 수준별수업 폐지의 기회로 삼기로 하고, 교사들에게 정규수업용 교육과정과 지원수업용 교육과정을 개발하도록 했다. 이전에는 교사의 교수방식이나 지도 내용이 수업마다 제각각 달라 수업 효과를 확인하고 비교하기 어려웠다. 하지만 이제 모든 학생이 같은 주제(topic)를 공통의 교육과정으로 배우게 되면 수업 효과를 한눈에 확인할 수 있을 것이다. 특히 지원수업은 교사에 상관없이 모든 학생에게 효과를 발휘할 수 있어야 했다.

10학년 학생들이 수강하는 외국어 교과의 경우 이미 2001년부터 모든 수업을 동일한 과정으로 진행해 왔다. 게다가 9학년에서 영어와 사회 교과의 수준별수업 폐지를 경험한 학생들은 긍정적인 성취를 보여 주었다. 이에 우리는 10학년 학생들에게 수준별수업 폐지를 적용하는 문제를 논의하기 시작했다. 그리고 9학년에서처럼 영어와 사회 교과에서 먼저 이 작업을 시작하는 것이 좋겠다고 의견을 모으게 되었다. 사회과 교원들 사이에는 약간의 망설임이 있긴 했지만, 그들 역시 수준별수업과 관련된 불평등을 인정하고 있었기에 변화를 거부하지는 않았다. 영어과 교원들은 열렬한 지지를 보내 주었다.

그런데 막상 교육위원회 개최 시기가 다가오면서 예상치 못한 반발에 부딪히게 되었다. 그동안 물밑에서 수준별수업 폐지를 반대해 온 학부모–교사 협의회 회장이 여러 학부모들에게 이메일을 보내, 교육위원회 공개회의에 참석하여 수준별수업 폐지에 반대해 달라고 요청한 것이다. 나는 교육위원회에서 몇 시간 동안이나 학부모들의 우려 섞인 질문에 답해야 했다. 학부모들은 수준 높은 교육이 이루어지지 못할까 봐 또 일부 아이들이 따라가지 못할 만큼 어려운 수업이 될까 봐 두려워했다. 인종적 혹은 계층적 편견을 교묘히 감춘 차별적 발언도 있었다. 한 학부모는 "교실이 아니라 밖에서 자잘한 심부름이나 해야 할 아이들이 상위반에 있는 것은 그 아이들에게도 좋지 않다."라고 주장했다. "10학년 시기는 뒤떨어지는 아이들을 솎아내야 할 때"라고 불평하는 발언도 있었다. 몇몇 학부모들은 최상위권 아이들은 그대로 놔두고 하위반 아이들의 수준을 끌어올리는 데만 집중하는 편이 낫다고 제안했다.

　나와 동료 교사들은 몇 시간에 걸쳐, 수준별수업 폐지 결과 학생들의 시험 성적이 얼마나 올라갔는지를 입증하는 데이터와 상위권 학생들이 여전히 탁월한 점수를 받고 있다는 걸 보여 주는 데이터를 들어 발표를 계속했다. 지원수업을 통해 학습에 어려움을 겪는 학생들이 어떻게, 얼마나 향상되고 있는지 그 방법도 자세히 공개했다. 새롭게 고안된 학습진도와 과정 중심으로 설계한 평가 체계가 모든 학생의 성공을 돕고 노력에 보답할 수 있으리라는 설명도 덧붙였다.

　과연 교육위원회가 이러한 반대에 직면하고도 변화를 계속 지지할지 확신할 수 없었기에 교사들과 나는 녹초가 되어 회의장을 나왔다. 위원회는 회의를 마치고 곧바로 내부 토론에 들어갔다. 윌리엄 H. 존슨(William H. Johnson) 교육감은 수준별수업 폐지안이 분명 성공할 것이라고 이사회를 안심시켰다. 그리고 지금에 와서 위원회가 등을 돌리게 되면 현 상황을 더욱 악화시킬뿐더러 사우스사이드 고등학교의 관리자들이 직위를 유지하기 어려워질 것이라고 위원들을 설득했다. 다행히 교육위원회는 그간의 성과를 받아들여 우리의 계획을 지지하기로 했다. 드디어 10학년에도 수준별수업 폐지가 시작된 것이다. 다만 교육위원회는 학부모들이 중심이 된 지역 교육과정 위원회에 최신 정보를 계속 전달하고 공유해 달라는 요청도 덧붙였다.

학부모들의 반발은 우리에게 경종을 울렸다. 수준별수업 폐지 문제는 교수법의 변화가 아니라 규범과 제도적인 변화라는 점을 깨닫게 된 것이다. 학부모들의 지지를 얻으려면 지능이나 실력에 대한 기존의 전통적인 신념을 바꿔야 했다. 10학년 대상의 새로운 교육과정에는 우리가 약속한 모든 것이 명확히 담겨 있어야 했고 그 일은 전적으로 학교의 몫이었다. 전통적인 상위권 우등생들을 위해 원래의 추진 의도가 희석되어서도 안 되지만, 학습에 어려움을 겪는 학생들이 허우적거리는 것을 언제까지고 방치해서도 안 되었다. 수준 높은 교육으로 확실히 도전할 수 있도록 교육과정을 전면적으로 개편할 필요가 있었다.

이에 따라 우리는 국제바칼로레아 교육과정(IB)을 도입하기로 했다. 영어과 교사들은 짧은 글이나 시에 대해 상세하고 논리정연하며 문학적인 해석을 진행하는 IB 문학평론(IB Commentary) 과정을 통합하여 새로운 교육과정을 작성했다. 10학년 사회과 교육과정에는 IB 역사탐구(IB Historical Investigation)의 입문과정이 포함되었다. 즉 학생들이 선택한 주제에 관해 연구를 진행하고 주석을 넣은 서지 목록을 작성하도록 한 것이다. 이것은 시험이나 평가 결과뿐만 아니라 학습 과정까지도 등급 산정의 일부가 될 수 있다는 점을 확실히 하려는 의도였다. 교사들은 개별 학생의 향상 정도를 평가하기 위해 과정별 채점기준표를 개발했다. 과정별 채점기준표는 모든 학생의 성공을 위해 매우 중요한 장치였다. 학습에 어려움을 겪는 학생들은 각 단계마다 필요한 지원과 피드백을 받을 수 있고, 성공적으로 학업을 수행하는 학생들에게는 교사의 피드백을 포함, 더 큰 향상을 위해 어떤 과정과 노력이 필요한지 보여 주기 때문이었다.

격일제 지원수업 또한 이 과정에서 중요한 역할을 담당했다. 지원수업의 지도는 단순한 보충수업으로 끝나는 것이 아니다. 더 많은 도움이 필요한 학생들을 위해 수업 전후로 모든 학생이 배워야 할 충실한 내용에 초점을 두어 설계한 수업이었다. 특수교육 교사들을 포함 여러 교사가 이러한 교육과정을 따를 수 있도록 훈련받았다.

10학년의 영어 및 사회 교과 수준별수업 폐지는 이렇게 성공적으로 실행되었다. 학생 모두에게 효과를 가져오는 견실하고 투명한 모형을 실행에 옮긴 끝에 우리는 비판자들을 설득할 수 있었고, 교육위원회에서 논쟁을 불러일으켰던 학부모들의 우려는 해소되었다. 이전의 비판자들은 지지자가 되었고, 모든 학생에게 상위반의 심화된 교육과정을 적용하는 문제는 이제 의문의 여지 없이 받아들여졌다.

2004년에는 10학년 수학의 심화 과정인 대수학과 삼각법에서 수준별수업이 폐지되었고 원하는 학생은 이틀에 한 번씩 지원 또는 심화 수업을 선택할 수 있었다. 2006년 9월에는 교사들의 요청에 따라 화학 교과의 수준별수업이 폐지되면서 마지막으로 남아 있던 수준별수업의 흔적까지 사라졌다. 이로써 마침내 9학년과 10학년에는 모든 학생에게 적용되는 엄정한 교육과정 하나만 남게 되었다.

여기서 끝난 것이 아니었다. 2011년에는 11학년 영어 교과에서 수준별수업이 폐지되어 대학 학점을 받을 수 있는 IB 2년 과정의 첫 1년차 수업을 모든 학생이 받게 되었다. 2013년에는 2년차 수업까지도 모든 졸업반 학생들이 원하는 대로 수강할 수 있었다. 이에 더하여 11학년의 미국사 과정에도 IB 과정을 도입, 수준별수업 폐지를 더욱 진전시켰다.

해야 할 일은 여전히 많다. 앞으로 우리는 다시 한번 신중하게 교육과정을 개편하고 보완해 나갈 것이며, 도움이 필요한 학생들을 위해 지원수업을 추가로 신설할 계획이다. 다양한 인종과 민족, 사회경제적 지위를 가진 학생들이 서로 어우러진 강당과 교실에서 최고의 교육과정을 함께 공부한다는 사실에 자부심을 느낀다.

성취도에 미치는 영향

형평성을 구현한 학습은 분명 성과가 있었다. 수준별수업 폐지가 진행될수록 인증시험(Regents) 졸업장 취득 비율에서 학생들 간에 존재했던 격차가 줄어든 것이다. 2000년에는 그 격차가 66퍼센트포인트에 달했지만 2013년에는 거의 차이가 없었고 모든 학생이 졸업장을 취득할 수 있었다. 뉴욕주 전체 학생의 졸업장 취득 비율도 향상되긴 했지만 사우스사이드 고등학교 학생들의 취득 비율은 뉴욕주 평균을 훨씬 넘어서며 최근 2년 동안은 거의 100퍼센트에 이를 정도. 기하학이나 고급 대수학 등을 이수해야 하는 상급 자격 졸업에 도전하는 학생들도 늘어나고 있는데, 특히 소수민족 학생들 중 절반가량이 이 목표를 성취하고 있으며, 이는 뉴욕주 백인 중산층 집단의 성취와 맞먹는다. 확실히 수준별수업 폐지는 사우스사이드 고등학교에서 성취도 격차를 줄이는 데 긍정적인 영향을 미친 것이 분명했다.

국제바칼로레아 교육과정

모든 학생에게 탁월한 교육과정을 제공하기 원한다면 성과가 입증된 모델을 사용하는 것이 중요하다. 우리는 이를 위하여 국제바칼로레아 (IB) 교육과정을 참고했는데, 높은 수준의 교육내용 및 과정 전반에 걸친 우수한 평가 시스템을 갖추고 있다. 대입 준비에 큰 도움을 받았다는 졸업생들의 보고가 꾸준히 이어지는 것을 보면 우리의 선택은 적절했던 것 같다. 그리고 졸업생 집단 두 곳에 대해 추가적인 설문 조사를 진행한 결과, 영어와 수학에서 이 교육과정을 이수한 학생들은 점수에 상관없이 4년제 대학 졸업률이 90퍼센트에 달한다는 사실을 알게 되었다.

국제바칼로레아 교육과정은 학생들의 역량을 '정적이고 변하지 않는 특성이 아닌, 본질적으로 더 역동적이며 변하기 쉬운 것'으로 여긴다(IBO, 2004). 이러한 철학은 수준별수업 폐지에 대한 우리의 신념과도 일치한다. 학생들이 고차원적인 사고력 계발을 위한 수준 높은 교육과정에 도전하여 공부할 기회를 얻게 되면 학습 역량은 더욱 성장하고 확장될 수 있다. 우리는 학생들의 재능과 경험, 노력이 제각각이며 학습 성과 또한 다양하리라는 점을 이해한다. 모든 학생이 높은 점수를 받을 수는 없겠지만, 수준별수업이 폐지된 수업에서 더 좋은 성과를 낼 수 있다는 사실은 분명하다. 학생들은 기대치가 낮고 소외된 하위반에 있는 것보다, 다소 어렵지만 도전해 볼 만한 수업에서 훨씬 더 많은 것을 배울 수 있다.

수준별수업 폐지가 진행됨에 따라 IB 학위과정(IB diploma) 수료를 원하는 학생들의 비율도 증가했다. 2001년에는 전체 학생 중 27퍼센트만이 학위과정에 지원했지만 2014년에는 50퍼센트, 2015년에는 55퍼센트의 학생들이 IB 학위과정에 지원한 것이다. 2014년 6월에는 흑인 및 라틴아메리카계 학생 가운데 88퍼센트가 IB 학위과정 시험을 치르고 졸업했는데, 이들 집단에서 극소수만 참여했던 10년 전과 비교하면 크게 달라졌다.

인종과 민족, 사회경제적 지위가 다양한 학생들이 점점 더 많이 국제바칼로레아 교육과정에 참여하고 있지만 우리 학교의 IB 점수는 여전히 안정적이다. 최상위 학생들의 성적 또한 하락했다는 증거가 없다. 사우스사이드 고등학교는 이처럼 긍정적 차별을 통해 형평성을 구현함으로써 성공적으로 성취도를 올릴 수 있었다.

교훈

록빌센터 학구의 수준별수업 폐지는 개혁에 헌신, 자원, 시간, 그리고 인내심이 더해졌을 때 무엇을 이루어 낼 수 있는지 주목할 만한 이야기다. 광범위한 수준별수업 폐지를 포함한 핀란드의 개혁과 마찬가지로, 변화는 단순히 수준별수업을 폐지하고 교육과정을 개편하는 것 이상의 일이라는 걸 명심해야 한다. 일부의 성공이 다른 이들의 희생이 될 필요가 없다는 신념을 바탕으로 경쟁과 배제가 아닌 협력과 포용의 사고 관점으로 학교를 바라볼 필요가 있다.

2006년에 나는 「Theory Into Practice(이론의 실행)」이라는 글에서 록빌센터 학구가 수준별수업 폐지에 성공할 수 있었던 주요 요인에 대하여 말한 적이 있다(Welner & Burris, 2006). 그 요인들을 이후 등장한 다른 요인(Burris, 2014)과 함께 열거해 보면 다음과 같다.

• 안정적이고 헌신적인 리더십 확보

윌리엄 H. 존슨은 1986년부터 록빌센터 학구의 교육감으로 일했다. 그는 교육의 형평성에 대한 신념을 갖고 개혁을 이끌었을 뿐만 아니라 같은 신념을 공유한 교장들과 부교육감들이 오랫동안 자리를 지키며 일할 수 있게 했다. 나 역시 교장으로 15년간 일했다. 자신이 주변에 중대한 변화를 일으키고 있다는 사실을 깨닫는 것은 다른 기회가 오더라도 쉽게 움직이지 않게 되는 강력한 동기로 작용한다. 무엇보다 중요한 것은 학교가 도전과 저항을 극복할 수 있도록 해 주는 일관되고 안정적인 비전이다. 성공이 커질수록 신뢰도 쌓인다.

• 최하위 수준부터 단계적으로 폐지

상위반과 하위반으로 구별된 수업은 학생들이 부진한 학습을 따라

잡는 데 도움이 되는 게 아니라 오히려 성취를 저하시킨다는 점이 분명했다(Peterson, 1989). 하위반 수업을 폐지하자 학생들의 성취도는 올라갔고, 학교 문화가 개선되었으며, 특히 다양한 인구통계학적 특성을 가진 학교의 경우 인종 간의 격차가 한층 줄어들었다.

• 학습에 어려움을 겪는 학생의 지원

학습에 어려움을 겪는 학생들이 적절한 지원 없이 상위반 교육과정을 학습할 수 있을 것으로 기대하면 안 된다. 격일제 지원수업, 오전의 특별수업, 방과후 개인교습, 또래 지도 등은 록빌센터 학구 학생들의 학업 성공에 매우 중요한 부분이었다. 그러한 지원을 제공할 시간을 마련하려면 지역 노조와 협력하는 일도 중요하다. 지역사회의 자원들도 격차를 없애는 데 도움이 된다. 지원은 해당 과정들과 빈틈없이 연계되어야 한다. 단순한 보충학습만으로는 이처럼 도전적인 교육과정을 감당하기에 효과적이지 않다.

• 이질적 학급에 교사들을 서서히 적응시키기

수준별수업 폐지에 앞서 우리는 일정 기간 동안 학생들이 스스로 수업을 선택하도록 했다. 상위반을 선택한 학생이 많아질수록 학급은 점점 더 이질적으로 바뀌어 갔고 교사들은 서서히 교수법을 조정해야 했다. 학급 편성이 이질적인 방향으로 완전히 넘어갈 무렵 교사들은 이미 준비가 되어 있었다. 단, 학생이 수준별수업을 선택하게 하는 것 또한 변화의 최종 목표가 아니라 중간 과정임을 명심해야 한다. 연구에 따르면 학생에게 수준별수업을 선택하게 하는 것 역시 서열을 배정하는 시스템과 마찬가지로 계층화를 발생시키는 요인이다.

• 점진적이고 신중한 진행

모든 사람이 수준별수업 폐지에 동의할 때까지 학교가 기다리고만 있었던 것은 아니다. 폐지 과정은 점진적이었지만 신중하게 이루어졌다. 한때 중학교 수학 교사들이 수학과 속진학습을 유치원에서부터 시작할 필요가 있다고 주장한 적이 있었다. 하지만 학구에서는 현명하게도 이 내용을 그대로 받아들이지 않고 신중히 검토했으며, 속진학습은 6학년 정도가 적기라고 판단했다. 12학년 영어과에서 수준별수업을 폐지할 때도 마찬가지였다. 11학년 전체 학생들이 IB 과정을 수강하게 하면서 2년간 모든 학생이 성공을 거둔 것을 확인한 후에야 비로소 12학년의 수준별수업 폐지를 진행한 것이다.

어떤 개혁이든 성공하려면 신중하고 계획적인 출발이 매우 중요하다. 뉴욕주의 경우 국가공통핵심성취기준의 실행 과정에서 많은 문제가 있었는데, 이는 새로운 성취기준과 교육과정을 신중하게 단계적으로 도입하지 않고 성급히 적용하려다 발생한 어려움이었다.

• 교사 진문성 계빌

전문성 계발은 개혁의 성공을 위한 핵심이다. 우리 학구에서는 모든 교사가 나를 포함한 두 명의 교수진으로부터 6시간에 걸친 개별화지도(differentiated instruction)를 받았다. 교사들은 직소 기법(jigsaw techniques) 및 다중지능 활용, 그리고 학생들이 아는 것을 다양한 방법으로 평가할 수 있도록 훈련받았다. 특수교육 교사들의 경우 코티칭(coteaching, 둘 이상의 교사가 수업을 함께 계획, 진행, 평가하는 수업 방식–옮긴이) 및 학습과 관련된 현장 기록을 위해 전문성 계발 훈련을 받았다. 이러한 훈련은 학습에 대한 증거를 제공하고 지원수업을 진행하는 데 도움이 될 수 있다. 이 외에도 일반교육과 특수교육을 병행하는 교사들은 국제바칼로레아 교육과정의 전문성 계발 프로그램에 꾸준히 참여하고 있다. 2005년부터 매년 실시되고 있는 수업연구는 교사들이 학습자에게 초점을 둔 구체적인 목표를 세워 다른 교사들과 공동으로 실습하도록 하는 것이다. 이 방법은 교원들의 자기 계발에서 필수적인 실행 단계로, 전문성을 키워 나가는 탁월한 방법이다.

• 신중한 교직원 선발 및 이탈 방지 노력

모든 학생이 학업에서 성공할 수는 없다고 생각하는 교사라면 수준별수업 폐지에 대한 부정적 생각은 쉽게 바뀌지 않을 것이다. 물론 수준별수업 폐지에 대한 성공적인 경험을 토대로 교사의 생각이 바뀌는 경우도 있다. 그러나 확실히 중요한 것은 신임 교사들이 형평성 있는 학교를 만들려는 이상을 지지하고, 수준별수업이 폐지된 학교에서 수업을 진행해야 하는 부담을 기꺼이 감수하게 하는 것이다. 학교의 리더들은 교사를 채용하는 면접에서 그 사람의 경험이나 기술에만 집중하지 말고 신념 체계를 자세히 살펴볼 필요가 있다.

• 의도치 않은 쏠림 현상의 방지

수준별수업이 시간표 운영 과정에서 의도치 않게 발생하는 경우도 있다. 사우스사이드 고등학교에서 상위반 학생들이 몇몇 특정 학급에 몰렸던 것은 프랑스어를 선택하고 오케스트라에서 연주하려는 학생이 많았기 때문이었다. 반면 하위반 학생들은 영어학습이나 특수교육에 대한 지원이 있는 수업에 몰리는 경우가 많았다. 이러한 쏠림 현상은 반드시 해결해야 했다. 나는 여름방학 때면 학급 구성원 명단을 살펴보고 균형을 맞추는 데 많은 시간을 할애하곤 했는데 이 일은 그럴 만한 가치가 충분했다.

• 학부모의 우려에 대한 진지한 대응

학부모가 설령 공격적이거나 특권 의식에 사로잡혀 있다고 생각되더라도 그들의 우려를 무시해서는 안 된다. 모든 학생의 필요를 가장 우선시해야 하는 것은 학교의 의무지만, 부모 또한 자녀를 사랑하고 그들의 필요를 우선시하기에 자녀를 위해 학교에 요구할 의무가 있다. 교사에게는 상위반 학생과 하위반 학생을 위한 각각의 지원 전략이 필요하며, 학교 리더들의 의무는 교사를 위한 전문성 계발과 지원을 제공하는 것이다. 그리고 학구에서는 학교가 이렇게 할 수 있도록 자원을 충분히 확보해 줄 의무가 있다.

• 학생의 사회정서적 필요에 대한 숙지

핀란드 학교들은 학생의 건강과 정서 문제를 지원할 의무를 법으로 보장하고 있다. 나 역시 상담교사, 사회복지사, 심리학자들이 학교에서 얼마나 중요한 역할을 하는지 실감한다. 정서적으로 고통받는 학생들은 학습에 집중할 수 없는 법이다. 배가 고프거나 두려움에 사로잡히거나 적절한 롤 모델이 없는 학생들은 학교에서 잠재력을 발휘할 여력이 없다. 마약이나 알콜 중독은 십 대들의 학습 능력을 떨어뜨린다. 아무리 최고의 교사라도 이런 빈자리는 어쩔 도리가 없다. 이 외에도 멘토링 프로그램, 학교와 가정의 연계, 지원 인력은 현장에서 무척 중요한 역할을 한다. 무단결석이나 범죄 행위가 학교 안에서 일어날 경우를 대비, 법원이나 사회복지기관의 지원도 필요하다.

성취도 격차를 줄이고자 한다면 학교 간, 그리고 학교 내에 존재하는 기회의 격차를 해소해야만 한다(Carter & Welner, 2013). 수준별수업 폐지는 격차를 해소하는 첫 단계 중 하나라고 할 수 있다. 하지만 이러한 변화는 아무 노력도 없다면 일어날 수 없다. 수준별수업 폐지는 시도할 만한 가치가 있는 개혁이지만, 모든 개혁이 그런 것처럼 '잘 이루어져야만' 의미가 있다.

4장 ——— 삶과 미래를 바꾸는 교육

형평성 구현의 문화로 학생들을 변화시킨 오크힐 학교

린다 하퍼

교육자로서 나는 내가 매일 내리는 전문적인 결정이 진지하며 중대한 것이라는 점을 잘 안다. 어떤 결정은 누군가의 앞날에 극적인 영향을 미칠 수도 있다. 교육자로서 내 행동은 누군가에게 희망을 줄 수도 앗아갈 수도 있다. 나는 이런 책임이나 권한을 가볍게 여긴 적이 없다.

교육은 그 어떤 것과도 비교할 수 없는 높은 전문성을 요구한다. 아동과 그 가족의 삶에 긍정적이거나 부정적인 영향을 줄 수 있다는 점에서 교육자는 의료 전문가와 비슷한 면이 있다. 아이들을 교육하는 일은 건강 관리와 마찬가지로 당장 해결해야 할 시급한 일은 아니지만 아동의 삶에 미칠 수 있는 영향 때문에 매우 중요하다. 교육자이자 교장으로서 나는 그 중요성을 충분히 인식하고 있으며, 어떻게 하면 나의 전문성을 높일 수 있을지 끊임없이 생각하곤 한다.

돌이켜보면 개인적이고 일상적인 경험들 속에도 내 직업과 관련된 것들이 발견되곤 하는데 그중에서도 특히 남동생 앤서니와 관련된 충격적인 기억이 있다.

앤서니의 어린 시절이나 성격적인 부분은 이 이야기와 관련이 없으므로 여기서 상세하게 말하지는 않겠다. 앤서니는 스포츠용 모터바이크를 무척 좋아했다. 어릴 때부터 유난히 모터바이크를 사랑했던 그는 엔진 소리가 클수록 더 좋아했고 일부 애호가들과 마찬가지로 스피드에 열광했다. 모터바이크는 공기를 가르며 달리는 기분, 뻥 뚫린 듯한 속도감, 자유롭고 짜릿한 느낌 때문에 유독 중독성이 심하다고들 말한다. 나는 그런 기분을 제대로 느껴 본 적은 없지만 그 매력만큼은 어느 정도 이해할 수 있었다. 하지만 어머니는 모터바이크에 열중하는 앤서니 때문에 걱정이 많았다. 대부분의 어머니들처럼 우리 어머니 또한 동생에게 속도를 높여 달리는 것이 얼마나 위험한지 틈만 나면 강조하곤 하셨다. 하지만 앤서니 입장에서는 스포츠용 모터바이크를 타고 동네 안팎을 천천히 돌아다니는 것은 말도 안 되는 일이었다. 그는 모터바이크에 앉아 탁 트인 고속도로를 질주하고 싶어 했고, 자유를 원했고, 짜릿함을 추구했다.

사고가 일어난 바로 그날 우리 가족은 베니 삼촌의 죽음 앞에서 슬퍼하고 있었다. 베니 삼촌은 나나 앤서니에게는 아버지나 마찬가지로 어린 시절부터 다정하고 친근하게 대해 주신 분이었다. 병원을 떠나기 전 앤서니가 삼촌의 침대 끝에 걸터앉아 눈물을 흘리며 고통스러워했던 것이 기억난다. 나 역시 힘들게 이런 모습을 지켜보았다. 앤서니도

나도 평소에는 강인한 사람이었지만 지금이 베니 삼촌을 대할 마지막 순간임을 알았기에 가장 약한 모습으로 힘겨워할 수밖에 없었다. 병실을 나선 앤서니는 몸과 마음이 극도로 고통스러운 상태에서 모터바이크를 타고 집으로 출발했다.

훗날 어머니는 그날의 사고에 대해 이렇게 회상했다. 늦은 밤이었는데 갑자기 구급차 소리가 요란하게 들려왔다. 어머니의 집은 경사지고 가파른 언덕배기에 있었는데 시끄러운 사이렌 소리가 집 주위를 돌며 계속해서 울려퍼졌다. 어머니는 구급차 운전기사가 누군가를 필사적으로 찾고 있다고 생각했지만 그것이 자신의 아들이라는 사실은 꿈에도 생각지 못했다. 사고 현장에서 발견된 동생은 거의 죽어가는 상태였다고 한다. 정확한 사고 경위는 알 수 없었지만 동생이 타고 달리던 모터바이크가 다른 차량과 크게 충돌한 모양이었다. 상대편 사고 차량의 운전자는 할아버지였고 조수석에는 어린 남자아이가 앉아 있었다. 충돌과 동시에 앤서니는 모터바이크와 함께 차량 너머로 몇십 미터 이상 날아갔고 심각한 부상을 입었다. 사랑하는 베니 삼촌의 죽음 앞에서 슬퍼하느라 사고 소식을 뒤늦게 전해 들은 우리 가족은 경악했다. 삼촌의 장례식을 준비하다가 앤서니의 회복을 빌어야 하는 상황이 될 거라고는 아무도 예상하지 못했다.

소식을 듣자마자 나는 사고 현장 부근에 있는 어머니의 집으로 출발했다. 무섭고 두려웠다. 다른 형제들도 모두 그랬을 것이다. 운전 중에 전화가 걸려왔다. 앤서니가 앨라배마 대학교 버밍햄캠퍼스(UAB) 병원으로 이송되어 중환자치료실에 있다는 것이었다. 무슨 일이 생길지 전혀 예상할 수 없었다. 동생에게 작별 인사를 할 준비는 전혀 되어 있지 않았다. 당시 할 수 있는 일은 기도를 올리는 것뿐이었다. 가는 길은 너무나 멀고 힘들었고 끝이 보이지 않았다.

간신히 병원에 도착하니 사촌이 와 있었다. 그녀로부터 나는 사고 내용을 좀더 자세히 전해들을 수 있었다. 우리는 의사를 기다리면서 앞으로 어떤 이야기를 듣게 될지 몰라 불안해했다. 머릿속이 새하얘졌고 아무 생각도 할 수 없었다. 곧이어 어머니가 병원에 도착했다. 또다른 동생 아서는 병원 보호자 대기실 구역에 들어오지 못하고 친구들과 함께 주차장에 있었는데 충격으로 몹시 힘들어 하고 있었다.

마침내 의사가 도착하여 어머니와 나에게 다가왔을 때 나는 의사의 흰색 진료복이 어떤 의미를 갖는지 실감할 수 있었다. 흰색 진료복을 보는 순간 마음이 조금씩 안정되었다. 의사가 이야기하는 동안 나는 무릎 아래까지 내려온 흰색 진료복을 유심히 살펴보다가 안에 입고 있던 바지 아랫단과 신발을 뒤덮은 핏자국을 보았다. 필시 앤서니를 치료하느라 묻은 피였을 것이다. 의사는 동생이 매우 위중한 상태이며 앞으로 몇 시간 더 수술을 진행해야 한다고 말했다. 그리고 동생의 심각한 부상 내용과 비관적인 상황을 자세히 설명했다. 이어서 그는 앞으로 어떤 치료를 시행할지 말한 뒤 "환자분이 치료 중에 사망할 가능성도 있습니다."라고 덧붙였다. 어머니는 고개를 떨구었다. 의사의 이야기를 듣는 내내 어머니는 침착하려고 애썼지만 무척 불안해 보였다.

의사의 말이 끝났을 때 나는 그저 "동생이 고통을 느끼고 있나요?"

라는 말밖에 할 수 없었다. 앞으로 벌어질 일이 몹시 두려웠다. 나는 전형적인 감정적 인간이다. 이런 유형의 사람은 극도로 불안하고 혼란스러울 때 울거나 비명을 지르기 십상이다. 하지만 그 당시 나는 어머니와 다른 가족들 앞에서 최대한 침착하고 강인한 모습으로 있어야 한다고 생각했다. 나의 질문에 의사는 동생이 부상을 치료하고 회복되는 동안 고통을 느끼지 않도록 여러 가지 처치가 진행될 것이니 안심해도 좋다고 말했다.

동생은 12시간이 지나도 수술실에서 나오지 못했다. 대퇴부 동맥이 수술 중에 파열되는 바람에 꽤 많은 추가 수혈이 필요했다. 위급한 상황이 계속되었지만 그때마다 의사가 나와서 앞으로 어떤 처치를 진행할지 설명해 준 덕분에 그나마 진정할 수 있었다. 물론 이것은 나의 경우다. 어머니는 자식을 잃을지 모른다는 불안감에 두려워했고 아무런 말도 반응도 하지 못했다. 수술이 진행되는 내내 어머니는 자리에 앉지도 못하고 극도로 불안해했다. 이런 상태에서 아들을 잃게 된다면 도저히 감당할 수 없을 만큼 어머니는 쇠약해져 있었다.

보다 못한 나는 어머니와 숙모를 설득해 잠시라도 집에 돌아가 휴식을 취하고 오도록 했다. 병원을 나서 집에 도착할 때까지 어머니는 몇 번이나 "네 동생 괜찮겠지?"라고 물으셨다. 마치 초월적 존재를 향한 신앙이나 믿음에 기대어 안심할 수 있는 답을 구하려는 것 같았다. 나는 "당연히 괜찮고말고요."라고 대답했지만 솔직히 아무런 확신도 할 수 없다는 걸 모두가 알고 있었다.

집으로 들어가는 어머니와 숙모의 모습을 보니 마음이 아팠다. 한 사람은 40여 년간 함께 지낸 남편을 잃었고 다른 사람은 아들을 잃을 지 모르는 상황이었다. 그런 두 사람이 서로 위로하며 힘이 되어 주려고 애쓰고 있었다.

다행히 동생은 무사히 수술을 마쳤다. 몇 주간 병원의 중환자실에 있으면서 나는 생명을 구하는 일에 헌신하는 전문가들의 모습을 가까이에서 볼 수 있었다. 동생의 생명을 구하고 최적의 치료법을 결정하기 위해 최고의 전문가들이 분야를 가리지 않고 긴밀히 협력했다. 인턴 수련의나 초보 의사가 아닌 숙련된 전문의들이 동생의 의료 기록을 검토했고 모든 진전 상황을 수시로 관찰했다. 간호사들은 분 단위로 데이터를 수집해 의사들에게 제공했고, 자신들이 알아낸 것을 즉각 적용하여 동생의 상태를 개선하려고 애썼다. 그리고 교대 시간마다 우리 가족을 찾아 동생의 상태를 설명하고, 앞으로의 처치 계획을 알려 주었다.

동생의 건강과 관련 없는 데이터는 의료진에게 불필요했다. 말하자면 동생의 사회경제적 지위 같은 데이터를 놓고 추측하거나 상의하는 일은 없었다는 말이다. 동생과 어머니가 사는 집은 마을의 서쪽 지구, 주로 유색 인종들과 저소득층 주민들이 사는 곳으로 알려진 곳이다. 하지만 의료진에게 이런 정보는 처음부터 고려 대상이 아니었다. 환자가 받게 될 치료와 환자의 주소는 아무런 상관이 없었기 때문이었다.

사실 이 병원에는 동생이 예전에 치료받은 기록이 남아 있었다. 동생은 과거 두 번의 총격을 받은 적이 있는데, 한 번은 모르는 가해자로부터, 또 한 번은 동생이 자초한 우발적인 사고로 인한 것이었다. 그러나 의료진들은 이 정보 또한 현재 필요한 치료를 결정하는 데 무관하다고 여겼다. 심지어 이 사건에 관한 가장 최근 기록인 경찰의 보고서조차 검토하지 않았다. 실제로 경찰이 어떤 내용의 보고서를 작성했는지는 알 수 없지만 동생에 대해 무모하다거나 성급하다고 판단했을지도 모를 일이다. 만약 그랬다면, 동생의 무모한 행동이 사고의 원인이니 생명을 잃어도 어쩔 수 없다고 섣불리 단정할 수도 있다. 평소에 어머니로부터 위험한 행동에 대해 수시로 경고를 받은 것도, 사고 당일 삼촌의 죽음 때문에 극도로 불안하고 고통스러운 상태였던 것도 의료진들은 알지 못했다. 그저 매일매일 동생이 받게 된 검사 결과와 진행 경과만이 중요했을 뿐 다른 것들은 치료와 무관하게 여겨졌다. 의료 행위를 결정하는 데 있어서 환자가 아프리카계 미국인이라거나 저소득층이라거나 위험한 행동에 연루되었을 가능성이 있다는 사실 등은 고려 대상이 되지 않았다.

동생의 생명을 구하고 그를 간호하기 위해 최고의 의료진들이 매일 병실을 찾았다. 6주 동안 의료진은 집중적이고 헌신적으로 동생을 치료했으며 그 무엇에도 동요하지 않고 최상의 의료를 제공했다. 동생의 사고를 통해 나는 교육 현장에 있는 수많은 교사들이 위기에 빠진 학생들을 대하는 방식과, 병원의 의사들이 환자를 대하는 방식이 어떻게 다른지 생각해 보게 되었다. 만약 의사들이 경찰의 사건 보고서를 살펴보고 동생의 무모한 행동을 비난하며 사고가 벌어진 것이 당연하다고 생각했다면 어떻게 되었을까? 만약 그들이 "이 사람은 좀더 신중하게 행동해야 했다. 심지어 할아버지와 손자의 목숨까지 앗아갈 뻔했다."라고 생각했다면 어떻게 되었을까? 중요한 것은 의사들은 그런 판단에 일절 관여하지 않았다는 사실이다. 동생에게는 할 수 있는 최상의 의료가 제공되었을 뿐이다.

만약 병원 관리자들이 동생을 가치 없는 환자로 여기고 숙련도가 떨어지는 의사나 간호사를 배치하여 치료하게 했다면 어떤 일이 벌어졌을까? 숙련된 의사들의 지원 없이 초보 의사들만으로 동생의 치료를 진행했다면 어떻게 되었을까?

안타깝지만 교육 현장에서는 이런 예를 어렵지 않게 찾아볼 수 있다. 도움이 절실한 학생들이 최고의 전문성을 가진 교사 대신 최악의 교사를 만나는 경우가 있기 때문이다. 학교를 중퇴한 학생들의 범행이나 탈선의 원인이 교사에게 있다는 뜻은 아니다. 실제로 학생의 성공과 실패에 관여하는 요인은 한두 가지가 아니며 무엇이 문제라고 단언하는 것 자체가 무책임할 수 있다. 다만 동생의 생명을 구한 의사들처럼 교육자들이 활용할 수 있는 모든 자원을 결합해 노력한다면 학생의 삶의 궤도를 바꿀 수도 있지 않을까 생각한다. 경험 많은 교육자로서 나는 교사와 학생 간의 두터운 관계에서 발휘되는 힘을 실감하고 있다. 어떠한 편견이나 가치 판단도 개입시키지 않고 모든 학생에게 공평한 기회를 제공하는 것은 매우 중요한 일이다.

병원의 중환자실은 의료 문제를 해결할 수 있는 최상의 전문가들로 구성된다. 환자의 중증도를 분류하는 부서들은 신속하게 증상을 검토하는 훈련을 받는다. 가장 위급한 환자들을 제일 먼저 진찰하고 숙련된 의사에게 보낸다. 상태가 몹시 위중한 환자라면 의사의 판단에 따라 표준적인 절차의 많은 부분을 건너뛸 수도 있다. 환자를 돌보는 과정은 의도적으로 개별화된다. 물론 의료계도 완벽한 것은 아니다. 도움이 필요한 환자에게 비효율적이고 부적절한 의료를 제공하는 사례도 수없이 많다. 환자를 잃는 의사도 있고, 그중에는 다른 방식으로 의료를 제공했다면 회복되었을 환자도 분명히 있을 것이다. 그러나 나는 환자가 식단을 변경했다는 이유로, 또는 나쁜 버릇을 차단하려는 조치를 거부했다는 이유로 환자가 마땅히 받아야 할 의료적 처치를 제한하거나 환자를 거부하는 의사를 본 적이 없다. 심지어 죽음이 임박한 상황에서도 훌륭한 의사들은 대체로 환자가 불편을 느끼지 않도록 최선을 다하며, 그때 내리는 결정은 모든 노력을 다한 끝에 이루어지는, 말 그대로 남은 시간이 없을 때만 필요한 것이다. 내 동생의 경우 의료진은 최상의 의료를 제공하기 위해 쉬지 않고 노력했으며 그 결과 동생은 생명을 구할 수 있었다.

안타깝게도 일부 교육자들은 학생의 데이터를 살펴본 뒤 그 학생에게 미칠 장기적 영향을 신중하게 고려하지 않은 채 성급한 조언을 하기도 한다. 어떤 학생을 특수학급 또는 교정학급에 배치하거나 다음 학년으로 진급을 허락하지 않는 문제는 대단히 신중한 접근이 필요하다. 즉 학생의 데이터를 철저히 검토하고, 그 결정이 학생에게 미칠 장기적인 영향까지 고려하여 결정해야 하는 것이다. 그럼에도 "그 아이는 3학년인데 읽기를 제대로 못 하니 유급시켜야 합니다."와 같은 성급한 판단이 종종 내려지곤 한다. 그 아이가 왜 읽기를 제대로 못 하는지 근본적인 원인을 찾아보고 확인하지 않은 상태에서 결정하는 것은 특히 더 해로운 결과를 가져올 수 있다.

교직에 있는 동안 나는 학생에 관한 섣부른 조언이 문제를 해결하기보다 오히려 악화시킨 경우를 종종 목격했다. 잘못된 개입 때문에 가벼운 병을 고치거나 개선할 수 있는 가능성이 오히려 줄어든 것이다. 훌륭한 의료 전문가는 환자의 진료를 결정하기 전 관련 데이터부터 살펴본다. 훌륭한 교육자도 그래야 한다. 모든 학생은 자신의 필요에 따라 최상의 교육을 받을 권리가 있다. 부모가 누구인지, 가정의 사회경제적 지위가 어떠한지 등은 고려 대상이 될 수 없다. 부모의 지원이 부족하지 않은지, 부모나 자녀가 과거 어떤 선택을 했는지 여부 또한 쟁점이 되어서도 안 된다. 사고 후 동생을 위해 전문가들이 가장 적절한 치료 방법을 결정한 것처럼 아이들은 학교로부터 최고의 교육을 받을 수 있어야 한다. 부모의 개입 여부와 상관없이 모든 아이의 옹호자로서 학교와 교사는 충분한 도움을 주어야 한다.

병원에 있는 동안 간호사인 여동생이 우리를 돕기 위해 뉴욕에서 왔다. 의료진은 여동생과 많은 대화를 나누었고 그녀의 말을 경청했다. 동생을 위해 여동생이 특별한 처치를 제안했을 때도 간호사들은 예의를 갖추어 귀를 기울였다. 자기네 병원 의료진이 아니라는 이유로 여동생의 발언을 무시하는 일은 없었고 아는 체하는 사람으로 여기지도 않았다.

의료진의 모습을 바라보면서 문득 이런 생각이 들었다. 학부모가 자녀에 관한 상담을 위해 들고 오는 정보나 개입을 교육자들은 과연 진정으로 가치 있게 받아들이는가? 어떤 교육자는 부모의 개입을 성가시게 여긴다. 자녀에게 부정적인 영향을 주지 않을까 우려되는 교육 과정이나 어려운 수업 활동에 대하여 학부모가 이의를 제기한다면 교사들은 어떻게 반응할까? 학부모는 정말로 발언권이 있는가? 일부 교육자는 학부모의 참여를 바자회와 모금 활동 정도로 제한하고 싶어 한다. 학부모나 학생의 권리를 주장하는 의견을 위협적으로 느끼는 동료 교육자들도 많이 보아 왔다.

예전에 어떤 학생을 지원하고 추천하기 위해 학회 몇 곳에 참석한 적이 있다. 교사임을 밝히고 학생에 대한 정보를 제공하려고 했지만 그 자리에서 바로 제지를 당하곤 했다. 학생의 정보는 법적 후견인하고만 교환할 수 있다는 것이었다. 이런 일을 겪을 때마다 나는 학생의 교육과 성장 과정에서 교사인 내가 소외되는 듯한 느낌을 받는다. 그리고 교사를 배제하는 것이 학생과 가족들에 대한 지원을 축소하려는 의도가 아닌지 의심하게 된다.

학교에 입학할 때는 대부분의 학생들이 학습에 대한 열의를 품고 있다. 그러나 시간이 지날수록 많은 학생들이 실망하고 의욕을 잃고 만다. 학생의 열의와 호기심을 꺾는 교육 방침과 활동 때문이다.

나는 교육계의 문제가 중도 탈락이 아니라 밀어내기에 있다고 확신한다. 예를 들어 내가 일했던 대다수 학교에서는 상급반에 들어갈 기회를 일부 최우수 학생들에게만 제한적으로 부여했고, 또 그 학생들은 가장 우수한 교사들로부터 배울 기회를 가질 수 있었다. 다양한 사회경제적 지위와 인종으로 구성된 학교라고 해도 상급반이나 고급 강좌는 대부분 백인 중산층 학생들로 구성되었고 빈곤 가정이나 유색인 아이들은 배제되는 경우가 많다. 관리자로서 나는 학생들의 보이지 않는 불만을 느낄 수 있었다. 학교가 특정한 일부 학생들을 제외한 나머지를 밀어내는 것이 아니냐는 불만이었다. 희망과 가능성을 품고 입학한 학생들 모두에게 학교는 양질의 학습기회를 제공하고 그들의 열정에 부응할 의무가 있다. 오크힐 학교 교장으로서 나는 일과 중에 종종 모든 교실을 둘러보곤 한다. 그럴 때면 나의 지난 삶과 교실에서 경험했던 일들이 떠오른다. 오크힐의 교원들이 신입생들에게 영감을 주고 동기를 부여하기 위해 노력하는 특별한 순간을 목격할 때도 있다. 우리 학교에 왔다가 잠재력을 펼쳐 보지도 못하고 떠난 수많은 학생에 대해서도 생각해 보게 된다.

오크힐 학교 성공준비 아카데미(Success Prep Academy)에 입학한 학생들은 특히 감동적이다. 그들 중 다수는 학업 면에서 뒤처진 상태로 입학하지만 자기 학년 수준을 따라가거나 9학년생들과 함께 졸업하기 위해 전력으로 노력한다. 상상할 수조차 없는 엄청난 위업처럼 보이는 도전이지만 학생들의 의지는 교사들의 전문성과 헌신에 결합되어 나를 고무시킨다. 자기 삶을 정상 궤도에 올려놓기 위해 모든 것을 감수하려는 학생들의 결심에 나는 종종 뭉클해진다. 그리고 힘든 여정을 감당하려는 학생과 교사를 지원하기 위해 내가 할 수 있는 일이 무엇일까 생각한다.

성공준비 아카데미가 학생들을 효과적으로 지원할 수 있었던 것은 그러한 문화를 만들어 낸 모두의 협력 덕분이다. 헌신적인 교육자들이 보여 준 역량과 열정 덕분에 성공준비 아카데미는 학생들에게 매

제1원칙, 핵심에 다가서라

우 특별한 곳으로 변화할 수 있었다. 그들이 일하는 모습을 보고 있으면 동생의 목숨을 구해 준 병원 의료진들이 떠오른다. 나는 이것이야말로 모든 학생을 위한 학교의 모습이라고 느낀다.

하지만 성공준비 아카데미가 처음부터 이런 모습이었던 것은 아니다. 지금부터 우리 학교가 영향력 있고 신뢰받는 기관으로 변화되기까지의 과정을 자세히 소개하겠다.

세 학교를 하나로

나는 2008년 여름에 오크힐 학교 교장으로 부임했다. 지금까지 오크힐 학교가 특별한 도움이 필요했던 학생들을 위해 이루어 낸 경이로운 교육적 성과에 대해서는 또다시 덧붙일 필요가 없을 것 같다. 내가 부임하기 수십 년 전부터 오크힐 학교는 배우는 아이들, 가르치는 교육자들 모두가 각자의 능력을 키우고 지속적으로 발전할 수 있는, 탁월한 긍정적 면모를 갖고 있었다.

오크힐 학교는 1976년 몇몇 학부모와 지역 유지들의 노력으로 터스컬루사시(Tuscaloosa City, 미국 남동부 앨라배마주 연안의 도시–옮긴이) 학구에 설립되났나. 설립 이래 수십 년간 이 학교의 학생과 학부모, 교사들은 내가 지금까지 함께 일했던 수많은 사람 중에서도 가장 헌신적이고 근면하며 열정적인 모습을 보여 주었다.

오크힐 학교에서는 중증 장애를 지닌 학생들의 입학을 허가하고 이들을 위한 프로그램을 운영한다. 다수의 상을 수상한 '스페셜 올림픽'은 장애 학생들이 국내외 스포츠 경기에 출전할 수 있도록 지원하는 프로그램이다. 또 지역 내 사업체 및 앨라배마 대학교 터스컬루사 캠퍼스와 협력하여 전환기 직업훈련 과정을 운영하는데 이는 학생의 자립심을 키워 주고 졸업 후 취업에도 큰 도움이 된다. 이 프로그램들은 학생 개인의 운동 능력이나 학업 성취 면에서 높은 수준의 목표를 제시하면서도 목표 달성 의지를 확고하게 만들어 준다는 점에서 탁월하다. 학부모들은 자녀와 학생들이 필요로 하는 것을 충족시켜 주는 일에 확고한 지지를 보내고 있다. 교사들은 우리 주뿐만 아니라 전국에서도 가장 해박하고 유능하며 헌신적이고 근면한 사람들에 속한다. 교장으로서 모두에게 감사를 표한다.

2008년 오크힐 학교에는 심각한 행동 문제를 가진 학생들을 지도하는 특별학급이 만들어졌다. 이들을 지원하기 위해 주 정부에서 파견된 교사들도 추가로 배치되었다. 학교에 배정된 학생들은 주에서 3급 범죄로 간주하는 위반 행위, 즉 폭행, 구타, 심각하게는 마약과 무기 소지까지 포함된 범죄에 연루된 아이들과 소년원에서 출소하는 학생들이었다. 이들 모두가 특별학급의 프로그램을 거쳐야 했다.

교사들은 특별학급의 이미지를 변화시킬 필요가 있다고 생각했다. 행동에 문제가 있는 학생들이 집과 학교로 복귀하기까지 수용되는 곳이라는 이미지 말이다. '대안학교'나 '교정학급' 같은 이름 대신 다른 명칭이 필요했다. 여름 내내 의견을 모은 끝에 '스타 아카데미(Stars Academy)'라는 명칭이 결정되었다. 그리고 교육과정의 질을 높이기 위

제1원칙, 핵심에 다가서라

해 터스컬루사 캠퍼스 컴퓨터공학과와 파트너십을 체결하는 등 외부 기관과 업체에 학생들을 위한 추가 지원을 요청했다.

오크힐 학교에 원래부터 있던 재학생들과 가족들이 새로운 프로그램의 결합을 우려하는 것은 당연했다. 우리 역시 학부모들의 걱정을 충분히 이해했기에 그들의 생각을 존중했다. 솔직히 인정하자면 스타 아카데미에서는 학생 사이에 다툼이나 충돌이 잦았다. 나 역시 사납게 다투는 여학생들을 제지하다가 교실이나 강당 바닥에서 뒹군 적이 한두 번이 아니었다.

재미있게도 특별학급의 학생이나 교사들은 초기에 우리가 겪었던 고생을 거의 알지 못했다. 그만큼 우리는 스타 아카데미의 긍정적 이미지를 보호하기 위해 노력했던 것이다. 그리고 대부분의 사람들이 미처 깨닫지 못했던 사실이지만 우리는 스타 아카데미의 아이들 모두가 또래 간의 갈등을 해결할 방법을 몰랐을 뿐 근본적으로는 선량한 아이들이라는 사실을 알고 있었다. 게다가 이들은 장애가 있는 친구들을 더 잘 챙기는 아이들이기도 했다.

우리는 스타 아카데미 학생들이 중증 장애 학생들에게 글을 읽어주고 운동장에서 함께 놀아 주는 행사를 계획했다. 행사가 성공적으로 진행되면서 비슷한 행사와 프로젝트 수가 점점 늘어났다. 이러한 활동들은 장애 학생들을 지원하기 위한 것이었지만 기존 학생들과의 통합에도 큰 역할을 했다. 스타 아카데미 학생들은 스포츠 행사를 스스로 기획했고 스페셜 올림픽을 지원했다. 소외된 학생 집단끼리 함께 일하면서 서로 도움을 주고받는 모습은 정말 경이로웠다.

2009년부터 2010년까지 2년간 우리 학교에서는 특수교육 프로그램과 스타 아카데미 프로그램의 결합이 본격적으로 진행되었다. 그리고 2010년에는 앨라배마주 학교지도자협의회로부터 학생 간의 격차와 장벽을 허무는 데 기여한 학교로 인정받는 성과도 거두었다. 이는 우리 학교가 모든 학생에게 또 다른 기회를 제공할 서비스를 개발하고 키워나가는 힘이 되었다.

성공준비 아카데미가 만들어진 것은 2011년이었다. 성공준비 아카데미라는 구상은 스타 아카데미 교사들에게서 나왔는데, 그들은 중앙 집중식 시스템으로 운영되는 특별학급 프로그램에 대하여 개별적인 학습지원과 사회정서적 지원이 추가로 필요하다는 의견을 내놓았다. 이 학생들의 성공 가능성을 높이려면 상담 및 랩어라운드 서비스(wraparound services, 아동을 위해 가족 및 지역사회 기반의 돌봄과 주변 요소의 협력적이고 통합적인 지원을 제공하는 다차원적 개입 방식—옮긴이)들이 새로운 프로그램의 주요 구성 요소가 되어야 했다. 이에 따라 우리는 새로운 프로그램을 확대 적용하기로 했다. 교사들 또한 이 학생들이 대학 과정을 준비하게 하려면 학업뿐만 아니라 그 이상의 노력이 필요하다는 사실을 받아들였다.

여기서 2009년부터 2011년까지 특별학급 프로그램의 대수학 과정에 등록한 학생들의 중학교 수학 등급 분포를 잠깐 언급하면, 41퍼센트가 D 등급, 53퍼센트가 F 등급이었다. C 등급은 6퍼센트에 불과했고, A나 B는 아예 없었다. 대부분의 학생이 학력평가 수학 과목에서 낙제점을 받았다. 앨라배마주 읽기 및 수학시험(ARMT)에서도 2등급 이하의 하위권 점수로 '능숙하지 못함(nonproficient)'으로 평가된 아이들이 대다수였다. 중학교 SAT를 기반으로 학생들 개개인의 백분위 순위를 검토한 결과 수학은 7~48 사이였다(표준화시험에서 개인의 점수가 전체 응시자 중 어느 구간에 속하는지를 나타내는 것으로 100이 가장 높고 0에 가까울수록 성취도가 낮음—옮긴이). 오티스–레논 학업능력시험(OLSAT)은 성공적인 학습을 위한 특정 인지 스킬에 관한 평가인데 100 미만의 점수는 평균에 못 미치는 것으로 간주한다. 스타 아카데미 학생들의 점수는 평균보다 훨씬 낮은 66~82점대로 전체 학생 중 하위 25퍼센트 이하였다.

리더라면 공평한 기회의 중요성을 모르지 않을 것이다. 전통적인 학습환경과 다른 환경일지라도 말이다. 학교 교육위원회와 폴 매켄드릭(Paul McKendrick) 교육감도 학생들의 성공을 위해서는 공평한 기회를 주는 것이 필수적이라고 인식했다. 그러자면 먼저 학업을 중단할 위험이 있는 학생들에게 무엇이 가장 필요한지, 그리고 그것을 지원할 방법은 무엇인지 찾아야 했다. 이 작업을 위해 몇 달간 전문가 팀에서 데이터를 꼼꼼히 검토했고 그 결과 학생들의 학습준비도와 성공 경험 모두가 부족한 상태라는 결론이 내려졌다.

교사들은 우리와 비슷한 인구통계적 특성을 가진 학교에서 좋은 효과를 거둔 프로그램이 있는지 조사하기 시작했다. 그러던 중 중서부 지역의 한 고등학교에서 발견된 성공 사례가 눈길을 끌었고, 이것이 지금의 성공준비 아카데미로 이어지는 계기가 되었다. 학업 중단 위험이 있는 학생들을 돕기 위해 만들어진 성공준비 아카데미가 확고히 자리를 잡게 된 데에는 비전과 용기를 지닌 마이크 대리아(Mike Daria) 박사의 리더십이 큰 역할을 했다. 대리아 박사는 "모든 학생을 위해 가장 최고의 것을 실행한다."라는 명확한 비전과 신념에 집중하는 리더였다. 학생들의 성공을 위해 우리를 지지해 준 그의 리더십과 용기는 프로그램 성공에 꼭 필요한 것이었다.

첫해에는 유급 위기에 놓였거나 이미 한두 해 유급 중인 8학년생들을 프로그램에 등록하게 했다. 학생들은 9학년 모임에 배치되었고 10학년을 준비하기 위해 압축된 8~9학년 교육과정을 제공받았다. 이들에게 출석이나 행동 문제가 발생할 때는 지역사회가 나섰다. 학생들은 엄정한 교육과정에 맞추어 대수학 I과 역사학 심화, 고급 영어를 수강하고, 추가로 대수학 및 쓰기를 위한 여러 가지 학습 지원을 받았다.

첫해를 마무리할 즈음 전체 등록 학생 중 93퍼센트가 프로그램을 수료하고 9학년 학점을 취득하는 성과를 거두었다. 놀라운 것은 이 과정이 고등학교 졸업과 대학입시 준비를 위한 과정이란 점이었다. 성공준비 아카데미가 아니었다면 이 학생들은 읽기나 수학의 기본 실력 부족으로 그 과정을 감당할 수 없었을 것이다. 평가 결과 대부분의 학생들이 대수학 I 선택 과목에서 '능숙' 수준의 점수를 받았고, 평균적으로 7퍼센트 이상 성취도가 상승했다. 수학 과목의 성취도를 좀더 세부적으로 살펴보면, 일차방정식과 부등식 단원에서 8월에는 30.5점이었던 것이 12월에는 53.9점으로 올랐다. 연산과 실수 단원에서도 12.7점에서 48.6점으로 상당한 진전을 보였다. 대수학 I의 항목들 역시 전체적인 성장을 보여 주는데, 그런 성과를 거둘 수 있었던 것은 방과후 개인교습 및 추가된 수업시간 덕분이었다. 모든 학생은 이 수업들을 자유롭게 수강할 수 있었고, 숙달 수준에 이를 때까지 필요하면 몇 번이고 재수강도 할 수 있었다. 성적이 오르지 않은 핑계나 변명거리는 더 이상 없었다.

앞에서 성공 사례로 언급한 중서부의 한 고등학교를 방문했을 때 우리가 주목한 것은 바로 학생과 교사 간의 두터운 관계가 주는 힘이었다. 그리고 이것이 학생의 미래에 미치는 강력한 영향을 이해하며 그 가치를 인정하게 되었다. 위험에 처한 학생들에게 먼저 손을 내밀고 그들을 가르치는 것이 어떤 의미인가를 확인할 수 있었던 것이다. 교육자와 학생들의 기대에 맞게 학문적 엄정성(academic rigor, 사회경제적 지위가 낮은 아이들에게 교육과정 수준을 함부로 낮추지 않는 것, 즉 일반 아이들과 똑같은 수준의 교육과정을 제공해야 함을 의미함−옮긴이) 또한 유지해야 한다는 걸 알았다. 우리 학교의 교육자들은 학생들의 진전을 가로막을 수 있는 첫 번째 장벽인 '낮은 기대'라는 장애물을 용기 있게 뛰어넘을 수 있었다.

이제부터는 시스템 속에서 배웠던 교훈을 반영하고 현재 운영 중인 프로그램의 세부 사항을 개선하는 일에 도전해야 했다. 긴박감이 흘렀다. 고교 졸업 담당관들, 중앙 행정 관리자들, 그리고 학교 전문가 님은 시스템에서 솔업생 주적 보고서를 검토했고 대상이 될 학생들을 파악할 때 추가해야 할 위험 요인들을 점검했다. 이렇게 해서 다음과 같은 기준이 마련되었다.

- 새로 들어오는 6~8학년 중 학교에서 두 번 이상 유급한 적이 있거나, 한 번 유급했지만 또다시 유급할 가능성이 큰 학생
- 개입반응접근법(RTI, 학업성취도 및 행동 면에서 어려움을 겪는 학생들을 조기에 개입하여 지원하는 방안으로, 1~3단계로 진행됨—옮긴이) 3단계에서 진전에 한계를 보이는 학생
- 고등학교를 졸업하지 못할 위험성이 높은 신입생
- 이수 학점이 10학점 이하인 17세 이상의 고등학생 또는 학년말 이전에 17세가 되지만 10학점 이상을 받기 어려운 고등학생
- 유의사항: 기존에 이미 개인별교육계획(IEP)이 마련되어 있을 경우 관련된 프로그램 배치 규정을 고려할 것. 법에 규정된 요소인 '학생에 대한 제약이 최소화된 환경(Least Restrictive Environment)'을 마련할 것. 개인별교육계획(IEP)을 수립할 경우 성공준비 아카데미의 규정에 따라 학생이 프로그램을 수용하면 현지 학교의 담당위원회에서 45일마다 학생을 면담하고 프로그램 배치를 검토하는 회의를 할 것.

졸업률 및 중퇴율 개선 목표에 맞는 프로그램 구성 요소를 개발하기 위해 여러 팀이 머리를 맞대었다. 학점이 모자라 학교를 떠날 가능성이 있는 학생들, 상습적으로 출석에 문제가 있는 학생들, 그리고 징계를 받은 학생들을 대상으로 기준을 만들고 프로그램에 반영했다. 이 학생들은 전문적인 교육과 사회복지 서비스를 요청할 수 있다. 확장된 프로그램의 목표는 학생들의 학업 및 행동, 사회정서적 필요를

지원하는 데 두었다. 졸업을 위해 학점을 추가로 취득할 기회도 주어졌다. 이를 위해 보충 프로그램이 마련되었고, 통상적으로 취득하는 학점보다 더 많은 학점을 한 학년 내에 모두 취득할 수 있도록 교육과정도 손봐야 했다.

성공준비 아카데미에 학교와 교도소, 가난의 연결 고리 같은 것은 존재하지 않는다. 이는 학생들과 오크힐 학교 공동체에 대한 우리 모두의 약속이다.

성공으로 향하는 길

성공준비 아카데미에 오는 학생들은 대부분 학업에서의 자존감이 매우 낮은 상태다. 그들은 또래들과 같은 수준 또는 더 높은 수준의 성취도를 이룰 자신이 없다. 대다수가 성공적인 학습의 기본, 즉 공부는 어떻게 해야 하는지, 어떻게 계획을 세우고 어떻게 자신을 관리해야 하는지 알지 못했다. 하지만 성공준비 아카데미 교사들에게는 학생들에 대한 믿음이 있었다. 교사들은 학생들이 진정으로 가장 혁신적인 사상가들이며 적절한 지원을 받으면 잠재력을 발휘할 수 있다고 믿었다. 그들은 학생들의 옹호자로서 공평하지 않다고 생각되는 절차에 용기 있게 도전했다.

교사들이 이처럼 용기를 낼 수 있었던 계기는 학생들 스스로 자신에게 씌워진 학습부진의 이미지를 벗어나려는 움직임을 보였을 때부터였다. 모든 학생에게는 다른 사람과 차별화된 뛰어난 자질이 있기 마련이다. 나는 학생들이 판사, 시장, 정부 관료 앞에서 자신 있게 지역 사회의 주요 현안에 대해 말하는 모습을 수없이 목격했다. 교직원이라면 성취도 향상을 위한 학업 전략에서 학생들의 신념 체계를 구축하는 일의 중요성을 누구나 이해할 것이다. 프로그램 도입 이전부터 교사들은 지역사회 주민들과 멘토들의 지원을 통해 학생들의 자존감을 높이고 학업과 관련된 학생들의 자아상을 개선하려는 엄청난 과제에 도전해 왔다.

우리 프로그램에 참여하는 학생들은 대부분 학교에서 성공한 경험이 거의 없는 상태였다. 초등학교에 입학할 때는 학습에 대한 흥미와 의욕이 충만했지만 시간이 흐를수록 그것들이 사라져 버린 것이다. 그리고 학습에 대한 심각하고 깊은 소외감으로 충격을 받고 의기소침해진 상태로 초등학교를 떠난다. 이 같은 문제에 대하여 학부모나 지역사회, 그리고 이전 학교들을 비난한다면 우리 또한 학생들의 지속적 실패를 둘러싼 공모자가 될 뿐이다. 성공준비 아카데미 교사들과 지역사회 팀은 과거에 행해졌던 잘못된 것들을 비난하는 대신 다시 돌려놓으려고 노력하는 중이다. 우리는 학생들이 열의를 갖고 적극적으로 참여하는 학습자가 되도록 그들을 돕고 격려한다.

우리는 교사와 학생 간의 두터운 관계가 매우 중요한 가치가 있다고 굳게 믿는다. 학년을 시작할 때마다 프로그램 준비 기간을 갖는 것도 학생 간, 또는 학생과 교사 간의 관계 개선을 위해서다. 고정 관념을 해소하는 작업은 많은 어려움이 따르는 일이다. 프로그램 참여 학생들은 대부분 자기가 영리하다거나 멋지다거나 신체적으로 아름답다고 여기지 않았다. 그저 자기는 평범하거나 평균 이하라고 확신하고, "내 머리는 느려터졌어."라며 탄식만 거듭했다. 학생들은 학교생활 내내 자신을 괴롭혀 온 그 꼬리표를 여전히 떼어내지 못하고 있었다. 그들은 자신에게 그런 꼬리표를 붙이는 것은 부당하다는 생각을 하지 못했다. 학생들의 마음속에 깊이 스며든 잘못된 믿음에 맞서야 했다. 우리는 준비 기간 동안 학생들에게 멘토, 급우, 교사와의 팀워크를 유지하는 데 필요한 교육을 실시했다. 교복을 단정히 착용하고 예의 바른 행동을 하는 것도 강조했다. 동료와의 눈맞춤, 힘찬 악수, 신뢰감을 주는 의사소통이 성공의 언어가 될 수 있다는 사실도 일깨웠다.

준비 기간은 학생 자신과 공동체에 대한 인식을 바꾸는 데 목표를 두고 토론과 워크숍 방식으로 설계되었다. 이 기간 동안 학생들은 교복을 입지 않았는데 교복과 외모가 미치는 영향을 인식할 수 있도록 특별한 활동 시간도 마련되었다. 학생들은 교복 재킷과 넥타이를 착용하는 '특권'을 얻어 내는 미션을 수행했고, 프로그램의 신조를 배웠고, 관계 형성 활동에 참여했다. 또한 개인의 정신적, 신체적 이미지가 어떤 중요성과 의미를 갖는지도 깨닫게 되었다.

한 예를 들면 '성공으로 가는 넥타이(Ties to Success)'라는 이름의 워크숍에 참여한 학생들은 스카프와 넥타이 매는 법을 배웠다. 여러 전문 기관과 대학 교수들, 그리고 지역사회 구성원들이 이 활동을 진행했고 시장은 자기 넥타이 중 하나를 기증하기도 했다. 학생과 성인이 서로 소통하는 모습은 놀라울 정도였다. 이런 모습을 보며 우리는 이미 많은 학생에게 엄청난 변화가 일어나기 시작했음을 실감했다. 마이클이라는 이름의 학생이 처음 넥타이 매는 법을 배웠을 때가 기억난다. 마이클은 그 자리에 참석한 시장의 넥타이를 요청해 착용한 다음 턱을 괴고 고개를 갸우뚱하면서 분명한 태도로 말했다. "네, 제가 시장인데요. 뭘 도와드릴까요?" 놀라운 자신감이었다. 이 중요한 워크숍 덕분에 우리 학교의 문화, 즉 자기가 속한 공동체를 위해 최선을 다하는 학교 문화가 만들어질 수 있었다.

함께 참여하는 일의 중요성도 배웠다. 우리는 프로그램의 공동체 모임에서 진행될 일상적인 절차를 설명했는데 이들 모임은 관계를 두텁게 만들 강력한 도구 중 하나였다. 이 외에도 동기를 부여하고 영감을 주기 위해 고안된 일상적인 아침 모임이 있었다. 학생들의 참여를 끌어내기 위해 우리가 활용한 것은 음악이었다. 우리는 일부러 음색과 메시지가 강렬하고 에너지가 넘치는 음악을 선택하여 학생들이 공동체 모임에 들어올 때 틀어 두곤 했다. 학생들이 너무 흥분할까 봐 걱정할 필요는 없었다. 아침마다 늘 피곤해했던 십 대들이 활력을 찾는 데 음악이 큰 도움이 되었기 때문이다. 하루하루가 재미있고 신나는 음악으로 가득했다. 음악은 요일별로 그날의 주제에 맞춰 선택되었다. 가령 수요일에는 '험프데이(hump day, hump는 툭 솟아오른 곳을 뜻하며 일주일의 중간에서 가장 힘들게 느끼는 수요일과 연결됨–옮긴이)'에 관한 노래를 들으며 등교하는 식이었다. 학생들은 험프데이 낙타가 등장하는 광고를 무척 좋아했다. 우리는 일상적인 아침 모임이 잘 진행되도록 학생들을 격려했다. 그들이 어떤 집단 앞에서든 말로 의사소통하

제1원칙, 핵심에 다가서라

는 스킬을 연습하려면 자신감을 키우는 게 중요했다.

학생들이 모임을 이끌어 가는 모습은 경이로웠다. 교사들 또한 자부심을 느끼고 있었다. 학생들이 교실에 모두 들어와 자리를 잡으면 교사가 아일랜드 출신 록 밴드의 <Hall of Fame(명예의 전당)>을 틀어 줬는데, 이것은 학생들 모두에게 조용히 일어서서 정숙을 유지하라는 신호였다. 학생들은 종종 자신과 다른 학생들의 옷차림을 살펴보고 동생을 지켜주는 형 같은 보호자의 모습을 보여 주었다. 약 30초 후 노래가 끝나고 학생들이 착석하면 아침 모임이 시작되고 학생 대표들이 프로그램의 신조를 암송했다. 일부 학생들은 아침 모임이 잘 진행되도록 돕는 도우미 역할을 맡았다.

매일 아침 새로운 학생들이 우리의 공동체 모임에 앞장서곤 했다. 교사들은 음악을 선택하여 반복적으로 들려주는 것을 두고 "세뇌의 긍정적 활용"이라고 말하곤 했다. 매일 울려 퍼지는 그 노래들은 학생들에게 자신도 훌륭한 사람이 될 수 있다고, 최고가 될 수 있다고, 세상이 자신의 이름을 알게 될 거라고 상기시켰다. 이 모임에서 학생들을 움직이게 만든 것은 음악 소리가 전부였다. 소리 지르는 교사나 제멋대로 구는 학생들은 없었다. 학생들은 절차를 준수해야 했고 실제로 그렇게 했다. 더 중요한 것은 학생들이 이 모든 것을 프로그램 준비 기간 동안 배웠냐는 것이다.

꼬리표가 학생들에게 주는 피해를 알았기에 우리는 학생들을 '팩트(pact)'라는 명칭으로만 분류했다. 이 말은 뉴어크 출신 세 명의 흑인 의사들이 쓴 『The Pact(더 팩트)』라는 책에서 따온 것이다(불우한 어린 시절을 보냈던 세 친구가 의사가 되기 위해 서로 돕고 지원하며, 성공하면 지역사회를 위해 헌신하기로 굳게 약속(pact)하는 이야기–옮긴이). '팩트(Pact)'라는 명칭에는 서로에 대한 지지가 담겨 있었고 학생들은 언제나 팩트로만 식별되었다. 공동체 모임과 관련되거나 학술적인 경쟁을 해야 할 경우 '회복 탄력성', '권한 부여', '용기', '결단력', '성공', '탁월함', '연대', '끈질김' 같은 꼬리표가 사용되었다. 예를 들어 한 학생이 상을 받게 되면 교사가 "용기 팩트의 잭슨!"이라는 명칭으로 수상자를 발표하는 식이다. 이 외에도 학생들을 부를 때 이름 대신 성으로만 부른 것도 학생들의 자존감을 높이려는 목표였고 실제로도 좋은 효과를 거두었다. 나는 예전에 방문했던 중서부의 그 고등학교에 깊이 감사하고 있다. 거기서 보았던 많은 관행을 지금 우리 학생들의 자존감을 높일 전략으로 채택하도록 해 주었기 때문이다.

교직원들은 학생들이 매일 보고 말하기 바라는 문구들을 구상해 냈다. 학생에 대한 교사의 믿음, 학생들의 내적인 믿음을 프로그램의 신조로 묘사해 내는 것은 중요한 일이었다. 모임을 시작할 때마다 학생들은 다음 문장을 암송했다.

우리의 한계는 무엇인가? 한계는 없다. 우리는 성공준비 아카데미 학생이다. 우리에게는 한계가 없다! 노력, 인내, 결단력으로 우리가 이루지 못할 것은 없다. 고정 관념이나 타인의 믿음에 좌우되지 않고 우리 스스로 선택한 것이라면 성공의 잠재력은 무한하다.

제1원칙, 핵심에 다가서라

자신감 향상에 집중한다는 것은 프로그램에 참여한 학생들이 앞으로 해내야 할 수많은 학업 과제를 충분히 감당하도록 준비시킨다는 의미이기도 했다. 과제 가운데 상당수는 학생 자신이나 주변 사람들이 보기에 도저히 극복할 수 없는 도전처럼 보이기도 한다. 그런 상황에서 학생들을 격려하고 존재의 가치와 잠재력을 일깨우려 애쓰는 교사들의 모습은 언제나 깊은 감동을 주었다.

공동체 모임 또한 학생들에게 자신이 얼마나 아름답고 가치 있는 존재인지 상기시키는 역할을 했다. 학생들은 자신이 꼭 필요한 사람이며, 가능성을 극대화하려는 목표를 갖도록 교사와 관리자들로부터 꾸준히 격려받았다. 이 시간은 애정 어린 꾸중을 듣는 시간이기도 했다. 학생들의 일상적인 아침은 이런 메시지로 채워졌고, 그들은 이 내용을 듣고 내면화하며 힘을 얻었다. 학생들의 주 단위 아침 일정을 간략히 소개한다.

▌나를 깨우는 월요일

'나를 깨우는' 연사들은 오전 8시 30분부터 5~10분간 강연한다. 이 시간에 연사들은 고등학교 학업을 중단하는 것의 위험성, 학교에서 학업과 진로에 대해 목표를 세우는 일의 중요성에 관해 토론을 이끌곤 한다. 연사들을 활용한 일정은 학교와 지역사회 리더들을 결합하려는 특별한 구상이다. 성공한 지역사회 리더들을 만나는 것은 학생들에게 매우 중요하다. 학생들이 장래 무엇이 되고 싶어 하든, 이러한 경험은 실제로 그런 열망을 품어도 된다는 사실을 실감하게 해 준다는 점에서 강력한 경험이다. 연사들은 자신의 개인적인 이야기를 기꺼이 들려주곤 하는데, 그중에는 모범생이 아니었던 십 대 시절의 썩 유쾌하지 않은 이야기도 들어 있다. 학교와 가정에서 겪었던 힘겨웠던 노력을 풀어놓을 때도 있다.

언젠가 발표를 마친 연사에게 한 무리의 소녀들이 다가왔던 순간을 결코 잊지 못할 것이다. "저도 당신처럼 변호사가 되고 싶어요. 난 해낼 수 있어요." 한 소녀의 이 꾸밈없는 외침은 바로 우리가 학생들을 일깨워 주는 연사 초대 프로그램을 기획하며 바랐던 일이다. 이처럼 지역사회의 다양한 이해관계자들이 학교에 초청되어 학생들에게 아침마다 영감을 주는 메시지를 들려주고 있다.

초청된 연사들과 대화를 나누는 일도 권장 사항이다. 연사 중에는 폴 매켄드릭 교육감과 교육위원회 위원, 시의회 의원, 터스컬루사 시장, 터스컬루사 경찰국장, 앨라배마주 하원 의원, 앨라배마주 대학협의회 부총장을 비롯해 저명한 지역 인사들이 다수 포함되었다. 연사들 모두가 꾸준히 학생들을 지원해 주었다. 우리 교직원들이 시청 공무원들에게 성공준비 아카데미 지원을 요청했을 때도 시장의 리더십과 진취적 사고 덕분에 모든 지원이 무리 없이 잘 이루어졌다. 훌륭한 도시와 평범한 도시를 구별하는 차이가 바로 이런 것들이 아닐까 싶다. 우리 지역을 훌륭한 도시로 만드는 데 헌신해 준 시장께도 감사를 드린다. 터스컬루사 공동체의 지원 덕분에 지역의 여러 전문가는 청소년들을 돌보고, 그들의 마음을 사로잡고, 영감을 불어넣는 놀라운 일들을 실제로 할 수 있게 된 것이다.

제1원칙. 핵심에 다가서라

▌경험을 나누는 화요일

이 시간에 학생들은 지난주에 경험한 긍정적인 일들을 또래 및 교사들과 공유한다. 이 시간은 교사와 관리자들이 학생들의 이야기를 듣는 기회이기도 하다. 학생과 교사 및 관리자는 한 주 동안 일어날 수 있었던 여러 상황들을 공유하고, 만약의 경우 학생에게 문제를 일으킬 만한 위험 요인을 해결하기 위해 노력한다. 우리는 교실과 강당에서 듣고 관찰한 것에 대해 논의하며 이 시간을 학생들과 관계를 맺는 데 쓴다.

존중의 중요성에 대해 논의했던 그때를 나는 결코 잊을 수 없을 것이다. 디번티라는 이름의 학생이 손을 들어 자신이 지금 신경 쓰고 있는 문제에 관해 질문했다. "하퍼 박사님, 박사님께선 선생님들이 말씀하실 동안에는 말하지 말고 듣기만 하라고 하셨어요. 그리고 다른 사람의 의견을 중요하게 여기고 귀담아들은 다음에 자기 생각을 말하라고 하셨지요. 박사님께선 우리가 다른 사람들과 말할 때 그들을 무시하지 않고 존중하기를 바라시는 거죠?" 내가 맞다고 대답하자 그는 "음, 그렇다면 박사님 말씀을 제대로 이해하지 못한 선생님 몇 분이 뒤에 계신 것 같아요. 박사님께서 발표하시는 동안 그분들은 계속 이야기를 나누셨거든요."라고 덧붙였다. 그의 대답은 교사들에 대한 비난이나 질책이 아니었다. 그저 진심으로 우리가 하는 공동체 모임의 중요성에 대한 우려를 표현한 것이다. 그는 함께하는 이 시간을 소중히 여겼기에 자신감을 갖고 용기 있게 고민을 털어놓은 것이다.

▌암산으로 겨루는 수요일

우리 학생들은 대부분 수학 과목에 자신감이 부족하고 수학 공부를 어려워하고 있었다. 표준화시험 점수와 이전 수강했던 과목의 점수만 봐도 이런 사실을 알 수 있다. 하지만 잘못된 수학 교수법을 바꾸어 진정으로 필요한 수업을 할 수 있다면 학생들은 분명 자신감을 되찾고 달라지게 될 것이다. 우리는 교사를 채용할 때 전공과목의 숙련도와 경험에 대한 고려 외에도 특히 수학 성적이 좋았던 분을 모시려고 노력했다. 그 예로 지금 우리 학교에서 역사를 가르치는 교사는 대학에서 미적분학 예비과정 및 고급 수학 강좌를 수강했고 꽤 높은 점수를 받았던 사람이다. 수학 교사는 수학 스킬과 교육 방법 모두에서 팀과 프로젝트를 이끄는 리더였고 암산 대회, 팀별 수학 경시대회, 기타 수학 관련 각종 대회의 진행을 맡았다.

암산 대회는 학생들이 수학에 자신감을 높이고 수학을 대하는 태도를 개선하는 데 중요한 계기가 되었다. 수요일 아침마다 암산 겨루기가 시작되면서 교사들은 각자 다양한 암산 방법을 연구해 가르쳤다. 팩트의 대표들은 암산이 뒤처지는 친구를 도우며 팀을 위해 봉사했다. 이 활동은 학생들의 수학 실력을 키우고 자신감을 높여 주었을 뿐만 아니라 건전한 경쟁을 장려하는 효과도 있었다.

▌황금빛 넥타이를 매는 목요일

이 의식은 성공준비 아카데미에서 탁월한 성취를 이룬 학생들을 치하하기 위한 것으로 품행, 학업성취도, 출석률이 우수한 학생들에게 황금넥타이상(Gold Tie Award)을 수여한다. 터스컬루사 지역 신문에 특집 기사로 소개된 적도 있다. 수상자는 교사들의 투표로 선정되었는데 매일 빠짐없이 출석하고 징계 기록이 전혀 없어야 했다. 급우들과 교사들을 잘 돕고 지역사회의 일원으로서 부끄럽지 않은 사람이어야 한다는 것은 기본이다.

단정한 교복 착용에 대한 평가도 이루어졌다. 학생들은 깔끔하고 단정한 외모와 이미지 관리가 얼마나 중요한지 초기 단계부터 배워 왔고, 수상자 선정 기준에도 엄격한 교복 착용 기준이 적용되었다. 교복 넥타이를 집에 두고 오는 바람에 속상한 얼굴로 내 사무실을 찾아왔던 학생이 기억난다. 마치 '발가벗은' 기분이라며 넥타이를 빌려 달라고 부탁하는 학생의 말에 나는 웃으며 넥타이를 빌려 주었다.

수여식이 진행되는 동안 음악이 흐르고 수상자로 선정된 학생들은 앞으로 걸어나와 상을 받는다. 그리고 진홍색과 금색으로 된 넥타이와 스카프를 황금빛 넥타이와 스카프로 교환받는다. 이러한 명예를 획득하려면 출석과 징계 조서가 중요했는데 경쟁이 꽤 치열했다. 한 학생은 정말 열심히 노력했는데도 상을 받지 못하자 분노를 참지 못하고 소란을 일으켰다. 강당에서 요란한 소리가 들려오자 나는 직감적으로 학생과 관련된 문제구나 생각하고 달려나갔다. 여자친구를 두고 벌어진 싸움인가 했지만 그건 아니었다. 교사가 자신을 신경 쓰지 않고 자신의 노력을 제대로 인정하지 않는다고 생각해 불만을 표출한 것이었다. 시간이 흐른 뒤 그 학생은 마침내 황금넥타이상 수상자로 선정될 수 있었다. 포기하지 않고 노력한 덕분이다.

모든 학생은 성공적인 학교생활을 하고 싶어 한다. 그러기 위해서는 교사와 학생 간 관계가 매우 중요하다. 성공준비 아카데미의 학생과 교사 역시 이 사실을 알고 있다. 학생들은 자신이 소중한 존재로 여겨진다는 것을 이미 알고 있었기에 말썽을 일으키거나 소동을 부리는 방식으로 교사들의 관심을 끄는 '파괴적인 하위문화'를 만들 필요가 없었다. 매주 목요일에 열리는 황금넥타이상 수여식에는 지역사회의 많은 인사가 방문한다. 스티븐 D. 앤더슨 경찰국장은 서부 앨라배마주 흑인회 회원들과 함께 왔고, 대학교와 시청의 직원들도 와서 학생들을 응원한다. 학생들을 위해 헌신하고 그들에게 꼭 필요한 희망을 선사해주는 경이로운 전문가들 모두에게 깊이 감사드린다.

▌자유로운 금요일

금요일마다 학생들은 독창적인 연설이나 시 낭송 공연을 하고, 영감을 주는 인용문, 오늘의 한마디, 랩으로 된 노래를 반 친구들이나 교사들과 함께 나눈다. 이 활동은 학생들의 자존감과 학업에 대한 의욕을 높이기 위하여 고안했다. 또래들 앞에서 시 낭송 공연을 진행하는 학생들을 볼 때마다 나는 깊이 감동한다. 교사에게 감사하는 마음을 노래와 랩으로 표현하기도 하지만 그냥 멋지게만 보이려는 아이들도 있다. '자유로운 금요일'이 만들어진 후 여러 동아리와 모임이 결성되었고 '고음 메이커'라고 불리는 합창단도 만들어졌다. 찬양 댄스 동아리를 만든 학생들도 있었다. 이 같은 일상적 활동은 영향력이 크다. 이제 학생들은 의견 차이가 있을 때 말로 해결하고 신체적 폭력은 쓰지 않게

제1원칙, 핵심에 다가서라

되었다. 매일 학생들은 급우들 앞에서 자신이 최고의 모습으로 보이도록 할 과제에 도전한다.

프로그램의 효과는 구성원 모두에게 나타났다. 사실 성공준비 아카데미는 훈육과 학업에서 상당한 문제를 겪었던 학생들이 모인 곳이다. 그런데 지금은 놀랍게도 터스컬루사 지역 로봇공학 챔피언 타이틀을 보유한 학생, 앨라배마 대학교에서 주최한 앨라배마주 로봇공학 경진 대회에서 2위를 차지한 학생이 우리 학교에 있다. 경진 대회에서 학생들은 복잡한 컴퓨터 프로그램을 완성하고 그것을 이용해 로봇들을 구동시키며 저력을 드러냈다. "제가 여기서 이런 일을 하게 될 줄은 한 번도 생각하지 못했어요." 한 학생이 자부심에 차서 말했다. 그들을 지원해 온 교사들은 이미 알고 있었던 사실이지만 말이다.

학교 대표 체스 팀으로 출전한 학생들도 있다. 앨라배마 대학교의 대학생들은 매주 우리 학생들을 찾아 체스 게임을 가르쳐 주었다. 대회를 앞두고 스타 아카데미 학생 하나가 나를 찾아와 이민자인 자신이 백인들과 경쟁할 수 있을지 자신이 없다고 말했다. 나는 체스 또한 다른 게임이나 마찬가지로 스킬일 뿐이며, 체스 대회는 인종이나 지위와 상관없이 동등하게 실력을 겨루는 기회라고 말해 주었다. 그 학생은 이후 여러 체스 대회에 출전했고 큰 성공을 거두었다. 최근 열린 대학 후원 체스 대회에서는 우리 성공준비 아카데미 학생이 토너먼트 MVP로 선정되기도 했다.

지역사회에 기여하고 봉사하는 일도 중요하게 다루어진다. 학생들은 자신들이 개발한 친구 후원 프로그램을 통해 특수교육 학생들을 도왔고, 지역의 사회복지 기관을 돕는 기금 모금에도 참여했다. 터스컬루사시 의회에도 참석했다. 이런 프로젝트는 선량하고 생산적인 시민이 되는 것뿐만 아니라 자기가 거주하는 지역사회에 보답하는 일의 중요성을 보여 주는 데도 도움이 되었다.

지역사회 구성원들과 상담 기관들은 우리 프로그램의 강력한 멘토가 되어 주고 있다. 지역 내 대학교에서는 우리 학생들에게 캠퍼스를 방문해 대학 생활을 경험할 기회를 제공한다. 매주 우리 학교를 방문하는 스틸맨 대학교 학생들은 지역 내 그리스 여학생회와 남학생 동아리 회원들이다. 추가 학점을 따야 하는 학생들을 위해 우리 학교는 평일 5시 30분, 주말에도 오전 12시까지 학교를 개방하고 있는데 필요한 비용은 지역에서 후원받는 보조금으로 충당한다.

성공준비 아카데미의 핵심은 학생들의 고교 졸업률을 높이고 취업할 기회를 만들어 내는 데 있다. 전문적인 도움을 받지 못한다면 학생들은 학점 부족이나 출석 문제로 학교를 그만두게 된다. 과도한 징계로 정학이라도 당하면 그 도움마저 중단될 수 있다.

2013년은 성공준비 아카데미 학생들이 최초로 모교의 졸업식에 참석한 해다. 문제행동과 범죄 등으로 다니던 학교를 그만두고 소년원에 수감되었던 학생들이 성공준비 아카데미를 거쳐 모교를 졸업하게 된 것이다. 이들은 '회복탄력성 팩트'의 학생들이었는데 프로그램 초기만 해도 이들이 학교를 제대로 졸업하게 되리라고는 누구도 생각하지 못했다. 하지만 15명의 학생들 중 13명이 5월에, 2명은 여름에 무사히 학교를 졸업하게 된 것이다.

우리는 그동안 그 학생들이 얼마나 많은 노력을 기울였는지 지켜보았다. 학생들은 우리를 처음 만났을 때 자신과 관계없는 사람들이며 허풍쟁이 약장수나 마찬가지라고 생각했을지 모른다. 하지만 우리는 포기하지 않았다. 그들은 분명 성공할 수 있을 거라고 믿었고 그들의 잠재력 실현을 위해 시스템을 활용했다. 졸업식에 참석한 성공준비 아카데미 교사들은 학생들이 한 명씩 일어나 무대를 가로질러 행진할 때 감격에 겨워 눈물을 흘렸다. 그동안 학생들은 결코 이런 날을 맞이할 수 없으리라는 부정적 생각에 사로잡혀 있었지만 이름대로 기어이 '회복'하게 된 것이다. 이들 외에도 모든 학생들이 자신의 팩트 이름에 적혀 있던 목표를 이루었다.

성공준비 아카데미에 남기로 결정한 학생들을 제외한 나머지 학생들은 졸업을 위해 고향의 학교로 돌아갔다. 그들에게는 이제 학업을 해 나가는 데 필요한 자신감이 있었다. 학생들이 다시 정상적인 삶의 궤도를 되찾은 것은 헌신적인 교사들과 시스템 관리자, 교육위원회 위원들, 지역사회 리더들 덕분이었다.

TV에서 비극적인 뉴스 뒤에는 보통 밝은 뉴스가 이어지곤 한다. 시청자들이 성신석 고통을 없애고 기분이 나아질 수 있도록 유쾌하고 활기차며 재미있는 뉴스를 뒤에 배치하는 것이다. 지금부터 내가 하려는 이야기는 다소 비극적이다. 그 뒤에 이어질 만한 기분 전환용 뉴스는 없지만 교육자들에게 호소하고 싶다. 학생들이 공평한 기회를 가질 수 있도록 그러한 기회가 부족하지 않도록 배려하고, 성공하려는 욕구를 타고난 모든 청소년의 목소리에 귀를 기울이는 마음을 갖길 바란다고 말이다.

마지막 이야기

남동생의 사고 외에도 내게는 할머니를 비극적 사고로 잃고 힘들었던 경험이 있다. 나의 할머니 도로시 메이 스콧은 무척 아름다운 분이었는데 집 마당에서 폭행을 당하고 살해된 채 발견되었다.

　소식을 듣고 나는 할머니의 집으로 가서 다른 가족들을 기다렸다. 할머니의 집 마당을 서성이는 동안 몹시 고통스러웠다. 할머니의 시신은 며칠 전에 다른 곳으로 옮겨졌으나 여전히 곳곳에서 할머니 냄새가 나는 것 같았다. 지금 이 상황이 꿈인지 현실인지 실감 나지 않았다. 마당의 덤불에 엉켜 있던 가느다란 은빛 실이 지금도 생생하다. 손을 뻗어 그 실을 잡은 뒤에야 나는 그것이 할머니의 머리카락이란 걸 알았다. 할머니의 시신은 이틀 동안이나 미시시피의 햇빛 아래 방치되어 있었다. 생전의 할머니는 동물을 사랑하고 돌보기를 좋아했지만, 돌아가신 할머니의 시신은 동물들에게 먹거리에 불과했을 것이다. 나는 그곳에 서서 할머니의 죽음이 어머니와 형제들에게 미칠 영향을 생각했다. 할머니에게 무슨 일이 벌어진 것인지 도저히 알 수 없었다. 할머니가 겪었을 고통을 생각하니 분노와 역겨움이 치밀어 올랐다.

　　　　　　　　　　　제1원칙, 핵심에 다가서라

할머니의 집은 미시시피주 클리블랜드의 작은 마을에 있었다. 은퇴 후 고향으로 돌아와 마련한 이 집에서 할머니는 풀과 꽃을 키우고 동물들을 돌보며 지냈다. 현관에 서서 나는 집으로 다가오는 차량의 불빛을 말없이 지켜보았다. 집으로 다가오는 차량의 행렬이 마치 긴 차도를 따라 움직이는 슬로모션처럼 보였다.

워낙 충격적인 사건이어서 모두들 경황이 없었음에도 사건의 경위를 파악하느라 분주했다. 할머니는 80세였고 할머니를 살해한 사람은 자기 이름도 제대로 쓰지 못하는 31세 남자였다. 고통스러워하는 어머니와 형제들을 보살펴야 했기에 나는 슬픔을 억누르고 최대한 침착하려고 애썼다.

얼마 후 할머니를 살해한 혐의로 기소된 남자의 재판이 열렸다. 나는 여동생과 함께 재판에 참석했는데 작은 마을의 법정이 흔히 그렇듯 좌석들이 지나치게 붙어 있어서 피의자인 남자와 피해자의 유가족인 우리가 나란히 앉게 되었다. 남자의 변호사 옆에 앉아 있던 여동생은 우연히 그가 변호사에게 넘겨주는 쪽지를 보았다. 쪽지에는 "나 집에 가는 날(me goig hom day)?"이라고 서툴게 적혀 있었다. 여동생은 자기가 본 내용을 내게 그대로 써 보여 주었다. 그 순간 여동생이 하려는 말이 무엇인지, 서툴게 쓴 이 메모가 무슨 의미인지 알 수 있었다.

교육자로서 나는 제대로 교육받지 못한 결과나 영향에 관심이 많은 사람이다. 소외된 환경의 학생들일수록 교육은 더 중요하다. 지금 내가 마주한 비극적인 사건의 원인은 무엇일까? 피의자가 쓴 서툰 메모는 이런 생각을 구체적인 현실로 보여 주는 것 같았다.

앞으로 나 역시 교외로 이사하여 좋은 집을 짓고 값비싼 자동차를 운전하며 살게 될지 모른다. 하지만 삶의 어느 지점에서 이처럼 뜻하지 않게, 제대로 교육받지 못한 결과로 인한 영향에 놓일 수도 있다. 살해범은 자기 이름조차 제대로 쓸 줄 모르고, 살아가는 데 기본적인 필요조차 돌볼 수 없었던 사람이다. 물론 이것이 그가 범죄를 저지른 직접적인 원인이라고 단정할 수는 없다. 다만 확실한 것은 그가 선택한 삶의 행로가 내 삶을 침범하고 파괴했다는 것이다. 그는 나의 마음과 삶 속에 자신의 행동을 확실히 각인시켰다. 지금까지 살아오면서 나는 그런 사람들, 즉 기본적인 교육도 받지 못한 채 마약을 하거나 폭력으로 분쟁을 해결하는 사람들을 직접적으로 겪어 본 적이 없었다.

어쩌면 내 생각이 지나치게 단순한 것인지도 모른다. 한 인간이 자신의 삶을 스스로 선택하고 지탱할 수 없을 때 일어나는 일에 대해 말이다. 인간을 제대로 이해하자면 고려해야 할 요소는 정말 많다. 가족들에게는 내색하지 않았지만 나는 할머니 못지않게 할머니의 생명을 앗아가 버린 그 몹쓸 인간 때문에 마음이 아팠다. 분노와 증오, 연민이 동시에 느껴졌다. 그 남자는 읽을 줄도 쓸 줄도 몰랐다. 그는 살면서 생명을 구하는 선택을 해본 적이 없었을 것이고 자신이 그런 선택을 할 수 있다는 사실도 몰랐을 것이다. 살아가면서 기본적인 욕구를 해결할 수 없다는 것은 얼마나 비참한 일인가. 이것이 그를 범죄와 마약의 삶으로 밀어 넣은 것이 아닐까. 앞으로 남은 삶 동안 우리 가족을 한자리에 모이게 만들 비극적 사건이 또다시 발생하지 않으리라 장담할 수 없다.

나는 가르치는 일이야말로 세상에서 가장 중요하고 진지한 직업이라고 생각해 왔다. 가르치는 일은 누군가의 삶의 모든 영역에 영향을 미치기 때문이다. 모든 아이에게 좋은 교육을 제공하는 일은 그래서 가볍게 여길 수 없다. 공평한 기회를 제공받지 못하면 자신이 태어난 환경을 뛰어넘어 한 발 더 앞으로 나아갈 기회를 놓치게 되는 것이다. 사회 전체가 무심코 받아들이고 익숙해진 사회적 병폐 가운데 많은 것들에 대해 지금부터라도 해결책을 생각해야 한다.

성공준비 아카데미 교직원들과 지역사회 구성원들, 그리고 가족들은 학생들이 고등학교 과정을 성공적으로 마치고 대학 예비과정을 이수할 수 있도록 혼신의 노력을 다하고 있다. 고등학교 졸업은 우리 젊은이들에게 하나의 시작일 뿐이다. 교사들은 자신이 하는 일이 얼마나 중요한지 충분히 인식하고 있으며, 학교의 하루 일과가 학생의 일상과 미래의 삶에 큰 영향을 미친다는 사실을 알고 있다. 효과 없고 부실한 수업 활동이 빈곤, 투옥, 죽음 같은 불행한 삶으로 이어질 수 있다는 사실도 안다. 교사들은 자신의 노력이 학생의 가족들을 위해서도 필요하다는 사실을 이해하고 있다. 성공준비 아카데미의 모든 사람들은 다음과 같은 신념에 따라 생활하고 있다.

노력, 인내, 결단력으로 이루지 못할 것은 없다. 성공의 잠재력은 무한하며, 이는 고정 관념이나 타인의 믿음이 아니라 우리 자신의 선택에 달려 있다.

간단히 말해 우리 교사들은 모두 대단한 전문가다. 지금 나는 오크힐 학교를 떠났지만 여전히 교직원들은 '모든 학생을 위한 공평한 기회, 그리고 매일'이라는 전략적 방향과 높은 기대치를 유지함으로써 학생들의 학습동기를 북돋우고, 최선을 다해 학생들을 지도하고 있을 것이다. 이것은 '모든 학생을 성공으로 이끄는 교육'이라는 이름의 나침반이 가리키는 정북 방향의 지향점이다.

앞으로 우리 학생들은 자신감 있는 학습자이자 고등학교 졸업생으로서 성공준비 아카데미를 떠날 것이다. 성공준비 아카데미의 교육자들은 뛰어난 정도가 아니라 특별하다. 학생들 또한 특별한 잠재력을 지니고 있다. 우리는 교육적 실행 역시 특별해야 한다고 믿고 그렇게 행동했다. 그렇게 해서 우리가 얻어 낸 결과 역시 특별했다.

5장

자기주도학습자로
성장시키는 힘

평가방법 혁신으로 형평성을 구현한 뉴욕 수행기준 컨소시엄

에이브럼 발로위, 앤 쿡

교육이 위기에 처해 있다. 예상했던 일이지만 훨씬 더 심각한 상황이다. 교육의 존재 이유를 잃어버렸기 때문이다. 왜 아이들을 학교에 보내는지, 왜 교직에 입문하는지, 학교나 학급은 실제로 어떤 모습이어야 하는지, 교육을 잘 받은 고등학교 졸업생은 어떤 일을 할 수 있어야 하는지에 대한 논의가 사라졌다. 모든 학생이 기회를 얻을 수 있게 공평한 경쟁의 장을 만들자는 목표도 사라졌다. 비교하고 순위를 매기고 분류하고 그 결과에 대한 책임을 묻는 일에 너무 집착하다 보니 우리가 무엇을 왜 추구하게 되었는지에 관해 질문할 시간이나 필요도 바닥나 버렸다.

교육부와 주 교육위원회는 학생들의 순위를 매기고 분류하기 위해 고부담 표준화시험에 크게 의존하고 있다. 반세기가 훌쩍 넘도록 이런 시험은 어떤 학생이 성공하고 앞으로 나아갈 것인지, 어떤 학생이 뒤처지고 미래 전망이 어두운지를 결정해 왔다. 시험의 영향력은 교사와 학교로도 확장되어, 심지어 시험을 고안한 사람들조차 그 평가의 타당성을 의심할 만큼 성공과 실패를 불합리하게 규정해 왔다. 시험 점수는 종종 승진, 입학 및 졸업, 휴교, 교사의 재직 기간, 교장의 계약, 그리고 학교의 가치까지도 결정하곤 했다. 표준화시험은 아동의 가치와 교사의 능력을 결정하는 주요 수단이 되었다. 수업의 모든 요소는 표준화시험 결과와 연결되어 교육과정과 표준화시험을 맞바꿀 수 있을 정도다.

40~50년 전 치러졌던 전국적인 표준화시험에서도 결과가 나빴던 학생들이 있다. 현재도 마찬가지다. 근래 치러진 전국교육성취도평가(NAEP)의 12학년 시험 점수를 분석해 보면 12년간 이 시험을 위해 받아 왔던 교육이 사실상 아무 소용도 없었다는 사실을 알게 될 것이다. 2009년 이후 고등학교 졸업반 학생들의 읽기 및 수학 점수는 거의 향상이 없었다.

문제의 핵심은 빈곤과 차별이다. 빈곤에서 비롯되는 뿌리 깊은 불평등의 문제가 아이들의 정서에 미치는 문제를 학교가 떠안고 바로잡기란 불가능하며 그래서도 안 된다. 그럼에도 불구하고 교육자들이 책임져야 할 것이 있다. 정치인이나 정책 입안자 또는 부유한 자선 사업가들이 자기들의 성과를 확인하려고 의도적으로 설계한 도구들을 과도하고 강박적으로 아이들에게 사용한 점이다.

수년간의 변변찮은 결과에도 불구하고 평가의 대안을 요구하는 목소리는 들리지 않는다. 하다못해 학습이 복잡하다면 평가만이라도 그래서는 안 된다는 것조차 인정하지 않는다. 단답형이나 선다형 문제, 응시자들이 거의 흥미를 느끼지 못하는 주제에 대한 뻔하디뻔한 에세이 같은 평가 방식은 교사가 무엇을 가르치고 아이들이 무엇을 배워야 하는가에 대해 잘못된 메시지만 내놓을 뿐이다. 왜 교육의 진전을 위한 접근이 단지 수치화된 차트 같은 틀에서 벗어나지 못하는 것일까?

일부에서는 개혁을 반대하는 이들의 조용한 입김 탓이라 말하기도 한다. 이들은 교육 개혁을 내세우지만 실제로는 개혁을 반대하며, 규제에서 자유롭고 적자생존의 비즈니스가 우선시되는 시장을 선호한다(Brazile, 2014). 이런 '개혁가들'에게 표준화시험은 학교를 시장 경제에 종속시키는 기회가 된다.

또 다른 사람들은 학업성취도가 경쟁 상황과 관련 있다는 점을 들어, 성공하는 아이들(대체로 백인 중산층이나 상위 계층 가정)이 있다면 누군가(대체로 가난한 유색 인종 아이들)는 실패하는 게 당연하다고 말한다. 즉 '원래 그렇다'는 것이다. 이런 시나리오에서 결과란 언제나 차별적이고 불공평하다.

근래 시민의 권리를 증진한다는 취지로 소위 새로운 성취기준이 도입되자 일부에서는 형평성 실현을 위한 더 많은 기회를 창출할 것이라며 환영했다. 분명 이전보다 높아진 기준을 제시한 것은 사실이지만 교육과정이나 평가에 긍정적 영향을 주진 못했다. 고부담시험은 여전히 학생들의 성취도를 측정하는 핵심 척도였기에 출제자들은 기존보다 까다로워진 교육과정 수준에 맞춰 시험 문제의 난이도를 높이는 방식으로 대응한 것이다. 이러한 접근에 따르면 문제가 되는 것은 표준화시험을 통한 평가가 아니라 잘못된 평가문항이다. 그러니 이를 바로잡으면 문제가 해결될 것이라고 여긴다. 하지만 지금까지의 결과를 보면 학생들의 성적을 향상시킨다는 목표는 결국 실패한 듯하다. 오히려 더욱 불평등한 결과가 양산되었고 학부모, 교사, 학생들의 반발은 점점 커지고 있다. 표준화시험의 장점을 들어 본 적이 대체 언제인가 싶을 정도다. 그 시험에서 우수한 성적을 받은 학생들조차 말이다. 이제 사고방식을 근본적으로 바꿔야 하지 않을까? 지금까지 시험 개발과 준비와 분석에 쏟아부은 비용과 자원은 말할 것도 없고, 모든 관심과 시간이 학교의 실질적인 개선과 학생들의 더 나은 삶의 준비를 위해 꼭 필요한 것이었는지 자문해야 하지 않을까? 성취, 학생의 성공, 양질의 교육이라는 말이 무엇을 의미하는지 다시 생각해 볼 때가 아닐까? 학교 중퇴율이 높아지고, 수업을 지루해하는 아이들이 늘어나고, 대학에서 학업을 중단하는 사람들이 많아지는 등, 그러한 시험이 의도치 않게 가져온 결과들을 진지하게 생각해 봐야 하지 않을까? 지금 우리는 학생들이 무엇을 알고 무엇을 할 수 있는지 고려해야 한다. 학업적, 지적, 사회적 스킬이 다양하게 개발되는 과정 속에서 모든 학생이 서로를 돕고 함께 배워 나가는, 그리하여 모두를 성공으로 이끄는 새로운 패러다임 말이다.

　이 장은 그러한 대안을 다룬다. 학생들이 다양한 기술을 습득하고 성취해 나가는 과정에 대한 평가, 조금 다르지만 좀 더 공평한 방식의 평가에 대해 자세히 설명할 것이다. 이것이 형평성에 관련된 사회적 쟁점을 모두 해결할 수 있다고 주장할 수는 없지만 적어도 더 평등한 교육 기회를 제공하는 방법임은 분명하다. 뉴욕 수행기준 컨소시엄(New York Performance Standards Consortium)에서 개발한 수행기반평가 시스템의 데이터를 살펴보면 알 것이다. 이 설득력 있는 자료들은 학생의 강점, 흥미, 아이디어를 파악하고 활용하여 새로운 패러다임을 구현한다.

뉴욕 수행기준 컨소시엄은 공립학교들의 연합체로서 새로운 수행기반평가 시스템을 개발했다. 현장 전문가들이 개발을 맡고 학생을 중심에 두며 외부에서 평가하는 방식이다. 컨소시엄에 참여한 학교들이 집중하고 있는 핵심 아이디어 4가지를 소개한다. 이 원칙들은 학교에서 형평성을 높이는 데 기여할 수 있다.

- 탐구에 근거한 교수법
- 아이디어 및 경험의 다양성에 대한 존중
- 모든 학생에 대한 높은 기대치
- 공동체의 가치 인식 및 협력

컨소시엄의 평가 시스템은 다음 구성 요소를 포함하고 있다.

- 전공 분야 현장 전문가가 고안한 학생 중심의 평가 과제 및 학교에서 추가한 과제
- 교사가 학생 과제물 평가를 위해 고안한 채점기준표

- 매년 수행되는 조정 연구. 이는 평가 작업 및 채점기준표의 타당도 관리를 위하여 현장 전문가 및 비판적 검토자들이 학생들의 과제물을 수집하고 재평가하는 형태로 이루어짐.
- 탐구 및 교수법 활용, 수행평가 능력 발달을 위해 고안된 광범위한 교사의 전문성 계발 연구
- 졸업생들의 대학 성적에 기반한 예측 타당도 연구

다음은 최근 컨소시엄 학교를 졸업한 한 학생이 시스템의 평가 요소와 방식에 대해 설명한 글이다.

> 컨소시엄 학교의 모든 학생은 읽기, 사회, 수학, 과학 영역의 수행기반평가 과제(Performance Based Assessment Tasks, PBATs)를 완성해야 합니다. 학교마다 각기 다른 수행기반평가 과제가 주어지기도 하고요. 저는 어번 아카데미(Urban Academy)에서 창의예술, 예술평론, 도서관에 관해 과제와 실습을 수행했어요. 도서관에 관한 과제를 제외하고 나머지 과제는 학생들이 스스로 선택하고 발표하게 되는데 평가위원회에서는 채점기준표를 사용하여 학생들의 과제를 평가합니다.
>
> 사회과 수행기반평가 과제는 먼저 문헌기반 연구를 수행한 다음 분석 보고서를 작성하는 방식으로 진행합니다. 저는 철학수업을 수강하고 나서 보고서를 작성했는데, 올바른 정부 형태는 무엇인가에 관해 홉스(Hobbes) 및 크로포트킨(Kropotkin)의 견해를 조사해서

썼어요. 처음엔 홉스의 견해가 설득력이 있다고 생각했는데, 크로포트킨의 저술과 자료를 다시 읽어 보니 그의 견해에 공감되는 부분이 많았어요. 그래서 그들 중 누구도 확실히 옳지는 않다는 주장으로 보고서를 수정했어요.

읽기 수행기반평가 과제에서는 문학 작품을 잘 분석해서 글을 쓰는 것이 중요해요. 저는 『파이 이야기(The Life of Pi)』를 읽고 주인공의 종교적 견해에 대해 분석했어요. 파이는 자신이 서로 다른 세 종교의 일부라고 주장하지만, 전 그 주장에 모순이 많은 것 같아서 저자가 그 생각을 얼마나 성공적으로 전달했는지 살펴봤어요.

독창적인 과학 실험을 개발해야 하는 과학 수행기반평가 과제의 경우, 학생들은 가설을 세우고 실험하고 그에 관해 실험 보고서를 작성합니다. 그런 다음 실제 과학자를 포함한 팀 토론에서 프로젝트를 뒷받침하는 근거를 수립해야 하지요. 제 과제는 해부학과 생리학 관련 수업을 들으면서 시작되었어요. 저는 스트레스가 기억에 미치는 영향에 관해 실험을 설계하고 수행했습니다.

수학 수행기반평가 과제는 배운 것을 활용하여 실제 세상에서 일어나는 문제를 해결하도록 합니다. 예를 들면 저는 삼각비를 이용해 엠파이어 스테이트 빌딩이 우리 학교에서 얼마나 멀리 떨어져 있는지 계산했어요. 그리고 이처럼 삼각비를 사용해 다른 문제들을 해결하는 방법도 설명했습니다.

컨소시엄 시스템

컨소시엄 시스템은 다음과 같은 인상적인 성과를 보여 준다.

첫째, 표준화시험과 다른 방식으로 학습스킬을 개선하고 이를 문서화했다. 마사 푸트(Martha Foote) 박사의 연구에 의하면 컨소시엄 학교 학생들의 졸업률은 뉴욕 공립학교 전체의 졸업률보다 높고, 졸업생들 또한 성공적으로 대학 생활을 한다는 기록을 가지고 있다. 표본 집단의 컨소시엄 학교 졸업생 중 77퍼센트가 4년제 대학에 다녔고 19퍼센트는 2년제 대학을, 그리고 4퍼센트는 직업 및 기술 프로그램을 수강한 것이다.

4년제 대학에 다니는 학생 중 무작위로 선별한 표본 집단의 진학 결과 또한 인상적이다. 컨소시엄 졸업생들이 진학한 대학은 '경쟁력'을 기준으로 한 대학 분류(합격률, 표준화시험 점수 등의 '경쟁력'을 기준으로 하여 6단계로 분류하는 방식–옮긴이)에서 대부분 중상위권 이상으로 평가된 학교였다. 이런 결과는 컨소시엄 학교들의 효율성이 매우 높음을 보여 준다. 컨소시엄 학교는 학생에게 집중하며, 학생들을 잘 가르치고, 그들이 졸업 후에도 대학 수준의 학업을 성취하며 공부를 계속할 수 있도록 준비시켜 고등 교육으로 보내고 있다(Foote, 2007, pp. 359~363).

둘째, 컨소시엄 학교 졸업생들의 재학률은 4년제 대학 93.3퍼센트, 2년제 대학 83.9퍼센트로 전국 평균에 비해 월등히 높았다. 또한 2011년에 대학에 입학한 컨소시엄 학교 졸업생 중 아프리카계, 라틴계 졸업생 비율은 각각 86퍼센트와 90퍼센트로 전국 평균에 비해 높은 수치로 나타났다.

셋째, 컨소시엄 학교는 학생들의 정학률 및 교사의 이직률에서도 전국의 차터스쿨 및 뉴욕시 고등학교 전체보다 훨씬 낮은 비율을 보인다. 컨소시엄 학교들은 뉴욕시 공립 고등학교 학생들에 비해 빈곤층 및 라틴아메리카계 학생과 영어학습자들(ELLs)의 비율이 더 높고, 영어와 수학 과목 성취도가 낮은 학생이 더 많은 편이다. 그런데도 이러한 결과가 나온 것이다(Performance Standards Consortium, 2012).

이것은 학생들이 수행기반평가라는 시스템을 통해 높은 수준을 유지할 수 있었기에 가능했다. 수행기반평가는 교육과정과 교수법을 강조하며, 학생들이 어려운 문제에 도전하도록 격려함으로써 필요한 스킬 수준을 높인다. 또 학습과정에 대한 주인의식을 심어 주었는데 이는 표준화시험으로는 할 수 없는 일이다. 수행기반평가는 학생들에게 이렇게 말한다.

여러분은 읽고, 쓰고, 조사하고, 선택한 주제와 질문을 활용해 문제를 해결하는 스킬을 발달시키고 보여 주기를 바랍니다. 자신의 흥미에 맞는 주제를 선택하고 자신만의 강력한 의견을 가져야 합니다. 의견을 내세울 때는 반드시 그것을 뒷받침하는 근거를 갖춰야 하고, 조사하고 질문할 때는 다른 사람들을 존중하며 관점을 표현하는 방법을 배워야 합니다.

수행기반평가는 그 자체로 형평성을 구현하는 수단이 될 수 있다. 학생들 각자의 아이디어는 소중할뿐더러 그것을 발전시켜 나가는 일 또한 그들이 해내야 할 힘든 과제를 이루는 중요한 요소라는 걸 말해 주기 때문이다.

수행기반평가 원칙

수행기반평가는 표준화시험과 여러 면에서 차이가 있다. 시험 준비 과정에서 학생들은 다양한 개념과 정보를 습득하고 이해하기 위해 열심히 노력하는데 그렇게 할 수 있는 것은 나중에 맛보게 될 만족감이 학습의 동기로 작용한 덕분이다. 예를 들어 시험 점수를 잘 받으면 인생에서 더 높은 단계로 향하는 문이 열린다거나 하는 생각이 그렇다. 하지만 학교에서 중시하는 가치를 잘 따르는 것이 단순히 일류 대학에 입학하고 급여를 많이 받는 직장에 취업하기 위해서라고 단정할 수는 없다. 노동자 계층이나 소수민족 학생들에 대해 이렇게 생각하는 경우가 있지만 말이다.

수행기반평가에서 중시하는 것은 외부에서 부여되는 동기가 아니다. 반복적 훈련과 준비 끝에 하루 동안의 시험으로 모든 성과를 보여주는 방식도 아니다. 학생들이 오랫동안 광범위하고도 섬세한 활동을 수행한 결과 어떤 생각을 갖게 되었는지, 그것을 어떤 방식으로 표현하고 실현했는가가 중요하다.

이어서 우리는 뉴욕주의 39개 컨소시엄 학교 중 하나이며 공립 트랜스퍼 스쿨(transfer school, 학업 중단 위기에 놓인 학생들을 지원하는 학교–옮긴이)인 어번 아카데미의 실천 사례를 통해 컨소시엄 시스템이 추구하는 수행기반평가 원칙을 소개할 것이다.

▌탐구 활동 중심의 토론

효과적인 수행평가는 표준화할 수 없다. 학생이 학습과정을 주도해 가는 교육과정과 수업이라는 맥락에서 이루어지기 때문이다. 이러한 접근에서 핵심적인 것은 학생들이 탐구라는 틀 안에서 아이디어를 교환하고 개발해 내는 '토론'이다.

수업에서 어떤 문제를 논의하기 위해 사료를 해석하거나, 수학 문제를 색다른 방식으로 풀어 보자고 제안하거나, 시를 분석하거나, 과학적 연구 결과를 검토할 때가 있다. 어떤 경우든 학생들은 자기 생각이 수업으로 통합된다고 느꼈을 때 더욱 효과적으로 배운다. 탐구수업에서 교사는 논제, 주제, 개념, 자료를 소개하고, 학생들이 주어진 정보에 근거하여 자기 견해를 피력하도록 격려한다. 그리고 학생들이 만들어 낸 새로운 질문과 그에 따른 주장을 탐구하는 방식을 습득해 나가는 가운데, 정답 없는 질문으로 학생들을 자극하며 수업의 초점을 놓치지 않고 이어가는 데 익숙해진다. 이러한 수업의 의제는 교사와 학생 간의 지속적인 협력을 반영하는 것이다.

토론은 본질적으로 공평한 방식이며 특히 학생의 구성이 다양한 환경에서는 더더욱 그러하다. 일부에서는 인종과 사회경제적 배경이 다양한 학급에서 함께 공부하는 것이 모두에게 부정적인 영향을 미친다고 생각한다. 교사들은 양쪽 모두를 만족시킬 중도를 모색할 뿐 그 이상을 하지 않기에 우수한 특권층 아이에게는 유익할 게 없고, 취약한 아이들은 학업적 기준이 높아짐에 따라 입을 다물고 위축될 것으로 여긴다. 하지만 이렇게 학교를 경쟁 구조로 보는 관점과 탐구식 토론을 기반으로 학교 공동체를 보는 관점은 완전히 다르다. 탐구식 토론에서 학생들은 서로의 차이를 발견하며, 기존과는 상당히 다른 방식으로 수업에 참여한다. 다음은 수행기반평가 학교에 재학 중인 칼릴의 말이다.

어번 아카데미에 오기 전까지 다녔던 학교는 경쟁이 무척 심했어요. 모든 학생은 대학 진학이 목표였고 환경도 별로 다양한 편이 아니었죠. 그러다 보니 사는 동네나 가정환경이 다른 아이들의 생각을 들을 기회가 흔치 않았어요. 수업에서 우리의 아이디어는 그다지 중요하지 않았어요. 토론은 대개 뻔한 예상대로 흘러갔고 어떤 답으로 결론이 날지도 모두가 알고 있었어요. 우리가 말해 주기를 선생님이 기다리고 있는 답 말이에요.

어번 아카데미 입학 후 첫 번째 주에 저는 '대공황 때 사람들은 어떻게 행동해야 했는가'에 대해 활발히 토론하는 반에 있었어요. 그리고 어떤 백인 여학생이, 머리를 빨갛게 물들인 애였는데, 논쟁의 여지가 있는 주장을 하는 걸 들었어요. 난 그저 앉아서 '와, 나도 그렇게 생각해.' 이러고 있었죠. 그 여학생이 그런 말을 하리라곤 상상도 못했거든요. 그다음에 말한 사람은 후드를 쓴 흑인 남자아이 였는데 자기도 그 여학생과 같은 생각이라고 말하는 거예요!

그 순간은 제게 무척 의미 있게 다가왔어요. 이 학교, 이 학급, 이 토론에서는 모두가 다른 친구들의 말에서 배울 수 있겠구나 하고 깨달았거든요. 학교는 어울려 놀다 가는 곳이 아니고 공부하는 곳 이었어요. 친구들과 같은 생각을 할 수도 있고, 평범하지 않은 생각 도 나눌 수 있었어요. 후드를 쓴 흑인 남자애랑 빨간머리 백인 여자 애랑 한 주제를 두고 같은 생각을 할 수 있다니, 오, 그건 서로 같지 않은 사람들이 어떤 문제에 대해 같은 생각을 할 수 있다는 말이었 죠. 그리고 선생님은 그 의견에 대해 판단을 내리지 않고, 우리들의 논의에 귀를 기울여 주고 계셨어요.

▎중재자로서의 교사

이 학생의 말처럼 토론에서 교사의 역할은 결정적이다. 학생들은 교 사를 중립적인 의장이자 공정한 중재자로 생각한다. 또한 논제에 대한 해석과 분석이 그들 자신의 인식과 경험이라는 프리즘을 통해 진행될 수 있도록 지지해 주는 사람이라고 여긴다. 따라서 학생들의 말에 귀 를 기울이는 것은 정말 중요하다.

하지만 교사가 수동적이어야 한다는 뜻은 아니다. 토론이 진행되는 동안 교사는 메모하며, 주장이 제기될 때 근거를 요구하고, 토론의 맥 락을 되짚어 주며, 토론이 주제에서 벗어나거나 잘못된 방향으로 진행 될 때는 이를 관리하고, 토론이 진행되는 동안 논거를 세우거나 재구성해 준다. 그리고 서로 다른 의견이 맞붙어 토론이 활발해질 때 질서를 유지해 주는 역할도 한다.

▌모든 학생의 동등한 참여 보장

어번 아카데미 같은 학교에서 탐구식 토론은 전통적으로 특권으로 묶인되었던 교실 내 행동을 억제함으로써 모든 사람이 좀 더 공평한 입장으로 참여할 수 있다. 다음은 T. J.라는 학생이 이전에 다녔던 학교에서의 경험을 언급한 내용이다.

> 만약 여러분이 학습에 어려움을 겪는 학생 또는 흑인 학생이라면 학급에서 의견을 말하는 것이 편치 않을 거예요. B 마이너스나 C를 받는 학생에게는 그런 말을 할 자격이 없다는 걸 학급 아이 모두가 알고 있거든요.

중산층 백인인 한 여학생은 어번 아카데미로 오기 전 다녔던 학교에 대해, 학생 간의 경쟁은 어번 아카데미와 비슷한 수준이었지만 토론은 속임수에 불과했던 경우가 다반사였다고 말한다.

> 우리 학교의 토론은 늘 쉽게 예측할 수 있었어요. 철저한 공식이 있었죠. 먼저 주장을 펼칠 것, 그 다음 몇 가지 증거를 들어 뒷받침할 것. 책을 읽지 않아도 수업에 참여할 수 있었어요. 읽은 책에 대해 질문하지도, 다른 사람이 말한 것에 대해 의견을 묻지도 않았기 때

문에 마치 수업이 한 편의 대본처럼 느껴졌어요.

반면 자신의 아이디어가 학습과정에서 매우 중요한 요소이며 자기 목소리를 내야 한다고 인식하는 것은 큰 힘이 된다. 특히 이전에 수업 분위기를 망친다거나 반항적이라고 지적받던 학생들에게는 더욱 그러하다. 다음은 아프리카계 미국인인 제임스의 말이다.

다른 학교였으면 불량 학생이라고 낙인찍혔을 애들이 이 학교에서는 수업에 적극적으로 참여하는 걸 보게 됐어요. "입 다물고 얌전히 내 말 들어요."라는 식으로 수업에 참여시키는 것이 아니라, 어떤 주제에 관해 어떤 생각을 하는지 명확히 표현하도록 격려하죠. 그것도 아무런 이유 없이 답을 쏟아 내는 게 아니고요.

그렇게 해야 하는 이유는 바로 학생의 의견이 중요하기 때문이다. 다른 학생의 말이다.

그건 무언가 학생들 사이에서 진정한 존중으로 이어지는 것 같아요. 학교에 들어선 순간부터 우리는 선생님들로부터, 또 다른 학생들로부터 다른 사람을 존중해야 한다고 배워 왔어요. 아무리 싫어하는 사람이라도 존중해야 하는 거죠. 특히 토론할 때는 말이에요.

이처럼 자기 생각이 중시되는 환경에서 계속해서 생각을 나누고 교환하면 어느새 학생 모두가 동등한 기반에 서 있다고 느낀다. 높은 수준의 개념적 사고를 하려면 학교에서 가르치는 기본 지식을 먼저 습득해야만 한다는 주장이 있다. 하지만 교사들이라면 누구나 알고 있는 사실이 있다. 학업 능력이 뛰어나지도 않고 교양을 갖추지도 못했는데 생각보다 훨씬 높은 수준의 사고를 해내는 학생들이 있다는 사실 말이다. 그런 아이들에게 좀 더 복잡하게 생각하고 표현할 수 있는 환경을 제공해 주면 읽기, 쓰기, 계산에 뛰어난 다른 친구들 못지않게 자신도 똑똑한 사람이라고 생각할 것이다. 또한 학업 성적이 뛰어난 편인 특권층 학생들도 반 친구들 모두에게서 배울 점이 있다는 걸 깨닫는 데 도움이 된다. 좋은 질문이 오가고 치우치지 않게 진행되는 탐구식 토론은 통찰력과 자신감을 구축하면서 학문적 스킬을 연마하는 토대를 마련한다.

정답을 조리 있게 말해야 한다는 부담에서 벗어나면 학생들은 의견을 바꾸는 데도 훨씬 유연해진다. 다음은 마리차의 말이다.

생각은 확장할 수 있어야 해요. 만약 내가 동의하지 않는 의견이 있다고 해도 수업이 끝날 즈음 그 의견이 내 생각을 통째로 바꾸어 놓을 수도 있지요. 그 사람은 나보다 더 강력한 주장을 펼쳤거나, 더 많은 독서를 했거나, 자기 생각을 뒷받침하는 근거를 더 많이 가졌을 거예요. 또는 그 사람이 모르는 것을 내가 안다면 그의 마음을 바꿀 수도 있어요.

▍경청하는 태도의 중시

토론에서 듣기는 말하기 못지않게 중요하다. 그런데도 종종 토론을 평가할 때 그저 몇 명이나 발언했나 같은, 상투적이고 정형화된 방식으로 참여도를 측정하는 경우가 있다. 그러고는 이 정도 비율의 학생들이 토론에 참여했다고 기록하는 것이다.

학생들이 자기 관점을 제시하고 근거를 들어 뒷받침해야 할 탐구 수업에서 모든 참여가 말로만 이루어지는 것은 아니다. 어떤 경우에는 일정 시간 듣기만 해도 참여가 이루어지기도 한다. 그런 상황 또한 토론의 일부이며, 발언하는 학생과 마찬가지로 듣는 학생 모두에게도 토론이 제대로 진행 중인 것이다. 나이샤의 말처럼 말이다.

> 내가 말하지 않고 듣기만 하는 건 주제에 관심이 없다거나 지루해서 그런 게 아니에요. 난 지켜보는 걸 좋아해요. 개인적으로 난 그냥 사람들을 바라보고 그들이 말하는 걸 귀 기울여 듣고 싶어요. 그렇게 하면 보고서에 쓸 내용을 생각하고 정리하는 데도 도움이 돼요. 나는 수업시간에 집중하여 다른 사람의 말을 듣고 열심히 생각했다는 사실을 보고서로 선생님께 보여 드리고 있어요. 많은 말을 하진 않지만 열심히 듣고 있지요.

토론에서 듣기보다 말하기를 더 많이 하는 사람들도 이런 생각을 이해한다. 그런 사람 중 하나인 알리사의 말이다.

토론에서 말을 거의 하지 않는 학생들도 다른 사람의 의견은 귀 기울여 듣고 있어요.

교사의 임무는 상대적으로 조용한 학생들의 생각을 서면 과제물이나 소규모 집단 토론, 학급 밖에서 이루어지는 대화 등을 이용해서 다른 학생들이 관심을 가지는 형태로 끄집어내는 것이다. 시간을 충분히 주기만 하면 가장 과묵한 학생들이라도 자기 의견을 말하기 시작한다. 내성적인 소년 후안은 지난 2년 동안 어떤 수업에서든 스스로 말한 적이 거의 없었다. 하지만 제출한 과제물을 보면 후안이 무척 사려 깊은 학생이라는 걸 알 수 있다. 시간이 지남에 따라 후안은 아주 짧게 띄엄띄엄 자기 의견을 말하기 시작했고, 고등학교에서 보내는 마지막 주 수업에서는 마침내 목소리를 높여 자신의 의견을 피력했다. 행위 예술가인 닉 케이브(Nick Cave)의 창작물 <사운드 수트(sound suits)>(뜨개실, 꽃, 금속, 구슬 등 다양한 소리를 내는 재료로 제작한 '사운드 수트'로 온몸을 가린 채 진행하는 퍼포먼스. 여기서 수트는 피부색이나 성별, 외모 등을 벗어나 자신의 정체성을 드러내는 장치로 표현됨-옮긴이)에 대해 매우 정교한 분석을 내놓은 것이다. 그는 수트의 기능 중 하나가 아프리카인의 집단 이주(16~19세기에 이루어진 흑인 노예 무역을 말함-옮긴이)라는 문화적 맥락에서 나온 인종 차별적 수사 관행으로부터의 보호라고 밝혔다. 그리고 자기 생각을 충분히 설명했을 뿐만 아니라 다른 사람에게도 호응하면서 케이브의 작품에 관해 의견을 제시했다. 정말 인상적인 순간이었다.

▌학업 능력의 발전과 확장

탐구식 토론은 학생들에게 자신감을 심어 주고 다른 학업 능력을 발전시키는 토대를 마련한다. 신디의 말이다.

> 수행기반평가 과제를 위한 토론이 있었어요. 반 전체가 한 그룹이 되어 최대한 좋은 토론을 하려고 노력해야 했죠. 토론에 참여하는 건 많은 사람 앞에서 말한다는 뜻인데 사실 무척 긴장돼요. 하지만 그 시간은 말하기를 꺼리는 사람들한테 좋은 기회이기도 해요.
>
> 처음에는 토론 중에 내 의견에 반대하는 사람이 나왔을 때 정말 당황했어요. 내가 틀린 것 같았고 또 내가 우리 반 아이들에게 멍청한 말을 한 게 아닌가 생각했거든요. 하지만 그건 사실이 아니었어요. 그저 그 사람은 나와 생각이 다를 뿐이었어요. 아무도 나를 공격하거나 비난하지 않았고, 누구도 나를 멍청하고 덜떨어진 사람으로 여기지 않았어요. 그래서 나는 비록 동의를 얻지 못하더라도 내 의견을 갖는 편이 좋다는 걸 알았어요. 과제를 수행하면서 보고서를 쓰고 의견, 아이디어, 해결책을 구상해 나가는 동안 가장 중요한 것은 제 의견을 갖는 일이었어요.

위에서 말한 신디의 생각은 어번 아카데미의 초대 교장인 허브 맥(Herb Mack) 교장의 말을 통해 다시 한번 확인할 수 있다.

> 우리는 토론이 학생들의 글쓰기 실력 향상에 어떻게 도움을 주는지

거듭 확인합니다. 학생들은 토론으로 얻은 아이디어를 통해 더 깊이 사고하고, 그런 다음 글을 씁니다. 글쓰기를 많이 하면 사고하는 연습도 되고요. 글쓰기는 수업시간에 진행되고 교과목에 관련 없이 조사 보고서, 분석 보고서, 서술형 과제를 받게 됩니다만 학생들이 기본적인 지식을 얻는 것은 토론을 통해서입니다.

졸업하는 학생들의 인터뷰를 보면 그들은 토론과 글쓰기가 자신에게 미친 긍정적 영향을 자주 언급하곤 한다. 데니즈의 말이다.

다른 사람들에게 내 생각을 표현하고, 그러면서 생각을 발전시키는 것에 관해 정말 많이 배웠어요. 보고서를 쓰는 방법을 배울 때도 도움이 됐지요. 쓸 내용을 조직하는 게 힘들었는데 토론을 통해 내용을 잘 정리해 조직할 수 있었고 덕분에 좋은 보고서를 작성할 수 있었어요.

이어서 다코타의 말이다.

만약 토론에 집중하지 않거나 수업시간 내내 졸기만 하고서 쓰기 과제 마감 시간이 닥쳐온다면 좋은 보고서는 절대로 쓸 수 없을 거예요. 토론했던 아이디어들에 관해 전혀 생각하지 않은 거나 마찬가지잖아요.

토론은 학습에 어려움을 겪는 학생들에게 특히 도움이 될 수 있다. 다음은 난독증을 겪는 리처드가 햄프셔 대학교에 진학하기까지 어번 아카데미에서 어떤 도움을 받았는지 알 수 있는 말이다.

처음 어번 아카데미에 왔을 때 저는 수업시간 내내 조용한 학생이었어요. 아이디어가 있어도 말로 표현하기보다 글로 쓰는 쪽이 더 좋았어요. 읽고 쓰는 데 저는 언제나 시간이 더 많이 필요했어요.

어번 아카데미에서 알게 된 건 시간 계획을 정말 잘 짜야 한다는 거예요. 저는 선생님과 함께 제가 해야 할 일들을 살펴보고 그것을 언제 어디에서 할지, 시간은 얼마나 필요할지 결정하곤 했어요. 도움이 필요할 때 누구에게 요청해야 하는지도 알아야 했죠. 과제와 학급 토론, 또 학교에서 진행되는 일들에 관해 이야기를 나누면서 조금씩 편안해지고 자신감이 붙었어요. 그리고 수업시간에 내 생각을 말하기 시작했는데 이것도 도움이 됐어요. 말을 할수록 생각은 더 명확해졌고 읽기와 쓰기도 더 잘할 수 있게 됐어요.

학생들의 발언을 보면 토론을 통해 깨닫고 실행하는 맥락을 이해할 수 있다. 어떤 질문이나 문제에 관하여 어떻게 사고하고 분석할 수 있는지, 다양한 관점이나 해결책을 고려하는 방법은 무엇인지, 주장을 지지 또는 반대하는 근거는 무엇인지, 주장을 방어하고 전개하거나 수정할 때의 방법은 무엇인지, 그리고 이 모든 것을 수행기반평가 과제에 반영하려면 어떻게 해야 하는지 등을 말이다.

깊이를 강조하는 교육과정

탐구식 토론이나 글쓰기 같은 학습은 진도보다 깊이를 강조하는 교육과정과 관련이 깊다. 이런 학습은 학생의 흥미에 기반한 다양한 선택 과목을 제공한다는 점, 그리고 학생에게 기준을 제공한다는 점에서 형평성을 촉진한다. 그러한 기준을 통해 학생들은 위대하다고 인정받은 문학 작품에 친숙해지고, 역사상 중대한 사건들에 다가가며, 실험을 진행하는 적절한 방법을 깨닫고, 수학을 실생활에 활용할 수 있게 된다.

새로운 질문을 생성하고 기존과 다른 방식으로 답을 찾도록 학생들을 격려함으로써 형평성을 촉진할 수 있다. 이 과정에서 학생의 관심과 교육과정은 긴밀히 연결된다. 일부 컨소시엄 학교에서는 학생들이 수행기반평가 주제와 관련해 선택의 폭을 넓힐 수 있도록 선택 과목 중심의 교육과정을 구성하기도 하지만, 대부분의 학교들은 필수 과목의 틀 안에서 교사에게 재량권을 주는 방식으로 운영한다. 이를테면 어떤 학교에서는 남북 전쟁, 남부 재건기(Reconstruction, 남북 전쟁 후 미국 남부 여러 주의 연방 재편입 조치가 취해진 1865~1877년의 시기-옮긴이), 프랑스 혁명, 성 정체성, 힙합 등 역사부터 현대 사회 이슈에 이르기까지 다양한 선택 과목을 개설해 운영하지만, 어떤 학교에서는 공통된 교육과정 내에서 1~2학년 교사들 중심으로 식민주의, 제국주의, 산업화 같은 특정 주제를 선택하도록 하는 식이다. 컨소시엄 학교는 특정 정보를 다루는 데 제약이 덜한 만큼 새로운 아이디어와 질문을 더 잘 생성할 수 있다. 그런 아이디어와 질문으로 수업은 예상치 못한 방향으로 진행되기도 하며, 학생과 교사 모두가 새로운 자원을 이용해야 하는 상황을 만나기도 한다.

수행기반평가 과제

▌강력한 학습동기와 주인의식 부여

탐구식 토론과 교실수업은 학생들에게서 중요한 질문을 이끌어 내며 이를 통해 수행기반평가 과제를 생성할 수 있다. 교사가 예상하고 계획했던 질문도 있지만 그렇지 않은 경우도 많기 때문이다. 예를 들어 시민권의 역사에 대한 수업에서 "야구에서 리그 통합은 아프리카계 미국인들의 리그 및 후원기업 모두를 망칠 수 있다는 점에서 부정적이었다(오랫동안 메이저 리그는 백인 선수들만으로 운영되었고 아프리카계 미국인은 별도의 리그에서 뛰어야 했다. 1940년대에 야구 리그가 통합되면서 재키 로빈슨이란 아프리카계 미국인 선수가 메이저 리그에서 최초로 뛰게 되었다–옮긴이)."라고 주장하는 자료를 놓고 진행된 토론이 있었다. 몇몇 학생은 그 주장에 반대했지만 그렇게 생각하지 않는 학생들노 많았다. 토론 숭에 한 학생이 질문했다. "만약 재키 로빈슨 개인이 메이저 리그에 진출하는 대신, 아프리카계 미국인들의 리그에서 최고로 꼽히는 몇몇 팀이 백인 팀과 맞붙거나 그들끼리 경기를 하게 했다면 어땠을까요?" 격렬한 논쟁이 이어지고 또 다른 주장과 질문이

쏟아졌다. 이날 나온 주장과 질문 중 일부는 수행기반평가 과제로 야구 리그 통합에 관해 조사하고 글을 쓰기로 선택한 학생들에게 사고의 틀을 제공했다.

진정한 수행기반평가 과제는 학생들의 흥미와 호기심에서 출발하여 더욱 큰 학습기회를 창출하기도 한다. 다음은 조슈아라는 이름의 학생이 쿠키에 대한 관심으로 수행한 과제에 관한 이야기다.

화학수업을 받다가 당분 함량이 쿠키의 크기와 모양에 어떤 영향을 주는지 관심을 갖게 됐어요. 점점 더 복잡한 의문들이 생겨났죠. 전 쿠키 속에 있는 유지방의 분자 구조가 단백질이 들어 있는 글루텐의 분자 구조를 어떻게 약화시키는지 연구하기 시작했어요. 그리고 쿠키를 굽는 과정에서 단백질이 하는 역할을 조사하던 중 단백질에 열이 가해지면 응고된다는 걸 알아냈어요. 사실 전 응고라는 말이 무슨 뜻인지 몰라서 사전을 들춰봐야 했는데 뜨거워진 단백질이 뭉쳐서 두꺼워지고 그것이 쿠키의 두께에 영향을 준다는 걸 이해하게 됐죠.

이 모든 과정은 실제로 실험을 시작하기 전에 일어났던 일이었어요. 실험을 설계하면서부터 마치기까지 분자의 결합과 변성(變性)에 관해 많은 것을 배울 수 있었어요. 하지만 정말 좋았던 건 제가 쿠키처럼 사소한 주제를 선택하고 그걸 깊이 파고드는 걸 학교가 허락했다는 사실이었어요. 그 덕분에 전 별로 중요해 보이지 않던 것들이 큰 변화를 일으킬 수 있다는 걸 알게 됐어요. 그리고 지금은 쿠키 굽는 일보다 훨씬 더 엄청난 문제를 생각하고 있지요.

　한번 생각해 보세요. 이 분자들에 무슨 일이 일어나고 있는지, 다른 반응은 어떤 것이 있는지, 어떻게 하면 그 반응을 바꿀 수 있는지, 왜 쿠키는 오븐 맨 아래 칸과 맨 위 칸에 있을 때 다르게 구워지는지 같은 것 말이에요. 쿠키가 구워지는 걸 멍하니 보고만 있었다면 절대로 생각하지 못했을 깊이 있는 질문들에 관해 이제 제대로 생각하기 시작한 거죠.

　수행기반평가 과제는 학생의 호기심과 흥미를 찾는 데 도움을 준다. 그것은 연구할 질문을 구성하고, 자료를 읽고, 수정하고, 편집하고, 다듬고, 새로운 학습으로 이어지는 데 강력한 동기를 부여한다. 과제 수행 과정에서 학생들은 기본적인 관심사를 탐구하는 가운데 사고의 깊이와 폭을 확장해 나갈 수 있다. 교사는 학생이 질문을 형성하는 데 도움을 주지만 그러한 질문 자체도 학생에게 중요하게 다가온 의미로부터 만들어지는 것이다. 이렇게 모든 학생의 생각과 흥미가 가치 있게 존중받는 환경에서 형평성은 구현될 수 있다.

　아마도 표준화시험 또한 학생의 필요와 흥미에 더 잘 부합하는 문서, 문제의식, 질문을 포함하려고 할 것이다. 그럼에도 불구하고 표준화시험은 획일적인 기준으로 평가가 이루어지고 학생들이 학습에 주체성을 갖지 못한다는 면에서 여전히 근본적인 문제가 있다. 학생들은 표준화시험에서 다루는 내용에 관심이 없을 뿐만 아니라 흥미를 느껴 보려는 시도조차 하지 않는다.

▍수준 높고 신뢰할 만한 평가 프로세스

학생들이 학습에 주체성을 갖고 수행기반평가 과제를 스스로 생성해 낼 경우 그 과제는 지속적이고 자율적으로 추진될 수 있다. 게다가 학생들이 스스로 과제를 변경하거나 검토, 확장, 수정할 수 있게 되므로 분석적인 연구 보고서, 과학 실험, 에세이, 수학 활용 등 학생 중심적이고 높은 수준의 평가가 이루어지게 된다. 한 학생의 말이다.

> 수행기반평가 과제를 진행하는 동안 가장 필요한 스킬 중 하나는 문제 해결이에요. 과제 수행을 위해 어떻게 해야 하는지 그 방법은 누구도 알려주지 않았어요. 모든 것을 나 스스로 생각해 내야 했죠. 처음엔 제대로 일을 처리한 경우가 거의 없었어요. 과정 내내 실수도 많았고요. 하지만 그런 과정을 겪으면서 저는 여러 가지 방법을 시도하게 됐고 결국 성공적으로 해냈어요. 좌절하고 포기할 뻔한 적도 있었지만 그런 과정을 통해 문제를 해결하는 태도와 방법을 알게 됐어요. 만약 뭔가 잘못되더라도 분명 고칠 수 있을 거예요. 현실에서도 가끔 일이 잘못될 때가 있겠지만 지금은 별로 두렵지 않아요. 왜냐하면 나는 어떤 문제가 발생하더라도 스스로 해결할 능력을 갖추게 되었으니까요.

이러한 과정을 촉진하는 것은 학생에 대해 갖는 높은 기대치와 그것을 유지하는 정교한 실행이다. 수행기반평가 과제의 채점기준표는 교사 및 외부 평가자로 구성된 전문가 팀의 협력으로 만들어지고 정기적으로 업데이트된다. 만약 기준이 명확하지 않거나 부족하다고 판단되면 교사위원회의 검토를 거쳐 수정 보완하게 된다. 개별 학교에서 진행된 학생들의 연구 보고서, 에세이, 과학 실험 기록 등은 매년 개최되는 컨소시엄 전체 교사들의 연구 모임에서 재평가되며, 평가를 위한 보고서 견본 등이 새롭게 공유되곤 한다. 이런 과정을 통해 평가에 대한 신뢰도를 높일 수 있다.

수행기반평가 과제에 대한 조정과 검토도 이루어진다. 여기서 사용되는 것은 컨소시엄 채점기준표 및 노먼 웹(Norman Webb)의 지식의 깊이(Depth of Knowledge, DOK) 레벨이다. 교사들은 이를 참고하여 수행기반평가 과제와 질문의 수준을 검토한다. 교사가 질문과 과제의 질 향상을 위해 노력하도록 유도한다는 점에서 이런 활동은 매우 의미가 있다.

마지막으로 수행기반평가위원회의 검토가 있다. 이들은 외부의 교육 전문가들로 구성되며, 컨소시엄 학교들이 학생의 과제물에 대해 점진적 지원 및 참고 자료를 제공할 책임을 얼마나 잘 수행하는지 살펴본다.

이러한 접근은 상당 부분 교사에 대한 신뢰를 바탕으로 한다. 지적이고 잘 훈련된 교사는 효과적으로 가르칠 수 있고, 그들이 외부 평가자들과 연계해 교육의 성과를 평가하는 것 또한 신뢰할 수 있다는 믿음에 근거한다. 표준화시험은 이러한 믿음에 반하는 것으로, 외부에서 개발된 시험과 표준화된 기준에 따르지 않는다면 교사들의 지도는 평범할 것이라고 가정한다는 점에서 문제가 있다. 또한 시험 결과가 기준에 미치지 못할 경우 교사가 더 열심히 가르칠 동기를 부여하려면 해직이나 감봉 같은 위협적인 방법을 써야 한다고 생각한다. 하지만 현실은 이런 주장과 반대다. 흥미롭게도 교사들의 근속률과 졸업생들의 대학 진학률, 학업 유지 비율 등은 컨소시엄 학교에서 더 높게 나타나고 있다.

잠재력 발견의 계기

앰버의 사례는 놀라운 반전을 보여 준다. 처음 우리 학교에 왔을 때 앰버의 수학과 과학 성적은 아주 낮은 수준이었다. 해당 교과의 학습 내용을 제대로 이해하고 적용할 수 있을지 의심스러울 정도였다. 하지만 졸업할 무렵의 앰버는 완전히 달라졌다.

수행기반평가 과제로 과학 실험을 진행하려면 데이터에 대한 이해와 분석이 반드시 필요하다. 처음 교사들은 앰버가 이 작업을 잘 감당할 수 있을지 우려했다. 앰버가 선택한 과제는 소수자 집단에 속하는 등장인물을 묘사하는 데 있어서 디즈니와 니켈로디언 TV 사이에 어떤 차이가 있는지, 그리고 이런 차이가 어린이들에게 어떤 영향을 미치는지에 관한 내용으로, 앰버는 평소 이 주제에 관심과 흥미를 갖고 있었다.

과학과 수행기반평가에는 교사와 외부 전문가로 구성된 패널 앞에서 학생이 실험 보고서를 발표하고 질문과 피드백을 근거로 보고서를 수정하는 과정이 필수적이다. 앰버는 이 과정에서 지금까지 제대로 감을 잡지 못했던 몇몇 수학 개념을 확실히 이해하게 되었다. 앰버의 팀은 디즈니와 니켈로디언 TV를 동시에 시청하면서 소수자 집단에 속하는 등장인물 수를 세었다. 그리고 등장인물 중 일부는 화면에 노출되는 횟수와 분량에서 차이가 있다는 사실을 간파했다. 이 내용을 백분율로 계산해 데이터를 만들고 발표한 사람은 바로 앰버였다. 발표 과정에서 백분율, 상대비 같은 수학 개념이 여럿 등장했고 외부 전문가들이 많은 질문을 했지만 앰버는 잘 대답했다. 이는 앰버가 그러한 개념과 데이터의 의미를 이해하고 있음을 보여 준다.

오드리의 도전도 비슷했다. 그녀는 지적 호기심이 많고 토론에 잘 참여하는 편이었지만 자신감이 넘치는 학생은 아니었다. 수학 과목 점수는 그런대로 괜찮았으나 전반적으로 공부를 어려워했고 공부 습관도 좋지 않았다.

오드리는 게임 수학 강좌에서 도미노 기반의 평가를 개발하는 과제를 선택했다. 도미노는 지금까지 여러 번 해 보았지만 제대로 이해하지 못한 게임이었다. "그 게임을 어떻게 하는 건지 배우고 싶었어요. 어떤 전략으로 접근해야 하는지도 알고 싶었고요. 마스터마인드 같은 게임을 보면 거기선 수학이 꽤 도움이 되더라고요." 오드리는 먼저 도미노 게임 규칙을 조사하기로 마음먹고 실제로 진행되는 도미노 게임을 살펴보았다. 그리고 도미노 게임이 확률 개념과 밀접하게 관련된다는 사실을 깨달았다. 자신이 발견한 것을 게임에 적용해 보기도 하고 다른 학생에게 설명하려고 애쓰기도 하면서 오드리는 게임 성공에

'소거'라는 전략이 중요하다는 것을 깨달았다. 게임 초반에는 내려놓을 수 있는 패가 여러 개여서 소거 가능성이 높지만, 게임이 진행될수록 소거 가능성이 줄어든다. 이처럼 수학의 '소거' 과정과 직관적인 논리를 함께 이용하면 게임 과정에서 가능성이 줄어드는 것을 예상하여 승리 전략을 세울 수 있다.

오드리는 조사한 것을 바탕으로 도미노 게임을 응용한 '타일 트래커(tile tracker)'라는 제목의 샘플을 수행기반평가 과제 보고서에 첨부했다. 수학을 어려워했던 오드리가 자신의 흥미에 집중하면서 좀 더 높은 수준에서 수학을 활용할 수 있게 된 것이다. 보고서의 결론 부분에 오드리가 자발적으로 덧붙인 소감을 보면 이 과제가 어떤 영향을 미쳤는지 짐작할 수 있다.

나는 도미노를 통해 실제 현실에서도 주변에서 일어나는 일을 바탕으로 미리 생각하고 결정할 수 있다는 사실을 깨달았다. 게임과 마찬가지로 우리 삶에는 궁극적으로 도달하고 싶어 하는 목표들이 있다. 하지만 가지고 있는 패를 아무렇게나 써 버리면 원하는 목표에 도달하지 못할 수 있다. 과장되게 들릴지도 모르지만 나는 도미노 게임에 관한 과제를 수행하면서 정말 그렇다는 사실을 알았다.

학업 능력이 뛰어난 아이들은 잘 갖춰진 수행기반평가 시스템에서 더욱 탄탄한 역량을 키울 수 있다. 잭의 부모님은 고등 교육을 받은 학자이자 작가였다. 잭은 백인 중산층 자녀가 대부분인 공립학교에서 고등학교 1학년을 보냈다. 하지만 잭에게 그 1년은 무척 힘들었고 수업과 과제는 지루하기만 했다. 컨소시엄 학교로 전학하면서부터 잭은 공부에 흥미를 갖게 되었다. 토론과 과제에 열정적으로 참여하면서 잭의학업 스킬과 성취도는 더욱 향상되었다.

남북 전쟁과 남부 재건기 수업을 들으면서 나는 노예 제도를 종식시킨 전쟁에 대해, 그리고 그 이유에 대한 색다른 설명에 흥미를 느꼈어요. 그래서 맬컴 엑스(Malcolm X, 미국의 급진적인 인권 운동가-옮긴이)의 자서전과 다른 사람이 쓴 평전을 비교해 보는 수업을 신청했고 노예 제도에 관한 또 다른 수업을 듣게 됐어요. 필수 과제로맬컴 엑스가 '이슬람국가운동(Nation of Islam, 미국 내 이슬람교도들의 정치적 행동 단체-옮긴이)'을 탈퇴한 이유에 관해 보고서를썼고, 수행기반평가 과제로는 냇 터너 반란(Nat Turner Rebellion, 미국 버지니아주에서 1831년에 일어난 대규모 반란 사건으로 흑인노예들의 인권과 노예제도 철폐를 주장했음-옮긴이)의 성공 여부에 관한 보고서를 썼어요. 처음에는 수업 시간에 사용된 자료를 근거로 작성했지만, 내용을 파고들수록 다른 자료들이랑 새로운 정보를 더 많이 알게 됐지요. 제 주장과 의견은 훨씬 더 정교해졌고요.요즘 제 관심사는 미국 인종사 같아요. 졸업반 때 수강한 민권사 강좌에서 여러 가지 읽기 자료들과 문헌 기록을 읽었는데 아주 흥미로웠어요. 수업에서 사람들이 각자 제기한 쟁점들과 서로 다른 반응을 보는 일도 정말 재미있었지요. 사회과의 수행기반평가 과제는 이미 마친 상태였지만 저는 추가로 여러 개의 보고서를 작성했고 그 덕분에 꽤 많은 자료를 읽었어요.

잭의 사례는 다양한 학생으로 구성된 학교에서 우수한 학생들의 성취도가 더 떨어질 것이라는 우려를 불식시킨다. 잭이 열심히 공부할 수 있었던 것은 수행기반평가 과제에 흥미를 느낀 것도 있지만, 확연히 다른 배경을 지닌 학생들과 교류한 것도 긍정적인 역할을 했다. 과제를 위한 조사와 분석에서 잭은 다른 학생들과 토론했던 내용을 적극 활용했다. 이전에 잭은 자신의 의견이 무의미한 환경에서 최소한의 성취를 거두는 데 만족했던 학생이다. 하지만 다양한 구성원들로 채워진 어번 아카데미에 오면서 지적인 갈망과 직업 윤리를 발달시킨 것이다. 잭의 학습스킬은 더 좋아졌고, 관심 분야에 집중하게 되었으며, 다양한 집단의 사람들과 협력하는 능력을 키워 원하던 대학에 입학할 수 있었다.

론의 사례도 주목할 만하다. 론은 분석에 서툴렀고 깊은 사고와 설명이 필요한 토론이나 연구 과제를 어려워했다. 하지만 그는 포기하지 않고 끈질기게 공부에 매달렸고, 졸업반이 될 무렵에는 그동안의 노력이 드디어 빛을 발하기 시작했다. 민권사 강좌를 수강하면서 론 역시 잭과 마찬가지로 흑인 인권 운동의 비폭력적인 전략과 그에 대한 맬컴 엑스의 비판에 관심을 두게 되었다. 론의 수행기반평가 과제는 비폭력에 대한 마틴 루터 킹의 변론과 맬컴 엑스의 비판을 비교하고, 프리덤 라이드(Freedom Rides, 인종 차별에 항의해 1961년에 흑인들이 버스를 타고 남부를 돌며 인권 보장을 주장한 운동—옮긴이), 백인들의 폭동에 대한 미국 유색인지위향상협의회(NAACP) 지부의 무장 저항, 1964년 할렘 및 로스앤젤레스의 폭동 등에 이를 적용해 보는 것으로 계획되었다. 과거의 론이라면 이런 과제를 감당하지 못했을 것이다. 론이 선택한 이 과제는 앞으로 론이 받게 될 고등교육 수준의 복잡성을 요구하는 것이었다.

공동체 의식을 높이다

정책에 연연하는 사람들은 보통 학교를 평가할 때 창의력, 비판적 사고, 문제 해결, 의사 결정, 의사소통, 협업으로 규정되는 '21세기 스킬'을 학생들에게 어떻게 제공했는지 따지는 편이다. 하지만 온갖 미사여구와 강조에도 불구하고 현재 교육 개혁의 흐름은 학교 공동체보다 학생 개개인에게 초점을 맞추고, 개별화수업을 한다는 명목으로 컴퓨터 프로그램 활용 수업을 강조한다. 반면 시드웰 프렌즈(Sidwell Friends)나 시카고 대학교 랩스쿨(University of Chicago Lab School) 같은 높은 수준의 사립학교들은 이른바 학교 개혁가들의 시험 중심 환경에서 철저하게 배제된 개념인 공동체 의식과 미덕을 중시한다.

존 듀이(John Dewey)의 철학에 따라 지도하는 컨소시엄 학교는 지적인 학교 공동체를 건설하려는 맥락에서 학생들을 도울 방법을 찾으려고 애쓰고 있다. 듀이의 말이다(1916).

민주주의 교육의 목적은 단순히 한 개인을 그가 속한 집단의 삶에 지적으로 참여하게 만들려는 것이 아니다. 그보다는 어떤 개인이나 집단도 독립적으로 살 수 없다는 사실을 깨닫고 집단의 내부와 외부에서 지속적인 상호 작용을 이끌어 내는 데 있다.

어번 아카데미와 컨소시엄 학교에서는 학교 외부에서 지적 공동체를 수립하는 프로젝트에 학교 구성원 모두를 참여시키고 있다. 1년에 한두 번 실시하는 이 프로젝트는 교사와 학생 모두가 함께 협력하여 구상하고 기획하며, 매 학기 정규 수업이 시작되기 전 2~3주간 시행하게 된다.

프로젝트 기획은 하나의 단일 주제 또는 질문으로부터 시작된다. 예를 들어 '좋은 박물관이란 어떠해야 하는가?', '선거는 왜 중요한가?', '지구 환경은 결국 파괴되고 말 것인가?', '뉴욕은 좀 더 나은 방향으로 달라지고 있는가?', '종교는 삶에서 어떤 역할을 하는가?', '지하철은 잘 운영되고 있는가?' 같은 것들이다. 프로젝트마다 교사 2명과 15~20명의 학생으로 소그룹을 구성, 학교 밖으로 나가 정보를 수집하고 사람들을 인터뷰하는 방식으로 주제에 관해 조사한다. 도심지 공원을 다룬 프로젝트의 경우 한 소그룹에서는 2주간 뉴욕의 로어 이스트 사이드(Lower East Side, 뉴욕시 맨해튼의 남동부 지역으로, 노동자들이 많이 거주함-옮긴이) 지역의 공원인 톰킨스 스퀘어 파크(Tompkins Square Park)의 역사와 현 상태를 조사했는데, 그곳은 주거 환경 개선 문제를 놓고 대립이 벌어지곤 했던 곳이다. 학생들은 각자 조사한 내용을 바탕으로 대립의 역사와 영향을 정리해 설명했다. 일부 소그룹은 때때로 뉴욕주를 벗어나 더 다양한 자료를 모으고 외부의 낯선 사람들과 대화를 나누기도 한다.

오전과 오후 일과 시간에는 학생들을 더욱 작은 그룹으로 세분화하여 운영한다. 학생들은 프로젝트 기간 내내 꾸준히 만나 일반적 수준의 큰 질문을 좀 더 구체화하고 어떤 활동을 진행할지 토의한다. 현재 조사 중인 질문에 관해 폭넓은 시각을 제공해 줄 만한 사람을 몇개 그룹이 협력하여 인터뷰하기도 한다. '선거는 왜 중요한가?'라는 프로젝트에서는 시의원직에 출마하는 정치인들이 학교를 방문해 전체 학생을 대상으로 연설을 하고 질문을 받았다. '좋은 박물관이란 어떠해야 하는가?' 프로젝트에서는 교사와 박물관 큐레이터로 구성된 패널이 토론을 벌였다. 토론 주제는 '박물관을 찾아오고 싶은 곳으로 만드는 것은 누구의 책임인가? 박물관의 책임인가, 아니면 다른 사람이나 기관의 책임인가?'였다. 자연 재해로 피해를 입은 지역에서 재건 작업을 시작하는 사람들을 지원하는 사회 참여 프로젝트도 진행되었다. 소수민족이 모여 사는 동네에서 생활해 보는 단기 프로젝트도 학생들의 높은 참여로 시행되었다.

프로젝트를 실시하는 목적은 서로 다른 교과 교사들이 협력할 수 있도록 격려하고, 새로운 학생들을 학교 문화에 적응시키며, 한 학기 동안 수업에서 지나칠 수 있는 쟁점과 아이디어를 탐색해 보는 데 있다. 개별 소그룹은 조사한 내용을 바탕으로 결과물을 작성해 발표하여 학교 전체에 공유한다. 이는 추후 더 많은 토론과 분석을 이끌어 내는 역할을 한다. 프로젝트는 졸업생들이 '어번 아카데미에서 경험한 것 중 가장 인상적인 것'으로 꼽는 특징이기도 하다.

프로젝트는 교육의 형평성을 구현하는 강력한 도구가 될 수 있다. 첫째, 프로젝트는 질문과 관련해 답을 주는 것이라면 어떤 장소를 찾아가든, 어떤 사람을 만나 얘기하든, 어떤 문헌을 찾아 읽든 차별하지 않는다. 상류층이 많이 찾는 5번가의 성 패트릭 대성당이든 취약계층들이 많이 거주하는 사우스 브롱크스(South Bronx)의 길가에 있는 교회를 찾아가든 상관없다. 『신학 대전(Summa Theologica)』에서 발췌한 글을 인용해도 좋지만 멤피스시에서 마틴 루터 킹이 행한 마지막 연설의 한 대목이나 지하철 승강장에서 전도하는 사람과 나눈 대화를 글로 옮겨도 좋다. 기존의 현장학습 프로그램은 지역 내 유서 깊은 곳이나 계획에 맞게 잘 정비된 곳을 주로 방문하고, 학생들을 위해 마련된 강의를 수동적으로 듣는 데 그치곤 했다. 하지만 우리가 운영하는 프로젝트는 이와 다르다. 학생들은 스스로 질문을 만들고 그 질문에 대한 답을 찾기 위해 무엇을 해야 할지 결정해 특정 장소를 방문한다. 다양한 아이들이 섞여 있는 집단에서 학생들은 서로 다른 질문을 하고, 그들이 보고 들은 것에 대해 서로 다른 반응을 보이며, 여러 곳을 찾아가고 문헌을 읽고 인터뷰를 진행해 가면서 서로 다른 견해를 나누고 공유한다.

둘째, 프로젝트는 학생과 교사가 서로 또는 함께 배워 나가며 학교 공동체의 구성원이라는 의식을 공고히 하도록 만들어 준다. 프로젝트는 교사와 학생 모두가 2~3주간 함께 참여하는 여행이다. 이 여행을 통해 학생들은 흥미롭고 탐색할 가치가 있는 주제가 세상에 얼마나 많이 존재하는지 깨닫게 된다.

셋째, 프로젝트는 공동의 문제에 대처하는 색다른 방식을 보여 준다. 학생들은 자신의 관심과 흥미에 따라 프로젝트의 주제를 선택한다. 그러나 주제를 깊이 파고들수록 하위 주제, 세부 질문들은 점점 낯설고 어려워지는 경우가 많다. 모두에게 똑같이 생소한 주제는 기존에 습득한 지식에 크게 의존하지 않기 때문에 공평한 경쟁의 장을 만들 수 있다. 심지어 교사까지도 그렇다. 모든 사람이 초심자가 되고 전통적인 교과의 지식과 스킬은 모호해진다. 2008년 선거를 주제로 프로젝트를 진행했을 때다. 한 소그룹에서 '각 주의 정치적 입장을 좌우하는 것'을 조사하기로 하고 오바마(Obama)와 매케인(McCain)의 선거운동 조사를 과제로 기획했다. 그 결과 학교와 연계된 가정의 초청 형식으로 학생들과 교사가 오하이오주에서 2주간 머문 일도 있었다.

마지막으로 프로젝트는 교사와 학생이 협력하는 새로운 경험을 선사한다. 교사는 프로젝트 그룹 내 환경과 자원을 집중적으로 탐색해야 하며, 이로써 학생과 교사, 교사와 교사 간에 더욱 활발한 소통과 학습이 일어날 수 있다. 학교에서 쉽게 만나기 어려운 이들을 인터뷰하거나, 학교 밖에서 학생들과 새롭게 만나고, 정규 수업에서는 수용하기 어려운 아이디어를 과감히 시도해 본다. 이는 교사들이 색다른 환경에서 새로운 방식으로 학생들을 바라보게 하며, 새롭고 친밀한 관계를 형성하는 기반이 될 수 있다.

긍정적인 학교 문화를 형성하다

토론 중심의 수업과 교육과정, 그리고 수행기반평가 시스템은 학생의 주인 의식을 높이고 긍정적인 학교 문화를 형성할 수 있다. 토론을 통해 서로의 아이디어와 사고 방식에 친숙해진 학생들은 서로에게 더 편안함을 느낄 수 있기 때문이다. 한 베테랑 교사의 말이다.

> 토론은 개별 교실에 국한되지 않아요. 교실을 벗어나 학교 전체의 문화를 만들지요. 한 무리의 학생들이 복도에서 서성거리면서 상의하는 것이나 전체 구성원이 모인 회의에서 논의하는 것이나 모두 똑같은 종류의 가치 체계라고 할 수 있죠. 서로 다른 사람들이 서로 다른 관점에서 이야기하고 듣는 것, 그게 바로 토론이에요. 졸업식이 끝나고 학생들의 인터뷰를 들어 보면 흥미로운 사실을 알 수 있어요. 그들이 기억하는 건 특별한 수업 하나가 아니라 자신들이 다녔던 학교 전체의 문화에 관한 겁니다.

어번 아카데미 졸업생들이 학교에서 매년 진행하는 추수 감사절 포트럭 파티에 참여하러 오는 것은 의미 있는 일이다. 졸업생들은 음식과 경험을 가지고 와서 함께 나누며 공동체 의식을 강화하고 돈독한 관계를 맺는다. 참석자 중에는 심지어 15년 전에 졸업한 사람도 있다. 이들이 교직원들과 이야기를 나누는 모습은 그 자체로 학교 공동체가 표방하는 가치이자 관계 맺기다.

의식은 공동체 형성에 도움이 된다. 가장 좋은 의식은 개인과 공동체 모두를 동시에 축하하는 것이다. 어번 아카데미에서는 학생이 특정 수행평가를 마쳤을 때 학생의 멘토가 함께 학교 복도를 걸어 나와 벨을 울리고, 학생들 전체가 환호를 보내며 학생의 성취를 축하하고 격려한다. 이따금 평가가 길어져 학기가 공식적으로 종료된 후에야 마무리될 때가 있다. 그럴 때 학생들은 비록 적은 수라도 모두 모여서 똑같이 환호를 보내고 멘토가 걸어 나와 벨을 울려 주기를 기대한다. 누가 참석하든, 수가 많든 적든, 거기에는 학교 공동체 전체를 대표한다는 합의가 담겨 있다.

학교 공동체는 학교가 속한 더 큰 공동체와 의미 있는 관계를 맺음으로써 혜택을 공유한다. 어번 아카데미의 학생 자원 봉사자들은 외부의 지역사회에서 봉사 장소를 선택해 매주 3시간씩 참여하는데, 그곳에서는 그들이 학교의 대표다. 그리고 그들의 봉사에 대한 지역사회의 평가는 교사들의 현장 방문, 참여 학생 개인의 성찰로 이루어지며, 다른 학생들과 정기적으로 봉사 경험을 공유하는 것도 포함된다. 지역사회 봉사는 학생들의 시야를 넓혀 주며, 지역사회를 체험하고 구성원들과 관계를 맺고 책임을 완수하는 경험이 된다. 학교는 학생들을 더 큰 공동체라는 자원에 노출해 배움의 기회를 주고, 봉사를 통해 보답할 의무가 있다는 점을 강조한다. 이처럼 다양성에 대한 존중, 학생과 교사에 대한 높은 기대, 공동체의 중요성 등과 같이 경험 속에 반영된 아이디어와 실천은 표준화시험에 대한 의미 있는 대안을 만드는 데 핵심적인 역할을 한다.

더 넓은 세상으로 나아가다

컨소시엄 학교 학생들은 졸업할 무렵이면 대학 수준의 과제를 수행할 만한 학습스킬을 갖추게 된다. 그들은 자신이 유능하고 강력하며 대학 교육을 위한 지성과 준비를 갖추었다고 여긴다. 이런 점은 형평성의 구현에 중요한 요소가 된다.

마리아는 다양한 배경의 학생들이 섞여 있는 컨소시엄 학교를 졸업한 소수민족 출신 학생이다. 지금 다니는 대학은 상대적으로 소수민족 학생이 적다. 마리아에게 대학 생활과 학업에 잘 적응하고 있는지 묻자 그녀는 이렇게 대답했다.

> 내가 지금 다니는 대학교는 학생들 대부분이 백인이에요. 처음엔 무척 어색했어요. 나는 사회경제적 배경이 다양한 고등학교에서 여러 학생들과 어울려 지내면서 내 생각을 자유롭게 표현하고 다른 사람의 말을 듣는 데 익숙했거든요. 그러다 다양한 인종과 계층에 대해 탐구하는 동아리에 가입했고, 그 덕분에 수업에서 훨씬 자신감을 갖게 됐어요. 동아리 친구들과 함께 미국의 여러 지역을 방문했고 조지프 로슨(Joseph Lawson), 메리언 라이트 애덜먼(Marian Wright Edelman), 그리고 존 루이스(John Lewis) 같은 민권 운동 영웅들도 만날 수 있었죠. 덕분에 나는 확실한 정체성을 또 하나 갖게 됐어요.

토론 문화를 깊이 있게 경험한 컨소시엄 학교의 학생들이 토론 없이 수업이 진행되는 대학을 다니게 되면 어떻게 될까? 다음은 저스틴이 겪었던 적응 과정의 일부다.

어번 아카데미를 졸업하고 나는 어머니의 바람에 따라 기독교 학교로 진학했어요. 그곳에서는 대부분의 수업이 일방적 강의로 진행됐어요. 누구도 강의 시간에 질문을 하거나 더 자세한 설명을 요청하지 않았죠. 하지만 나는 강의 내용이 잘 이해되지 않을 땐 질문을 하거나, 양해를 구하고 좀 더 명확하게 설명해 달라고 요청하곤 했어요. 학생 사이의 토론을 주도해 보려고도 했지요. 이런 방식으로는 제대로 완벽하게 학습할 수 없다고 말하면서요. 학생들은 수업에 더 적극적으로 참여해야 한다고 생각했으니까요. 어번 아카데미에서처럼 수업이 끝난 뒤 교수님께 가서 주제에 관한 깊이 있는 토론을 요청한 적도 있어요. 여러 교수님께서는 이런 내 모습을 좋게 봐 주셨고, 토론과 질문 요청을 흔쾌히 받아들여 주셨어요.

소수민족 출신인 프레디는 어번 아카데미 이전까지 백인 학생들과 함께 어울려 공부한 적이 없었다. 졸업 후 그는 유명 사립대학에 진학했는데 학생들은 대부분 백인이있다. 덕분에 그는 다음과 같은 흥미로운 도전을 하게 되었다.

어번 아카데미에서 백인 친구들을 사귀긴 했지만 그들은 다양한 인종과 가정 환경으로 구성된 집단의 일부였어요. 그런데 대학에 오니 강의실이나 휴게실에서 저 혼자 유일한 소수민족일 경우가 많더군요. 게다가 이들은 내가 어번 아카데미에서 사귀던 백인 친구들과는 정말 달랐어요. 그나마 수업시간에는 괜찮았어요. 교재가 아무리 어려워도 마음만 먹으면 참여할 수 있었으니까요. 대학 생활이 좀 어색하고 낯설었지만 빨리 적응해야겠다고 생각했어요.

처음 선택한 전공은 의예과였어요. 의사들은 열심히 일하고 돈도 잘 번다고 생각했고 저는 과학을 좋아했거든요. 그래서 전공과 관련된 생명과학 수업을 신청해 수강했는데 갈수록 흥미가 반감됐어요. 처음에는 괜찮았는데 어느새 수업이 싫어지더군요. 이후 몇몇 친구들을 따라 에스파냐어를 전공해 보려고도 했어요. 쉽게 익힐 수 있을 것 같았거든요. 하지만 그건 착각이었어요.

그러던 중 누가 컴퓨터공학 수업을 추천해 주었어요. 첫 수업 내용은 꽤 어려웠지만 왠지 잘해 낼 수 있을 것 같았어요. 문제 해결 수업은 여러 사람이 팀을 이루어 진행되는 방식인데 정말 즐거웠어요. 어번 아카데미에서 공부하는 동안 나는 이런 방식으로 수많은 문제를 찾아내고 해결 방법을 모색하는 경험을 쌓아 왔으니까요. 게다가 컴퓨터공학 기술들은 경제성과 시장성이 높다는 점에서 매력이 느껴졌어요. 그래서 컴퓨터공학을 전공으로 선택하게 됐어요.

프레디의 이야기를 통해 우리는 의미 있는 지식을 추구하며 적극적인 학습자가 되는 것의 가치를 알 수 있다. 이것은 교육의 형평성과,

그 덕분에 어쩌면 가능할지도 모를 기회에 관한 이야기다. 평등하지 않고 어려운 환경에서도 학습을 이어 갈 수 있는 동기는 사회적 성공 같은 욕망보다는 개인의 흥미와 주인 의식이다.

교육의 형평성은 사회 전체의 형평성과 연결되는 문제다. 불평등은 심각한 결과를 초래한다. 표준화시험이 실패로 돌아갈 수밖에 없는 까닭은 학생들이 자신의 가치와 잠재력을 깨닫지 못하고 열등하다거나 기준에 미치지 못한다고 느끼게 만들기 때문이다. 불평등하다고 느끼는 사회에서는 개인이 잠재력을 발휘하기 어렵다. 보다 많은 학교가 이 점을 인식하고, 새로운 평가 방법, 즉 학생이 스스로 자신감과 유능감을 가질 수 있는 방법을 고민하기 바란다. 수행기반평가는 학생의 흥미와 관심을 교육과정의 일부로 받아들여 모두를 성공으로 이끄는 학습환경을 창출할 수 있다. 이는 교육의 형평성 구현에 필요한 초석이다.

제2원칙

조직 차원의 의미를 구축하라

핵심에 다가서게 되면 리더에게 있어 그다음 과제는 조직 내의 다른 사람들, 즉 학생과 학부모를 비롯한 공동체 내의 더 많은 사람을 더 큰 목표와 비전으로 이끄는 일이 될 것이다. 이 작업에서 가장 중요한 것은 사람들이 리더의 목표가 어떤 의미를 갖는지 파악하고, 자발적으로 참여하며 결속할 수 있어야 한다는 것이다. 나치 수용소에서 살아남은 신경과학자이자 정신과 의사인 빅토르 프랑클(Victor Frankl)은 모든 인간에게는 삶에서 의미를 찾으려는 기본적인 욕구가 있다고 단언한다. 진정한 리더는 구성원들이 삶의 의미를 찾도록 돕는다. 그렇게 함으로써 사람들은 리더의 목표에 의미를 부여하고 자신의 삶에 받아들여 일관성을 유지할 수 있다. 이렇게 목표의 의미를 확실히 이해하고 그 가치를 인정할 때 리더와 조직의 구성원들은 그 목표를 향해 힘들더라도 계속 나아가려는 마음을 가질 수 있다.

많은 교육 정책이 동기 부여 수단으로 두려움을 이용한다. 학생의 졸업을 막거나, 학교가 폐쇄된다거나 점수가 오르지 않는다면 교사나 교장이 해고될 것이라는 식의 두려움 말이다. 하지만 모든 이해관계자에게 동기를 부여하고 협력을 이끌어 내려면 두려움이나 성취도 지수를 넘어서는 그 이상의 것이 필요하다. 모든 이해관계자가 공통의 사명과 비전, 가치, 목표를 인정하고 수용하도록 만드는 것은 매우 중요하며 아무리 강조해도 지나치지 않다. 구성원의 마음과 에너지를 학교 개선이란 목표를 향해 모아내고 이끄는 일은 심오한 의미가 있다. 그러자면 학급이나 학교, 시스템 차원에서 신뢰와 존중을 바탕으로 리더들이 응집력 있는 환경을 반드시 구축할 필요가 있다. 공유된 의미 아래 초점을 두어 지속적으로 노력하지 않으면 명확성이 부족해 혼란이 발생할 것이고, 궁극적인 개선은 어려울 수밖에 없다.

리더들이 조직 차원의 의미 구축을 위해 동원할 만한 도구는 많다. 6장에서 앤 클라크(Ann Clark)는 샬롯-메클렌버그 학구에서 그들의 팀이 기울인 노력을 설명하면서 특히 시스템 전반의 모든 부분에 영향을 미칠 수 있었던 방법을 소개하고, 그러한 방법을 통해 도달할 수 있었던 변화와 성공에 대해서도 자세히 묘사하고 있다. 이 내용은 극빈층 거주 지역의 학교에서 흔히 나타나는 저조한 교육 성과 개선에 중요한 요소다. 이런 학교들은 교육 성과가 저조한 원인을 외부적인 제약 탓으로 돌리고 어쩔 수 없다고 합리화하는 경향이 있다. 교장이나 교감은 이런 학교에 부임하는 것을 마치 전쟁터에 나가는 것처럼 부담스럽게 여기곤 한다. 앤 클라크 팀은 이런 인식을 개선하는 데 힘썼고, 전문가로서 자부심과 영예를 느낄 수 있도록 이끌었다. 이는 변화의 의미를 분명히 하고 명확성을 구축한 결과로 볼 수 있다.

의미와 관련성은 이해관계자들을 조직 차원으로 깊숙이 이끌기 위해 반드시 고려해야 할 요소다. 교육과정과 평가 등 교수학습 전반에서 학습자의 참여와 동기를 이끌어내는 데 중요한 요소이기도 하다. 7장에서 앨리슨 즈무다(Allison Zmuda)는 맞춤형 학습(personalized learning)이라는 접근 방법을 소개한다. 이 방법은 학생들에게 의미 있고 관련성 높은 수업을 구성하는 프레임워크이자 앞에서 논의된 신경과학 연구 성과를 바탕으로 한다. 학생들은 개인화된 맞춤형 학습을 통해 의미를 발견하고, 사전 지식과 연결하며, 자신의 공부가 더 넓은 세상과 어떤 관련이 있는지를 이해할 수 있다. 8장에서는 데니스 리트키(Dennis Littky)의 이야기가 이어진다. 그는 학생들이 각자의 흥미를 탐색하고 실생활에서의 학습경험을 통해 열정을 키워 나갈 수 있도록 돕는 '빅픽처학교(Big Picture Schools)'라는 혁신적인 학교를 설립했다. 빅픽처학교는 '깊은 학습(deep learning)', 즉 미래를 대비하고 실질적 체험에 중점을 둔 학습으로 이동하는 데 효과적인 기반이 되고 있다. 9장에서 이중언어를 구사하는 과학 교사인 에스트렐라 올리바레스 오렐라나(Estrella Olivares-Orellana)는 학생들이 직면한 발달상의 어려움을 배려하고 이해하며, 의미 있는 학습 활동들을 개발했다. 그녀는 이중언어 구사자들을 포함한 교육과정 및 그들의 문화적 자원을 배려한 학급을 구상했으며, 영어학습자들(ELLs)과 관련된 구체적인 과학수업 사례를 제공한다.

필자들은 긍정적 차별로 모든 학생을 성공으로 이끈다는 목표를 각자의 방식대로 실천하고 있으며 이를 위한 새로운 패러다임을 활용한다. 그리고 학생이 핵심에 도달할 수 있도록 동기를 자극하고 관련성을 부여하며 개인적인 의미까지 확립하게 한다. 그 결과 소외된 학생들이 성공을 경험할 기회를 얻게 되었다.

저학력 학교에 최고의 인재를 배치한 샬롯-메클렌버그 학구

앤 블레이크니 클라크

샬롯-메클렌버그 학구가 자리한 곳은 은행업이 발달한 미국 남부 지역이다. 은행의 최고 경영자들은 성과가 부실한 지점을 개선하거나 폐쇄하기 위한 전략으로 최고의 인재를 해당 지점에 배치하곤 한다. 공교육에서는 은행만큼 직접적인 관리 전략을 쓰지 않지만, 샬롯-메클렌버그 학구에서는 이 전략을 충실히 적용하고 있다.

샬롯-메클렌버그 학구는 2008년에 개혁의 첫발을 내디뎠다. 학구 개혁 전략안에는 유능한 교장이 학교 전체를 이끌어 가게 하며, 모든 교실에 유능한 교사를 배치한다는 내용이 명시되었다. 첫 단계 목표는 학생들의 전체적인 성취도 개선과 성취도 격차 감소였다. 이를 위해 실력이 검증된 유능한 교장들을 선별하여 가장 성취도가 낮은 27개 학교에 집중해서 배치한다는 전략이 세워졌다. 교장들은 경험 많은 교사들과 문해력 지원강사, 보조 인력 등으로 전략지원팀을 구성했다. 이 방법의 핵심은 최저학력 학교에서 학생들을 가르칠 최고의 리더와 교사들을 선발한다는 전략에 있었다.

전략지원팀은 전국적으로 높은 관심을 불러일으켰다. 사람들은 가장 필요한 곳에 최고의 인재를 배치한 대담한 리더십을 높이 평가했다. 하지만 왜 학업에서 어려움을 겪는 학교에 최고의 인재를 배치하는 것이 일반적이고 당연한 교육 활동이 아니라 대담한 리더십으로 평가된 것일까?

나는 샬롯-메클렌버그 학구에서 최고위 직책의 관리자로 오랫동안 일해 온 사람으로서 이 문제에 진지하게 대응할 필요를 느꼈다. 학구의 몇몇 학교들은 만성적인 학습부진 상태에 빠져 있었다. 최고의 인재들이 이런 학교를 선택하지 않는 것은 당연했다. 더 이상 이 문제를 학교에만 맡겨 둘 수 없다고, 나는 거울 속에 비친 내 모습을 보면서 다시 한번 다짐했다. 이것이 바로 내가 기존의 관습을 따르지 않고 전략지원팀을 추진하게 된 동기였다.

그로부터 6년 뒤 샬롯-메클렌버그 학구의 여러 학교에서 읽기, 수학, 과학 부문의 학업성취도가 놀랄 만큼 향상되는 결과가 나왔다. 2011년에는 브로드상까지 수상했다. 이 글은 이처럼 놀라운 변화가 어떤 과정을 거쳐 일어났는지, 그리고 우리의 현재와 미래에 어떤 영향을 미칠 수 있는지에 관한 이야기다.

전략지원팀

전략지원팀을 구상하던 무렵 우리는 저학력 학교에 필요한 것들을 파악하기 위해 몇몇 학교의 교장과 교사들을 모아 인터뷰를 진행했다. 이들의 강력하고 분명한 요구는 학구의 전면적 개선에 필요한 전략을 수립하고 결정하는 데 큰 도움이 되었다. 이때 도출된 5가지의 중요 내용을 하나하나 소개하겠다.

첫째, 유능한 교사들이 현 근무지를 떠나 저학력 학교로 이동할 수 있으려면 교장의 역할이 아주 중요하다. 이것은 많은 교사들이 반복해서 강조한 내용이다. 실적이 검증된 유능한 교장의 존재와 역할이 결정적이라는 것이다. 교장은 학생들의 성취도를 높이는 데 필요한 학업적, 문화적 변화를 이끄는 리더로서 적절한 수위에서 압력과 지원을 균형 있게 행사해야 한다. 교사와 교직원을 이끌고 함께 나아가야 한다는 점도 중요하다. 교사와 교직원에게 산더미 같은 일을 던져 주고 내버려 둔 채 자기 혼자만 앞서가는 사람이어서는 안 된다. 리더로서 강력하고 단호한 리더십을 갖춰야 하는 것은 물론이고, 저학력 학교의 전면적인 변화와 개선을 위해서는 현실의 판도를 바꿀 수 있는 능력과 함께 강력한 대인 관계 스킬도 필요하다. 우리는 이를 통해 교장이라는 직책이 변화 전략에 얼마나 중대한 역할을 차지하는지 실감하게 되었다.

이에 따라 샬롯-메클렌버그 학구는 새롭게 교장 양성 프로그램을 마련하기로 했다. 전략지원팀을 구성하는 과정에서 불가피하게 발생한 결원 보강 방안이기도 했다. 우선 지역 내 대학 두 곳과 정식으로 협력 관계를 맺고 학구에서 우선적으로 추진하는 중요 사항 및 계획과 일치하는 프로그램을 설계하도록 했다. 해당 프로그램을 개발하고 운영할 실무진도 선정했다. 모든 과정이 제대로 수행되었는지 확인 점검하는 장치도 프로그램 내부에 적절히 마련했다.

학구와 대학 간의 특별한 협력 관계 덕분에 교장 양성 프로그램의 개발과 운영은 원활히 이루어질 수 있었다. 프로그램을 이수한 교장 후보자들은 리더로 성장할 만반의 준비를 갖추게 되었다. 현재 샬롯-메클렌버그 학구에서는 이 프로그램을 통해 교장이나 교감으로 현장 리더 역할을 수행할 인력을 매년 40여 명씩 배출하고 있다. 이것이 우리 학구가 유능한 교장들과 교사들을 더욱 적극적으로 최저 학력 학교들에 배치할 수 있었던 요인이다.

둘째, 교장을 도와 변화를 이끌고 지원할 팀 규모의 인력이 필요하다. 교장 혼자서 학교를 이끌어 가는 것은 힘든 일이다. 교사들 또한 마찬가지다. 어려움이 예상되는 근무지에 혼자 옮겨 가기보다는 효율적이고 원활하게 운영되는 집단의 일부로 편입되기를 선호한다. 힘든 근무지로 이동하는 교사에게 있어서 헌신적이고 사명감 넘치는 동료 교사들과 함께하는 것은 매우 강력한 동기가 된다. 교사가 가장 열정적으로 지도력을 발휘할 수 있는 것은 생각이 비슷한 동료 집단과 함께할 때다. 모든 아이에 대한 믿음을 갖고, 성취도 향상을 위해 열정적으로 노력하며 실제로 성과를 거두고, 학생의 개선을 위해 무슨 일이든 하려는 의지를 보이는 교사들 말이다.

이러한 의견에 따라 교장들은 어려움을 겪는 학교에서 개혁을 시도하는 데 동참할 교사들을 '팀'으로 채용했다. 각 팀은 해당 학교에서 최소 3년 이상 근무해야 하며, 보통 학생들이 1년 이상 걸려 도달하는 수준의 학업 성취를 1년 안에 보여 줄, 경험과 능력이 입증된 교사들로 구성했다. 이들은 학생에 대한 기대치가 높은 학교 문화 조성을 도울 것, 해당 학교에서 이미 재직 중인 교사들과 협력하며 그들의 변화를 촉진할 것, 그리고 모든 학생의 가능성을 믿는 교사로서 귀감이 되어 달라는 무언의 요청을 받았다.

셋째, 기존 인력 중 개혁을 지지하지 않는 사람들은 새로 들어오는 사람 수만큼 내보내도록 한다. 초기부터 변화를 힘 있게 추진하자면 변화를 거부하는 사람들이 물러나는 편이 낫다. 이에 따라 학교마다 사임, 은퇴, 전출 등의 방법으로 인력 조정이 이루어졌다. 수업 준비를 제대로 하지 않는 태도, 현실에 안주하며 무기력한 모습, 학생에 대한 기대치가 낮고 권위적인 태도 등은 '변화를 거부하는' 모습으로 규정되었다. 저학력 학교에서 학생들을 지도하는 것은 분명 쉽지 않은 일이다. 이런 어려움을 극복할 새로운 인재들을 받아들이려면 당면한 과제를 해결하려는 의지나 능력이 부족한 교사들을 내보내 균형을 맞출 필요가 있었다.

넷째, 학생의 학업 향상에 영향을 주는 시간, 인력, 자금, 자원의 배분과 사용에 대하여 교장이 제약 없이 자유롭고 유연하게 움직일 권한을 부여해야 한다. 이에 따라 새롭게 계약된 교장들은 학교에 적합한 맞춤형 변화 전략을 자율적으로 유연하게 구상하도록 보장받았다.

교사들은 교장의 자율성을 보장하면 교실까지 그러한 자율성이 전파될 것이라고 말했다. 그럼으로써 더 자율적이고 유연하게, 개별 아동의 필요에 맞는 혁신적이고 열정적이며 창의성 넘치는 수업을 할 것이라고 말이다. 이에 따라 학구에서는 교장의 자율성과 유연성 보장을 위해 인력 구성, 일정, 예산, 직원 교육 등 다양한 방안을 마련했다.

특히 해당 학교 교원들의 강점을 바탕으로 한 개선 방안은 효과가 탁월하다. 애슐리파크의 토냐 케일스(Tonya Kales) 교장은 한 팀의 교사들이 한 학년 학생 전체를 담당하는 가족형 모델을 만들었다. 학생들은 매일 전날의 교육 성과에 따라 각각의 모둠으로 배정되었다. 해당 학년에 속한 교사 모두가 담임교사로 인식되었고, 각 반의 담임교사가 누구냐는 중요하지 않았다. 이러한 가족형 모델을 통해 교사는 자신의 전문성을 한층 효과적으로 발휘할 수 있었고, 해당 학년의 교사 팀은 매주 모든 학생을 접했다. 교사의 성과와 성공은 해당 학년의 일부가 아니라 학생 전체의 성취도에 근거해서 평가했다.

데본셔 초등학교의 수잔 기메네즈(Suzanne Gimenez) 교장은 서부 개척 시절 마차 행렬에 착안하여 인력과 자원 배치 전략을 수립했다. 모든 마차가 궤도에서 이탈하지 않고 제대로 가는지 확인하려면 네다섯 대의 마차마다 숙련된 마부들을 배치해 정렬해야 한다. 리더는 규칙적으로 되돌아가면서 행렬을 크게 감싸듯 돌며 모두가 잘 따라오는지 점검해야 한다. 기메네즈 교장은 학년마다 매우 유능한 교사를 한 명씩 배치해 전체 교사 팀의 능력을 구축하는 데 도움을 주도록 했다. 매일 학년별로 회의를 개최했고 문해력 향상과 수학을 지원하는 교사들이 회의를 주도했다. 이 과정에서 기메네즈 교장은 몇몇 유능한 교사만으로 대규모 학교 전체의 변화를 이끌어 내는 데는 한계가 있으며, 학생에 대한 믿음과 개별화지도 역량을 키워야 할 필요를 느꼈다고 말했다.

다섯째, 합당한 보수를 지급할 수 있어야 한다. 나는 관리자들이 전략지원팀에 관해 의논하면서 종종 교장과 교사들의 보수를 중요하게 여기지 않는 식의 발언을 할 때마다 적잖이 놀라곤 했다. 전략지원팀에게 지급하는 보수에는 그들이 맡은 과제가 얼마나 힘든지 인정한다는 의미가 담겨 있는 것이다. 이에 따라 전략지원팀으로 선발된 교장과 교감에게는 기본급 외에 10퍼센트의 추가 수당을, 교사에게는 첫해에 1만 달러, 이후 매년 5천 달러의 성과급을 책정했다.

7개 학교의 전략지원팀 구성을 위한 첫 시도에서는 계약기간이 3년으로 설정되었다. 하지만 학교의 변화를 지속시키고 교수학습 역량을 꾸준히 발전시키려면 그 이상이 필요했다.

지속적인 변화 추진

이 모든 작업이 느리게, 점진적으로 진행되리라는 점은 처음부터 예상한 일이었다. 전략적인 인력 구성과 배치 계획 또한 처음 생각했던 개혁의 일부분일 뿐이다. 변화는 꾸준히 지속되어야 했다.

우리는 교장과 교사의 목소리에 더욱 주의 깊게 귀를 기울였고, 채용, 부임, 전출, 연수 등에서 필요한 변화와 개선 방안을 찾아나갈 수 있었다. 다음은 우리가 새롭게 배우게 된 교훈이다.

- 학교로 이동하는 시기는 새로운 학기 직전인 7월보다 이미 학기가 진행 중인 3월이 더 적절하다. 그 이유는 교사의 수업을 관찰하고, 지역사회와 관계를 맺고, 기존 데이터를 분석하고, 학교 문화를 경험하면서 더욱 충실한 준비를 할 수 있기 때문이다.
- 교장에게는 운영팀을 선발할 권한과 함께, 변화에 필요한 것들을 충족할 방법을 자율적으로 결정할 권한을 주어야 한다.
- 학생과 학교의 성취도를 높이려면 시간, 인력, 자금의 효율적 배분과 사용이 필요하다. 교육청에서 이것을 지원할 최고의 방법은 양질의 연수를 제공하는 것이다.
- 3년간의 계약기간 종료 후에도 이 업무를 계속 감당할 의향이 있는 교사들을 위해 보수 체계를 조정할 필요가 있다. 실제로 4년차와 5년차 교사들의 보수를 책정한 지 1년 만에 학생들의 성취도가 크게 향상되었는데, 이런 성과는 보통 그 이상의 시간이 필요한 일이다.
- 교육청에서 학교에 제공하는 지원은 긴급 구조대와 성격이 비슷하다. 교장이 도움을 청했을 때 교육청에서 취해야 할 대응은 마치 구급차가 긴급 출동할 때처럼 즉각적이고 신속하게 이루어져야 한다.

제2원칙. 조직 차원의 의미를 구축하라

꾸준한 개선을 지속한 결과 지금 샬롯-메클렌버그 학구는 높은 관심을 받고 있다. 타 지역 교장들로부터 어떻게 하면 저학력 학교에 배치될 수 있는지 문의가 이어질 정도다. 샬롯-메클렌버그 학구에서는 교장이나 교사가 저학력 학교에서 힘든 업무를 감당하는 것은 영광스러운 일이며 리더십과 능력을 발휘할 좋은 기회로 생각된다. 저학력 학교로 부임하는 일은 마치 '올해의 교장'으로 이름이 거론되는 것만큼 의미 있는 일이며 '전략지원팀 교장'이나 '전략지원팀 교사'라는 경력은 자부심을 준다. 이것이 현재 샬롯-메클렌버그 학구의 문화다.

학부모 및 학교 공동체의 협조

학구 내에서 가장 유능한 교장과 최고의 교사들을 저학력 학교에 배치하는 일은 학부모들의 원성을 부를 수 있다. 이런 반발을 우려하고 긴장했던 것도 사실이다. 그런데 예상과 달리 별다른 반발이 없었던 것은 훌륭한 교장들과 학부모, 학교 공동체의 협조 덕분이었다.

개혁을 준비하던 초기, 나는 몇몇 교장들에게 전략적 인력 배치 계획을 공개하면서 그들이 현재의 학교를 떠나 새로운 학교로 부임하는 문제에 대해 대화를 나눈 적이 있다. 그때 교장들은 제각기 자신들이 처한 학교 상황에 맞는 전출 전략을 내놓았다. 새로운 학교에서 맡게 될 힘든 과제에 대해서도 그들은 높은 수준의 주인 의식과 사명감을 갖고 있었다.

교장들은 학생이 받을 교육의 품질이 거주지에 따라 달라져서는 안 되며 그러한 문제를 해결하기 위해 헌신하려는 마음을 갖고 있었다. 어떤 교장은 교원 회의에 케이크를 들고 가서, 자신의 성공이 학교와 학구 전체의 성공이 될 수 있다는 믿음으로 저학력 학교를 지원했으며, 이는 그동안 이 학교 구성원들과 함께해 온 일에 대해 성과를 인정받은 결과이므로 축하해 달라고 말했다. 또 다른 학교의 교장은 새로 옮길 학교의 데이터를 모든 교사가 보는 화면에 띄워 놓았다. 그리고 그 학교를 이끌어 달라는 교육감의 요청을 수락하는 것은 자신의 도덕적 의무임을 밝혀 학교 공동체로부터 설득을 이끌어 냈다. 학부모와 교사 협의회에서는 자발적으로 새로운 학교를 공식 후원하게 되었고, 새로운 학교 학부모들의 참여를 이끌어 내는 일에도 지원을 아끼지 않았다.

　　지금까지 소개한 예들은 교장이 스스로 전출 필요성을 설득한 27곳의 사례 중 일부다. 교장들은 이처럼 대담한 리더십을 발휘해, 자신을 필요로 하는 새 학교로 전출하는 것은 비난이 아니라 지지받아야 할 일이라며 기존 학교의 학생과 교사와 학부모를 훌륭하게 설득했다. 최저 학력 학교에서 힘든 과제를 수행하는 것은 교육 전문가로서 명예로운 일이라고 말이다. 지금 샬롯-메클렌버그 학구의 모든 교장, 교사, 학부모, 학교 공동체는 도움이 필요한 곳에 최고의 인재를 배치하는 것이 당연하고 마땅한 일이라고 받아들이게 되었다. 이것이 바로 달라진 문화다.

앞으로의 과제

우리의 목표는 지금까지 해왔던 것처럼 모든 학생을 성공으로 이끌 수 있도록 헌신하는 것이다. 개혁이 실시된 27개 학교 대다수가 성취도를 두 자릿수까지 끌어올리는 데 성공했고, 그보다 더 높은 단계로 나아가려 노력하고 있다.

샬롯-메클렌버그 학구의 개혁을 이끈 가장 중요한 수단은 인적 자원이다. 이는 새로운 교육감의 선출과 함께 개편된 전략 방안에서도 그대로 유지되고 있다. 모든 학생을 성공으로 이끌 수 있도록 공평한 기회를 제공해야 한다는 원칙은 여전히 우리를 움직이게 하는 동력이 되고 있다. 개편된 전략 방안에 포함된 '전략지원팀 2.0' 구상은 첫 번째 시도에서 얻게 된 교훈을 반영하여 수정 보완된 것이다. 이를 통해 우리는 어려움을 겪는 학교들의 근본적인 원인을 더욱 철저히 분석하고, 더 효과적인 변화 전략을 기획할 시간을 보장하고, 학교의 전 직원이 전문성을 개발할 수 있도록 격려할 것이다.

앞으로 긴급히 해결해야 할 과제 중 하나로 성취도 격차 문제가 있다. 이를 해결하려면 가장 뒤처진 학생들이 유능한 교사들을 매일 접하도록 최대한 기회를 늘려 줄 필요가 있다. 현재 샬롯-메클렌버그 학구에서는 도움이 가장 절실한 학생늘에게 가상 유능한 교사를 배지하는 수업을 시도 중이다. 장기적으로는 모든 학급에 빠짐없이 유능한 교사를 배치하겠다는 전략도 세우고 있다. 최고의 교사가 더 많은 학생을 가르치고, 동료 교사들의 능력을 키우며, 교사들의 리더로 성장하는 것, 그리고 그들이 새롭게 확장된 역할에 대해 적절한 보상을 받으면서 교실에 남도록 하는 새로운 리더십 역할이 만들어지고 있다.

샬롯-메클렌버그 학구는 도움이 필요한 학교에 가장 유능한 교장과 교사를 배치하는 대담한 리더십을 발휘했다. 그랬던 것이 지금은 가장 유능한 교장과 교사가 자신들의 도움이 필요한 어려운 과제를 스스로 찾아 나서는 학구로 변모했다. 앞으로 우리는 최저 학력 학교들의 발전을 겨냥한 다음 단계의 전략을 꾸준히 개발해 나갈 것이다.

7장 ——————— 맞춤형 학습기반 설계

명확성, 맥락, 문화, 자본으로 살펴본 변화 프레임워크

앨리슨 즈무다

모든 학교는 학생들이 최상의 능력을 발휘하도록 격려하는 문화를 만들기 위해 꾸준히 노력한다. 자원과 인력 구성, 리더의 과제가 무엇이든 말이다. 그런데 어떤 학생에게 적절한 과제가 다른 학생에게는 적절하지 않을 수 있다는 점은 이미 모든 교육자가 아는 사실이다. 과제에 대한 학생의 관련성이나 사전 지식, 학습준비도, 사고관점 등 학생 개개인이 과제를 수용하고 적응하며 실행할 때 더 잘하고 못하는 이유에 관여하는 요인은 여러 가지다. 취약계층 학생들은 생존을 위한 실실적 과제, 즉 가속의 부양이나 당장 필요한 생필품, 질병 등 눈앞의 복잡한 문제를 처리하고 세상에서 살아남는 일에 몰두하느라 학업을 자기 삶과 동떨어진 것으로 생각한다. 그리고 어쩌면 그 생각은 맞을지도 모른다.

이 장은 맞춤형 학습(personalized learning), 즉 성취도 향상에 관여하는 동반자로서 교사와 학생이 협력하는 학습으로 구조를 바꾸는 데 초점을 두고 있다. 맞춤형 학습의 기원은 19세기 달톤 플랜(Dalton Plan)에서 찾아볼 수 있다. 달톤 플랜은 학생 개개인의 필요와 흥미, 능력에 맞게 교육과정을 구성하고, 개인의 독립성과 신뢰도를 높이며, 사회성과 타인에 대한 책임 의식을 높이는 데 목표를 둔다. 이러한 특성은 현대의 교실에도 상당히 남아 있는데 이를테면 다음과 같은 것들이다.

- 수업의 주체는 학생이며 교사는 코치 또는 조언자다.
- 학습은 근본적으로 여러 학문 분야를 넘나드는 것이다.
- 학습은 실제적이며 의미 있는 문제의 해결, 그리고 더 넓은 세상에서 중요한 아이디어를 탐구하는 기초가 된다.

오늘날 과학 기술의 발달로 많은 것들이 가능해졌는데도 위와 같은 아이디어를 학교에서 실현하는 문제는 여전히 골치 아픈 일로 남아 있다. 왜냐하면 학교의 근본적인 설계를 변화시키고 학교를 재창조하는 문제와 관련되기 때문이다. 헌신적이고 지적이며 학생에 관심이 많은, 또한 학생을 위해 도전을 마다하지 않는 교육자들은 교육의 존재 의미를 사회적으로 심화시켜 왔다.

다음은 진보주의 교육자 존 듀이의 말이다(Dewey, 1907).

훌륭하고 현명한 부모가 자기 아이를 위해 바라는 것, 바로 그것이 공동체가 공동체 내의 모든 아이들을 위해 바라는 것이어야 한다. 그 외의 다른 이상은 편협할뿐더러 그다지 매력적이지 않다. 만약 그런 것들이 학교에 영향력을 발휘하면 민주주의는 무너지고 말 것이다. 사회가 세상을 위해 성취한 모든 것은 학교라는 기관을 통해 미래 사회 구성원들이 원하는 바에 따라 판단하고 사용할 수 있어야 한다(p. 19).

교육자로서 우리는 어쩌면 서로 모순되게 보이는 다음 목표들을 학교 문화의 일부로 만들 방법을 생각해 봐야 한다.

- 재능 있는 학습자와 어려움을 겪는 학습자 모두가 같은 교실에서 학습하도록 격려한다.
- 과중한 업무량을 잘 관리하고 교육자로서 개별 학생들과 관계를 맺을 시간을 확보한다.
- 교실에서 지켜야 할 절차 및 기대하는 행동을 규칙화하되, 그 과정에서 발생하는 혼란을 감안하고 수용한다.
- 기억을 되살려 처리하는 간단한 과제와 수많은 방법을 동원해야 하는 복삽한 과제를 함께 제공한다.

이 장에서는 "왜 지금 교육의 형평성에 대한 논의를 해야 하는가?"라는 질문에 대한 답을 제시하려고 한다. 우선 결정적인 전환점인 인구통계학적 변화와 경제 구조적 변화를 언급할 것이다. 그리고 맞춤형 학습을 설계하는 데 필요한 4가지 요소로 명확성, 맥락, 문화, 자본에 대해 집중적으로 다루려고 한다.

맞춤형 학습을 활성화하려면 먼저 학교를 바라보는 교육 관계자들의 관점을 근본적으로 바꿀 필요가 있다. 즉 학교가 학생들에게 뭔가 해 주는 곳이라는 관점을 버리고, 학생의 동반자로서 공동의 목표를 위해 협력하는 공간이라는 관점을 취해야 한다.

결정적 전환점

표준화된 데이터 중심 시험 일색에 실수와 위험은 회피하려는 학교라는 세상이 바뀌어야 할 이유는 무엇인가? 그것은 바로 2개의 티핑 포인트(tipping point, 오랫동안 축적된 요인들이 폭발적인 변화를 일으키기 직전인 상태–옮긴이), 즉 학교에 직접적인 영향을 미치기 시작하며 이미 현실에 가깝게 되어 버린 전환점에 도달했기 때문이다.

▋ 인구통계학적 변화

인구 조사 결과에 따르면 미국의 인구 다양성은 점점 더 심화되고 있다. 30년쯤 후면 소수계 인종들로 구성된 새로운 집단이 미국 인구의 절대다수가 될 것이다. 이러한 동향은 미국 전역의 모든 주에 걸쳐 나타나고 있으며 학교 또한 비슷하다.

다음은 공교육 센터에서 보고한 내용이다(2012).

- 모든 라틴아메리카계 인구 중 3분의 1 이상이 18세 미만이다.
- 인구통계조사국(PRB)의 2005년도 수치를 인용한 추정에 따르면 5세 미만 아동 중 약 45퍼센트가 소수민족에 해당한다.
- 2008년 기준 5~17세의 아동·청소년 수는 약 4,930만 명이며, 이들 중 10퍼센트, 즉 10명 중 1명은 사립학교에 다닌다. 이 비율은 1970년대 이후 꽤 일관성 있게 유지되고 있다.
- 2000년부터 2008년까지 1~12학년에 등록한 학생 수를 살펴보면 13개 주는 증가, 37개 주는 감소로 나타났다. 단 통계적으로 유의미한 감소는 16개 주뿐이다.
- 2010년 기준 18세 미만 아동의 21.6퍼센트는 빈곤층으로 파악된다.
- 미혼모의 출산율은 1990년에는 26.6퍼센트였으나 2008년에는 40.6퍼센트로 거의 2배 가까이 증가했다.
- 2009년 기준 미국에서 부모 중 한 사람 이상이 외국인인 학생의 비율은 23퍼센트다. 이들 중 5퍼센트는 학생 자신도 외국에서 태어났다.
- 2009년도 통계에서 부모 중 한 사람 이상이 외국 출신이고 본인도 외국에서 태어난 학생들의 경우, 53퍼센트가 라틴아메리카, 27퍼센트는 아시아, 13퍼센트는 유럽, 7퍼센트는 다른 지역에서 태어났다.

- 5세 이상의 미국 인구 중 약 20퍼센트는 집에서 영어가 아닌 다른 언어를 사용한다.

누군가의 말처럼 "인종과 계층이 운명을 결정할 필요가 없다면, 그리고 학교나 대학의 결정 요인에서 완전히 사라진다면" 눈앞의 아이들이 가진 고유의 재능과 소질, 열정을 충분히 포용하게 될 것이다. 모든 아이가 잠재력을 실현할 수 있는 질 높은 교육을 제공하는 것은 공교육이 시작된 이래 교육의 중요한 과제였다. 학급 내 다양성이 점점 증가하는 가운데 맞춤형 학습의 중요성 또한 커졌으므로 학습의 틀도 이에 맞게 이동해야 했다. 테드 사이저(Ted Sizer)는 맞춤형 학습이 학생들의 재능을 활용하고 예측 불가능한 세상에 대비하는 데 도움이 된다고 주장했다(1999).

> 사회를 풍요롭게 하고 급변하는 문화와 경제 속에서 잘 생존할 수 있는 실질적인 내용과 능력들을 갖추는 데 필요한 지적인 습관과 도구들이 있다. 그것들에 대하여 우리는 최선의 방식으로 아이들을 끊임없이 유인할 필요가 있고 실행도 가능하다. 다만 전통적인 방식과는 달라야 한다(p.11).

지금은 피부색이나 언어, 거주지를 뛰어넘어 모두가 가치 있고 학습 역량을 갖춘 구성원이라는 사실을 인정하고 다면적인 교육을 설계해야 할 때다.

▌세계 경제의 변화

학생들이 대학과 직업을 준비하고 세계 시장으로 나아가려면 사고력, 문제 해결 능력, 창의적인 상상력, 그리고 새로운 지식을 창출하고 사용하기 위한 협업이 필요하다. 마이클 풀란(Michael Fullan)과 마리아 랭워디(Maria Langworthy)는 다음과 같이 단언한다(2014).

> 지난 세기 동안 졸업을 앞둔 학생들에게 사회가 기대한 것은 지시대로 수행하는 스킬을 훌륭히 습득했는가였다. 하지만 오늘날의 학생들은 직업을 갖고 더 넓은 세상으로 진입함과 동시에, 지시받지 않았지만 더 어렵고 복잡한 일들을 해내야 한다는 사회적 기대에 맞닥뜨리게 되었다(p.35).

도심지의 여러 공립학교 중에는 제한된 자원과 경험이 부족한 교사들만으로 시험을 치르고 있는 학교가 여전히 많다. 이런 학교에서 학습에 어려움을 겪는 학생들이라면 교육에 대해 편협하고 패배적인 사고방식을 가질 가능성이 높다(Hudley, 2013). '미국 교육 및 국가안보에 대한 특별 보고서'에서는 다음과 같이 말하고 있다(Klein, Rice, & Levy, 2012)

- 학생 가운데 25퍼센트가량은 고등학교를 3년 안에 졸업하지 못한다. 특히 아프리카계, 라틴아메리카계 학생들의 40퍼센트 정도가 이런 경우에 속한다.

- 윤리 교과에서 국가성취도평가의 '능숙' 등급 이상을 받은 학생은 전체 학생 중 4분의 1에 불과하다.
- 미국은 이민자의 나라임에도 10명 중 8명은 영어로만 의사소통하며, 외국어를 가르치는 학교는 감소 추세다.
- 한 비영리 기관(ACT)의 보고서에 따르면 미국의 고등학생 중 핵심 교과 모두에서 대학에 진학할 만한 기준을 충족한 것은 22퍼센트뿐이다. 특히 아프리카계, 라틴아메리카계 학생들은 이보다 훨씬 더 낮은 비율이다.
- 또 다른 비영리 기관(The College Board)의 발표에 의하면 대학 진학을 목표로 하는 고교 졸업반 학생 중 43퍼센트만이 요구 기준을 충족했다. 이는 훗날 대학에 진학하고 나서도 보충과정을 들어야 하는 학생들이 더 많다는 의미다.

우수한 교육의 시작과 끝을 단지 '시험에 통과하는 것'이라고만 규정하는 것은 학생들을 실패로 이끄는 길이나 다를 바 없다. 대학이든 직업이든 학생과의 관련성, 즉 학생 개개인의 경험, 다양한 주제, 세상을 보는 관점의 다양성 등이 함께 반영되어야 학업과 삶에 대해 제대로 대비할 수 있다. 우리가 가르치는 내용, 제시하는 과제, 읽게 하는 텍스트 모두가 학생들을 창의적이고 생산적이며 공감 능력이 높은 학습자, 세계 시민으로서 독립적이고 자기 주도적인 학습자로 키워 내는 데 도움이 될 것이다.

명확성, 맥락, 문화, 자본

'맞춤형 학습'이라고 하면 여전히 이상적인 용어일 뿐이라고 생각하는 경우가 있다. 이런 생각을 넘어서기 위해 맞춤형 학습을 구성하는 각 요소를 좀 더 상세히 설명하겠다. 성찰적인 질문과 핵심 아이디어를 제시하고, 맞춤형 학습이 교실에서 어떤 의미를 갖는지 심층 탐구를 진행할 것이다.

다음은 맞춤형 학습이 학급 내 교수법과 리더십 구조를 어떻게 바꾸는지 간략히 보여 준다(표 7.1). 구성 요소를 하나씩 훑어보면서 학습자로서 학생 및 우리 자신을 어떻게 대하는지 파악해 보자.

표 7.1 맞춤형 학습이 교수법과 리더십에 가져오는 변화

구성 요소	변화 전	변화 후
명확성	개별 정보와 스킬에만 집중함	학습의 필요성, 당면 과제 및 문제와 학습의 관련성, 학습목표와의 관련성을 명확히 함
맥락	배운 것을 기억하는지 확인하기 위한, 단순 반복적이며 서로 관련성이 없는 과제 및 평가	주제의 현실 관련성을 실제적이고 의미 있는 작업을 통해 공부하는 과제 및 평가
문화	시험 점수와 성적에 따라 학생들을 분류하는 문화	학생을 이해하고 그들의 소리에 귀를 기울이며 지원하는 공평하고 공정한 문화
자본	위험을 감수하고 자신의 교육 활동을 성장시키기 꺼리는 교사	사회적 자본을 활용, 교육 활동을 집단적으로 개선하려 노력하는 교사

생각해 보라. 목표에 명확성이 있는가? 그 목표는 가치 있는 것이라고 믿는가? 목표를 설계하고 실행하며 평가해 줄 만한 좋은 협력자가 있는가? 교육 활동을 개선할 기회가 있는가?

▌명확성

【 성찰적인 질문 】 나의 목표는 무엇인가?

【 핵심 아이디어 】 학생들이 이해하기 쉬운 말로 학습목표를 명시한다.

- 장기 목표: 교실의 학습자들을 통합할 수 있는 것
- 단기 목표: 각 학생의 근접발달영역(ZPD, 타인의 도움 없이 스스로 문제를 해결할 수 있는 수준과 외부의 도움을 받아 해결할 수 있는 수준 사이의 이론적 영역–옮긴이) 안에 있는 것

【 심층 탐구 】 학교 교육 전반에 걸쳐 과제와 경험을 구성하자면 학습의 우선순위나 목표에 대한 합의가 이루어져야 한다. 특정 주제를 탐구하거나 문제를 식별하고 조사할 수 있는, 그리고 개발과 표현이 가능한 지식, 스킬, 적성, 태도를 포함하도록 한다. 참고로 국가나 주에서 제시하는 기준 또한 목표의 명확성을 확보하기 위해 여러 차례 개정을 거치고 있다. 다음 예를 참고하라.

> 복잡한 아이디어와 정보를 명확히 전달하기 위하여 내용을 효과적으로 선택, 구성, 분석해서 정보를 전달하는 글이나 설명하는 글을 쓴다.
>
> _ 쓰기 영역의 공통핵심교육기준(CCAS)

디지털 도구를 이용해서 정보를 모으고 평가하고 사용한다. (a)탐구에 지침이 될 전략을 계획하고 (b)다양한 출처 및 매체에서 정보를 찾아내고, 구성하고, 분석하고, 평가하고, 종합하고, 윤리적으로 사용하며 (c)정보의 출처 및 디지털 도구를 평가, 선택하며 (d)데이터를 가공하고 결과를 보고한다.

_ 국제교육기술협회(ISTE) 기준

최상의 해법을 선택하는 과정을 철저히 수행하고, 최종 설계를 최적화하기 위해 문제를 더 정확하게 정의한다.

_ 공학에 대한 차세대 과학기준(NGSS)

위에서 보았듯이 학습경험의 기반을 더 큰 학습목표에 두게 되면 내용과 방법의 선택 폭이 확대될 수 있다. 즉 학습을 위해 구체적인 주제와 내용을 정할 때 학습목표는 학생 개개인의 학습 경로에서 북극성 같은 역할을 하는 것이다. 현 시대의 과제는 국가, 주, 지역별 성취기준을 정교화하는 데 그치지 않는다. 그보다는 학생들을 위해 의미 있고 개인화된 학습경험을 만들어 낼 수 있도록 그 기준을 이용하는 방식이 더 중요하다.

그렇다면 학급이나 학교, 학구에서 학습목표를 명확히 하기 위해 어떤 방법을 사용할 수 있을까? 제이 맥타이(Jay McTighe)와 그랜트 위긴스(Grant Wiggins)는 '전이 목표(transfer goals)'라는 개념을 제안하는데 이것은 학교 안팎에서 새로운 문제에 직면했을 때 학생들이 배운 지식을 다른 상황에 적용하고 활용할 수 있기를 바라는 것들이다(2012, p.4). 다음은 몇몇 교과의 특정 단원에서 학생들에게 제시할 만한 전이 목표의 예들로, 장기적 학습목표와 관련되면서도 단기적으로 성과를 낼 수 있는 것들이다.

수학 교과

[장기적 학습목표] 수학적 추론, 도구, 전략적 사고를 이용하여, 해법이 불분명한 문제를 포함한 실용적, 이론적 문제를 해결한다.

[단기적 목표]

- 비례를 이용해 문제를 풀 수 있다.
- 단위당 가격을 계산해 낼 수 있다.

역사 교과

[장기적 학습목표] 과거의 교훈, 즉 역사적 패턴을 다른 역사적 사건이나 현재의 사건과 쟁점들을 이해하는 데 적용하고, 미래를 예상하여 그에 대비한다. 학생들은 프랑스 인권 선언과 미국 독립 선언, 권리 장전 및 세계 인권 선언에 대한 지식과 경험을 바탕으로 아프가니스탄이나 이라크를 위한 '권리 선언'을 만들 수 있다.

[단기적 목표]

- 문서의 핵심 아이디어와 문구를 사용하여 이 내용이 시간과 공간을 초월하여 받아들여지는 이유를 설명할 수 있다.
- 고유한 문화, 불안정한 평화, 자유의 필요성을 균형 있게 고려하여

제2원칙. 조직 차원의 의미를 구축하라

사람들을 결속하는 일련의 권리를 제시할 수 있다.

• 뿌리 깊은 갈등과 전통에 대한 지식을 근거로 왜 이것이 통합적인 합의인지 명확하게 표현할 수 있다.

외국어 교과

[장기적 학습목표] 다양한 상황에서 문화적 맥락을 고려하여 해당 언어로 효과적인 의사소통을 한다. 이 단원에서 학생들은 해당 언어로 좋은 식당에 대한 안내를 받을 수 있다.

[단기적 목표]

• 현지 및 지역 문화에 대한 지식을 바탕으로 나의 음식 취향을 설명할 수 있다. 예를 들면 매운 정도나 희망 가격, 식사 환경 같은 것들이 있다.

• 안내 설명을 듣고 다시 요약해서 정확한지 확인할 수 있다.

• 대화 내내 적절한 예절을 갖출 수 있다.

우리는 목표의 명확성을 위해 교과별 표준과 일치하는 목표를 명시하고, 전문적이지 않은 일상적 용어를 사용해 표현한다. 교사들뿐만 아니라 학생들도 교과의 목표를 명확하게 이해하고 세부 내용의 수준이나 목표에 대해서도 깊이 있게 알아야 하기 때문이다. 이러한 작업은 학교 내 소규모 그룹 단위로도 진행될 수 있다. 교직원들은 전문성을 키워 초안을 만들고 제안할 수 있고, 수정 보완도 가능하다.

▍맥락

【 성찰적인 질문 】 나는 왜 관심을 가져야 하는가?

【 핵심 아이디어 】

- 의미 있는 과제는 일상의 상황에서 발생하는 복잡한 문제나 어려움, 경험에서 나온다.
- 학생들은 과제를 구성하고 진전을 평가하는 역할을 수행한다.

【 심층 탐구 】 맥락을 만드는 것, 즉 그것이 왜 중요한지, 나와 어떻게 관련되는지 등을 명확히 이해한다는 것은 어떤 과제가 전체적인 목표와 어떻게 연결되는지 드러내는 일이다. 2007년에 <에듀토피아>는 혁신적인 교실 활동에 대한 문헌 검토를 의뢰한 바 있다. 다음 내용은 린다 달링 해먼드(Linda Darling Hammond)와 브리짓 배런(Brigid Barron)의 검토에서 나온 주요 연구 결과다(Chen, 2012).

- 학생들은 교실에서 얻은 지식을 현실 세계의 문제에 적용할 수 있을 때, 그리고 꾸준한 참여와 협력이 필요한 프로젝트에 참여할 때 더 깊게 학습한다.
- 학생들이 직접적으로 참여하고 토론하며 문제를 해결하는 능동적 학습활동은 학생의 배경과 이전의 성취도 같은 다른 어떤 변수보다 학생의 성과에 큰 영향을 미친다.
- 학생들은 학습 내용 외에 학습 방법까지 배울 때 가장 성공적으로 학습한다(p. 37).

제2원칙. 조직 차원의 의미를 구축하라

맥락은 학생들이 문제에 참여할 때 필수적으로 고려해야 할 요소다. 즉 아이디어를 이해하고, 막힘이 있더라도 끈기 있게 대처하고, 세부 사항을 점검하고, 시간이 경과함에 따라 어떻게 진전되는지 살펴보기 위해 꼭 필요한 것이다. 앞에서 언급했지만 현실 세계의 문제를 설계하려면 학생들을 이해하고 그들을 협력자로 대할 필요가 있다.

설계라는 관점에서 볼 때 우리의 과제는 가르치는 내용과 학생 모두에게 관련되는 아이디어를 찾는 일이다. 다음 사례는 교사가 구상하고 학생들이 구체화한 아이디어들이다.

> 장기간 지속되는 이상고온 현상인 열파(heat wave)로 인해 미국에서는 해마다 많은 사망자가 발생하고 있다. 필라델피아시에서는 1993년 한 해 동안 118명의 사망자가 나왔고, 2011년에는 5일간의 무더위로 18명이 사망했다. 이러한 수치는 가족과 지인들의 건강을 염려하는 많은 사람들과 관련되는 데이터다. 이에 대수학 II에서 얻은 지식을 바탕으로 앞으로 다가올 열파의 강도와 빈도를 예측해 보고, 그 분석을 이용해 ○○○○년 여름에 예상되는 문제와 현 지역에서 피난할 수 있는 곳들을 지도로 작성하고자 한다.
>
> _ 필라델피아시 소재 고등학교의 대수학 II 사례

지역 내 특정 장소의 예술적 미감과 활력에 기여할 수 있는 아이디어 개발과 실행을 위해 협력하기로 한다. 이를 위해 지역 내 몇몇 구역을 조사하여 현 상태를 판단하고, 그 공간을 사용하는 사람들을 인터뷰해 주요 관심사와 의견을 청취한다. 이 과제에는 프로젝트를 제안하고 승인받는 일, 실천 계획을 개발하는 일, 과제를 완수하는 일까지 포함된다. 예를 들면 공용 공간 청소하기, 커뮤니티 정원 만들기, 지역사회의 관심사와 관련된 건강 정보 제공하기 등이 있다.

_ 코네티컷주 하트퍼드시의 범교과적 사례

친한 친구, 형제, 부모, 조부모 등 주위 지인과 의견이 달랐던 경험, 말다툼을 했거나 싸운 경험을 떠올린다. 그런 다음 왜 그런 일이 벌어졌는지, 그리고 어떻게 해결되었는지 설명한다. 또한 그 일로 인해 관계가 달라졌는지, 자신이나 다른 사람 혹은 일반적인 사람들에 대해 알게 된 교훈은 무엇인지 생각해 본다.

_ 텍사스주 캐롤톤-파머스 독립 학구의 3~5학년 언어과 과제

『로지의 산책(Rosie's Walk)』을 읽은 다음 학생들을 소규모 집단으로 나누어 무작위로 학교 내 곳곳에 배치한다. 학생들의 임무는 위치와 관련된 단어를 사용해 교실에서 그 장소까지 가는 방법을 설명하는 것이다. 녹음하거나, 각각의 단계를 글로 쓰거나, 그림을 그려도 된다. 이것은 학생들에게 또 다른 학생 집단을 대상으로 길을 설명하는 과제가 되고, 그들이 원하는 장소에 도착했는지 알아본 뒤 자신의 설명을 수정하게 만든다. 그런 다음 성인들에게도 같은 방식으로 설명하게 하고, 성인들이 원하는 장소에 도착하는지 알아본 후 필요할 경우 적절히 수정하게 한다(똑같은 방식의 설명이라도 대상이 성인

제2원칙. 조직 차원의 의미를 구축하라

이냐, 5~6세냐에 따라 달라질 필요가 있다).

각각의 사례에서 학생들은 과제에 접근하는 방식을 선택하고, 계획을 세우고, 접근법을 구상하며, 피드백을 기초로 변경하거나 수정할 수 있다. 이 사례들은 모두 21세기 스킬과 일치할 뿐만 아니라 주(州) 및 국가 차원의 표준과도 통한다. 중요한 것은 이 사례들 하나하나가 학생들에게 중요한 관심사, 즉 가족과 지인을 위한 행동, 지역사회를 위한 봉사, 견해 차이에 대한 이해, 올바른 길찾기 등을 반영한다는 점이다.

다음은 교과를 중심으로 한 해 동안 학습의 틀을 구성하게 될 반복적 과제 및 학생 중심적인 프로그램을 구상해 본 것이다.

- 언어 교과: 내가 옳다는 것 또는 다른 사람이 틀리다는 것을 어떻게 증명할까? 논리, 편견, 문화적 영향력, 경험 또는 증거에 기초하여 논쟁의 근거를 준비하고, 이를 통해 자신의 주장을 정당화하거나 다른 사람의 주장을 논파(論破)한다. (예: 수업시간에 읽는 책에 대해 학생들은 발언권을 가질 수 있는가? 피츠버그 스틸러스는 북아메리기 미식축구 프로리그(NFL) 최고의 팀일까? 안락사는 합법화해야 하는가? 테러 행위는 종식될 수 있을까?)
- 과학 교과: 궁금한 주제에 관해 다음과 같은 질문을 제기할 수 있다. (예: 바닷물은 왜 짤까? 달은 왜 모양이 변할까? 설탕은 왜 건

강에 나쁜가?) 그런 다음 학생들은 수 개월 뒤에도 여전히 흥미로운 질문을 탐구 과제로 선택하고 답을 조사하는 활동을 한다.

- 역사 및 사회 교과: 학생들은 갈등이 벌어지는 장소, 시대, 경험들을 특정한 질문을 렌즈로 삼아 한 학기, 또는 유치원에서 고교까지 학업기간 내내 연구할 수 있다. (예: 사람들은 무엇 때문에 싸울까? 그것은 언제 정당화될 수 있는가? 어떻게 하면 사람들이 다시 화해할 수 있을까?)

위에서 살펴본 것처럼 학생들은 스스로 탐구할 내용이나 질문을 탐색하고 아이디어를 개발할 수 있다. 단, 이 모든 것은 주와 국가 표준에 일치해야 함을 염두에 두어야 한다. 학생들과 협력하는 또 다른 방법은 지역사회에 도움이 되는 조사나 공연, 디자인을 활용하는 것이다. 예를 들면 다음과 같은 활동이 가능하다.

- 유전이나 환경에 의한 특정 질병의 확산을 조사해서 질병을 막거나 예방하기 위해 할 수 있는 일을 찾아본다.
- 특정한 사건이나 일련의 사건, 또는 인생에서 중대한 일에 대한 비용을 추정해 본다. 예를 들어 베트남 전쟁, 십 대의 임신, NASA 프로그램, 5천 달러의 신용카드 빚을 갚는 데 필요한 실제 비용 등이 있다.
- 예술 작품이나 시, 편지, 찬양 연설, 추도사 등 다양한 형식으로 개인적인 영웅 혹은 상상 속의 인물에 대한 찬사를 표현한다.

- 기숙사 방이나 교실, 거실 같은 공간에 어울릴 만한 좀 더 나은 가구를 디자인한다.
- 전쟁이나 자연 재해로 황폐화된 지역의 상황을 조사하고 구호 노력이 효과적인지 판단해 본다. 그리고 의사소통이나 모금 등 지원을 제공하는 행동을 실행해 본다.

이런 과제를 설계하는 목적은 학생들이 어떻게 과제에 접근하는지, 위험을 감수하는 데 얼마나 적극적인지, 또 다른 사람들을 어떻게 격려할 수 있는지에 대한 통찰을 얻기 위해서다. 아울러 이 과제들은 학습의 본질을 일깨울 수 있다. 학습은 흥미진진하며 학생에게 실제로 영향을 주고 그들의 흥미와 관심을 반영해야 한다.

과제를 설계하는 것 외에도 교사와 학생이 진척 정도를 집단적으로 평가할 방법에 대해 고려할 필요가 있다. 평가 도구를 만들기 위해 우리는 우수함이란 어떤 것인지에 대한 핵심 기준을 파악하고, 그것을 이해하기 쉬운 설명으로 표현할 방법을 논의해 왔다. 여기서 구체적인 사례 두 가지를 제시하겠다. 첫 번째는 버지니아주 뉴포트뉴스 공립학구의 사례다(**도표 7.1**). 수학 수업 전문가와 교사들이 퍼즐을 이용해 2~5학년용 수학의 문제 해결 영역 채점기준표를 작성했다. 두 번째는 코네티컷주 에이번 공립학구의 사례다(**도표 7.2**). 영어과 교사들은 핵심 기준, 성찰적 질문, 이해하기 쉬운 설명이라는 틀 속에서 말하기 영역의 채점기준표를 만들었다.

핵심 기준	1단계(초보)	2단계(발전 중)	3단계(능숙)	4단계(탁월)
문제를 이해한다	문제를 읽지만 의미를 제대로 이해하지 못했다.	문제를 읽고 중요한 부분을 이해하려고 노력했다.	문제를 읽고 중요한 부분이 무엇인지 파악했다.	문제를 읽고 중요한 의미와 문제에 담긴 의도를 파악했다.
문제를 풀 적절한 방안을 가지고 있다	문제를 풀 전략을 선택했지만 통하지 않아 문제를 풀지는 못했다.	문제를 풀 전략을 선택했지만 문제를 푸는 데 도움을 받아야 했다.	문제를 풀 전략을 생각해 내고 그것을 사용하여 문제를 풀었다.	많은 수정을 통해 성공적인 풀이 전략을 개발했거나 다른 풀이 방법을 생각해 냈다.
수학적 언어 (수, 기호, 어휘, 표현)를 사용해 사고 과정을 보여 준다	수학적 언어를 사용하지만 문제를 푸는 데 도움이 되지 않았다.	수학적 언어를 적절히 사용하지만 사소한 실수가 있다.	수학적 언어를 정확히 사용해 문제를 올바르게 풀었다.	효과적이고 정교한 수학적 언어를 효율적으로 사용해 문제를 올바르게 풀었다.
문제에 대한 나의 답이 맞는 이유를 설명하고, 다른 사람의 답변을 살펴 문제에 맞는지 확인한다	자신의 풀이 과정을 설명했지만 제대로 알고 하지는 못했다.	문제를 풀기 위해 취한 단계들을 되풀이하며 내 생각을 설명한다.	문제에 대한 답이 맞는 이유를 합리적으로 설명했다.	문제에 대한 답이 맞는 이유를 합리적으로 설명하고 다른 유형의 문제와의 관련성까지 찾아냈다.

출처: Used with permission of Newport News Public Schools

제2원칙, 조직 차원의 의미를 구축하라

핵심 기준	1단계(초급)	2단계(발전 중)	3단계(능숙)	4단계(고급)
아이디어/내용 명확히 메시지를 전달하고 주제를 잘 유지했는가	주제가 분명하지 않고 중심 생각을 뒷받침할 세부 내용이 포함되지 않았다.	주제가 명시되고 주제를 뒷받침하기 위한 아이디어를 제시하지만 충분한 세부사항을 제시하지 못했다.	주제 및 주요 아이디어가 명시되어 있고 이를 뒷받침할 세부사항을 충분히 제시했다.	주제에 대한 이해와 지식을 잘 정리하고 청중에 맞게 전달했다. 이를 뒷받침하는 세부사항도 설득력 있게 제시했다.
주장 설득력 있는 주장인가	주제를 뒷받침하는 내용이 설득력과 논리가 부족하다.	일부 내용은 설득력이 있고 논리적이나 주요 아이디어를 뒷받침하기에는 충분하지 않다.	주제를 포함한 모든 내용과 주장이 설득력이 있고 논리적이다.	주제를 포함한 모든 내용과 주장이 논리적이어서 듣는 사람으로 하여금 재고하거나 수용하도록 영향을 미친다.
어휘 선택 어휘나 구절을 신중하게 표현하는가	어휘 선택이 불분명하고 지나치게 일반적이다.	어휘 선택은 적절하나 화제와 목적, 청중과 관련성이 부족하다.	어휘 선택이 주제와 목적, 청중에 적절하고 명확하다.	어휘 선택이 효과적이고 힘이 있어 청중이 내용을 이해하는 데 도움이 된다.
구성 발표 내용을 따라가기 쉬운가	도입부와 결론이 빠져 있어 이해하기 힘들다.	도입부와 결론의 연결성이 부족해 이해하기 힘들다.	도입부와 결론, 세부 내용의 논리적 연결이 매끄러워 이해하기 쉽다.	도입부에서 청중을 효과적으로 끌어들이고 논리적 연결이 매끄러우며 결론에서 메시지를 재강조한다.
전달력 메시지를 잘 뒷받침하는가	청중을 거의 보지 않고 자료만 보며 발표한다. 몸짓, 자세, 표정, 음성이 청중이 발표를 이해하는 데 적절하지 않다.	청중을 보긴 하지만 자료를 더 많이 보며 발표한다. 몸짓, 자세, 표정이 자연스럽지 않고 음성은 청중이 발표를 이해하는 데 적절하지 않다.	발표할 때 자료보다 청중을 더 많이 본다. 몸짓, 자세, 표정이 발표에 적합하며 음성이 분명하고 음량, 속도, 명확성, 발음 등이 이해하기 쉽다.	주로 청중을 보며 발표하고 자료는 참고용으로만 쓴다. 몸짓, 자세, 표정, 음성이 발표를 효과적으로 뒷받침하며 더욱 흥미롭게 만든다.
보조 도구 보조 도구는 발표를 적절히 뒷받침하는가	부적절한 보조 도구 때문에 메시지가 분산된다.	보조 도구가 발표를 뒷받침하지만 메시지 전달에 그다지 도움이 되지 않는다.	보조 도구가 발표와 메시지를 효과적으로 뒷받침한다.	유머, 사고를 자극하는 질문, 설문조사, 오디오/비디오클립 포함 보조 도구를 사용함으로써 주제와 메시지를 뒷받침하고 효과적으로 전달한다.

출처: Used with permission of Avon Public Schools

▍문화

【 성찰적인 질문 】

- 나에게 기대하는 것은 무엇인가?
- 다른 학생에게도 그런 기대치를 요구하는가?
- 그 기대를 충족하기 위해 어떤 노력을 해야 하는가?
- 내가 그 일을 할 때 지지해 줄 사람은 누구인가?

【 핵심 아이디어 】학생들이 최상의 과제를 만들어 내기 위하여 집중하는 문화를 만든다.

【 심층 탐구 】학생은 학교로 들어섬과 동시에 학교 문화와 연결된다. 세스 고딘(Seth Godin)은 기존의 의무적인 학교 제도에 대해, 새로운 상상을 통해 학생들이 의무가 아닌 다른 동기로 자극받는 곳을 만들기를 요구한다(2012).

> 우리는 학생들에게 참여 여부를 결정하게 하지 않는다. 우리는 일방적으로 계약의 조건을 정한 다음 끊임없이 정보를 제공하고 과제를 수행하고 시험을 치르게 한다. 이런 상황에서는 학생들의 참여 의지나 헌신을 기대할 수 없다. 여러분은 이렇게 배우길 원하는가? 이런 상황에서 여러분은 이것을 잘해야겠다고, 배우고 싶다고 결심하겠는가? 우리는 학습하는 방법을 배워 나갈 학생들이 필요하다. 자기를 스스로 다그치며 새로운 것을 발견할 수 있는 학생들이 필요하다. 우리는 그런 꿈의 실현을 위해 바깥세상과 관계를 맺고 나아갈 만큼 대범하고 정직한 학생들이 필요하다.

이를 위해 우리는 일상에서 문제를 탐색하고 해결하며 실패를 경험으로 포용하는 문화, 그리고 우리 눈앞에서 학생들이 적극적으로 참여하고 활기차게 성장해 가는 문화를 만들고 유지할 것이다. 다음 질문과 대답은 교사와 학생이 학습환경을 만들기 위해 최선을 다하는 데 지침이 될 수 있다.

• 나에게 기대하는 것은 무엇인가?

모든 학생은 우수한 모범사례, 공통의 체크리스트, 채점기준표를 참고하여 최상의 과제를 수행할 것이라는 기대를 받는다. 학생들은 과제의 가치와 영향을 알기 때문에 '그럭저럭하는' 상태에 만족하지 않는다. 만약 그 과제에 관심을 기울이고 기대하는 누군가가 있다면 어떨까? 아마 세부 사항까지 챙기기 위해 노력하고 타인의 피드백을 구하며 수정 보완해 나갈 것이다. 즉 학생들의 끈기와 절실함, 인내심의 수준이 달라진다.

• 다른 학생에게도 그런 기대치를 요구하는가?

학생의 입장에서 교사에게 바라는 중요한 덕목 중 하나는 공정함이다. 학생들은 앞에서 설명한 장기적인 목표, 즉 모든 학생에게 높은 기대치가 있다는 점을 인지할 필요가 있다. 하지만 공정하다는 것이 모두가 똑같은 것을 의미하는 것이 아님을 분명히 알아야 한다. 학생들에 대한 개별 지도는 앞에서 설명한 단기적인 목표, 즉 재능과 흥미, 능력 발달 수준, 필요를 바탕으로 적절하게 조정해야 한다. 이런 유연함 덕분에 학생들은 현재의 능력 수준과 관심 분야를 바탕으로 더 의미 있고 적절한 과제를 설계할 수 있다. 또한 교사는 학생의 설계를 토대로 각자 과제를 해결하도록 구체적인 피드백을 제공하고, 학생이 다음 단계에서 고려해야 할 사항들을 적절하게 제안해 줄 수 있다.

• 그 기대를 충족하기 위해 어떤 노력을 해야 하는가?

학생들은 피드백을 개선을 위한 기본적인 사항으로 볼 필요가 있다. 제프 하워드(Jeff Howard)는 실행이 가능한 피드백을 학생들에게 적시에 제공하지 않았을 때의 위험성에 대해 다음과 같이 설명한다 (2012).

피드백을 주는 것은 개선에 초점을 맞춘 행동을 촉진하기 위한 것이다. 피드백을 주지 않는 것은 그와 똑같이 중대한 결과를 초래한다. 우선 무엇을 개선해야 하는지에 대한 통찰을 제공하지 않는다. 따라서 개선 전략을 세울 근거도 없으므로 학습도 중단된다. 보통의 아이들이 학습에서 성공을 거두기 어려운 이유는 머리가 나빠서가 아니다. 그들이 처한 학습환경은 피드백을 주고받고 활용하기가 어렵기 때문이다. 그들은 "난 D를 받았어. 안 될 줄 알았다고."처럼 체념적인 태도를 보일 뿐이다.

'실패는 성공의 어머니'라는 말은 인지심리학자 및 신경학자들에 의해 이미 확인된 사실이다. 학생이 잘못된 답을 내놓거나 잘못된 진술을 하거나 애매한 초안을 제출했을 때, 비난 대신 학생을 고려한 실천 지향적 피드백을 주어야 한다. 피드백을 위해서는 다음과 같은 사항을 고려하여야 한다.

첫째, 정기적이어야 한다. 학생들은 자신의 수행이 어떤 의미를 갖는지에 대해 계속 정보를 업데이트할 필요가 있다. 자율적으로 성적을 개선하는 것이 목표라는 점을 모두가 이해하면 어떤 일이 벌어질까? 평가자(교사, 또래, 전문가, 학생 자신)는 무슨 일이 일어났는지 설명하고 분석하는 데 학생들을 참여하도록 이끌고, 학생들은 그런 정보에 비추어 다음 할 일에 집중할 수 있다. 수행과 피드백의 시간 간격이 클수록 미래의 성과에 영향을 미칠 가능성도 줄어든다.

둘째, 학생 친화적이어야 한다. 피드백은 학생이 이해할 수 있어야 한다. 이런 점에서 수많은 채점기준표나 평가기준은 그들의 불명확함 때문에 평가에 실패한다. '몇몇', '많은', '대부분'과 같은 두루뭉술한 표현의 사용, 대상 연령 및 이해 수준에 대한 접근성 부족, 또는 질과 양을 혼동하는 것이 대표적인 예다. 사실이나 인용구를 단순히 나열하는 것이 아니라 주요 사항에 집중하고 이를 타당하게 설명하는 것이 효과적인 피드백의 특징이다.

셋째, 행동 지향적이어야 한다. 피드백을 받은 학생들은 틀린 것에 압도되지 말고 개선 방안에 집중할 필요가 있다. 피드백을 검토할 때도 진행하는 방법이나 수정할 부분, 새로운 아이디어를 구상하는 방법에 관해 좋은 정보를 얻도록 노력하라.

- 내가 그 일을 할 때 지지해 줄 사람은 누구인가?

훌륭한 문화를 구축하려면 모든 학생의 성과와 성공을 지원하고 촉진하기 위한 다양한 사람들(동료, 학부모, 학교 관리자, 지역사회 구성원 등-옮긴이)을 필요로 한다. 교사의 관점에서 보면 자신의 수업에 참여하는 학생들의 특성, 능력 등을 잘 알아야 학생들이 최고의 성과를 달성할 수 있는 방법을 이해하고 지도할 수 있다. 한편 학생의 관점에서는 또래의 지원과 피드백이 매우 유익할 수 있다. 이는 학생들이 서로 배우고 협력할 수 있도록 협업을 촉진하며, 피드백과 지속적인 개선을 중시하는 수업 문화를 조성한다. 보다 큰 공동체의 관점에서 보면 피드백과 지침을 제공하는 것은 개별 학생이 성공할 수 있는 방법을 보여 주는 것뿐만 아니라 학생들이 하는 활동의 중요성을 이해하고 더 큰 목표를 이루는 데에도 도움이 된다. 예컨대 도시 하천의 수질을 평가하거나, 방과 후 사용할 스케이트보드장을 만들어 달라고 제안하고 실행을 위해 노력하는 것이나, 여러 작가들을 초청하여 학생들의 작품을 비평하는 것처럼, 학생들의 과제에 관심을 가지고 시간을 할애하면 학생의 동기 부여와 성취도에 긍정적 영향을 미칠 수 있다.

탁월한 문화를 조성하려면 학생의 질문 하나하나를 대할 때마다 그것이 단순히 질문에 답하는 것 이상의 중요한 순간임을 알아야 한다. 이는 교육과정을 설계하고 조정하는 과정이자 학생과의 상호작용을 통해 관계를 형성하는 중요한 순간이기 때문이다. 우리가 제공하는 피드백 방식, 어조와 설명은 학생들에게 성공할 능력에 대해 많은 것을 전달할 수 있다. 맞춤형 학습의 힘은 서로를 개별적인 존재로 대하고 이를 통해 서로를 더 잘 이해하는 기반이 된다.

▌자본

【성찰적인 질문】모두 함께 성과를 개선하는 방법은 무엇인가?

【핵심 아이디어】교사의 성과를 높이기 위해 사회적 자본에 집중한다.

【심층 탐구】학습에 어려움을 겪는 학생들에게는 학생들과 관계를 향
상시키고 학생들을 지원하는 데 필요한 다양한 기술, 전략, 방법을
갖춘 경험 많은 교사가 필요하다. 교사는 실제로 과제를 설계하기 위
한 콘텐츠와 전문 지식, 도전적인 기대에 대한 정기적인 피드백을 제
공할 능력을 갖추어야 한다. 그러나 학생들이 필요한 지원을 받기 어
렵게 만드는 다음 두 가지 장애 요인이 있다는 것이 문제다.

첫째, 학교 교직원들의 참여가 무척 저조하다는 점이다. 2012년
의 충격적인 조사 결과는 이러한 사실을 구체적으로 보여 주고 있다
(Blad, 2014, p.15).

조사에 따르면 전체 응답자 중 30퍼센트, 교사 집단에서는 31퍼센
트가 직장에서 '참여적'인 것으로 분류되었다. 그러나 자기 의견이
직장에서 중시되고 있다고 말한 비율은 조사에 참여한 모든 집단
중에서 교사가 가장 낮았다.

교사들의 권리는 제대로 존중되지 못하고 있다. 엄청난 업무량, 새
로운 교사 평가 시스템, 인사이동, 개편에 대한 피로감 등으로 힘들어

하고 있고, 많은 교사가 이를 견뎌 내기 위해 자신을 다그치고 있다. 더 이상 버티지 못하고 떠나는 이들이 점점 많아지며, 이는 또 다른 어려움으로 이어진다.

둘째, 교사의 경력이 짧아지고 있다. 교실에 숙련된 교사가 있을 가능성이 점점 줄어드는 실정이다. 다음은 학교 인력을 조사한 결과에 대한 분석이다(Fullan & Hargreaves, 2012b).

> 학교 교직원들의 근무환경과 현황조사 데이터에 따르면, 교사들의 근속 기간을 나타낸 수치로 가장 많이 나온 것이 1987~1988년도 조사에서는 15년이었으나 2003~2004년에는 1~5년으로 줄어들었고, 2007~2008년에는 겨우 1년에 불과했다. 이를 다시 말하면, 1987~1988년에는 국공립학교 교사 가운데 경력 15년차의 교사들이 가장 많았지만 2007~2008년에는 경력이 1년 이하인 교사들이 가장 많다는 뜻이다. 교직이 아닌 다른 직종에서 이런 결과가 나왔다면 어떨까. 만약 병원에서 당신을 치료하는 의료진들의 경험치가 이렇게 나온다면 어떤 느낌이 들겠는가(p.36).

아무리 유능한 학교 관리자라도 교사들의 이직률이 이 정도 수준이라면 어떤 일도 추진해 나가기 힘들 것이다. 우리의 과제는 교직의 안정성을 보장하고 효과적인 전문성 자본을 구축하는 일이다. 이는 효과적인 교수법 개발과 함께 교사의 협업, 창의력, 에너지를 보장하기 위한 것이다. 풀란과 하그리브스는 '전문가처럼 가르친다는 것'의 특성을 다음과 같이 설명하고 있다(Fullan & Hargreaves, 2012a).

- 기술적으로 정교하며 어렵다.
- 수준 높은 교육과 오랜 훈련을 요구한다.
- 꾸준한 개선을 통해 완성된다.
- 증거 및 경험에 근거한 현명한 판단이 필요하다.
- 집단적인 성취와 책임이 따른다(p.14).

명확성, 맥락, 문화, 자본은 학생뿐만 아니라 학교 공동체 모두에게 똑같이 중요하다. 교직원들의 참여를 이끌고 그들이 오랫동안 교직에 헌신하게 하려면 교직원들 스스로 자기 일에 대해 믿음을 가져야 한다. 자신은 창조적인 일을 하는 중이며, 위험을 감수할 만한 가치가 충분하고, 피드백을 통해 더 성장할 수 있으며, 동료들과 공유할 여유가 있다고 교사들 스스로 생각해야 한다는 말이다.

물론 협력을 꺼리는 사람들도 일부 있을 수 있다. 하지만 그들 또한 학생에게 최상의 도움이 된다고 하면, 집단의 합의와 의지로 결정한 선택에 기꺼이 참여하겠다는 확신을 주어야 한다.

결론

맞춤형 학습은 19세기의 이상을 전 세계의 인구통계와 사회경제적 변화에 맞게 현대적으로 수정하고 부활시킨 것이며, 복잡하고 예측 불가능한 미래 세계에 대비하기 위한 것이다. 교육학적 관점에서 우리는 시험 대비용 교육과정의 범위를 벗어나 교사와 학생이 협력해서 과제를 만들고 평가하는 교육으로 나아가야 한다. 마이클 풀란(Michael Fullan)과 마리아 랭워디(Maria Langworthy)의 공저 『A Rich Seam: How New Pedagogies Find Deeper Learning(깊은 학습을 이끌어 내는 새로운 교육)』(2014)에서는 다음과 같이 말하고 있다.

> 효과적인 파트너십은 형평성, 투명성, 상호 책무성, 그리고 상호 이익이란 원칙에 기초한다. 이러한 파트너십을 통해 교사는 스스로 학습자가 되어 학생의 눈으로 학습을 보기 시작한다. 이런 시각을 유지할 수 있는 능력, 즉 가시성(visibility)은 교사에게 꼭 필요한 것으로, 학생들이 다음 단계에 도달하기까지 과정을 지속하도록 해 준다. 또한 교수학습 전략이 원래 의도한 목표에 알맞고 어느 정도 달성되었는지를 확실히 살펴보기 위해서도 꼭 필요하다(p.12).

이러한 논의는 모든 학생에게 공정하고 동등한 교육환경을 조성하는 일 못지않게 즐거운 교실을 만드는 데도 꼭 필요할 것이다.

8장 ——— 삶과 관련된 교육과정

개인의 필요에 맞춘 실질적 학습, 빅픽처러닝

데니스 리트키

모든 학생은 저마다 다른 배경, 성격, 능력, 흥미, 태도를 지니고 학교에 온다. 교육자라면 모두가 알고 있는 사실이다. 그런데도 이 사실은 현실에서 무시되고 있다. 완전히 똑같은 내용을 비교적 똑같은 방식으로 가르치며 표준화된 학생들을 길러 내고 있지 않은가. 아이들이 각자의 개성에 맞게 독립적으로 학습할 유일한 시기는 유치원이나 대학원에 있을 때 정도인 듯하다. 그 중간 시기에는 똑같은 기본 지식을 일정 수준까지 습득해야 한다는 전제하에 모든 아이를 똑같은 방식으로 지도하는 것이 우리의 현실이다.

빅픽처러닝(Big Picture Learning, BPL, 1995년 데니스 리트키 등이 설립한 교육 단체-옮긴이)에서 우리는 '똑같은 것을 다르게 가르치는' 학습 모형을 설계했다. 모든 학생은 자기 나름의 학습 계획이 필요하다. 모든 학생은 읽기와 쓰기, 수학 공부를 계속해야 하고 높은 수준의 성취를 할 수 있어야 한다. 모든 학생은 문제해결 방법을 배우고 창의적으로 생각할 줄 알아야 한다. 과학자와 역사가처럼 사고하려면 문제 해결적인 접근과 창의적 방식으로 과학과 역사를 이해해야 한다. 하지만 그러한 일을 모든 학생이 똑같은 방식으로 할 필요는 없는 것이다. 빅 픽처러닝은 학생들이 지식을 그대로 받아들이는 대신 자신의 흥미와 열정을 탐색하고 발견하여 스스로 학습 기반을 구축하도록 한다. 지식을 암기하고 습득하는 데 그치지 않고 학생들이 배우고 싶어 하도록 격려하고 고무하는 데 주력한다. 학생들이 깊이 있게 공부하고 스스로 정보를 찾는 방법을 익히고 그렇게 학습한 것을 의미 있게 적용하기를 바란다. 우리의 목표는 학생이 종합적이고 다양한 방법으로 학습하고, 그것을 현실에 적용하도록 하는 데 있다.

11학년생 중 하나인 조가 어느 날 내게 찾아와 베트남 전쟁에 관해 물은 적이 있다. 전쟁 당시 나는 베트남에 있었기에 예전의 슬라이드를 찾아 보여 주고 내 이야기를 들려주었다. 그 후 조는 베트남 전쟁을 공부하기로 결심하고 지역 대학에서 그 주제와 관련된 강좌에 등록했다. 또 전쟁 기념관을 짓고 있는 베트남 전쟁 퇴역 군인을 찾아내 함께 일하며 관련된 자료를 손에 잡히는 대로 읽었다. 나는 조에게 왜 베트남 전쟁에 관심이 생겼는지 물어보았다. 그러자 조는 한참 머뭇거리다가 입을 뗐다.

"아버지께서 베트남 전쟁에 참전하셨어요. 저는 다섯 살 무렵부터 그 전쟁에 관해 이야기해 달라고 졸랐지만, 아버지는 계속 피하셨어

제2원칙. 조직 차원의 의미를 구축하라

요. 이제 제가 열일곱 살이 되었으니 저 스스로 베트남 전쟁에 관해 알고 싶어요."

조는 열여덟 살 때 졸업을 앞둔 프로젝트로 베트남 여행을 떠나면서 아버지와 함께했다. 두 사람은 전쟁에서 겪었던 수많은 일을 나눴다. 조의 아버지가 열여덟 살 때 참전했던 전쟁터를 함께 방문하기도 했다. 이 여행은 두 사람의 삶에 극적인 변화를 가져왔다. 여행을 다녀와서 조와 아버지는 베트남 전쟁에 관해 이야기하고 참전 가족들을 지지하며 지원하는 웹사이트를 개발했다. 아버지는 자신이 받은 훈장을 사이트에 올리고 전쟁에서 경험했던 많은 것들을 솔직하고 생생하게 공유하면서 많은 공감을 얻었다.

나는 이 과정을 지켜보며 조가 역사를 의미 있게 공부하고 있다고 생각했다. 전쟁을 자신의 삶과 관련지어 공부했을뿐더러 더욱 깊이 있게 이해했기 때문이다. 얼마 후 조는 대학에 진학하여 역사를 본격적으로 공부하기 시작했고, 교사가 되어 더멧(The Met, 로드아일랜드주에 있는 최초의 빅픽처러닝 학교 – 옮긴이)으로 부임했다. 조를 통해 우리는 학습이란 무엇인가에 대해, 그리고 빅픽처러닝이 목표했던 학습에 대해 자신감을 가지게 되었다. '아는 것이 힘'이라고들 하지만 우리는 '아는 것을 제대로 사용하는 것이 진짜 힘'이라고 생각한다.

빅픽처러닝의 교육과정은 모든 학생이 자신에게 적합한 맞춤형 프로그램을 개발하도록 설계되어 있다. 학업의 목표는 분명하지만 그 목표를 달성하는 방식은 학습자마다 엄청난 차이가 있다. 교육 계획은 지도교사가 학생과 학부모를 만난 뒤에 수립된다. 학생이 관심사를 선택하고 나면 그다음으로는 멘토와 학습할 장소를 찾는 것으로 학습이 시작되며, 학생은 자신이 선택한 관심사와 열정에 맞춰 필요한 스킬을 배운다.

신입생인 호세는 병원에서 일하면서 폐에 관해 연구할 계획을 세웠다. 학습목표와 계획을 발표하는 자리에서 호세는 어머니의 오랜 흡연으로 인해 담배에 관심을 가지게 되었고, 흡연의 위험성과 건강의 관계를 연구해서 어머니에게 금연을 설득하고 싶다고 고백했다. 그는 자신의 관심사를 직접적인 연구와 연결했고, 과학적인 사상가이자 분석적 독자이며 심오한 연구자로 성장했다. 이것이 바로 빅픽처러닝의 학습 방식이 갖는 장점이다. 학생들은 9학년이 되면 직접 본인의 관심사를 찾고 실제 현실로 나아가 삶에서 성공하는 데 필요한 스킬을 익힐 수 있다. 시간이 지남에 따라 학생들의 관심사나 흥미는 달라질 수 있지만, 근본적인 철학은 학교생활 내내 유지 강화된다. 졸업반이 되는 학생들은 진보적인 사상가로 발전하는 데 기초가 되는 대학과정을 수강하게 한다. 학습은 지역사회와 협력하여 실제 작업 환경에서 이루어진다. 그곳에서 사춘기 청소년들은 성인처럼 사고하고 행동하도록 요구받으면서 삶에 적응할 수 있는 토대를 만든다.

호세가 일하는 병원에 한 언론 기자가 방문한 적이 있다. 그는 학생들이 실습으로 배우는 것과 학교에서 배우는 것의 효과에 관한 기사를 쓰기 위해 자료를 모으는 중이었고, 병원을 방문한 다음날 학교를 찾아왔다. 우리가 대화를 나누며 복도를 걸어갈 때 어딘가에서 큰 소리가 들려왔다. 많은 사춘기 청소년이 으레 그렇듯이 소리 지르며 전

제2원칙, 조직 차원의 의미를 구축하라

속력으로 달려가는 학생이 있었다. 나는 기자에게 저 고삐 풀린 십 대를 알아보겠는지 물었다. 그 아이가 바로 전날 병원 실습실에서 만난 바로 그 호세라고 말했을 때 기자는 무척 놀랐다. 학교와 병원에서 만난 호세는 완전히 다른 모습이었기 때문이다. 이 일은 성숙한 어른처럼 사고할 수 있으려면 서로 다른 두 환경 모두가 필요하다는 점을 일깨워 주었다.

또 다른 학생인 라모나는 교사가 되고 싶어 했고 초등학교 교사를 멘토로 삼고 있었다. 그런데 학교로 실습을 나간 지 8주 만에 그녀는 자신이 어린이들과 함께하는 걸 그다지 좋아하지 않는다는 사실을 깨달았다. 그리고 나서 라모나는 컴퓨터와 관련된 일을 하게 되었는데, 6개월쯤 지나자 하루 종일 책상 앞에 앉아 움직이지 않는 생활이 너무 지루하다고 느꼈다. 이후 한동안 신중한 탐색이 이어졌고, 마침내 자신이 연극을 좋아한다는 사실을 발견한 라모나는 큰 극단에서 실습 끝에 지금까지 계속 일하고 있다.

우리는 학생 개개인이 어떤 것에 흥미를 갖는지, 그리고 그 흥미를 어떻게 발견하게 되는지에 주목한다. 실습의 목적은 학생들이 자신의 강점을 탐색하며 발견하고, 적성 및 가능성을 깨닫고 깊이 있는 학습을 시작하는 데 있다. 맞는 말이다. 빅픽처러닝의 성과는 주 교육부에서 수집한 자료에 명확히 제시되어 있다. 똑같은 인구통계적 집단으로 구성된 다른 학교들과 비교해 볼 때 출석률, 졸업률, 대학 진학률 모두가 훨씬 높게 나타나고 있다. 세 곳의 빅픽처러닝 학교, 즉 멧 웨스트(MetWest), 멧 새크라멘토(Met Sacramento), 샌디에이고 멧(San Diego

Met)의 졸업생들에 관한 연구도 진행되었는데 연구 목적은 고교 졸업 후 빅픽처러닝 학생들이 어떤 진로를 선택하는지, 그리고 고교 시절의 경험이 대학 진학 및 취업에서 얼마나 도움이 되는지 판단하려는 것이 었다. 인상적인 내용 일부를 소개한다(MPR Associates, 2012).

- 졸업생 중 74퍼센트가 고등학교를 졸업한 첫 해에 대학에 등록했다.
- 졸업생 중 44퍼센트는 졸업 후 1년 이내에 4년제 대학교에 등록했다.
- 대학에 진학한 졸업생 중 1학년에서 2학년까지 대학 생활을 지속한 비율은 87퍼센트였다.
- 진학 대신 취업을 선택한 졸업생 중 74퍼센트는 고교 때 실습했던 곳을 통해 일자리를 얻었다.

이 외에도 졸업 후의 삶이 성공적이라고 생각한다면 학교의 어떤 측면과 가장 관련성이 높은지 질문했을 때, 학생들은 실습 현장에서 성인들과 함께 일했던 기회, 실제로 일하면서 학습한 경험, 자신감을 키울 수 있었던 기회 등을 중요하게 꼽았다. 많은 학생들이 고등학교를 졸업한 뒤 곧바로 자기 적성과 관련된 일을 찾을 수 있었다. 실제로 미국을 비롯해 전 세계에서 운영 중인 108개의 빅픽처러닝 제휴 학교 전체에서 수천 건의 사례를 통해 입증할 수 있다.

우리는 왜 모든 학교에서 이 방법을 시도하지 않는지 묻고 싶다. 이 방법은 학생이 어디에 있고 누구인지를 고려한다. 단지 멘토링이나 개인 교습을 제공하는 데 그치지 않고 전적으로 맞춤화된 교육과정을 통해 학생 개개인의 관심에 따라 '다르게' 교육할 수 있도록 한다.

전통적인 방법들은 학생에게 도움이 되는 방식으로 지속되진 못했다. 교육에서 무언가 제대로 작동하지 않는 경우 학구나 관련 기관은 그 일을 더 열심히 하는 식으로 대응하곤 했다. 근본적인 시스템 자체는 올바르기에 단지 기폭제만 필요할 뿐이라고 생각했던 것이다. 표준화된 평가와 시험은 근본적으로 옳다고 믿고, 학급에서는 이에 대비하기 위해 온갖 시험을 치르는 형국이다. 표준화된 교육과정이 가장 좋다는 믿음은 수업과 학습에 관한 통제권을 강화한다. 하지만 지금 시스템의 문제를 지적하는 것은 진보주의자들만이 아니다. 수많은 연구와 출판물들이 현재의 학교들이 효과적으로 운영되지 않는다고 말하고 있다. 그런데도 이를 위기로 인식하고 의미 있는 개혁으로 전환하려는 움직임은 보이지 않는다.

전 매사추세츠주 교육위원회 위원장인 폴 레빌(Paul Reville)은 <에듀케이션 위크>에 "땜질을 중단하라. 우리는 새로운 K-12가 필요하다"라는 제목의 논평으로 이 점을 지적했다. 그는 이전에 매사추세츠주 종합평가시스템(MCAS)을 이끌어 온 인물이다. 졸업하려면 이 평가를 통과해야 했기에 모든 학교에서는 똑같이 표준화된 교육과정을 가르치는 모델로 이 시스템을 권장해 왔다. 하지만 자리를 떠난 지금 그는 현 시스템의 획일화된 설계가 문제라는 점을 인정한다. 다양한 배경, 경제적 차이, 각자 다른 장단점을 지닌 아이들을 똑같은 방식으로 가르치는 교육 제도에서 보편적인 결과를 기대한다는 것이 과연 가능하겠냐는 의문이다. 우리가 빅픽처러닝 모델을 떠올리게 된 것도 바로 이 점, 즉 획일적인 표준화로는 누구도 만족할 수 없다는 생각에 서였다. 교육 변화를 두고 수많은 토론이 있었으나 막상 변화를 실천하는 곳은 많지 않다. 레빌은 자신이 운영했던 시스템이 실제로 효과가 없었다고 인정했고 이는 옳은 말이다. 물론 교육 변화와 개선에 기여하는 프로그램들이 아예 없는 것은 아니다. 하지만 그 어떤 것도 아직 교육에 근본적 변화를 가져올 만한 수준에는 도달하지 못했다. 그래서 우리는 묻는다. 왜 안 되는가? 그리고 우리는 무엇을 해야 하는가?

　문제 가운데 하나는 많은 교육 기관에서 변화라는 이름으로 시스템의 언저리만 살짝 손보고 만다는 점이다. 몇몇 교육 시설과 프로그램에서 제공하는 온라인 학습을 예로 들면, 긍정적인 가치가 있는 것은 사실이지만 전통적인 내용을 새로운 방식으로 제시하는 데 그치는 경우도 많다. 개인화된 맞춤형 학습이 가능하다고 주장하는 일부 온라인 프로그램을 봐도 그렇다. 실제로 학생들이 알아야 할 지식과 관련성이 적고 통합이나 적용이 어려워 공부하기도 어려운, 이해할 수 없는 교육과정을 내놓곤 한다. "묵은 술을 새 병에 담는다."라는 말은 바로 여기에 적용되는 말이다. 새로운 프로그램이 매일 실행되고 대중들은 앞으로 나올 신상품에 시선을 빼앗기지만 결과는 과거와 그다지 다를 게 없다. 화려한 겉 포장을 위해 자잘한 수정을 진행했을 뿐이다. 하지만 대중은 그것에 만족하는 듯 보이고 개혁가들은 현재의 시스템을 쇄신하는 데 망설인다.

학습에 대한 공통의 정의가 아직도 없다는 것은 참으로 심각한 문제다. 학습은 여러 가지 지식을 암기하는 게 아니다. 개별 학생들에게 가장 적합한 것을 배우고, 그들이 상상력과 창의력을 발휘하도록 집중하는 일이다. 현재 시행되는 표준화시험과 국가공통핵심성취기준은 학습의 정의에 대한 공백을 메우는 과도기적인 정의에 그친다. 그러나 우리의 정의는 다르다. 학습은 문제를 해결하고 비판적으로 사고하며, 서로 다른 시각들을 분석하고 해석하는 일이다. 세상을 혁신의 도구로 사용하는 창의성을 갖추고, 읽기, 쓰기, 수학에 능숙해야 한다. 학습은 배움에 대한 욕구를 지속하고 흥미를 표현하는 수단이며, 그러한 욕구와 흥미가 일과 삶 속에서 계속되어야 한다. 교육은 교사와 학습자가 가능한 한 최상의 환경에서, 즉 구성원들이 안전과 지지와 존중을 느끼는 환경에서 서로 협력하는 과정이다.

패러다임의 전환이 필요하다. 그 외에는 어떤 것도 불필요하다. 물론 이 말은 어려움을 겪는 지역사회와 취약계층 학생들에게 도움을 주는 훌륭한 학교나 기관이 없다는 뜻은 아니다. 뉴햄프셔와 뉴욕에서 몇몇 학교를 관리한 적이 있다. 고교를 졸업한 학생들이 성공을 위해 고군분투하는 모습을 목격하면서 나는 학습에 더 큰 변혁이 필요하며, 더 강한 의지로 추진해야 한다는 점을 절감했다. 고교 시절은 학생들의 인격과 신념이 성인 수준까지 발달하는 단계이므로 학생들이 살아갈 세상에서 부딪힐 난제를 극복할 수 있도록 도와야 한다.

공평한 시스템을 개발할 기회가 주어진다면 우리는 아주 다르게 행동할 것이다. 나는 1995년에 엘리엇 워쇼(Elliot Washor)와 함께 로드아일랜드주에서 새 학교를 설립한 경험이 있다. 그곳에서 우리는 고교교육에 대한 완전히 새로운 패러다임을 만들었는데, 이는 교육의 형평성을 옹호하는 진보적인 주(州) 교육위원회 위원 피터 모월터스(Peter Mowalters) 덕분이다. 그는 새로 만든 학교에서 개별 학생들이 성공하는 데 꼭 필요한 각각의 자원을 제공받을 수 있다고 확신했다. 실제로 엘리엇과 나는 학교에 대해 기존에 가졌던 모든 관념, 알고 있던 모든 사실을 깨끗이 지워 버리려고 노력했다. 대신 오로지 교육의 본질만을 생각했다. 우리가 가장 고민했던 문제는 이것이다. "무엇이 아이들에게 최선일까?"

마거릿 미드(Margaret Mead)는 "할머니는 제가 제대로 교육받길 원하셨어요. 그래서 절 학교에 보내지 않으셨죠."라고 말했다. 우리의 관심은 아이들에게 있었기에, 마거릿 미드의 보호자들처럼 학교를 외면하게 만들지 않으려면 대대적인 변화가 필요했다. 그래서 "무엇이 아이들에게 최선일까?"라는 질문을 끊임없이 되풀이했다. 어떻게 하면 아이들이 시험에 잘 대비할 수 있을까, 어떻게 하면 학교를 더 효율적으로 운영할까, 가장 좋은 교과서는 무엇일까, 이런 질문은 하지 않았다. 우리의 질문에 대한 대답 또한 과거에 익숙했던 것과는 완전히 달라졌다.

가장 효과적인 교육과정을 개발하기 위해 우리는 기존에 정해진 교육과정에 의존하지 않고 학생에게 집중하는 것부터 시작하기로 했다. 학생에게 가장 좋은 것, 그들의 삶에 가장 중요한 것에 집중한다면 학

제2원칙, 조직 차원의 의미를 구축하라

생들과 그 가족들 또한 적극적으로 참여할 것이라고 믿었기 때문이다. 우선 학생에게 동기를 부여할 만한 것들을 찾아 교육 계획을 세울 필요가 있었다. 두 개의 일정표를 각각 작성하고 교육 계획의 모습이 점점 구체화될수록 성공적인 학습을 위해 자원을 제공하는 체계적인 프로그램의 모습을 갖출 수 있었다. 매주 월, 수, 금요일에는 모둠별로 계획된 일정을 따르고 화, 목요일에는 실습이나 공동 프로젝트를 위해 현장학습을 하게 된다.

▎월요일, 수요일, 금요일의 일정

9:00−9:30(활기찬 시작) 하루를 긍정적이고 기분 좋게 시작하기 위해 학교 전체가 한자리에 모인다. 학생들은 수행 중인 프로젝트와 조사, 연구, 실습에 대해 발표하고 생각을 나누며 토론한다.

9:30−10:15(조언 구하기) 일간 및 주간 일정을 계획하여 기록지에 작성한다. 학생들은 프로젝트를 상의하며 생각을 공유하는 시간을 갖는다. 이 시간에는 어떤 것이든 생활에 영향을 미치는 시사 문제에 관해 서로 이야기하고 피드백을 받을 수 있다.

10:15−12:00(교과과정 및 프로젝트기반학습) 학생들은 각자 지도교사와 함께 학습 내용을 공부한다. 자신을 위한 맞춤식 교육과정을 검토하며 진전을 평가한다. 프로젝트 및 개인 학습 내용에 대해 상의하고, 교과 전문가 및 교사들과 협의한다.

12:00−12:30(점심시간)

12:30−2:30(개별 작업, 소규모 집단 작업, 세미나) 학생들은 개별적으로

수업시간에 공부한 내용을 정리하거나 과제를 작성한다. 완료 후에는 모둠으로 작업하거나 세미나, 워크숍 등에 참여할 수 있다.

2:30-3:00(조언 구하기) 학생들은 교사들이 지도하는 자문단을 찾아 그날 수행한 과제를 검토하고 마무리하는 데 필요한 사항을 결정한다. 이것은 다음 날을 준비하거나 학생들의 교육 목표를 충족시키기 위한 것이다.

▌ 실습하는 날의 일정

- 학습 계획: 지도교사와 학생, 실습 멘토가 학생이 실습하는 동안 완료해야 할 학습 계획을 짠다. 이 계획은 학생의 흥미와 특정한 실습 목표, 통합 교육을 바탕으로 한다.
- 지도교사: 지도교사들은 학생이 실습하는 곳을 방문해 학생의 직업 윤리와 업무 배치, 적응력을 관찰한다. 지도교사는 멘토와 함께 학생의 적성과 가능성, 업무 배치, 진전 정도를 상의한다.
- 과제물: 학교에서 이루어지는 교육과정상의 학습 및 연구는 실습 중인 프로젝트들을 지원하도록 설계된다.
- 평가: 실습 기간 동안 학생들은 매일 자신들의 성과에 관해 멘토와 지도교사로부터 공식적인 평가를 받는다.

1년에 세 차례, 학생들은 학부모와 교직원, 또래 학생, 실습 멘토들 앞에서 1시간 동안 발표함으로써 통합 교육을 끝마쳤음을 입증한다. 이 시간은 학생들의 포트폴리오와 안내 자료, 일지, 실습 프로젝트, 시각 자료 및 매체를 이용한 발표로 구성된다. 공식 평가는 매우 종합적인 평가이기 때문에 서술 형식으로 작성된다.

우리의 학습모형은 모든 학생이 지도교사와 핵심 교과 교사들, 전문가, 교직원, 학부모, 또래 학생, 지역사회의 지원 속에서 과제를 자기 것으로 만들도록 하는 데 있다. 여기서 지도교사를 비롯한 여러 교사의 역할은 전통적인 교사들과는 매우 달라서, 모든 학생의 다양한 프로젝트와 관련해 그들을 지원할 수 있는 팔방미인이다. 또 지역사회 전문가들과 기타 전문가 교사들을 활용해 학생들이 특정한 내용을 더 깊게 다룰 수 있도록 지도한다. 이런 방법을 통해 교사는 학생의 모든 면모를 파악할 수 있고 학생들은 프로그램을 자기 스스로 통합할 수 있다. 다만 이런 작업이 어렵게 생각되는 이유는 교사들 자신이 이런 방식으로 운영되는 학교에 다녀 본 적이 없어서 수업모형에 익숙하지 않기 때문이다. 대학에서도 그들은 이런 방식의 훈련을 한 경험이 전혀 없다. 그런 점 때문에 우리는 교원의 능력 개발과 훈련을 상당히 강조한다.

경험 많고 노련한 교육자들은 학생들이 동기를 부여받으면 적극적으로 참여한다는 점을 안다. 그러자면 학생 개개인과 친밀한 관계 형성을 통해 서로 교감을 형성해야 하며, 매일 45분의 수업 이상이 필요하다. 한 해를 시작하기 전 학생들이 자신의 흥미를 탐구하도록 지도하는 것은 이런 이유로 타당하고 합리적이다. 대부분의 학생들은 어떤 것을 배울 때 재미있고 관심이 있었는지 질문을 받아 본 적이 없을 것이다. 우리는 교사들의 학생 지도와 관련해 비계식 과정을 개발했다. 이 과정을 통해 교사는 학생들이 성찰하는 방식으로 자신의 관심사를 파악해 보도록 지도하며, 그것을 학업, 실습, 그리고 지역사회의 협력 관계와 통합하는 작업으로 만들 수 있다.

우리의 교육과정 모델에서 학습은 개인이 자신의 관심사를 실제로 구현하며 성장을 이끌어 내는 심오한 방식이다. 우리는 각각의 학생들이 더 깊이 연구하고 배우기를 바라며, 실제 세계에서의 작업을 적용해서 영감을 주고, 학교가 삶과 교과서를 연결해야 한다고 믿는다. 모든 조각이 제자리에 놓여 있지만 점들은 연결되지 않았다. 이 책을 비롯해 여러 곳에서 소개한 혁신적인 학교와 프로그램 모두는 개별적인 도움보다는 공공의 이익을 위해 긴밀히 협력할 필요가 있다.

우리는 다음 세대의 교육을 위임받았다. 패러다임의 전환은 우리가 학습을 재정의할 경우에만 제대로 효과를 발휘할 것이다. 지금이 바로 그 시간이다.

이중언어 학습자와 함께하는 수업

에스트렐라 올리바레스 오렐라나

지난 수십 년간 이민자 청소년 인구는 꾸준히 증가해 왔다. 2010년 현재 미국의 이민자 수는 약 4,000만 명에 달하고, 이는 2000년에 비해 28퍼센트가량 증가한 것이다. 그리고 이들 중 1,040만 명의 청소년이 공립학교에 다닌다(Camarota, 2012). 국가영어학습정보센터(NCELA)의 보고서에 따르면 K-12 학교에서 영어에 어려움을 겪는 학습자의 수는 약 465만 명으로 파악된다(2013). 교육 정책 입안자들이나 교육자들은 이런 학생들을 '영어(를 모국어로 하지 않는)학습자(ELLs)'로 지칭하는데, 나는 '이중언어 학습자(emergent bilinguals)'라는 용어를 쓰려고 한다. 이것은 2008년에 몇몇 연구자들이 제안한 것으로(Garcia, Kleifgen, and Falchi, 2008), 학생들을 '영어학습자'나 '영어 능력에 문제가 있는 학습자' 등으로 지칭하는 것은 그 자체로 학생들이 완벽하게 이중언어를 구사할 가능성을 부정하게 된다고 주장했다. 실제로 그러한 용어와 관행들은 '이중언어 학습자'를 따라다니며 그들이 교육에서 빈번하게 부딪히는 불공평과 불이익을 고착화할 수 있다. 그 이유는 영어를 단일어로 구사하는 아동의 교육적 필요와 이들의 필요를 똑같이 취급하는 탓에 이중언어 학습자의 모국어나 문화적 배경이 무시되기 때문이다.

이중언어 학습자들은 미국의 중등학교에서 빠르게 증가하는 학생 집단으로 파악된다(Menken, Kleyn, & Chae, 2012). 이중언어 청소년에게 가장 어려운 과목은 수학과 과학 교과다. 교사들은 언어 능력과 배경지식, 학습 방식에서 상당한 차이를 보이는 이중언어 학습자들이 수학과 과학 교과의 주요 내용에 접근할 수 있는 전략을 찾을 필요가 있다. 나는 이중언어를 구사하는 과학 교사로서, 또 교사들을 지도하는 교육 전문가로서 그동안의 경험을 활용해 효과적인 수업전략을 제시하고자 한다. 이 전략들은 이중언어 학습자들에게 과학을 가르치는 데 성공적이라는 점이 이미 입증되었다. 앞으로 제시될 여러 사례에서 나는 교육 인류학자인 루이스 몰(Luis Moll)의 '지식 자본(funds of knowledge, 어떤 공동체가 오랫동안 역사적, 문화적 상호 교류를 통해 축적하고 발전시킨 지식과 능력—옮긴이)'이란 개념을 사용하여 이중언어 학습자들이 고유한 문화 및 언어적 자원을 이용해 새로운 지식과 언어를 습득하는 방법을 소개하고자 한다(González, Moll, & Amanti, 2005). 또한 문화적으로 연관된 교수법들도 유용하고 공평하며 민주적 권한을 부여하는 방식으로 활용할 것이다.

저소득층의 이민자 청소년은 학교에서 성공하기 위해 뛰어넘어야 할 난관이 많다. 우선 이민자들이 낯선 국가와 문화에 적응하는 과정에서 감수해야 할 심리적, 정서적 충격이 있다. 청소년들은 그 외에도 두 가지의 커다란 변화를 겪는다. 하나는 모든 청소년이 기본적으로 경험하는 발달 단계상 신체와 정신의 변화다. 또 하나는 새롭게 맞닥뜨린 환경에서 자신의 위치를 찾아야 하는 사회적 적응과 관련된 변화다. 이민자 청소년들에게 이러한 변화는 심각한 불확실성과 취약한 느낌을 받게 한다. 이를 두고 "네판틀라(nepantla)에서 산다."라고 표현한 학자도 있다(Prieto & Villenas, 2012). '네판틀라'란 두 수역 사이의 공간 또는 두 세계 사이의 공간을 뜻하는 나와틀(Nahuatl)어로, '이쪽도 저쪽도 아닌 중간 지대로 변혁과 좌절과 불안이 있고, 적응과 학습이 자연스럽게 이루어지는 공간'이다(Ikas, 2002, p.13). 이민자 청소년들에게 네판틀라는 사춘기라는 유연성과 불안정성 때문에 어떤 일이든 일어날 수 있고 중대한 변화가 일어날 가능성이 상존하는 공간으로 '마법'이라고까지 묘사된다(Prieto & Villenas, 2012). 그뿐만이 아니다. 삶에서 가장 긴장과 좌절이 팽배한 시기이기에 교육자들은 이 시기 학생들의 발달 욕구에 각별하게 주의를 기울여야 한다.

그러나 이처럼 중요한 변화의 시기에 놓인 이민자 청소년은 대개 위태로운 상태에 놓여 있다(Suárez-Orosco, Suárez-Orosco, & Todorova, 2008). 이 학생들이 다니는 학교는 대체로 기회를 주기보다 위험에 내몰 확률이 더 높고, 성공의 가능성도 크지 않다. 이러한 위기 상황이 초래된 원인으로 나는 이중언어 학습자를 제대로 지도할 교육자들이 많지 않고, 이들의 교육적 필요를 충족시킬 능력도 모자라며 이들이 현재 겪는 복잡한 변화 양상에 대한 인식 또한 부족하다는 점을 말하고 싶다. 이에 나는 이중언어 교실에서 실제로 학생들을 지도했던 경험을 활용해 이중언어 학습자들이 학업에서 성공의 기회를 얻는 방법을 제안할 것이다. 내가 제안하는 방법은 '돌봄과 신뢰의 교수법'으로, 학생의 경험, 배경지식, 관심과 흥미를 활용하는 데 초점을 둔다.

이중언어를 사용하는 과학 교실의 예

제2언어로 영어를 배우는 32명의 학생이 과학 교과 중 하나인 생물환경 교실로 들어오고 있다. 한 여학생이 이렇게 질문한다. "Compartiremos nuestros articulos hoy? Tengo uno bueno.(오늘 기사를 공유해도 될까요? 좋은 기사가 하나 있거든요.)" 여학생이 공유하고 싶어 하는 기사는 백혈병 치료법을 새로 발견한 엘살바도르의 과학자에 관한 것이다. 교사는 "Si, hoy si. Tienen que estar listos para el regents.(좋아요. 하지만 먼저 인증시험(Regents) 문제를 몇 개 다루고 나서요. 시험에 대비해야 하니까요.)"라고 응답한다.

학생들은 학기말에 주에서 관할하는 인증시험(Regents)을 치를 예정이다. 이 교실은 에스파냐어를 사용하는 이민자 가정 신입생들로만 구성되었으며, 이중언어 수업으로 지정되어 있다. 이중언어를 구사하는 과학 교사 덕분에 학생들은 시험 과목인 생물환경을 에스파냐어로도 준비할 수 있다. 실제 시험 또한 에스파냐어와 영어로 치를 수 있다. 이 교실에는 이민 온 지 얼마 안 된 학생들과 1~2년 정도 된 학생들이 뒤섞여 있다. 학생들의 문화적 배경이나 영어 구사 정도가 제각각인 상황에서 이중언어를 가교로 사용할 방법을 찾아야 했다.

교사는 인증시험(Regents) 대비용으로 만든 생물환경 시험지를 배부했다. 10분의 시간이 주어졌고 학생들은 곧바로 문제를 풀기 시작했다. 이제까지의 과학수업 덕분에 문제풀이는 모두에게 익숙한 활동이다. 종료 타이머가 울리면 학생들은 옆에 앉은 짝과 시험지를 교환한다. 학생들의 손이 올라가기 시작한다. 교사가 이름을 부르면 학생들은 자기가 생각한 답을 이야기한다. 교사는 학생이 말한 답이 맞는지 확인해 주고, 만약 잘못된 답이면 친절히 정정해 주며, 다른 학생들에게도 설명해 준다. 학생들은 자기에게 주어진 옆 친구의 시험지를 수정하고 자신이 쓴 답과 비교해 본다. 그러는 동안 교사는 인증시험(Regents) 답안을 작성할 때 글을 자세히, 주의 깊게 읽어야 한다고 강조한다. "Every day un quiz?(매일 쪽지 시험이라고?)" 교실 뒤쪽에서 한 남학생이 불평하는 소리가 들려온다. 교사는 "Tenemos que practicar.(우린 꾸준히 연습해야 해요.)"라고 확인시켜 준다.

수업에 참여하는 학생 중 약 80퍼센트는 생물환경 과복에서 합격할 수 있는 점수를 받을 것이다. 이 정도의 비율은 학교 전체의 합격비율과 비슷하거나 더 높은 수준이다. 백인 주류 학생들의 합격 비율도 70~80퍼센트 정도지만, 이것은 모국어가 영어니까 가능한 결과로 보아야 한다. 이중언어 학습자들이 주류 학생들과 똑같은 기준을 충족시키려면 학습동기를 부여받고 수업에 적극적으로 참여해야 한다. 즉 생물환경 과목, 과학이 그들의 일상에 적용될 수 있다는 걸 학생들이 깨달아야 한다. 이런 점을 이해하는 교사는 과학을 의미 있게 만드는 데 도움이 되는 다양한 언어 영역 스킬을 삽입하고 문화적으로 관련 있는 주제를 포함했다. 또한 학생들이 동일시하기를 바라는 적절한 롤 모델을 사례로 들고 학생에 대한 높은 기준과 기대를 유지하려고 노력했다.

돌봄과 신뢰의 교수법

이민자와 이중언어 학습자를 가르치려면 돌봄의 학습환경을 만드는 일이 중요하다. 몇몇 연구자들은 돌봄이야말로 인간 삶의 핵심이며, 서로 보살피는 인간관계야말로 인간의 성장과 발달에 필수적이라고 주장한다(Noddings, 1992). 존 듀이는 "교사는 학생의 경험과 관심에서 출발하여 가르칠 자료와 내용을 연결해야 한다."라고 말했다(1938, 1963). 돌봄의 원칙에 해당하는 중요한 말이다. 돌봄의 교수법은 다음과 같은 가정으로 시작한다. 학생과 교사의 관계가 두텁고 더욱 진전될 수 있을 때, 그리고 교사가 학생의 경험과 관심을 활용하는 방법을 이해할 때, 모든 학생은 학습할 수 있다.

학생과 교사 간에 관계를 맺는 일이 다소 어렵게 느껴지긴 하지만 그저 관계가 필요하다는 점을 인정하기만 해도 된다. 일단 교사가 그런 바람을 갖기만 해도 자연스럽게 관계가 발전할 것이다. 관계 구축이란 쉽게 생각하면 어떤 활동을 즐겨 하는지 묻고 그런 활동에 대해 관련성을 맺는 것 정도다. 낯선 환경에서 자신의 정체성을 새롭게 정의해야 하는 이민자 청소년에게 있어서 교사와의 개인적인 관계 구축은 학업적 성공에 큰 영향을 미칠 수 있다.

　경험에 의하면 학생들과 '의미 있는' 관계 맺기로 볼 수 있는 것은 이런 것들이다. 운동 경기나 새로운 노래, 텔레비전 프로그램에 관해 짧은 이야기를 나누는 것이나, 학생들이 좋아하는 활동에 관심을 보여 주고 그것을 함께 보러 가거나 직접 참여하는 것 등 다양한 형태가 있다. 학생들은 대개 교사가 그들에게 관심을 보여 주면 긍정적으로 반응하고 학습동기를 부여받으며 더욱 열심히 공부한다. 그 이유는 의미 있는 관계를 구축하면 서로 존중하는 마음과 함께 상대를 실망시키고 싶지 않은 책임 의식이 생겨나기 때문이다. 시간이 흐를수록 학생은 교사가 늘 자신에게 도움이 되는 것을 생각한다는 확신과 믿음을 갖는다. 교사와 학생 간의 이러한 관계가 자리를 탄탄히 잡아 나가면 신뢰와 이해가 점점 더 깊어진다. 교사가 자신에게 적극적으로 관심을 보여 주면 학생들은 대부분 마음을 열고, 교사와 두텁고 긍정적인 관계를 형성해 나갈 수 있다. 이 점은 내가 오랫동안 교실에서 경험한 것이자 특히 이민자 가정의 이중언어 학습자들에게서 명백하게 발견한 사실이다.

일단 긍정적인 관계를 맺으면 학습의 가능성은 무궁무진하다. 학생과의 관계를 시작할 때 교사가 염두에 두어야 할 점이 있다. 존중과 책임은 서로 공동으로 존재한다는 것과 교사 자신은 성인이라는 사실이다. 만약 학생들이 열심히 공부하기를 기대한다면 교사도 그만큼 열심히 공부해야 한다. 학생들이 최선의 노력을 다할 것을 기대한다면 교사도 똑같이 함께 노력해야 한다. 학생의 학업성취도를 높이기 위해 교사 또한 그들에게 거는 기대만큼 열심히 노력하고 일한다는 점을 학생들에게 분명하게 보여 줘야 한다.

학생 가족과의 관계 또한 마찬가지로 중요하다. 가능한 한 아이들의 교육에 가족과 지역사회를 포함하려고 노력할 필요가 있다. 이민자 부모들은 특히 학교 활동에 관여하는 것을 꺼리는 경향이 있으며, 영어가 서툰 부모일수록 더욱 그러하다. 학교 행사나 학급 행사에 참여하고 봉사해 달라고 적극적으로 권유해 보라. 학생들의 설명회나 발표회에 참석해 달라고 학부모를 초청하라. 현장학습에서 학부모들에게 보호자 역할을 요청하라. 그런 유형의 참여가 직업상 어려운 학부모들도 물론 있을 것이다. 그러나 참여율이 미미하더라도 여전히 학부모와 후견인의 참여를 적극적으로 이끌어 내야 한다. 학부모를 교육의 협력자로 대하고 학생에게 부모의 소중함에 대해 메시지를 보내도록 하자. 이는 학생과 부모 간의 유대를 강화하여 학생의 성공을 이끌어 내는 가치 있는 활동이다.

돌봄 외에도 학생의 경험과 흥미를 활용하는 것 또한 매우 중요하다. 학생에게 특정한 주제를 소개하기 전 그러한 주제와 관련된 사전 경험이 있는지 물어보면 된다. 암석에 관한 단원을 시작하기 전에 학생들에게 이름을 아는 암석이 있는지, 친숙하게 생각되는 암석은 어떤 것들인지, 전에 살던 곳이나 지금 사는 곳에 암석이 있는지 물어볼 수 있다. 그런 질문들로 학생들은 자기 경험과 생각을 이야기하며 대화에 참여하고 학습에 기여할 수 있다. 그 과정에서 학생들이 제공한 정보를 근거로 암석의 특성이나 종류에 관한 지식을 새롭게 발견할 수도 있다.

항상성에 관한 단원을 소개할 때 학생들에게 집에 자동 온도 조절 장치가 있는지 묻고, 어떻게 이 장치가 난방기를 켰다 껐다 하면서 일정한 온도를 유지하는지 질문해 본다. 질문에 대한 응답 중 몇 개를 취해서 교사는 우리 몸도 이와 마찬가지로 땀을 흘리거나 몸을 떠는 방식으로 체온을 일정하게 유지한다고 말할 수 있다. 학생들의 가정이나 주변에 당뇨병으로 혈당 수치를 꾸준히 확인해야 하는 사람이 있는지 물을 수 있다. 그리고 혈당 수치를 일정하게 유지해 주는 호르몬에 문제가 생겼다는 사실, 즉 인슐린이 충분히 생성되지 못하거나 인슐린의 기능에 문제가 생긴 결과라는 점을 설명할 수 있다. 학생들은 자신이 이미 알던 것들이 새로운 지식을 배우는 데 귀중하게 사용된다는 것을 인식하게 되면, 점점 더 깊이 있게 이해하고 지식을 많이 쌓으려고 애쓸 것이다. 이미 알던 지식을 더 심화시킬 수 있고, 학급 토론에도 더 활발하게 참여할 가능성이 커진다. 심지어 집에 가서도 더 많은 사실을 찾아보려고 시도할 수 있다. 이는 교실에 가져가는 자신의 정보가 중요한 의미가 있고, 자기 발언이 수업에서 유용하게 받아들여진다는 점을 인식했기 때문이다.

2014년에 발표된 미국 차세대 과학기준(NGSS)은 현재 26개 주에서 채택하고 있다. 이 기준의 기초가 되는 인식은 '과학이란 증거를 바탕으로 가설과 이론을 형성하면서 발전해 가는 지식의 집합체'라는 것이다. 여기에 영향을 미치는 세 가지 주요한 특성은 바로 공통 개념, 분야별 핵심 아이디어, 그리고 실행이다. 실행은 자연계에 관한 모델과 이론을 탐구하고 고안할 때 과학자들이 동원하는 행동을 규정한다. 공통 개념은 서로 다른 과학 영역들을 연계하는 수단으로 사용한다. 분야별 핵심 아이디어는 교육과정과 수업과 평가의 초점을 과학의 가장 중요한 요소들에 집중시킨다(Next Generation Science Standards, 2014). 차세대 과학기준은 내용과 실행이 밀접하게 관련되었다는 사실을 강조하고 과학에 대한 실용적인 관점을 제시한다. 학습할 범위나 순서에 관한 내용이 담긴 정적인 목록을 제시하기보다 현실적인 과학관을 학생들에게 제시해야 한다는 것이다. 따라서 수업을 듣는 대상이 주류 학생이든 이민자 가정의 비주류 학습자든 가리지 않고 삶과 관련되고 실용적인 방식으로 과학을 가르쳐야 한다.

과학에 대해, 그리고 과학자들이 하는 일에 대해 알기 쉽게 설명해 주는 일도 마찬가지로 중요하다. 오랫동안 학생들은 과학적 지식이나 과학자들의 모습을 경직된 시각으로 받아들였다. 즉 과학은 실험실 환경에서 흰 가운을 입은 남성 박사들이 주도하는 것으로 생각하는 경향이 있다는 것이다. 이런 생각을 바꾸고 잘못된 인식을 바로잡아야 한다. 과학은 누구나 참여할 수 있고 과학자는 누구나 될 수 있다.

이런 점에서 과학을 일상적인 실행을 통해 소개하도록 권장한다. 나는 종종 학생들에게 과학자를 묘사해 보라고 말한다. 그러면 다양한 대답이 쏟아져 나오고, 다양한 유형의 과학과 공동체 구성원들에 관한 대화가 일어난다. 이는 과학을 어렵게 만드는 고정 관념을 해소할 기회를 제공한다. 과학은 우리 생활 주변에서 일어나는 사건을 설명할 수 있으므로 교사들은 과학이 학생들이 생각하는 것처럼 어렵지만은 않다는 점을 깨닫도록 지원해야 한다. 예를 들면 학생들에게 요리, 식물 가꾸기, 계량, 차에 올라타는 것, 먹는 것, 풍선 불기 등에 대해 깊이 있게 생각하도록 유도해 보라.

이중언어 학습자와 관계를 구축하는 경험을 통해 나는 교사와 학생 간의 신뢰가 매우 중요하다는 사실을 실감했다. 신뢰는 모든 학생에게 중요한 것이지만 특히 처음 접하는 환경에서 새로운 관계를 맺어 나가야 할 이민자 청소년에게는 더욱 중요하다. 교사와 깊이 있고 두터운 관계를 구축하는 것은 학업에서 성공하는 데 핵심적인 요소다. 텍사스주 도심 빈민 지역의 대규모 고등학교에 관한 연구를 보면 이민자 가정 학생들에게 학교 교육은 별로 도움되지 않는다(Valenzuela, 1999). 이들이 경험한 학교는 선행 지식에 도움을 주기보다는 오히려 결핍과 열등감을 안겨 주었다.

우리가 추구하는 돌봄과 신뢰의 교수법은 다양한 배경의 청소년들에게서 중요한 문화적 자원을 빼앗는 학교 교육과 달리 유용하고 협력하는 교실을 만들 수 있다.

이중언어의 역동성

이중언어 학습자들에게 교과 내용을 가르치는 것 외에 교사가 해야 할 중요한 일은 이중언어 구사와 이중 문화 공존의 가치를 알려주는 것이다. 뉴욕시의 한 고등학교를 대상으로 4년 반 동안 진행된 연구에서 연구자들은 이중언어 학습자들이 다니는 학교의 성공과 관련된 중요한 사실을 발견했다(Bartlett & Garcia, 2011). 그것은 학교가 학생들을 미래의 이중언어 학습자들로 바라보았다는 점이다. 연구자들은 이중언어 학습자들의 모국어 사용을 확대한 덕분에 학교가 성공할 수 있었다고 보았다. 즉 학생들에게 새로운 내용 지식을 가르치는 데 모국어 사용을 효과적으로 통합함으로써 학업 역량을 점진적으로 키웠다고 밝혔다. 이 학교는 기발하게도 수학, 과학, 사회와 같은 교과 강좌 내에 이중언어 공간을 마련하고, 그 안에서 모국어와 영어를 사용해 모든 학생이 학습 내용을 이해할 수 있도록 했다. 이처럼 교수 학습 상황에서 서로 다른 언어를 통합해서 사용하는 것을 '언어병행(translanguaging)'이라고 하며, 이는 영어든 모국어든 이후 학업 성공에 필요한 언어 유형으로 발전할 가능성이 있다(Garcia, 2009).

이민자 청소년들은 학업에 성공하고 학교를 졸업하기 위해 필요한 시간, 즉 복합적인 읽기와 쓰기 훈련을 할 시간이 상대적으로 부족한 경우가 많다. 그런 이유로 이민자 청소년을 교육할 사람들이 언어 교육과 언어를 가르치는 스킬을 익히게 하는 일은 중요하고도 유용하다. 가르시아(Garcia)가 제안한 '역동적 이중언어 구사 모델'은 이중언어 학습자들에게 상호관계 속에서 언어 훈련을 진행하는 방식이다(2009). 나의 경우 과학 수업에 이 접근법을 적용했다. 학생들이 새로운 지식을 구성하기 위해 복잡한 다중언어 실천에 참여할 수 있는 환경을 의도적으로 조성한 것이다. 이 말은 이중언어 학습자들을 가르치는 교사들이 모든 내용과 개념을 이중언어로 번역하여 제공해야 한다는 뜻이 아니다. 학생들의 언어 능력이 학습에 장애가 되지 않고 유용한 자원으로 쓰일 수 있도록 언어 훈련 또한 유연하게 해야 한다는 뜻이다.

고등학교 과학 교실을 예로 들면, 이 수업을 계획할 때 중요한 것은 내용이다. 하지만 그 내용을 전달하는 매체는 언어이고, 이 수업의 내용도 환경과 인간, 즉 인간이 환경에 영향을 미치는 방식에 초점을 둔다. 학생들은 자기가 사는 지역사회가 실제로 환경에 영향을 끼치는 방식을 조사하기 위하여 폐기물 처리장을 방문하고, 에너지 사용 현황과 재활용 실태를 살펴보고, 지역 생산물의 유통 등을 알아보기로 했다. 이 과정에서 학생들은 지역사회 구성원들을 상대로 모국어나 영어를 이용한 인터뷰를 진행해야 했고, 이후 학급 친구 및 교사들과 공유할 자료를 구성하고 발표해야 했다. 발표는 영어를 포함한 어떤 언어든 허용되었다. 학생들은 조사와 인터뷰를 통해 인간이 환경에 영향을 주는 방식을 알게 되었고, 자기가 얻은 지식을 가장 편안한 방식으로 공유하고 입증할 수 있었다. 성공한 학습으로 간주되는 것이다. 이 사례는 내용에 중점을 둔 것이지만 학생의 입장에서는 영어와 다른 언어를 많이 사용할 기회가 되기도 했다. 즉 그들은 이미 아는 언어를 학습의 자원으로 계속 사용하면서 새로운 지식을 습득하고, 그렇게 습득한 지식을 학습 중인 언어로 바꿀 수 있게 되는 것이다. 이처럼 역동적인 이중언어 구사는 학생에게 진정한 학습경험을 축적할 기회를 넓혀 주고, 학생의 이중언어 구사 능력이 발달하는 데도 도움을 줄 수 있다.

국가공통핵심성취기준에서는 모든 학생이 읽고 쓰는 능력을 갖추도록 하고 있다. 문해력 개발에는 맥락이 매우 중요한데 과학 수업은 문해력 개발을 위한 환경으로 꽤 바람직하다. 특히 탐구 위주의 과학적 방법을 직접 경험할 수 있는 교실이라면 더더욱 그러하다. 과학적 탐구의 요건을 살펴보자. 연구를 계획하고, 연구의 전제를 파악하고, 비판적이며 논리적인 사고를 활용하고, 관찰한 현상을 설명하고, 그 대안을 생각해 보는 일들이 진행된다(National Research Council, 2000). 이러한 과정에 참여하여 과학적 발견을 공유하자면 의사소통 능력이 필수적이다. 과학적 탐구학습에서는 결과보다 과정을 공유하는 일이 중요한데, 과정을 설명함으로써 새로운 지식이 구축될 수 있기 때문이다. 과학적 탐구과정은 요리책에 있는 조리법처럼 정해진 순서를 따르는 것이 아니다. 탐구하려는 내용에 따라 얼마든지 바꿀 수 있다는 점을 중요하게 강조하고 싶다. 교사들 또한 이 점을 강조함으로써 학생들은 자신이 참여한 학습에 대해 책임감을 지니게 될 것이다. 이중언어 학습자들을 위한 과학수업에서 언어 능력을 더 발달시키는 방법으로는 과학 일지 쓰기, 주간 과학 뉴스 공유하기, 토론하기, 학생들이 주도하는 과학 발표회 등이 있는데 좀 더 자세히 살펴보자.

▌과학 일지 쓰기

과학 교과는 조사, 가설 수립, 면밀한 관찰, 관찰 내용 분석, 결론 도출, 대안적 가설 고려 등의 방법론을 요구한다. 과학 일지는 탐구가 이루어지는 세부 작업을 기록하고 전달하는 도구라는 점에서 유용하며, 공책에 직접 기록하거나 디지털 방식으로 기록할 수 있다. 현실에서 과학자들은 끊임없이 관찰하고 그에 대한 설명을 깊이 있게 검토한다. 과학 일지를 꾸준히 작성하고 관리하는 것은 이런 작업에 참여하면서 동시에 학생들의 언어 능력 발달까지 지원하는 좋은 방법이다. 이중언어 학습자들은 과학 일지를 작성할 때 이중언어를 사용할 수 있다. 처음에 모국어로 시작했다가 영어 실력이 발전하면 바꿀 수도 있다. 교사의 평가는 학생이 과학 지식을 발견한 과정 및 정보의 기록에 초점을 둔다. 특히 언어 자체의 유창성보다는 과학적인 관찰이나 묘사에 더 중점을 두어야 한다.

만일 교사가 학생의 모국어를 이해하지 못하거나 제2언어로 영어를 배우는 학생이 많은 환경에서 다양한 외국어가 사용될 경우라면 사진, 도표, 그림, 표를 이용해 과학적 관찰과 설명을 전달하도록 적극적으로 격려해도 좋다. 이중언어 학습자들의 영어 사용 능력을 지원하기 위해 다음과 같은 스캐폴딩 전략을 사용해도 좋을 것이다.

첫째, 과학 일지에 작성할 질문의 예시를 제공할 수 있다. 다음 예를 참고하라.

• 이 실험을 통해 답하려는 주요 질문은 무엇입니까?

- 그 질문에 어떤 방법으로 답할 것입니까?
- 해결을 위해 어떤 자료가 필요합니까?
- 예측되는 결론은 무엇입니까?
- 무엇을 기대할 수 있습니까?

둘째, 가설을 세우고 과학적인 관찰을 할 때 사용할 문구를 제공할 수 있다. 다음 예를 참고하라.

- 나는 … 의 효과를 확인하려 한다.
- 나는 … 라는 것을 이미 알고 있다.
- 나는 … 이 궁금하다.
- 나는 … 라고 예상한다.
- 나는 … 을 알게 되리라 기대한다.
- 나는 … 을 관찰했다.
- 나는 … 을 발견했다.
- 나는 … 했을 때 놀랐다.
- 나는 … 의 패턴을 확인하고자 한다.
- 그 자료는 … 을 나타낸다.
- 이 결과는 … 을 입증한다.
- 이 결과는 … 을 생각나게 한다.
- 나는 이 내용을 … 와 관련짓는다.
- 나는 … 라고 결론짓는다.

셋째, 과학 실험과 관련된 일반적인 용어, 특정 실험과 관련된 구체적인 단어를 표로 만들어 제공할 수 있다. 다음은 '세포막을 통한 확산'과 관련된 실험에서 학생들에게 제공한 예다.

일반적인 용어
가설 독립변수 종속변수 관찰 데이터 조정 실험결과

구체적인 용어
세포 세포막 확산 삼투압 운반 농도 농도기울기 균형 항상성 체액

넷째, 그래픽 오거나이저를 사용해 정보 구성에 도움을 줄 수 있다. 그래픽 오거나이저는 학생의 이해 정도를 보여 주는 근거로 매우 효과적이며, 개념도, 단어 그물(word webs), KWL표, 일정표, 순서도, 계획표, T-차트 등 여러 유형이 있다. 정보를 그래프로 나타내려면 독창적인 이해와 반영이 필요하다. 학생들이 이중언어를 쓰기 어려운 환경이라면 그래픽 오거나이저는 특히 탁월한 도구가 될 수 있다. 영어에 서툰 학생들도 과학적 개념을 어느 정도 숙지했는지를 충분히 보여 주기 때문이다. 일부 내용이 빈칸으로 남아 있는 그래픽 오거나이저를 제공하여 일지를 작성하도록 하면 학생들이 얼마나 정보를 체계화하여 잘 이해하는지를 검증할 수 있다.

과학 일지에 대한 평가는 여러 형태로 이루어질 수 있지만 주된 초점은 학생들이 과학 개념에 대한 이해를 보여 줄 수 있느냐에 두어야 한다. 나는 4학기 기준으로 적어도 학기당 한 번씩, 개별 학생과 만날 시간을 별도로 마련하여 작성한 과학 일지를 검토하고 평가하며 상의할 것을 제안한다. 이것은 별도의 지원시간이나 학생들이 독립적으로 활동하는 수업시간, 또는 학년 중 어느 때든 이용이 가능한 다른 시간에 할 수도 있다. 이민자 가정의 이중언어 청소년들에게 미국의 교육 및 평가 체계는 낯설고 어려울 수 있다. 따라서 평가에 대해 분명히 계획을 말해 주고 학업에서 성공하기 위해 교사가 무엇을 기대하는가에 대해 알려 주는 것은 매우 중요하다. 학생들은 이를 정확히 알 필요가 있으며, 가장 효과적인 방법은 교사가 직접 예시를 제공하여 그들에게 기대하는 작업 결과를 보여 주는 것이다.

▌주간 과학 뉴스

나는 매주 수업시간마다 현재 중요한 이슈가 된 과학적 사건을 다룬 기사를 선택하여 공유하도록 한다. 처음에는 학생들이 이 활동을 다소 지겨워했다. 하지만 시간이 지날수록 학생들은 자신이 지식의 제공자라는 주인 의식을 갖게 되었고, 어느덧 그 역할을 편안하면서도 매우 진지하게 받아들였다.

이 활동은 또 학생들의 언어능력을 발달시키는 데도 무척 유용했다. 기사를 읽고 그 기사의 출처나 중요도, 함축된 의미 등을 판단해야 하며, 이 내용을 학급 친구들과 공유하기 위해 여러 가지 자료를 준비해야 하기 때문이다. 나는 학생들이 사용하는 언어를 제한하지 않고 과제를 수행하도록 한다. 학생들은 학급 앞에서 비공식적인 발표

형태로 정보를 공유하는데 이것 또한 자신감과 자존감을 발달시키는데 많은 도움을 주었다. 생소한 교육환경에 놓인 이민자 청소년은 적응에 어려움을 겪을 것으로 예상하기 쉬운데, 이런 활동은 학급에서 자신의 자리를 스스로 찾아가는 것이기에 매우 중요하다.

게다가 고등학교 학생들이 준비해야 하는 인증시험(Regents)의 과학 교과는 어려운 과학 지문들로 가득하다. 따라서 과학에 관련된 글을 읽고 이해한 것을 토론하는 것은 학생들 자신에게도 좋은 훈련이 된다. 반갑고도 놀라운 사실은 시험에 출제된 지문 가운데 우리가 이미 학급에서 분석한 과학 뉴스들이 있었다는 것이다. 주간 과학 뉴스 기사를 분석한 활동 덕분에 학급에서도 많은 대화가 이루어졌을 뿐만 아니라 이후 내 수업을 듣지 않게 되었을 때도 학생들은 틈틈이 과학 뉴스를 들여다보고 즐겁게 대화를 이어 갈 수 있었다.

▍학급 토론

과학자들은 종종 자신이 발견한 사실이나 관점을 놓고 토론하고 정당성을 입증해야 한다. 학급 토론을 운영하면 과학 교과의 학습뿐만 아니라 언어능력 발달의 탁월한 기반이 될 수 있다. 학생들은 주어진 주제에 관해 자신이 어떤 생각을 하고 있는지, 지지 또는 반대를 표현하기 위해 다양한 정보를 조사하고 발표하면서 서로 협력할 기회를 얻는다.

과학에서 토론의 형식으로 검토할 만한 주제는 수없이 많다. 나의 경우 진화, 백신의 사용, 채식주의, 인간 복제, 재생 에너지 개발과 정부 보조금, 유전자 조작 식품, 줄기세포 연구, 지구 온난화, 학교 급식의 영양 성분 검토 등을 주제로 삼았다. 토론은 학생이 언어능력을 발달시킬 기회를 제공함과 동시에 주장을 뒷받침하는 근거를 찾아내고 정당성을 입증하는 일의 가치를 잘 보여 준다.

▌학생 주도 과학 발표회

과학자들의 임무 중에는 자신의 발견을 다른 사람에게 전달하고 정보를 공유하는 일이 포함되어 있다. 수업을 듣는 학생은 자신을 과학자라 생각하고, 과학자들과 마찬가지로 자기가 학습한 주제와 관련된 정보를 전달하고 공유할 수 있어야 한다. 과학 발표회는 이처럼 정보를 나누고 협력을 이끌어 내는 데 훌륭한 기반이 된다. 물론 전시회만큼이나 유익한 소규모 행사들도 있을 것이다. 그러나 규모가 작은 만큼 대화도 소규모로 이루어진다는 점을 생각하면 큰 규모의 발표회가 효과적일 수 있다. 발표회에서 학급 내 모든 모둠이 발표하는 모습을 생각해 보면 더욱 그러하다. 발표회 준비는 협력적 학습의 훌륭한 도구이자 수업시간에 다룬 자료를 스스로 확실히 이해하는 데도 효과가 탁월하다.

예를 들면 나는 화학수업에서 기체의 법칙에 관한 단원을 마친 뒤 학생들을 4인 모둠으로 나누고, 모둠마다 기체의 법칙을 하나씩 무작위로 배정했다. 그리고 또래 친구에게 각각 배정받은 법칙을 실제로 실험하면서 알기 쉽게 설명해 보라는 과제를 주었다. 모둠원들은 각자 대표, 일정 관리자, 발표자 등의 역할을 맡아 그 역할에 책임을 다하도록 했다. 그리고 발표 시간과 준비 시간은 서로 의논하여 정하도록 했다. 이중언어 학생들은 본인이 선택한 언어를 사용할 수 있도록 융통성을 주는 것도 필요했다. 발표를 준비하는 내내 나는 뒤로 물러나 학생들 스스로 학습을 주도하도록 하고, 발표의 방향이나 내용에 관여하지 않고 지켜보기만 했다.

발표회 당일 여러 교사와 학부모, 관리자들이 초청되어 학생들의 발표를 참관했다. 발표회에서 학생들은 자신이 발견하고 이해한 내용을 다른 사람에게 설명하고 교육하는 '전문가'였다. 발표회는 학생들에게 언어스킬을 훈련할 기회이기도 했다. 발표자의 설명이 끝나면 발표를 들은 학생들은 각자 질문을 준비하도록 했고, 수업시간에 다른 주제를 협력해서 토론하며 서로에게서 배울 수 있었기 때문이다.

문화와 관련지어 이해하기

학급의 다양성이 증가할수록 모든 학생에게 공평하고 의미 있게 정보를 전달하는 것은 필수적이다. 문화를 고려한 교수법은 이런 점에서 다양한 문화 기반을 지닌 학생들이 학업을 더 잘 수행하고 문화적 통합성을 유지하며 성공적인 학교생활을 해 나갈 수 있도록 돕는다.

학생들은 학습 과정에서 고유의 문화적 자원을 활용할 수 있다. 교육자로서 성공하려면 학생과 교과의 내용 영역에 대해 당연히 알아야 하며, 특히 문화를 고려한 교수법을 발전시켜야 한다는 주장에 대해 적극 공감한다. 학생과 관련된 문화적 정보들을 학습에 활용하는 것은 매우 중요하며, 그 과정에서 학생을 참여시키고 동기를 부여하는 교사의 능력 또한 크게 향상될 수 있다. 문화에 포함되는 여러 요소 가운데 교육과 좀 더 밀접한 관련이 있는 것을 생각해 보자. 문화적 가치와 전통, 의사소통 방식, 학습양식, 관계의 유형, 생활 방식에서의 우선순위, 수용이 가능한 관습 등을 꼽을 수 있다(Gay, 2002; Boykin & Noguera, 2011). 학생의 문화적 측면에 대해 잘 알수록 교사는 학생이 학습내용에 집중을 잘하도록 수업을 설계할 수 있다. 문화를 반영한 과학수업은 교사들이 가르치려는 내용과 학생의 삶을 의미 있게 이어 주고, 모든 학생이 과학을 쉽게 이해하도록 만든다.

소수민족 집단의 구성원 중에서는 성공하려면 반드시 주류 사회에 순응해야 하며, 자신들의 문화적 고유성이나 정체성은 버려야 한다고 믿는 사람들이 있다. 이것은 오해이며 반드시 그렇다고 말할 수 없다. 특히 이중언어를 구사하는 이민자 청소년의 경우 그들이 대상을 인식하고 학습하는 방식은 마땅히 수용될 수 있어야 한다. 만약 학생에게 이와 반대되는 상황이 닥칠 경우 교사는 상황을 정확히 인지하고 생산적인 대화를 이끌어 학생이 흔들리지 않도록, 또 상황을 바로잡을 방법을 찾아내도록 도와야 한다. 이를 돕기 위한 방법으로 문화와 관련된 과학 발표회 및 적절한 롤 모델을 교육과정 속에 추가할 것을 제안하고 싶다.

이중언어 학습자를 지도하는 교사들은 문화와 연결된 학습환경을 다양한 방식으로 제공할 수 있다. 과학 교실은 많은 일이 가능하다.

학생들과 재미있게 했던 활동 하나는 '문화와 관련된 과학 발표'였다. 즉 학생에게 익숙한 문화 또는 전통적인 관습 중 과학과 관련되거나 과학 지식을 이용해 설명할 수 있는 것을 고른다. 가령 어떤 민족들은 딸꾹질을 멈추기 위해 설탕을 한 숟가락 먹게 하는데, 이처럼 특정 문화 배경에서 일반적으로 받아들여지는 치료법을 소개하고, 진짜 과학적으로 인정될 수 있는지 설명하는 식이다. 나는 설탕이 신경 자극을 변형시켜서 횡경막이 경련을 일으키며 수축하는 것(딸꾹질-옮긴이)을 막을 수 있다는 사실을 배우고 나서야 비로소 그 치료법을 과학으로 받아들일 수 있었다. 이처럼 학생들이 성장하면서 집에서 경험한 고유의 치료법이나 문화적 관습들을 떠올려 보고, 그런 치료법이나 관습의 이면에 있는 과학을 조사하도록 한 것이다.

이 프로젝트를 통해 정말 다양한 문화적 관습에 대해 새롭게 알게 되었는데, 일부는 과학적 근거로 뒷받침된 것들도 있고 어떤 것들은 과학적 근거는 없지만 그 자체로 훌륭한 지식이 되었다. 조사를 마치면 학생들이 자신의 문화적 관습의 이면에 담긴 과학적 근거를 좀 더 찾아보고 학급에 적극적으로 알리고 발표하도록 격려한다. 공식적인 발표를 진행할 때는 학생의 가족과 학교 관리자들까지 초청한다. 발표회는 학습을 증진하는 활동인 동시에 학생 스스로 전문가이자 지식 제공자로서 전면에 나설 수 있는 활동이다. 그리고 충만한 학습동기를 부여해 주는 매우 즐거운 활동이기도 하다.

적절한 롤 모델

영감과 동기는 학업에서 성공할 수 있도록 지원하는 데 중요한 요소다. 이중언어 학생이나 소수민족 집단의 구성원은 영향력과 지식 측면에서 동등한 평가와 인정을 받지 못할 가능성이 있기에 특히 그러하다. 적절한 롤 모델을 보여 주면 학생들은 실제로 학업에서 성공하고 지식을 획득한 자기 모습을 구체적으로 그릴 수 있다.

이민자 학생을 가르치는 과학 교사라면 학생들이 과학자나 과학적 발견을 해낸 사람들과 자신의 모습이 다르지 않다고 생각하도록 격려해야 한다. 학생과 유사성이 있는 과학자들을 찾아 그 업적을 조명하는 문헌을 찾아보게 하는 것도 좋다. 나의 경우 에스파냐어를 사용하는 이민자 청소년을 주로 가르쳐 왔기 때문에 그들과 연관성이 높은 과학자들을 찾아내 그들의 업적을 수업에 포함하곤 한다. 예를 들면, 컬러 텔레비전을 발명한 멕시코 기술자인 기예르모 곤잘레스 카마레나(Guillermo González Camarena), 카리브해 생태계 보존의 어머니로 추앙받는 도미니카의 해양 생물학자 이델리사 보넬리(Idelisa Bonelli), 최초로 지문 인식 시스템을 창안한 아르헨티나의 경찰관 후안 부세티(Juan Vucetih), 피임약의 원료가 되는 중요 화합물을 합성해 낸 멕시코의 화학자 루이스 미라몬테(Luis Miramonte), 가뭄에 잘 견디도록 성공적인 종자 개량을 한 아르헨티나 생물학자 라켈 찬(Raquel Chan), 지진의 정도를 계측하는 기준인 '진도'를 처음으로 구상한 칠레의 기술자 아르투로 아리아스(Arturo Arias), 획기적인 연소 기구를 발명한 엘살바도르의 발명가 르네 누네즈(René Nuñez), 최초로 갈색 왜성을 발견한 칠레의 천문학자 마리아 테레사 루이즈(María Teresa Ruiz), 소량의 아스피린 복용이 심혈관 질환 및 뇌졸중 예방에 도움이 된다는 연구를 수행한 온두라스계 약리학자 살바도르 몬카다(Salvador Moncada), 더 빠르고 저렴하게 우주 탐험을 할 수 있도록 플라즈마 엔진을 구축 중인 최초의 라틴아메리카계 우주 비행사이자 코스타리카 출신 물리학자 프랭클린 창-디아즈(Franklin Chang-Díaz) 등이다. 이들은 내가 가르치는 학생과 관련된 소수에 불과하며, 과학 수업에 적절한 롤 모델로 더 많은 사람을 찾을 수 있다.

기대의 힘

아이들은 천성적으로 학습에 대한 욕구와 호기심을 타고난다. 그러한 욕구와 호기심은 자라날수록 키우고 시도해 볼 필요가 있다. 하지만 기대치를 지나치게 낮추면 그것이 너무 쉽게 충족되고 모든 게 실패로 돌아갈 수 있다.

교육자로 많은 시간을 보내면서 나는 기대의 힘을 직접 실감했다. 만약 학생들이 무언가를 최소한의 노력으로도 해결할 수 있다고 믿으면, 선천적으로 근면한 사람이 아닌 이상 딱 그 정도의 기대치만큼만 성취할 것이다. 외국에서 태어나 최근에 이민을 온 청소년들의 경험에 초점을 둔 연구에 따르면, 이민자 학생의 대부분은 그들에게 적합하지 않은 학교에 다니며, 그로 인해 나쁜 영향을 받는 경우가 많다는 사실이 밝혀졌다(Suárez-Orosco, Suárez-Orosco, & Todorova's, 2008). 학생에게 적합하지 않은 환경 조건은 교사들에게도 똑같이 적용된다. 이 점은 좌절과 불편을 불러올 수 있는데, 그 이유는 규제받는 교육과정 및 수업과 관련된 지시를 비롯해 다음의 여러 쟁점을 처리해야 하기 때문이다. 즉 혼잡한 교실, 자원 부족, 연구 시간 부족, 그리고 다양한 배경과 교육적 경험 속에서 개별화수업 및 비계를 이용한 교육 전략이 필요한 학생들의 문제 등이다.

좌절과 불편은 결국 학생들에 대한 적대감과 낮은 기대로 변할 수 있다. 어려운 상황이지만 우리는 왜 교사가 됐는지를 기억해야 하며, 아이들의 학습과 성공을 돕기 위한 것이 그 답이라면 아이들에 대한 교사의 생각이 미치는 영향력을 반드시 깊이 고려해야 한다. 미국에서 학교 교육을 받는 아이 가운데 다수가 다양한 배경을 지닌 아이들인 상황에서 그들이 성공할 수 없다는 것을 전제로 아이들에 대한 기대를 낮춰서는 안 된다. 오히려 기대치를 올리고 학생들에게 교사의 도움으로 그들이 성취할 수 있다는 것을 입증하는 환경을 창출하도록 노력해야 한다.

이민자 청소년들은 낯선 나라의 학교에 와서 교육받는 상황 속에서 높은 스트레스를 경험한다. 하지만 학생들이 성취할 수 있다고 믿고 학습에 도움이 되는 환경을 만들기 위해 열심히 노력하는 교육자들이 있다. 이중언어 학습자들의 학업적 성공에 이런 교사들은 매우 중요하다. 만약 우리가 정말로 학생들이 뛰어난 성취를 해 내길 원한다면,

배경이나 상황과 관계없이 모든 유형의 학습자에게 높은 기대를 유지하는 것이 중요하다. 엄격한 교육과정과 함께, 학생들이 그 과정을 이해하는 데 필요한 비계를 설정하도록 해야 한다. 비계와 개별화수업은 교육과정을 약화하거나 퇴색시키지 않는다. 학생들은 수업이 의미 있고 공평한 방식으로 제공될 때 성공을 이룰 수 있다.

만약 학생들이 주에서 실시하는 시험을 준비 중이라면, 그들은 그 시험이 어떤 형태인지 그리고 그 시험에서 인정되는 응답은 어떤 것들인지 정확히 알아야 한다. 또한 특정 주제에 관한 프로젝트나 발표 능력을 갖춰야 한다면 학생들이 효과적으로 준비할 수 있도록 다양한 예시와 채점기준표가 제공되어야 한다. 학업에서 성공하기까지 학생들이 자신의 길을 스스로 책임질 수 있도록 그들에게 기대하는 결과를 명확히 밝혀야 한다.

결론

학습이 가장 잘 이루어지는 것은 학생의 열정과, 전문가적인 자질을 함께 지닌 교육자의 지도가 결합될 때라고 어디선가 읽은 적이 있다. 개인적 경험으로 나는 교사든 예비교사든 대부분은 학생과 함께 변화를 이루어 내려는 욕구를 품고 있다고 믿는다. 이중언어 학습자 및 새로운 이민자에게 이런 일이 일어나려면 우리는 그들이 처한 상황과 관계없이 효과적으로 뒷받침할 방법들을 찾아야 한다.

은퇴를 앞두고도 여전히 가르침에 열정적인 노련한 교사를 보면 아름답고 숭고한 느낌마저 든다. 학급에서 주류 학생과 있든 이중언어 학습자와 있든, 그도 아니면 특수교육 학생과 함께하든, 교사는 높은 기대를 품고 모든 학습자에게 적합한 학습환경을 만들어 주어야 한다. 학생은 교사가 자신에게 관심과 높은 기대를 가진 것을 알면 학습에 더욱 잘 참여할 것이다.

특히 이중언어 학습자들의 경우 도움이 안 되는 교수법을 과감히 버리고 실질적인 교수법을 채택할 필요가 있다. 학생들의 지식과 학습 방식을 좀 더 가치 있게 생각할 필요가 있다. 이중언어 환경에서 도움이 되는 효과적인 교육의 기본 요소 중 일부를 예로 들면 다음과 같다. 수업에서 모든 학생이 쉽게 이해하도록 엄격하고도 단계적으로 내용적 비계를 갖출 것, 학생들에게 그들을 대변하는 롤 모델을 제공할 것, 학생의 가족이나 지역사회 구성원을 포함하여 교사로 채용할 것, 모든 학생에게 높은 기대치를 갖도록 할 것, 학생의 실제 삶과 관련되도록 할 것, 교과내용과 교수법 모두 우수한 교원을 채용할 것, 이중언어 구사 및 서로 다른 언어의 병행을 허용할 것, 고부담 시험의 내용 영역을 학생들이 선택한 언어로 제공할 것 등이다.

나는 이 글에서 이중언어 학습자를 포함한 모든 학생이 성공을 거둘 수 있었던 구체적인 수업전략을 제공하고자 했다. 이민자 청소년을 가르치는 교사는 학생이 부딪히는 어려움에 주의를 기울여야 한다. 학생의 경험과 흥미를 기반으로 유용한 전략을 사용하면서 돌봄 및 신뢰를 바탕으로 하는 교수법을 적용하는 학급을 구성해야 한다. 또한 학생들의 언어 능력 및 잠재력인 이중언어 구사 능력이 학업적 성공에 오히려 장점이 된다고 인식해야 한다. 성공적인 이중언어 학급에서는 학생들의 모국어 훈련을 확대하고 수업에서도 모국어를 더 많이 사용하게 한다. 그 방법으로 새로운 지식을 가르치는 데 효과적인 모국어 훈련을 포함해 구성하고, 역동적인 이중언어 구사 및 언어 병행 방법을 허용한다. 어떤 교과에서나 마찬가지로 교과내용이 될 자료의 실용성을 강조하고 학생의 삶과 관련지어 쉽게 이해하도록 만드는 일이 중요하다.

과학수업에서 나는 학생들에게 이렇게 강조하곤 한다. 여러분은 이미 실천적인 과학자들이며, 여러분이 참여하는 일상의 활동 중 고유의 문화와 관련된 활동을 이용해서 과학적인 개념들을 설명해 보라고 말이다. 나는 영감과 동기가 학습의 핵심 요소라고 믿는다. 과학자나 과학적 발견자들 대부분이 자기와는 생김새부터 다르다고 믿는 학생들의 근거 없는 편견을 바꾸어 주려고 노력하며, 적절한 롤 모델을 제시한다. 마지막으로 학생과 서로 배려하는 관계를 맺는 교사들, 학생의 잠재력을 발견할 줄 아는 능력을 지닌 교사들을 통해 이중언어 학습자들이 성공적으로 상황에 대처할 수 있다고 믿는다. 교사는 학생과 배려와 신뢰의 관계를 맺어야 한다. 학생의 경험과 흥미를 기반으로 모든 학습자에게 높은 기대를 품어야 한다. 이와 같은 교사와 함께할 때 학생들이 학업에서 성공할 가능성은 무한하다.

제3원칙

목표에 일관되게 집중하라

긍정적 차별로 모든 학생을 성공적으로 이끌자면 정치적 견해가 다르다거나 우선순위에서 밀린다거나 하는 이유로 집중력이 흐트러지는 위험을 피해야 한다. 예산 부족 문제, 사정없이 진행되는 개혁 방안 등이 쉬지 않고 우리 머릿속을 덮쳐오는 현 상황에서 본래의 목표에 계속 집중하려면 용기 있는 리더십이 절실하다. 리더는 정책이나 개혁을 구실로 학교와 학구에 쏟아지는 온갖 지시와 요구로부터 교사를 보호해야 한다.

미국에서 교육산업은 그 어느 때보다 거대해지고 있다(Ash, 2012). '지금 유행하는 해결책'을 채택하여 더 많은 것들을 사들이라는 유혹이 계속되는 가운데 리더들의 고민은 크다. 새로운 기준과 교육과정, 프로그램을 채택하고 전문적인 스킬과 교재가 개발되면 학교는 이것들을 신속히 구입하여 현장에 적용하느라 분주하다. 이런 가운데 교육의 형평성 강화라는 초점을 놓치지 않으려면 모든 교직원과 교사가 조직의 비전을 지지하도록 하는 힘, 즉 일관성이 필요하다. 이런 접근은 두 가지 측면에서 목표 달성에 중요하다. 첫째, 요구되는 수많은 사항 및 그것을 완료하는 데 따르는 시간 부족 스트레스를 줄일 수 있다. 교사들이 중간에 방향을 변경하느라 시간을 낭비하지 않고 오로지 목적에 집중할 수 있게 하기 때문이다. 둘째, 명확성을 부여해 준다. 명확성은 높은 성취도를 보여 주는 시스템의 리더들에게서 성공의 주요 요인으로 발견되는 특성이다(Evans, 1996).

10장에서는 이런 원칙을 실제 사례로 설명할 것이다. 전 매사추세츠주 교육위원회 위원장 폴 레빌(Paul Reville)은 매사추세츠주에서 거둔 '이례적 성공'을 도운 요인으로 6가지를 꼽았다. 처음 꼽은 두 가지는 리더십과 명확성이었고, 마지막으로 꼽은 것은 다양한 협력자들이 꾸준히 보여 준 헌신이었다. 레빌은 수많은 방안과 책임이 학교에 제시되어 왔으나 시간의 양이란 구조적 요인은 변하지 않았다는 사실, 그리고 책임의 목록만 늘어났다는 점을 강조했다. 그리고 전국교육성취도평가(NAEP) 및 국제학업성취도평가(PISA) 점수 등 현장에 강력한 영향을 끼친 노력들을 설명한다. 매사추세츠주에서 이런 노력이 성과를 거둔 것은 한결같이 목표에 집중했던 덕분이다. 하지만 레빌은 성취도 격차를 해소하려는 목표는 제대로 이루지 못했다고 고백하고, 그러한 목표에 다가갈 수 있는 8가지의 구체적인 제안과 함께 꾸준히 헌신할 것을 당부한다.

매사추세츠주 교육 개혁을 돌아보며

폴 레빌

매사추세츠주는 미국에서 최고 수준의 학업성취도를 보여 주는 곳이다. 전국에서 최상위 또는 그에 근접한 수치를 보여 주고, 일부 교과의 경우에는 세계적으로도 우수하다. 이는 지금부터 20여 년 전, 교육에 관심이 큰 재계 리더들의 촉구와 추진에서 시작되었다. 매사추세츠주에서 이처럼 야심 찬 개혁이 실행된 것은 '교육의 형평성, 그리고 모든 학생을 성공으로 이끄는 일'이라는 두 가지 개념에 관한 관심 때문이다. 이 두 개념은 서로 어긋나지 않고 오히려 서로를 더욱 강화해 주는 듯했다. 모든 개혁은 일부가 아닌 전체 아동을 대상으로, 그들이 학업과 시민으로서의 생활, 그리고 삶 전체에서 성공하도록 준비시켜 궁극적으로 희망찬 미래를 보장할 수 있도록 하려는 요구에 따라 개발되었다.

지금까지의 여러 지표로 파악할 때 이러한 구상과 전략은 매우 성공적인 것으로 평가된다. 물론 여전히 해야 할 일이 훨씬 많이 남아 있지만 말이다. 이러한 개혁은 어떻게 시작된 것일까?

1980년대 후반 매사추세츠주의 몇몇 재계 리더들은 교육 제도에 변화가 필요하다고 생각했다. 이들은 「A Nation at Risk(위기에 처한 국가)」라는 보고서를 통해 개혁의 필요성을 실감했고, 이미 산학 협력 과정을 통해 공교육의 강점과 약점을 어느 정도 파악하고 있었다(National Commission on Excellence in Education, 1983). 산학 협력은 대부분 전략적이기보다는 '좋게 생각되는' 활동으로 꾸려질 때가 많은데도 기업인들에게는 K-12 학제의 운영과 한계를 절감하게 한 것이다. 재계 리더들은 학교에 대하여 다음과 같은 특징을 인상적으로 꼽았다.

- 명확한 목표를 제시하지 않고, 실행 대상 및 진전도를 측정하는 기준이 빠진 시스템
- 책무성이 부족한 시스템
- 재능 및 인적 자원 개발에 대한 명확성이 부족한 시스템
- 일부 지역과 학교의 고르지 못한 성취 및 높은 낙제율
- 불완전하며 불합리한 재정 시스템
- 완결성과 선택권이 모자란 시스템
- 부족한 전문적 지원과 열악한 근로 조건에서 일하는 교육자들의 노고와 헌신

이 같은 관찰 결과는 과연 미래 번영에 필요한 교육 시스템이 존재하는가에 대한 심각한 우려로 이어졌다. 탈공업화와 정보화가 이루어진 21세기의 경제 체제에서 살아남는 데 필요한 능력과 지식을 갖춘 인력들을 과연 어디에서 찾을 수 있을지에 관한 우려 말이다. 매사추세츠주뿐만 아니라 전국의 기업인들이 고민하고 있는 문제였다. 특히 매사추세츠주의 재계 리더들은 변화의 범위와 규모 면에서 단순한 산학 협력 이상의 개혁이 있어야만 미래를 기대할 수 있다고 판단했다. 그들은 구식이 된 낡은 시스템을 완전히 뜯어고치고 학생 개개인, 그리고 모든 학생이 높은 성과를 거둘 수 있는 시스템으로 바꾸기를 원했다.

재계 리더들이 요청한 것은 단순히 기업의 성공을 뒷받침할 만한 숙련되고 박식한 노동자 또는 21세기에 맞는 지식과 능력을 갖춘 사람만이 아니었다. 시민 사회와 공동체의 우수성 역시 그들의 관심사 중 하나였다. 아울러 그들은 생계를 돌보는 데만도 벅차 질 높은 교육을 받지 못하는 사람들이나, 재정적으로 정부에 의존해야만 살아갈 수 있는 하층민의 증가 가능성에도 우려를 표했다. 빈곤의 증가는 사실상 경제와 사회의 성장을 가로막는 요인이 되기 때문이다.

재계 리더 가운데 몇몇이 이 문제 해결을 위해 전면에 나서기로 했다. '매사주세츠주 교육을 위한 기업인 연합(MBAE)'이 만들어지고 색레니(Jack Rennie)가 의장으로 선출되었다. 나 또한 초대 이사진으로 참여하게 되었다. 1991년에 발행한 보고서 및 개혁 선언서에는 현 공교육의 단점을 수정 보완하는 동시에 모든 학생의 잠재력 실현이란 목표를 위해 고안된 일련의 정책 및 개혁 전략이 담겼다. 「Every Child a Winner!(모든 아동을 승리자로)」라는 제목의 이 보고서는 재계와 교육계가 고민 중인 교육의 형평성 문제를 널리 알렸다는 점에서 매우 뜻깊은 것이다(MBAE, 1991).

여기서 우리가 주목할 만한 점은 교육 제도의 혁신적인 변화를 촉구함과 동시에 다음과 같이 교육의 형평성과 모든 학생의 잠재력 실현이란 두 개념을 모두 언급하고 있다는 것이다.

> 우리의 발전은 인종, 민족적 배경, 사회경제적 지위 또는 주거지에 상관없이 모든 아동에게 적절한 교육을 제공하는 공립학교들의 능력에 달렸다. 우리의 도전은 공교육 시스템을 개선해서 개별 아동이 잠재력을 발휘할 기회를 최대한 얻고, 훗날 미국의 사회경제에 참여하며 기여하는 생산적인 삶을 영위하게 하는 데 있다. 이 도전은 모든 아동에게 해당한다.

재계에서 나온 이 분명하고도 강력한 요구는 궁극적으로 주지사 및 주 의회의 정책 마련을 촉진하는 계기가 되었다. 모든 학생이 현대 사회에서 성공을 거둘 수 있도록 준비시킬 필요성에 관한 경제계 리더들의 합의가 반영된 것이기도 했다. 앞으로도 여전히 세계적인 경쟁력을 갖추고 경제적으로 번영하며 민주주의가 유지되길 원한다면, 미래 사회의 직업을 위해 지식, 능력, 태도에서 지금보다 발전된 모습이 필요하다는 것이다. 또한 리더들은 학생 대다수가 이제까지와는 비교할 수 없을 만큼 전문적인 수준으로 지식에 숙달하려면, 현재의 학제를 개편하지 않고서는 불가능하다고 생각했다. 다음에 인용된 내용은 당시 진행된 논의를 전형적으로 보여 준다.

우리가 앞으로 현재와 같은 생활 수준을 유지하면서 취약계층의 증가를 막고 민주주의가 효과적으로 작동하기를 원한다면, 모든 학생이 높은 수준의 성취도를 달성하도록 학교가 도와야 한다. 오랫동안 소수의 특권층만이 갖출 수 있었던 성취도를 대다수의 학생이 졸업하기 전에 달성해야 한다는 뜻이다. 성공의 기준을 높이고 재정의하지 않는다면, 그리고 기회의 질과 형평성이 양립할 수 있도록 노력하지 않는다면, 20세기 초반 대량 생산 경제를 위해 설계된 현재의 교육 제도로는 성공하지 못할 것이다.

_ 교육 현안 및 경제에 관한 카네기포럼 전문가 태스크포스, 1986

성취기준을 높이는 것만으로는 충분하지 않다. 높은 수준의 성취기준에 모든 사람이 도달하는 것이 필수적이다. 무엇보다 우리는 가진 자와 못 가진 자가 구분되는 교육 시스템을 만들지 않아야 한다. 어떤 학생들은 마스터 자격증을 따고 졸업하는 반면 어떤 학생들은 사회의 변두리로 밀려나는 시스템은 문제가 있다. 마스터 자격증의 목적은 학생들의 평생 교육 및 고용 기회를 넓히자는 데 있다.

_ 국립교육센터 및 미국 노동기술경제위원회, 1990

보고서는 매사추세츠 학교들의 변화를 요구했고, 보고서에 담긴 전략적 개요는 공교육 시스템 개편을 본격 추진한 역사적 입법의 배경이 되었다. 법안은 세 가지 요소를 다루고 있다. 기준과 책무성 측정의 결합, 교육감의 실무 권한부터 차터스쿨 설립까지 교육에 관련된 모든 시스템의 개선, 학교 재정 시스템의 전면 개선이 그것이다. 특히 학교 재정 시스템을 정비해 좀 더 진보적인 분배 체계를 마련했고, 그 결과 7년간 주 정부의 학교 재정 지원액이 거의 2배(물가 상승률을 반영할 때)까지 늘어났다.

이 보고서는 교육 개혁을 향해 성공적으로 나아가는 계기이자 토대가 되었다. 재계가 앞장서고 교육계는 이를 대대적으로 지지했으며 주지사와 주 의회에서는 틀을 갖추고 지도하는 데 노력을 쏟았다. 이렇게 해서 1993년에 교육 개혁에 관한 법률이 의회를 통과하며 개혁은 현실이 됐다. 이 법안은 지난 세기 동안 일어난 가장 중대한 학교 개혁으로 꼽힌다.

매사추세츠주의 이러한 개혁, 즉 성취기준에 바탕을 둔 교육 개혁이자 입법까지 이어진 개혁은 사실 최초의 시도는 아니다. 리더들은 다른 주의 사례로부터 교훈을 얻고 효과적인 실행을 고민하여 새로운 전략을 구상했다. 그리고 이러한 전략이 매사추세츠주 학생들의 성취도를 불과 수년 만에 전국 최상위권으로 올려놓았다.

어떻게 이런 일이 일어났을까?

이처럼 보기 드문 성공을 거두게 했던 많은 이유 가운데 몇 가지를 소개하면 다음과 같다.

첫째, 리더십을 들 수 있다. 개혁과 실행을 추진한 리더들은 매우 진지하고, 다양하며, 초당적이고, 일관되고, 유례없이 집요했다.

둘째, 형평성 문제를 전면에 내세운 점이다. 교육 문제에 무심한 것처럼 보였던 재계 리더들이 전면에 나서서 미래의 경제적 성공, 일자리 증가, 번영을 이루려면 교육 개혁이 필수라고 주장하며 사람들을 설득했다. 개혁 과제는 학업성취도 향상, 모든 학교의 개선, 개별 아동 및 모든 아동에 대한 교육 개선 등 체계적인 방식으로 제시되었다. 이들은 모든 아동의 교육이 단지 공평함에 그치지 않고 경제적 발전을 이끄는 문제라고 믿었다. 따라서 개혁은 모든 학생의 잠재력 실현을 위한 수단이자 긍정적 차별을 추구하는 전략으로 촉진되었다.

셋째, 높은 기대치, 높은 기준, 높은 부담이 있다. 개혁은 교육에 관여하는 모든 이에게 높은 수준의 성과를 요구한다. 매사추세츠주는 '전국 최고'라는 높은 목표를 설정했고, 실질적인 결과와 연동된 높은 부담의 책무성을 부여해 교육자들이 그 목표를 중요하게 받아들이도록 했다. 그리고 이 전략을 추진하기 위해 매사추세츠주 종합평가시스템(MCAS)을 개발했다.

넷째, 역량 구축 및 형평성 달성을 위한 투자를 들 수 있다. 매사추세츠주는 성취기준을 높였을뿐더러 그 목표의 달성을 위해 교육에 대한 재정 지원을 배로 늘리고 교육자들의 역량을 키우는 데도 상당한 투자를 했다. 주 의회의 자금 조달 방식도 바꿨다. 기존에는 저소득층 학생 비율이 높은 지역에 불이익을 주는 방식이었으나 이를 바로잡는 방향으로 개편한 것이다. 새로운 방식에는 저소득층 학생 수에 비례하여 추가적인 보조금을 지역 단위로 지급하는 조항들이 포함되었다. 역사상 유례없을 정도로 과도한 목표를 학교에 요구하면서도 목표를 달성하는 데 필요한 전략이나 자원은 전혀 제공하지 않는 주들도 있다. 교육 개혁에 대한 매사추세츠주의 투자는 그런 면에서 꽤 돋보이는 것이었다.

다섯째, 포괄적인 접근을 꼽을 수 있다. 개혁은 해당 분야 각계각층의 사람들과 긴밀한 협조를 거쳐 시행되었다. 정책 제안은 철저한 협의를 거쳐 이루어졌고, 실행 계획은 그 일에 책임과 권한을 가진 사람들의 검토를 거쳐 틀을 마련했다. 개혁을 결정하는 데 모두가 합의한 것은 아니지만 그러한 개혁의 과정에는 합의와 대화가 전제되어야 한다는 생각이 모두에게 깊이 자리 잡고 있었다. 매사추세츠주의 교육 개혁이 훌륭하게 성공한 요인은 바로 모든 사람이 협조하며 시행해 나갔다는 데서 찾을 수 있을 것이다. 매사추세츠주는 노동조합의 힘이 무척 강력한 곳이지만, 이들은 개혁 추진 과정에서 적대자가 아닌 협력자로서 함께 탁월한 결과를 이루어 냈다.

여섯째, 협력자들의 장기적인 헌신이 있다. 주지사 및 주 의회를 비롯한 재계, 교육 지지 그룹, 언론, 교육감 등 수많은 사람이 교육 개혁이라는 과제의 실현을 위해 오랫동안 헌신적으로 일했다. 매사추세츠주 대법원 또한 교육 개혁이 오랫동안 끌어온 재정 형평성 관련 소송의 해결책이 될 수 있다고 보고, 주 차원에서 일관되게 장기적인 정책을 내놓을 것을 요구하며 힘을 보탰다.

1993년에 시작된 교육 개혁이 성공적으로 안착한 지 20여 년이 흘렀다. 매사추세츠주는 비교적 개혁을 훌륭히 추진해 왔지만, 만성적이고 치명적인 성취도 격차를 줄이려던 애초의 목표는 여전히 멀었다는 사실 또한 뚜렷하다.

2년마다 실시되어 온 전국교육성취도평가(NAEP)에서 매사추세츠주는 좋은 성적을 유지해 왔다. 다섯 차례의 시험에서 4학년과 8학년 영어와 수학 과목이 전국 1위를 기록한 것을 비롯해 지난 10년간 전국 최고 수준의 성취도를 꾸준히 보여 준 것이다. 매사추세츠주 종합평가 시스템 점수 또한 지속적으로 향상되었다. 성취기준이 상대적으로 낮은 몇몇 평가의 경우 눈에 띄는 것은 성취도 격차의 감소였다. 전반적인 성취도 및 참여율은 올라갔고 학교 중퇴율은 감소하는 등 여러 면에서 매사추세츠주는 탁월한 성과를 거두었으며 국제적인 평가에서도 좋은 성적을 냈다.

그럼에도 불구하고 여전히 다양한 집단 간에 만성적이고 뚜렷한 성취도 격차가 존재하고 있다. 2013년 3학년 영어 과목에서 능숙 이상의 등급을 받은 비율은 백인 학생들의 경우 65퍼센트였으나 저소득층 학생들은 34퍼센트, 영어학습자들(ELLs)은 19퍼센트에 불과했다. 5학년 수학 과목에서 최고 수준의 점수를 받은 백인 학생은 67퍼센트였으나 저소득층 학생들은 41퍼센트였다. 8학년 과학 과목에서는 능숙 이상 등급이 백인 학생들은 46퍼센트, 저소득층 학생들은 19퍼센트였다. 학교 중퇴율 또한 백인 남학생은 1.8퍼센트에 불과했지만 흑인 남학생은 5.4퍼센트, 라틴아메리카계 남학생은 6.8퍼센트에 이른다(Massachusetts Department of Elementary & Secondary Education, 2014).

1990년대 초 교육 개혁이라는 긴 여정의 출발점에 섰을 당시 우리의 목표는 성취도 격차를 해소하고 모든 학생이 능숙 수준에 이르게 하며, 학생의 사회경제적 지위와 학업성취도, 최종 학력 사이의 상관관계를 완전히 없애는 것이었다. 교육 개혁 초기 다른 주의 동료들은 우리의 목표를 두고 "모두라는 말은 전체를 뜻한다. 매사추세츠주는 전체 학생들을 높은 수준으로 교육할 것이다."라고 긍정적으로 평가했다(Shriner et al., 1994).

하지만 아직까지는 그러한 목표를 달성하지 못하고 있다. 많은 노력을 기울여 왔지만 우리의 노력은 현재까지는 실패에 가깝다. 낮은 학업성취도와 저학력의 밑바탕에는 빈곤이 자리하며, 사회경제적 지위와 최종 학력 및 학업성취도 간의 상관관계 또한 여전하다. 우리의 과제는 아직 끝나지 않았다. 우리는 앞으로 더 잘해 낼 수 있고, 반드시 그렇게 해야만 한다.

기준 중심 개혁의 한계

교육 개혁이 시작된 지 20여 년이 지난 지금에 와서 생각하면 매사추세츠주에서 교육 개혁의 중심을 '기준'에 두었다는 사실을 부인할 수 없다. 하지만 교육의 형평성을 핵심 가치로 보는 우리 목표에서 '기준'을 중심에 둔 개혁은 분명 미흡한 전략이었다.

이유는 무엇일까? 정말로 기준 중심 개혁이 잘못된 전략이었을까?

제3원칙. 목표에 일관되게 집중하라

일부 사람들은 전략에 담긴 기준이 너무 많고 편협할뿐더러 아동의 전인적 발달에도 해로울 수 있다고 주장했다. 또 어떤 이들은 시험을 강조하는 데 반감을 드러내고, 시험 중심 전략이 학교의 본질적인 교육을 망친다고 주장했다.

사실 매사추세츠주의 향상된 성취도 및 전국 최고 수준의 순위만 보면 기준 중심의 개혁 전략이 쓸모없다는 주장은 말이 되지 않는다. 그럼에도 불구하고 기준 중심 개혁을 옹호하는 이들과 이를 반대하고 전인적 접근의 교육을 주장하는 이들 사이에 오랫동안 많은 논쟁이 이어져 왔다. 내가 보기에 이처럼 양자택일식으로 지나치게 단순화된 이분법적 싸움은 교육계를 분열시킬 뿐만 아니라 핵심에서도 벗어난 것이다.

나는 문제의 핵심을 학교라는 시스템의 한계에서 찾아야 한다고 본다. 개혁의 결과를 비판적으로 보는 이들은 현재의 학교가 제약이 너무 많고, 부진한 아동에 대한 개입 여력이 충분하지 않다는 점을 들어 우리의 목표 자체가 무리라고 본다. 즉 아무리 개혁의 의도가 좋다고 해도 일부 학생들의 학업성취도를 높이면 모든 학생의 학업성취도가 저절로 높아져 전체가 바뀔 것이라는 발상은 순진한 망상일 뿐이기에 매사추세츠주 종합평가시스템과 같은 기준 중심의 평가 시스템으로는 어렵다는 것이다.

재계 리더들이 구상했던 교육 및 인적 자본 개발 시스템을 꾸준히 개선하면서 높은 성과를 달성하는 데 성취기준은 필요조건이었을 뿐 충분조건은 아니었다. 어떤 일에 성공하기 위해서는 야심 찬 목표를 세우고 진전 과정을 측정하여 이를 데이터로 삼아 성과를 거두고 개선해 나가야 한다는 게 상식이다. 많은 사람이 따르는 행동 이론의 주장이기도 하다. 하지만 부적합한 학교 시스템에 기준만 접목한다고 해서 오랫동안 뿌리 깊게 내려온 학생 성과의 불평등 문제가 사라지진 않는다. 실제로 학교들이 이 새로운 전략을 수용하기 위해 대대적인 변화를 추구하지 않고서는 오히려 기준 중심 개혁이 역효과를 낼 수도 있다는 걸 우리는 분명히 확인했다.

예를 들어 보겠다. 기준이라는 패러다임을 뒷받침하는 이론은 숙달 시스템이 필요하다. 즉 더 이상 학급에 얼마나 오래 있는가, 강좌를 몇 개나 들었는가에 따라 진급이 결정되는 것이 아니라, 기대되는 성취기준을 달성하는 데 어떠한 능력을 갖추었는가를 입증해야 한다는 것이다. 이러한 모델에서는 학생 개개인이 그런 기준을 달성하는 데 필요한 시간과 관심을 학교가 제공해야 하고, 그러려면 시스템이 유연해야 한다. 이 같은 개별화된 접근은 현재 미국 학교에서 따르는 획일화된 시간 모델과는 극명히 대비된다. 국가학습시간위원회의 1994년 발표에 따르면 학교 교육은 설계상 결함을 갖고 있으며, 결함을 고친다는 것은 행정 편의보다 학습자들의 개별 요구를 충족시키는 방향으로 시간을 조정해야 한다는 뜻이다.

기준 중심 개혁을 제대로 추진하려면 개별 학습자 및 모든 학습자의 요구가 충족되도록 학교의 일정과 시간표를 전면적으로 고쳐야 했을 것이다. 특히 핵심 교과에서 모든 학생이 능숙 등급을 달성하려면 학교 수업시간을 양적으로 늘리는 동시에 다양한 개별 학생들의 요구를 학교가 원칙적으로 수용해야 했다.

'모든' 학생이 높은 기준에 도달하도록 지도하는 것은 설령 영어나 수학 같은 몇몇 시험 과목이더라도 '일부' 학생들만 높은 기준으로 교육하는 예전 시스템에 비해 훨씬 어렵고 시간도 많이 걸린다. 학교에 거는 기대는 핵심 교과에서 모든 학생을 높은 기준에 도달하도록 하고, 동시에 다방면에 걸쳐 학생들에게 균형 잡힌 교육을 제공하라는 것이다. 이 두 가지 기대 모두를 수행하려면 시간이 부족하다. 그러다 보니 학교는 책무성이 강조된 시험과목인 핵심 교과에서는 학습 개선 시간을 확보하기 위해 교육과정 축소라는 방법을 택했다. 즉 '분량에 맞춘' 것이 곧 '가르친' 게 되어 버렸다는 말이다. 이걸 반드시 나쁜 방법이라고 탓할 수만은 없다. 어쨌든 중요한 과목 중심으로 측정했기 때문에 그렇다. 하지만 '학생들이 미래에 성공할 수 있도록 준비시켰나'라는 관점에서 보면 전반적으로 적절한 교육은 아니었다고 본다. 학교 시스템은 '시간의 포로'나 마찬가지였다(National Education Commission on Time and Learning, 1994).

교육과정 축소는 기준을 달성하는 데 필요한 시간을 충분히 확보하지 못한 채 기준 중심 개혁을 실행하는 과정에서 역효과를 일으키기도 했다. 학생들은 교육과정 축소로 인해 충분한 학습 지원을 받지 못하는 부당함을 감수해야 했다.

핵심 교과의 성취도를 높이라는 압력은 21세기에 들어와 학교에 그 어느 때보다도 많은 것을 요구한 시기에 시작되었다. 영어, 수학, 과학까지 전례 없이 높은 성취기준을 모든 학생에게 요구한 것이다. 그뿐만 아니라 학생들이 높은 수준의 스킬과 지식이 필요한 직업을 얻고 유지할 수 있도록 준비시키고, 학생들을 적극적인 시민이자 가족의 가장이며 평생 학습자로 키워 낼 교육을 학교에서 제공하라고 요구했다. 이러한 압력은 학생들이 21세기 직업 세계에서 성공하는 데 중요한 창의력, 의사소통 능력, 협업 능력을 기르려는 의도와 함께, 새로운 형태의 스킬에 숙달하고, 과학, 기술, 공학, 수학, 그리고 융합(STEM) 관련 주제에 관심을 가지고 참여하도록 하며, 올바른 품성과 역량을 키우려는 목적이었다. 역사, 미술, 음악, 외국어 또한 중요한 핵심 교과이지만 학교에서는 이들을 최소한으로 다루되 완전히 등한시하지는 못했다.

여기에 더하여 학교는 사회적이고 실용적인 역할 수행의 기대까지 새롭게 감당해야 했다. 예를 들면 운전자로서의 교육, 영양식 제공, 폭력, 십 대의 임신 등 다양한 사회 문제의 해결까지 학교 교육의 과제로 포함된 것이다. 학교의 업무는 지금까지도 과중했지만 앞으로도 그러할 것이다. 급증하는 온갖 사회적 요구를 충족시킬 만큼 학교가 교육에 전념할 시간을 확보하지 못하기 때문이다.

다른 주와 마찬가지로 매사추세츠주 역시 학교의 시간을 더 많이 확보하거나 수업시간 운영 체계를 유연하게 만드는 데 필요한 변화를 추진하지 못했다. 수업시간 확대와 관련해 일부 시도가 이루어지긴 했지만 거기서 그치고 말았다(National Center on Time and Learning, 2011). 그런 변화를 시도하는 것은 비용도 많이 들고 불편한 일이다. 그래서 교육자들은 기존의 획일화되고 고정된 시간 모델을 유지하면서 기준 중심 개혁을 시도해 왔고, 일부 제한적인 성공을 거두긴 했지만 목표 달성에는 이르지 못했다.

지금까지 우리는 개혁에 관한 의지를 갖고 열심히 일해 왔으나 강력한 학교 개혁 전략에도 불구하고 모든 학생을 능숙 등급 이상으로 끌어올리는 데는 분명 실패했다. 지난 20여 년간의 개혁은 높은 기준과 엄격한 실행을 통해 학생들의 성취도 향상에 상당한 기여를 할 수 있다는 점을 입증한다. 다만 완벽하고 적절하게 실행되지 못할 때의 문제점, 그리고 부적절한 학교 시스템에 따라 왜곡될 때의 문제점 등 기준 중심 개혁 전략만으로는 목표한 결과를 이루어 내기 불가능하며, 그런 생각 자체가 무리라는 약점 또한 여실히 보여 준다.

학교 선택

기준 중심 개혁 외에 또 다른 형태, 즉 그러한 개혁과 병행하거나 공동으로 진행되거나 종속된 형태로 추진된 다른 개혁들이 있었다. 그중에서도 '학교 선택'은 과거 매사추세츠주에서 추진한 개혁 전략으로 두드러진다.

기준 중심 개혁 못지않게 논란이 되었던 힉구 긴 신딕이나 샤터스쿨 같은 방안에 대해 재계 리더들은 대체로 다음과 같은 두 가지 방향으로 인식하는 듯했다. 하나는 그런 선택 방안들이 기준 중심 개혁을 경쟁자로서 위협하거나 파괴할 수 있는 전략이라고 여기는 시각이었다. 또 다른 시각은 기준 중심 개혁을 보완해 줄 방안으로 보고, 소외계층 가정을 위한 변화와 선택의 여지를 줌으로써 새로운 학교 교육 모델 개발이라는 시장 창출 전략으로 인식하는 것이었다. 매사추세츠주의 '학교 선택'이란 방안은 전국적으로도 많은 지지를 받았고 주에서도 당연히 자부심을 느낀다.

학교 선택 프로그램을 통해 매사추세츠주에서는 전국에서 가장 성공적인 몇몇 차터스쿨을 만들 수 있었다. 하지만 많은 이들의 지지와 적극적 옹호에도 불구하고 학교 선택 프로그램은 전국적으로 확대되는 데는 상당한 제약을 받았다. 교육계 내부의 정치적 현실, 부족한 재정 자원으로 인한 경쟁, 현 상황에 대한 학교의 반발이 있었다. 그런 이유로 차터스쿨의 성공이나 실패를 놓고도 격렬한 논쟁이 이어졌다. 차터스쿨은 1993년 교육 개혁에 관한 입법을 통해 생겨났다. 그로부터 20여 년이 지난 지금 매사추세츠주의 학생 가운데 차터스쿨에 등록한 학생 수는 4퍼센트에도 미치지 못한다. 매사추세츠주의 학교 선택 프로그램 또한 1퍼센트 미만의 저조한 참여율을 보이고 있다.

선택과 관련된 매사추세츠주의 개혁이 전국적 확산에 실패한 것은 이 개혁의 한계를 암시한다. 학생 가운데 대다수가 다니게 될 주류 공립학교들은 선택과 혁신이 긴급히 필요한 상태라는 사실은 반박의 여지가 없다. 학교를 선택하도록 하는 정책이 시행되자 일부 학교의 경우 건설적이고 경쟁적인 부담을 안고 학생을 위한 개혁을 받아들였다. 최소한 매사추세츠주에서 진행된 차터스쿨 운동은 혁신적이며 성공적인 일부 학교 모델들을 만들어 냈다는 점에서 모범 사례라고 할 만하다. 이런 학교들의 수는 조금씩 겨우 늘어나는 정도이긴 하지만 전망은 밝다.

'선택'은 학교 교육을 개혁하는 데 분명 필수적인 동반 전략이 될 것이다. 학교를 대상으로 선택할 수 있는 것들은 점진적으로 늘어날 가능성이 있으며, 학교가 제공하는 서비스에서도 새로운 형태의 선택적 실험이 계속된다. 이런 실험은 앞으로도 거듭해야 할 것이다. 매사추세츠주에서 로렌스 공립학구(Lawrence Public Schools)를 대상으로 시도한 재정 관리 실험 같은 것을 살펴보면 이러한 시도는 매우 긍정적으로 생각된다. 선택 전략의 확대를 놓고 취하는 노력은 자세히 주시해야 하고, 긍정적인 결과는 수용하는 것이 마땅하다. 그러나 선택 전략이 개혁의 특효약은 아니다. 모든 학생이 능숙 수준에 도달하는 데 필요한 지원을 선택만으로 처방할 수는 없고, 단지 그런 지원을 넓히는 데 도움이 될 뿐이다.

선택은 자율성을 부여한다. 그러나 자율성이 있다고 해서 자동으로 우월해지는 것은 아니다. 돈이나 시간을 추가로 투입하는 경우와 마찬가지로 성과를 높이는 일은 그런 요소들을 소유하는 것만으로는 충분하지 않다. 오히려 돈과 시간이 제공하는 여러 가지 기회를 어떻게 이용하느냐에 따라 성과가 좌우된다. 돈과 시간 같은 요인은 잘 사용하면 중요한 변화를 일으키지만 잘못 사용하면 그냥 낭비되고 말 뿐이다.

학교만으로는 충분하지 않다

2008년부터 2013년까지 교육부 장관으로 있을 때 나는 종종 교육 현실에 관한 도발적인 발언으로 많은 이들을 놀라게 만들곤 했다. 그중 하나로 "미국에서는 유치원부터 고등학교 졸업 때까지 아이들이 깨어 있는 시간의 단 20퍼센트만이 학교 교육에 사용되고 있다. 이러한 모델을 바탕으로 운영되는 학교는 아이들에게 실질적으로 곤란을 주는 문제들, 특히 빈곤과 관련된 문제에 개입할 만한 여지가 너무 부족하다(Richard Rothstein, 2004)."라는 내용도 있다.

현재의 학교 교육 모델이 실패작이라는 전제를 뒷받침할 만한 근거는 무엇일까? 매사추세츠주를 비롯해 전국에서 20여 년간 기준 중심 개혁을 해 왔으나 여전히 아동의 사회경제적 지위와 학업성취도 및 최종 학력 사이에 엄연히 존재하는 상관관계가 바로 그것이다. 다시 말해 기준 중심 개혁은 교육의 형평성 실현이라는 사명을 달성하는 데 성공하지 못했다. 다만 개혁이 실행되기 전인 학교의 성취도는 떨어졌지만, 효과적으로 개혁을 실행에 옮긴 매사추세츠주의 몇몇 지역에서는 저학력 집단의 성취도가 개선되어 형평성 격차가 다소 줄어들기도 했다.

교육 개혁을 시작할 당시 우리는 거주지와 학업성취도 간의 상관관계가 사라지길 바랐다. 호레이스 만(Horace Mann)이 '공공 학교(common schools)'라는 이름으로 매사추세츠주에 구현하기를 원했던 이상적인 학교를 현실에서 보여 주고 싶었다(Danns & Span, 2004). 일부나마 격차가 줄어드는 성과는 있었으나 우리의 야심 찬 목표를 달성하기까지는 아직도 갈 길이 멀다.

모든 학생을 성공으로 이끈다는 목표를 달성하자면 모든 학생에게 21세기에 맞는 직업, 시민 의식, 성공적인 삶을 제공할 만한 필수 스킬과 지식, 지도 계획을 갖추고, 그들을 높은 수준으로 교육할 수 있는 시스템이 필요하다. 지금까지 우리가 살펴본 내용들은 그런 시스템으로 학교가 변하도록 고안한 일련의 정책과 실천이 필요하다는 점을 입증한다. 여기서 모든 학생이란 말 그대로 전부를 뜻한다. 우리는 지금까지 20세기 초에 만들어진 학교 교육 모델이라는 낡은 엔진으로 최선을 다해 달려왔다. 지금부터는 21세기에 필요한 좀 더 복잡하고도 강력한 새 엔진이 필요하다. 그 엔진을 통해 우리는 모든 학생을 높은 수준으로 이끄는 과제를 힘차게 수행해 나갈 것이다.

새로운 엔진

이제까지 우리가 실행해 온 교육 개혁 정책의 변화와 미래를 위한 투자, 그리고 역경을 극복해 나가는 개별 학교와 프로그램들은 주 당국과 정부에서 자부심을 느낄 만하다. 하지만 지금은 그간의 경험에서 얻은 교훈을 바탕으로 다시 한번 상황을 검토하고 성공과 실패를 신중하게 따져 보며, 야심 찬 목표를 이루는 데 도움이 될 만한 대책을 세워야 할 때다.

자기 비판적 성찰을 시작하면서 나는 제일 먼저 우리가 따라온 학교 교육의 패러다임을 떠올린다. 그동안의 학교 개혁이란 말 그대로 '학교가' '개혁하는' 일이었다. 학교 개혁은 거의 전적으로, 낡은 엔진이라고 불리는 현 K-12 학교 시스템의 문제들을 수정하는 데 집중되었다. 이 엔진은 20세기 초에 고안된 것으로, 오늘날 우리가 학교에 요구하는 과제와는 완전히 다른 일을 하기 위해 만들어졌다. 20세기 초 빠르게 성장한 산업 경제는 특별한 능력이나 지식이 필요하지 않은 일자리들을 만들어 냈다. 그런 일자리에 걸맞은 노동력을 배출하기 위해 수많은 이민자를 포함한 다수의 젊은이를 신속하게 교육하고 사회화할 필요가 있었다. 이러한 목적으로 설계된 학교 시스템은 일사불란한 처리, 대량 생산을 위한 교육이 중심이었으므로 학생들의 성취도는 낮은 평균 점수 중심의 종형 분포를 이루는 데 맞춰졌다. 교육을 많이 받은 사람은 소수에 불과했다. 학교의 졸업률은 10퍼센트 정도였지만 반복적인 일을 계속할 정도의 교육이면 충분했다. 대부분의 사람이 중간 수준 정도였고 교육을 거의 받지 못한 사람들은 남들이 외면하는 열악한 조건의 일자리를 채워 나갔다. 학교 교육이라는 낡은 엔진은 국가에서 필요한 인력을 무난히 공급했고 20세기를 거치며 여러 측면에서 상당히 개선되었다. 그러나 여전히 그 엔진의 기본 구조는 20세기에 만들어졌던 그대로다.

정책 입안자들은 이 낡은 엔진을 고쳐 쓰기 위해 다양한 지원책과 메커니즘을 도입해 기존 구조의 효율과 효과를 높이는 데 열중했다. 하지만 핵심적인 문제는 바뀌지 않았다. 대다수 어린이가 다니는 학교

제3원칙, 목표에 일관되게 집중하라

는 1900년대 초에 설립된 기관들과 무척 흡사한 모습이다. 학생들은 매일 비슷한 나이의 또래들과 교실에 앉아 1년의 절반 가까운 날들을 수업받으며 보낸다. 그들을 지도하는 교사는 산업 시대에 효과적이었던 방법이나 교육과정과 크게 다르지 않은 교수 원칙에 따라 수업을 준비한다. 사회의 많은 부분은 지난 세기를 거치면서 엄청나게 달라졌지만 학교는 거의 변하지 않았다.

산업 시대에 만들어진 학교 교육이라는 낡은 엔진은 현재 우리가 요구하는 과제를 감당하기에는 너무나 부족하다. 무엇보다도 앞으로의 경제와 사회가 요구하는 수준으로 모든 학생을 교육할 만한 역량을 갖추지 못했다. 이처럼 엄청난 격차를 단지 학교의 힘만으로 해소할 수 있다고 생각한 교육 개혁가들은 엄청난 야심가이거나 순진한 이상주의자다. 물론 학교 중심 학습은 문제 해결에 중요한 부분이며 교육자들이 언제나 우선순위에 두어야 할 사항이다. 하지만 학교에서 성취도 격차를 없애는 문제는 기존 학교의 시스템을 넘어서 완전히 새로운 엔진을 필요로 하는 일이다.

새로운 엔진은 기존의 학교를 종합적으로 재설계하는 일을 포함할 뿐만 아니라, 학습자의 필요를 개별적으로 충족시킬 방안을 마련하는 시스템적 역량이 있어야 한다. 여기에 보건 서비스 및 복지 지원을 통합하고, 학교 밖에서도 쉽게 학습할 기회를 얻게 해야 한다. 새로운 엔진은 학생 모두가 자기 잠재력을 깨달을 수 있게 자극하는 설계가 되어야 한다. 한편으로는 경제적으로 소외된 학생들이 성공에 필요한 스킬과 지식을 숙달할 기회를 공평하게 갖도록 해야 한다.

▌새로운 엔진의 특징

미국은 설령 학업성취도가 기대에 못 미친다 해도 학교 교육을 포기하지 않을 것이다. 학교는 좋든 싫든 간에 우리 사회에서 어린이를 보호하는 중요한 기능을 수행하며 그 덕분에 어른들은 안심하고 일터로 갈 수 있다. 또 학교는 어린이와 청소년이 사회에서 살아가는 데 필요한 교육을 실질적으로 수행한다는 장점이 있다. 결과적으로 최적의 교육 시스템을 만들기 위해 현재의 학교 교육을 개혁하려는 모든 노력은 강화하고 확장할 필요가 있다. 진정한 교직 문화의 정립, 학생들의 학습을 심화하려는 노력, 더욱 효과적인 수업, 문해력의 발달 등 학생이 앞으로 살아가는 데 필요한 것을 대비하기 위해 설계된 모든 노력 말이다. 학교 개혁은 앞으로도 계속되어야 한다.

하지만 새로운 엔진을 구축하기 위해서는 학교 교육에 대한 이해가 좀 더 폭넓게 이루어져야 할 것이다. 학교 교육은 누군가를 가르치는 일에서 끝나지 않고, 어린이와 청소년의 발달까지 아우르는 시스템으로 새롭게 이해될 필요가 있다. 학교 교육 시스템은 교육 제도와 지원 체계가 하나로 어우러진 통합적인 시스템으로, 수업지도의 양과 질, 적절한 수준의 지원과 기회를 학교 안팎에서 제공해야 한다. 그리하여 모든 어린이와 청소년이 직업적으로나 시민으로서나 삶에서 성공할 준비가 된 성인으로 자라나도록 명확히 설계되어야 한다.

새로운 엔진을 설계, 구축, 실행하려면 국가적인 공론화 과정 및 공개적인 설계 과정, 모델 생성, 실행, 실험, 평가, 그리고 재설계 및 개선이라는 반복적 순환이 필요하다. 이러한 계획에는 핵심적인 지원 그룹의 참여, 새로운 설계를 위한 정책 개발, 새로운 모델에 관한 종합적 연구와 평가를 위한 노력과 교육이 동반되어야 할 것이다. 그리고 마지막으로 의사소통과 관련된 노력이 필요하다. 이는 현 상태에 대한 긴박감을 조성하고 명확한 가치를 제안해 주요한 변화를 이끌어 낼 것이다.

새로운 엔진의 공개적인 설계 과정에는 적어도 다음의 세 가지 도전적 과제가 포함되어야 한다.

첫째, 학교라는 시스템의 재설계가 필요하다. 21세기라는 시스템에서 학교는 이런 모습이어야 한다.

- 확장된 교육과 지원: 어린이와 청소년을 위한 모든 교육과 지원은 출생기와 성인기까지 더 폭넓게 확장되어야 한다. 즉 어린이를 위한 교육은 유아기부터 시작되고 청소년을 위한 교육은 중등 과정 이후 고등 교육까지 이어지게 교육 시스템을 만들어야 한다는 것이다. 이런 시스템이 갖춰지면 사회경제적으로 취약한 학생들도 삶의 각 단계에서 성공을 준비하는 데 필요한 집중적인 교육과 지원을 확실히 받고 이용하게 될 것이다.
- 일과 및 연간 일정의 확대: 수업의 양과 질을 개별 학생의 요구에 맞추려면 일일 시간표와 연간 일정을 확대할 필요가 있다. 모든 학생에게 시간, 서비스, 기회를 충분히 제공하면 역량을 펼쳐 나갈 기반 또한 공평하게 만들어질 것이다. 현재 학생이 깨어 있는 시간 중 학교가 관여하는 시간은 20퍼센트에 불과하다. 새롭게 설계된

시스템은 이 문제를 해결해야 한다. 학교가 관여하는 시간이 20퍼센트에 불과한 현 상황에서 능력을 100퍼센트 발휘하기란 불가능하다. 게다가 학생이 이용할 수 있는 자원이나 학습 기회조차 공평하지 않다는 것이 현실이다.

• 개별화된 교육 서비스: 학교 교육은 모든 학생의 요구를 충족시키며 숙달할 수 있도록 개별화되어야 한다. 유연하지 못하고 획일화된 모델을 해체하고 의료 서비스처럼 환자에 맞추어 개별적으로 접근해야 하는 것이다. 이는 고객 중심으로 운영되는 여타 시스템의 특징이자, 학교 개혁의 마지막 미개척지가 아닐까 한다.

둘째, 보건 및 복지 서비스의 확충이 필요하다. 학생들의 성공을 위해서는 학업적 지원 외에도 많은 것이 필요하다. 하루도 빠짐없이 학습할 준비를 갖추려면 몸과 마음 모두가 건강해야 한다. 성취도 격차를 해소하려면 무엇보다 우리 아이들이 학교에 못 나오게 만드는 요인이나, 아이들이 학교에 있는 동안 학습에 의욕을 갖고 노력을 기울이는 데 방해되는 요인을 반드시 제거해야 한다. 치료받지 못해 아픈 치아, 나빠진 시력, 호흡기 천식 같은 것들이 그러한 요인의 예다. 아무리 이상적인 시스템을 갖춘 최고의 학교에 다닌다 한들 이런 요인은 학생이 극복하기 어려운 장애물이다. 아이들이 진정으로 학습할 준비를 확실히 갖추도록 하려면 신체와 정서의 건강을 다루는 보건 및 복지 서비스가 결합된 학교 시스템이 필요하다.

이처럼 확대된 모델은 신체와 정서의 건강을 다루는 보건 서비스가 교육과 통합된 형태여야 한다. 또한 학생들의 교육에 방해될 만한 무수한 위험을 처리하는 일도 철저히 학생을 지원하는 방향으로 설계해야 한다. 일반적인 기업의 인사 관리에서 직원들의 업무 수행에 위협이 되는 문제들을 처리하는 방식을 참고할 수도 있을 것이다. 동시에 학교는 아이들이 인생에서 성공하는 데 매우 중요하게 기여하는 능력들, 즉 자제력, 회복 탄력성, 대인 관계 능력, 근성 같은 요소들을 키우는 일에 도움을 주어야 한다.

셋째, 학교 밖의 학습기회에 대한 관심이다. 학생들은 깨어 있는 시간 중 80퍼센트를 학교 밖에서 보낸다. 부유한 가정의 학생들은 이런 시간에 다양한 방법으로 학습 기회를 얻는다. 즉 캠핑, 스포츠, 여행, 개인 교습, 음악 레슨, 기술 교육의 기회를 비롯해 무수한 기회를 부여받고 학습하며 성장한다. 반면 생계를 이어 가느라 힘들고 바쁜 빈곤층 가정의 학생들에게는 그런 기회가 거의 없거나 전무하다. 이처럼 학교 밖 학습은 학교 담장 안에서와 마찬가지로 아이들의 성취도 격차에 상당한 비중으로 관여한다.

학교 밖에서 이루어지는 학습 격차를 극복하자면 학교의 교육 프로그램과 서비스는 훨씬 더 풍부하고 정교하며 교육적으로 잘 연계되도록 개발되어야 한다. 방과 후나 방학 동안, 또는 일을 하면서도 다양한 학습기회를 총체적으로 이용할 수 있는 확대된 학습 체계가 필요하다. 그런 기회는 학습을 더욱 풍부하게 만들고, 미래에 유용하고 중요한 역량과 네트워크를 갖추는 데 도움을 준다.

교육 정책에 주는 시사점

모든 학생의 잠재력 실현과 교육의 형평성이라는 두 문제를 일거에 해결할 만한 특효약 같은 정책은 사실상 없다. 다만 그동안의 경험에 근거해 나는 교육 정책의 방향을 고민하는 이들에게 다음 내용을 고려해 보라고 권하고 싶다.

- 교육 정책의 기본 틀을 바꾸어 보라. 앞으로의 교육 정책은 아동 및 청소년의 발달과 긴밀하게 연계되어야 한다. 학교만을 좁게 바라보고 규정하는 교육 정책은 공정한 결과를 얻어 낼 기반을 구축하기 어렵다. 학교만으로는 그 일을 해낼 수가 없다.
- 교육 정책이나 인센티브에서 개별화를 권장한다. 개별 학생들이 처한 상황을 고려하고, 그것을 충족시킬 방법을 찾고, 개별 학생들이 성공하는 데 필요한 것을 제공해야 한다. 특수교육에서처럼 모든 학생에게는 개인의 상황을 고려한 학습계획이 필요하다. 획일화된 모델은 더 이상 효과를 기대할 수 없다. 환자에게 개별화된 진료를 제공하는 의료 시스템처럼 유연하고 상황에 맞게 변화가 가능한 시스템이 필요하다. 학생들이 경험하는 학습의 양과 질은 성공을 위한 준비에 필요할 만큼 충분하고 우수해야 한다.
- 배울 준비를 하고 학교에 오는 아이들을 가로막는 문제를 덜어 주기 위해 교육 정책과 인센티브의 목표를 보건 및 복지 서비스와의 결합에 두기 바란다. 적절한 개입을 통해 열악한 환경의 아동과 가

족들이 느끼는 나쁜 스트레스의 원인을 약화하는 데 도움을 줄 수 있도록 설계할 필요가 있다(Center on the Developing Child, 2010). 심각한 문제들을 처리할 능력과 함께 성공에 필요한 회복 탄력성이나 자기 관리 같은 특성들을 학생들이 키울 수 있도록 설계된, 긍정적인 교내 프로그램 및 표준과 결합해야 한다.

- 교육 정책과 인센티브는 소외계층 학생들에게 학교 밖에서 다양하고 풍부한 학습기회를 제공하는 시스템 개발을 목표로 해야 한다. 경제적으로 취약한 아동을 위해서 학교 밖 바우처 등을 시도할 만하다.

- 모든 저소득층 아동에게 출생과 동시에 조기교육을 받을 수 있는 수급권을 지급하는 제도를 마련해야 한다.

- 경제적 소득과 관계없이 학부모와 지역사회 구성원들이 아동의 학습 지원에 참여하는 건강한 교육 서비스 조직을 갖출 수 있도록 교육 정책을 모색해야 한다.

- 교육 정책은 '양질의 교육 제공'처럼 현재의 주요 개혁 이슈를 다루는 방식을 수용하면서 점차 학교 교육을 확대하고 확장해 나갈 수 있어야 한다. 증거기반 학교 개혁의 주된 이슈를 살펴보면 양질의 수업, 학생 중심의 깊은 학습, 직업 준비, 교육 전략 수립에 도움을 주는 효과적인 데이터 사용, 학습을 가속화하고 넓혀 주는 기술의 적용 등이 있다.

- 교육 정책의 목표는 아이들에게 필요한 서비스를 제공하고 지원하는 데 있다. 그러려면 해당 정책 분야를 투명하게 공개하고, 새로운

서비스 제공자와 기업들이 투명성과 책무성을 강조하는 공적인 환경에서 활동하도록 장려해야 한다. 공공 부분에서 고품질의 서비스를 효과적으로 제공할 역량을 갖추자면 민간의 도움이 필요하다. 교육은 독점적인 시스템일 수 없다.

앞에서 기술한 내용은 정치적으로나 재정적으로나 실행에 옮기기 쉽지 않은 문제들이다. 이런 문제를 해결하려면 리더들은 정치적이나 문화적으로 그들의 고민을 함께 논의할 공간을 마련할 필요가 있다.

교육의 변화와 관련해 미국은 대개 보수적으로 자기만족에 머무르는 모습을 보여 왔고, 이는 변화의 가장 큰 장벽으로 작용한다. 대통령, 주지사, 그리고 재계 리더들은 급변하는 경제와 세계 변화에 대처하려면 인적 자원 시스템을 재창조하는 일이 절실하다고 호소라도 해야 할 것이다. 그렇게라도 긴박감을 주지 않으면 국가적 관심을 불러일으킬 수 없고 변화는 일어나기 힘들 것이다.

사회적 불평등은 계속 증가하고 상위 계층으로의 이동은 점점 더 어려워지고 있다. 이런 시기에 우리에게 가장 필요한 것은 모든 아동을 위한 강력하고 공정하며 효과적인 교육 시스템이다. 21세기의 교육은 아이들을 가르치는 문제에 관해 보다 새롭고 획기적인 방식으로 접근할 필요가 있다. 국가와 국민의 미래에 교육보다 더 중요한 일은 없다. 만약 우리가 미래를 위한 교육에 실패한다면 그것은 도덕적인 실패에서 끝나지 않을 것이다. 경제가 침체하고 민주주의는 위기에 처할 것이며 수백만 가정과 아이들이 고통을 겪게 된다. 그런 상황에서

제3원칙, 목표에 일관되게 집중하라

는 국가의 번영을 기대할 수 없고 결국 실패하고 말 것이다.

다행히 우리에게는 대안이 있다. "모든 아동을 승리자로!" 만드는 교육 제도를 설계하는 것이다. 이는 국가의 승리이자 우리 모두의 승리가 될 것이다.

제4원칙

사실을 직시하고 두려움에 맞서라

용기 있는 리더십의 핵심은 사실을 직시하고 두려움에 맞서는 의지와 능력에 있다. 데이터를 분석하는 교육자들은 대개 하위 집단과 상위 집단의 성취도 격차로부터 눈을 돌리고 현실을 외면하는 쉬운 방법을 택하곤 한다. 그러나 용기 있는 리더들은 데이터에 반영된 사실을 직시하며 개선을 위한 계기로 여긴다.

11장에서 에이미 시셀(Amy Sichel) 교육감은 동료인 앤 베이컨(Ann Bacon)과 함께 자신의 경험을 진솔하게 털어놓는다. 시셀은 꾸준하고 일관되게 성취도 격차를 해소하려고 노력해 왔고 눈에 띄는 진전을 보여 준 리더다. 표면적으로 보면 학구의 성취도는 좋은 편이었고 학구 내 세분화된 그룹들의 연간적정향상도(AYP) 또한 긍정적이었다. 하지만 데이터를 세분화하여 분석한 결과 아프리카계 미국인 학생들과 특수교육 학생들의 성취도에 상당한 문제가 있다는 점을 파악했다. 만약 이 집단에서 성취도를 향상시킨다면, 현재의 괜찮은 수준 이상으로 학구 전체의 성취도를 더 높일 수 있을 터였다. 시셀과 동료들은 이 사실을 직시했고, 두려움을 극복하는 데 도움이 될 만한 자료와 지원을 적극적으로 활용했다.

12장의 달린 버그(Darlene Berg) 또한 마찬가지로 소속 학구의 수학 성취도를 비판적으로 분석한 결과, 학생들의 사회경제적 지위가 성취도 격차와 관련된다는 사실을 파악했다. 이에 버그는 모든 학생의 성취도 기대치를 더 높임으로써 문제를 해결하기로 했다. 그리고 모든 학급에 수업자료를 전략적으로 제공할 방법을 집중적으로 모색한 결과 성취도 향상을 이룰 수 있었다.

두 가지 사례 모두에서 리더들은 데이터에 나타난 사실을 있는 그대로 받아들였고, 교육위원회, 학교 관리자, 동료 교사, 학부모, 기타 이해관계자들을 적극적으로 참여시켜 두려움과 난관을 극복해 나갔다. 사실 그런 두려움과 난관은 모든 학생의 성공을 이끌기 위한 노력에 자연스럽게 따라오는 문제다. 리더들은 얼마나 더 개선되었는지, 긍정적으로 변화했는지, 참여하는 이들의 행동은 얼마나 바뀌었는지 등 개선의 정도를 정확하고 규칙적으로 검토할 수 있도록 조직의 규범과 의무를 확립하는 데 힘썼다.

11장 ——— 좋은 학교에서 훌륭한 학교로

보이지 않는 격차 개선에 집중한 애빙턴 학구

에이미 시셀, 앤 베이컨

2004년에 애빙턴 학구(Abington School District)는 생각지도 못한 충격적인 경험을 했다. 지금까지 모두에게 자부심을 주었던 학구의 성취도 데이터에서 문제점이 발견되었기 때문이다. 펜실베이니아주 학교평가 시스템(PSSA)에서 애빙턴 학구의 모든 학교와 개별 학생 집단의 성취도, 연간적정향상도(AYP)는 늘 긍정적이었다. 이런 결과는 모두가 꾸준히 헌신해 왔음을 확인시켜 주는 것이다. 그러나 아동낙오방지법의 영향으로 데이터를 좀 더 세분화해 개별 요소로 분류하게 되자, 지금까지 성공에 가려 보이지 않있던 문제점이 새롭게 드러났다. 득수교육 학생들과 아프리카계 미국인 학생들의 성취도가 심각하게 우려할 만한 수준으로 나온 것이다. 우리는 현실을 인정하고 기존의 방침을 바꾸어 변화를 추진해야만 했다.

이렇게 해서 성취도 격차를 줄이기 위한 노력이 시작되었고 이는 마침내 모든 학생을 성공으로 이끄는 하나의 모델이 되었다. 여기서 말하는 '학생'에는 주류 집단에 속하며 이미 성공의 길에 들어선 부유층 백인 학생들도 포함된다. 초기에 우리가 학구의 계획을 교육위원회 회의에서 공개했을 때 격분한 일부 학부모들은 상위권 자녀들이 수준 낮은 교육과정의 피해자가 될 것이라며 고함을 질렀다. 하지만 계획을 실행한 지 두 달만에 바로 그 학부모들은 교육과정을 긍정적으로 평가하게 되었다. 그리고 얼마 후 교육계의 권위 있는 상까지 수상할 수 있었다.

이 이야기는 아프리카계 미국인 학생들 및 개인별교육계획(IEP) 대상인 장애 학생들, 경제적 지원이 필요한 학생들을 대상으로, 상위권 학생들과의 성취도 격차를 없애기 위해 노력했던 일에 관한 것이다. 개혁을 시작하면서 우리는 계획, 의사소통, 그리고 '애빙턴 방식'이라 불리게 된 실행에 주안점을 두었다. 리더십의 지속과 교육위원회의 협력 덕분에 우리의 전략은 기대 이상의 성과를 거두었고 학업성취도 향상과 성취도 격차 개선이라는 결과를 만들 수 있었다.

내가 애빙턴 학구 교육감으로 임명된 것은 2001년이다. 하지만 나는 이미 이 학구에서 25년간 다양한 역할을 맡아 일해 왔고, 그 덕분에 교육감으로서 추진해야 할 수많은 변화 과제를 잘 처리할 수 있었다. 게다가 내 주위에는 학교 교장들 및 핵심 관리자들을 포함한 노련한 자문단, 모두를 위한 교육에 집중하는 교육위원회, 헌신적인 교사들, 학부모들, 그리고 지역사회 구성원들이 있었다.

우리가 내린 결정 중 일부는 위험 요소를 포함하거나 정치적으로 잘못이라고 오해할 만한 여지가 있는 것들도 있었다. 일부에서는 가진 자보다 못 가진 자를 우선시하는 정책이 아니냐며 불만스러워했다. 제로섬 사고는 분명히 우리가 극복해야 할 요소 중 하나였다. 우리는 학구의 모든 학생이 우리의 자녀라는 마음을 갖고, 모든 학생을 성공으로 이끌 수 있다는 사실을 입증하기 위해 헌신했다.

문제 인식

애빙턴 학구는 필라델피아시 도심과 가까운 외곽에 있으며 약 7,640명의 학생이 재학 중이다. 학생들 중 19퍼센트는 취약계층으로 무료 또는 할인된 점심을 제공받는다. 23퍼센트는 아프리카계 미국인, 6퍼센트는 아시아계, 5퍼센트는 라틴아메리카계이고 66퍼센트가 백인 학생들이다.

　인구통계상의 다양성 측면에서 애빙턴 학구는 오랫동안 변동이 없는 편이었다. 30년 전 자료에서는 아프리카계 미국인이 13퍼센트, 아시아가 3퍼센트였고 경제적으로 빈곤한 아동의 비율은 19퍼센트 내외로 비슷했다. 특수교육을 받는 아동의 비율은 12퍼센트로 미국에서 가장 낮은 편에 속한다. 애빙턴 학구에는 유치원부터 6학년생들이 다니는 초등학교 7개, 7~9학년생들이 다니는 비교적 큰 규모의 중학교 하나, 10~12학년생들이 다니는 고등학교가 하나 있다.

이전에도 애빙턴 학구에서 개혁이 추진된 적이 있긴 했다. 1990년대 중반, 표준화시험 평가자료를 검토하여 각각 영역별 평균점을 5퍼센트씩 올린다는 목표를 9개 학교에서 채택한 것이다. 하지만 지금까지의 개혁에는 다양성에 대한 고려와 관심이 없었다. 모든 학생에게 똑같은 기준을 적용하는 것이 공평하다고 여기고 사회경제적 배경과 상관없이 평균적인 성취도 수준을 올리도록 요구했다. 그리고 이런 조치가 혁신적이고 시대를 앞서 나간 것이라 생각했다.

2004년 펜실베이니아주 학교평가 시스템(PSSA) 데이터 분석 결과는 중대한 전환점이 되었다(도표 11.1). 8학년 수학과 읽기 성취도 분석 결과는 우리 학구에 상당한 성취도 격차가 존재한다는 냉혹한 사실을 확연히 드러냈다(Collins, 2001). 이로써 우리가 다수 집단의 높은 성취도에만 집중한 나머지 소수 집단에 주의를 기울이지 않았다는 점이 분명해졌다.

우리는 전 학년을 대상으로 아프리카계 미국인 및 IEP 학생들에게 초점을 맞춰 성취도 결과를 꼼꼼히 검토하기 시작했다. 그리고 "왜 어떤 학생들은 쉽게 성취하는 것을 어떤 학생들은 성취하지 못할까?"라는 의문을 갖게 되었다. 우리는 지금까지 모든 학생들에게 필요한 지원을 제공해 왔다고 생각했다. 학구의 전략 계획서에도 "모든 애빙턴 학생은 최상의 공교육을 받아야 한다."라고 분명히 명시되어 있다. 이는 교육의 형평성에 대한 정의와도 일치하는 믿음이다. 그런데 왜 이런 결과가 나왔을까?

결과만 놓고 보면 지금까지의 노력은 분명 성과를 내지 못했다. 모든 학생에게 최상의 교육이 제공되지 못한 것만은 분명했다. 우리는 힘들더라도 전후 상황을 좀 더 비판적으로 분석하기로 했다. 그리고 콜린스(Collins)의 저서 『좋은 기업을 넘어 위대한 기업으로(Good to Great)』(2001)에 소개된 과정을 집중적으로 연구했다. '고슴도치 개념(hedgehog concept, 가장 잘하는 것, 열정을 느끼는 것, 최고의 성과를 낼 수 있는 것 하나에 집중하는 것이 기업을 일구는 기반이 된다는 개념–옮긴이)'을 탐구하고, '크고 험난하고 대담한 목표'에 초점을 두었으며, '플라이휠(flywheel, 기계나 엔진에 달린 무거운 바퀴. 좋은 조직에서 훌륭한 조직으로 바뀌는 과정은 거대한 플라이휠을 지치지 않고 계속 밀고 가는 것과 같다는 비유로 사용됨–옮긴이)'을 가동할 방법을 토론했다. 지원이 필요한 학생들에게 긍정적인 변화를 일으키려면 이전의 방침을

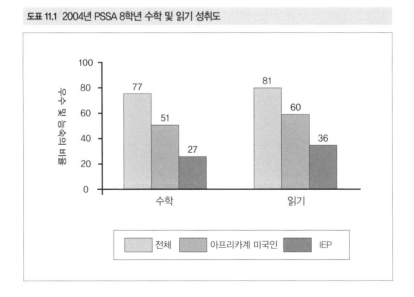

도표 11.1 2004년 PSSA 8학년 수학 및 읽기 성취도

버리고 새롭게 행동 방침을 규정해야 했다. 앨런 M. 블랭크스테인이 『Failure Is Not an Option(실패는 선택이 아니다)』(2013)에서 거듭 강조한 다음 내용처럼 말이다.

> 내부의 역량 구축과 관련된 한 가지 요소는 문제를 해결하기 위해 그 문제를 재구성하고 재정의하는 능력을 계발하는 것이다. 이것은 일반적으로 학습 공동체 입장에서 더 깊은 분석이 필요하며 리더의 매우 노련한 지도를 요구한다(p.167).

작업에 몰두하고 있을 무렵 델라웨어밸리 컨소시엄(DVCEE)이 설립되었다. 델라웨어밸리 컨소시엄은 학생들의 성공을 지원하고 필요한 작업에 함께하는 헌신적인 협력 네트워크였다. 컨소시엄과의 협력 덕분에 우리 학구는 모든 학생의 학업성취도를 상당 부분 개선할 수 있었고, 소수 인종과 민족들의 하위집단 성취도를 높여 성취도 격차를 해소하는 데에도 도움을 받을 수 있었다. 적극적이고 체계적으로 자신의 책임을 다하려 노력하던 컨소시엄 관계자들의 리더십 또한 인상적이었다.

이 과정을 통해 우리는 모든 학생에게 '학습의 기회(opportunity to learn, OTL)'를 부여한다는 계획을 수립하게 되었는데, 이는 개혁을 위한 우리의 노력에 한층 추진력을 부여하는 것이었다(Schott Foundation, 2009).

훌륭한 학교를 향한 여정

애빙턴 학구에서는 중요한 문제 해결을 위해 교육감 관할 태스크포스를 운영하는 것이 오랜 관행이다. 여기에는 학구 및 학교의 관리자들, 교사들, 지역사회 구성원, 학교 교육위원회 대표, 학생들이 포함된다. 각각의 태스크포스는 문제의 배경, 목표, 일정, 구성원 명단을 관리하는 책임자를 두어 운영한다.

2005년 봄 학교 교육위원회 공개회의에서 우리는 시행 중인 전략과 프로그램을 언급하면서 지속적인 개선에 대한 의지와 계획을 밝혔다. 그리고 교육감 관할 태스크포스에 '학습의 기회(OTL)'라는 이름을 부여할 것을 제안했다. OTL 위원회의 임무는 '더 많은 학생이 학업능력을 높이고 성공할 수 있도록 격려하고 지원하는 데 필요한 것들, 즉 데이터의 적절성 확인, 수집, 분석, 비용 효율성이 높은 전략, 프로그램, 활동, 기타 방안의 수립'으로 명시되었다. OTL 위원회가 이룩해야 할 성과는 애빙턴의 K-12 교육 프로그램을 개혁하여 모든 학생이 확실하게 지원받도록 하는 일이었다. 이를 위해 다음과 같은 일련의 목표가 설정되었다.

- 데이터를 수집, 분석한나.
- 연구 및 문헌을 검토하여 가장 좋은 실행 방안을 파악한다.
- 우수반 과정 및 AP 과정을 포함, 학업 면에서 도전적인 교과과정에 소수민족 또는 소수 집단의 참여를 확대한다. 이를 위해 학생

들이 수준 높은 강좌를 듣게 할 전략을 개발한다.

- 학업을 위해 추가 지원이 필요한 학생들을 위한 프로그램을 파악한다.
- 위와 같은 새로운 모델을 실행하는 데 필요한 전문성 계발 요구를 파악한다.
- 학부모의 참여를 늘릴 프로그램들을 제안한다.
- 권고 사항 및 방안들의 효과를 평가하고 2008년 애빙턴 학구의 전략 수립을 위한 행동 계획을 제안한다.

OTL 위원회는 각각 초등학교 K~6학년, 중학교 7~9학년, 고등학교 10~12학년이라는 세 단계로 세분화되었다. 각 단계마다 소위원회를 두고 중점 영역을 배치했다(표 11.1).

우리는 "모든 아동은 성공할 수 있다.", "모든 아동은 높은 단계까지 학습할 것이다."라고 천명함으로써 우리의 활동에 힘을 얻을 수 있

표 11.1 OTL 위원회의 중점 영역들

초등학교 팀	중학교 팀	고등학교 팀
각 팀의 연구 주제		
• 성취도, 강좌 등록, 졸업에 관한 데이터 • 학생 지원 • 학부모 참여 • 학생들의 반 편성 절차 • 전문성 계발		

다고 믿어 왔다. 하지만 학교 리더 혼자 실행을 위해 고군분투하는 것은 소모적일 수 있다(Blankstein, 2013, pp.208~209). 그래서 몇 달간 OTL 위원회를 위해 일할 자원봉사자를 모집하기 시작했다. 예상보다 많은 지원자가 나온 덕분에 교육위원회 위원 1명, 관리자 36명, 교사 64명, 학부모 9명, 학생 6명, 지역사회 구성원 3명 등 총 119명으로 구성된 위원회를 어렵지 않게 꾸렸다. 학교를 감독하는 교육감으로서 나는 위원장직을 맡았고, 3명의 교장이 각각 고등학교 팀, 중학교 팀, 초등학교 팀의 리더가 되었다. 3개 팀은 데이터와 학생들의 반 편성 절차, 지원 프로그램, 전문성 계발, 학부모 참여 같은 개별 주제를 연구하는 여러 소위원회로 나뉘었다. OTL 위원회 보고서 작성을 위해 각 교육단계별 팀 내 소위원회끼리, 그리고 교육단계 모두를 아우르는 소위원회끼리 모임을 갖고 긴밀히 논의하면서 참여자들은 초중고 모두를 아우르는 아이디어와 관심사를 공유했다.

OTL 위원회의 최종 보고서는 각각의 교육단계에서 학년별로 특화된 영역 및 공통의 영역 모두에 집중했다. 이렇게 해서 모든 영역을 통합적으로 아우른 7가지의 중요한 다음 제안을 도출할 수 있었다.

- 혼성 집단으로 구성된 학급을 늘릴 것
- 소수 집단 학생들을 영재 프로그램 및 우수반이나 AP 과정에 더 많이 참여시킬 것
- 특수교육 학생들을 일반교육 프로그램에 포함할 것
- 학생 지원 및 멘토링 프로그램을 제공할 것

- 개별화수업의 중요성을 강조할 것
- 데이터를 더 쉽게, 더 많이 활용해 수업을 진행할 것
- 학부모 및 직원과 협력해서 학생들의 학습 과정에 학부모들의 참여를 더 많이 유도하는 전략을 개발할 것

실행 계획 검증

이해관계자들의 격려와 지원 속에서 우리는 도출된 제안 사항을 처리할 계획을 세워 나갔다. 그리고 새롭게 10학년생과 만나게 된 한 고등학교에서 이 계획을 본격적으로 실행하게 되었다. 당시 우리는 10학년을 대상으로 '교육의 형평성과 가능성, 그리고 시간'이라는 문제를 다룰 파일럿 프로그램을 개발하고 있었다. 다음은 이 파일럿 프로그램의 주요 특징이다.

- 수준별수업 폐지: 각각의 주요 교과에 대해 우수반과 AP 과정반만 운영한다. 이는 대학 입학을 목표로 하는 엄격한 과정들만 제공하려는 것으로, 형평성에 초점을 둔 프로그램을 만들기 위한 수단이었다.
- 일정 설계: 수업을 따라가거나 스킬 연습에 더 많은 시간이 꼭 필요한 학생들을 위해 지원 스케줄이 포함된 일정표를 작성한다. 이는 일부 학생들의 경우 숙달을 위해 더 많은 시간이 필요하다는

사실을 인식한 결과다.

- 모든 학생이 전 과정을 수강: 이를 위해 IEP 학생들에게 모든 강좌를 개방하고, 우수반 및 AP 과정에 자유입학제를 도입한다.
- 전문성 계발 지원: 교사들이 새로운 수업을 준비하고 계획을 수립하는 일을 돕기 위한 것이다.

수준별수업을 폐지하자 학생들이 대입 및 직업 준비를 하는 데 부적절한 기초학습 수준의 과정들이 사라지고, 높은 학업 목표를 달성하는 데 효과적인 강좌들이 개설되었다. 진 옥스(Jeanne Oakes)의 저서 『Keeping Track(수준별수업 유지)』(1985) 및 마틴 립턴(Martin Lipton)과의 공저 『Making the Best of School(최고의 학교 만들기)』(1990) 덕분에 많은 도움을 받을 수 있었다. 뉴욕주 록빌센터 유니언 프리 학구에서 실시한 캐럴 버리스(Carol Burris) 박사의 연구(2003) 결과는 교육과정 수립에 큰 도움이 되었다.

개혁 방안으로 특별한 주간 프로그램을 고안하기도 했다. 이 프로그램은 대입 준비에서 좋은 성적을 목표로 하는 일반 학생들, 그리고 일반 학급으로 이동하려는 특수교육 학생 모두를 위한 것이다. 학업 지원이 필요한 일반교육 학생들에게도 비슷한 프로그램을 제공했다. 이를 위해 교사들은 주당 5시간의 통상적인 수업 외에 더 많은 시간을 들여 프로그램 강좌를 준비하고 가르쳐야 했다.

이와 같은 운영을 하자면 학생들의 일정표와 일부 강좌의 수업시수 운영에 독창성과 유연성이 필요했다. 전체적으로 보면 학생들의 요구를 충족시키기 위한 맞춤형 수업과 관련된다고 볼 수 있을 것이다.

수학, 과학, 영어, 사회 교과에서 지원이 필요한 학생들을 위한 수업 시간표가 만들어졌다(**표 11.2**). 학생들은 모든 대입 준비 과정과 함께 10차시에 걸친 순환지원 강좌를 수강할 수 있었다. 순환지원 강좌는 교과별 전문적 지식 및 지도 스킬과 함께 특수교육 교사 자격증을 갖춘 뛰어난 교사들이 여러 학교를 순환하여 강의하는 방식이다. 선택 과목으로 '쉐프의 워크숍'도 개설했다.

이런 계획을 실행하는 데 중요한 것은 교직원의 지지 및 새로운 과제를 기꺼이 준비하도록 만드는 전문성 계발이다. 첫해에는 『Failure Is Not an Option(실패는 선택이 아니다)』(Blankstein, 2004)와 『Differentiation in Practice(개별화수업의 실제)』(Tomlinson & Strickland, 2005) 등의 책을 선정하여 전문성 계발 전략을 위한 독서 토론을 진행했다. 교장과 교

표 11.2 IEP 학생을 위한 10학년 시간표 사례

월	화	수	목	금
기하학	기하학	기하학	기하학	기하학
(순환) 수학/과학	셰프의 워크숍	(순환) 수학/과학	셰프의 워크숍	(순환) 수학/과학
화학	화학	화학	화학	화학
체육	(순환) 수학/과학	체육	(순환) 수학/과학	화학
세계 문명	세계 문명	세계 문명	세계 문명	세계 문명
영어	영어	영어	영어	영어
점심	점심	점심	점심	점심
(순환) 인문학	(순환) 인문학	(순환) 인문학	(순환) 인문학	(순환) 인문학

직원들은 읽기 훈련을 받고 토론의 리더로 참여했다. 읽기 훈련은 각각의 교과 영역별로 학생의 참여와 문해력 습득을 촉진하기 위한 집중 훈련 과정으로서 실제 교사들이 연구하고 현장 시험을 거쳐 검증된 접근법이었다.

모니터링 결과 분석

이제 파일럿 프로그램의 성공을 판단할 기준을 확립하는 중요한 일이 남았다. 프로그램 시작과 함께 우리는 자유입학제가 도입된 대입 준비 과정과 우수반 과정 모두에서 학점을 모니터링하기로 했다. 이유는 10학년을 대상으로 실시하는 펜실베이니아주 단위의 평가가 없었기 때문이다.

첫해가 끝날 무렵인 2006년 6월에 나온 평가 결과(표 11.3)는 이전과 큰 차이가 없었다. 하지만 IEP 과정 학생들의 경우, 적절한 지원 시스

표 11.3 10학년 학생들의 과정 통과율

과목	전체 학생	IEP 학생
영어 II	89%	89%
세계 문명 II	90%	85%
대수학 I	88%	87%
생물학	80%	71%

템 속에서 일반 학생들과 함께 대입 준비 과정에 통합된 이후 일반 학생에 필적할 만한 수준까지 성취도가 향상된 것을 확인할 수 있었다. 그리고 차이가 가장 큰 생물 과목의 성취도 격차 개선을 다음 목표로 삼았다.

자유입학제가 본격적으로 도입되면서 더 많은 학생이 우수반 및 AP 과정을 선택했다. 이 과정을 통과한 학생의 비율 및 A와 B학점을 받은 학생의 비율을 검토한 결과는 긍정적이었다(표 11.4). 단, 고급 과학 과정은 여전히 어려워하는 학생들이 많았다.

표 11.4 우수반 학생들의 과정 통과율 및 A와 B 학점 취득 비율

과목	과정 통과율	A와 B학점 취득 비율
(고급) 영어 II	98%	81%
(고급) 영어 III	97%	84%
(고급) 영어 IV	100%	93%
(고급) 세계 문명 II	99%	84%
AP 미국학	99%	75%
AP 미국학 II	100%	95%
(고급) 대수학 II	98%	74%
(고급) 미적분학 입문	99%	86%
AP 미적분학	100%	69%
AP 생물학	96%	76%
(고급) 화학	100%	68%
(고급) 물리학	93%	62%
AP 화학	90%	66%
AP 물리학	91%	85%
AP 환경과학	97%	89%

다음은 이 데이터를 근거로 내린 전반적인 결론이다.

- 학생들은 해당 프로그램에서 성공적인 모습을 보인다.
- 현재 성공적이지 못한 학생들을 위한 추가 지원에 집중할 필요가 있다.

분석 결과 여전히 할 일이 많다는 점이 드러났지만, 학생들의 성공률이 향상된 것 또한 분명했다. 따라서 이 학습모형을 10학년에서 꾸준히 실시하고, 11학년 및 중학교 7~9학년 과정까지 확대하자는 논의가 이루어졌다. 이후 2년간 우리는 7학년부터 11학년까지 OTL 모형을 전면적으로 확대 실행하기 위해 노력을 기울였다.

전면적 실행

2006년과 2007년까지 우리가 설정한 목표는 다음과 같다. 목표의 설정을 위해 고교 팀에서 많은 노력을 기울여 주었다.

- 학업적으로 적절한 고등학교 프로그램을 유지한다.
- 모든 학생의 필요에 집중한다.
- 학생들이 대입 준비 또는 경쟁이 매우 치열한 취업 시장에 나설 준비를 할 수 있도록 수업 기회를 제공한다.

우리는 이전에 실시한 10학년 파일럿 프로그램을 통해 변화 가능성을 확인한 바 있다. 이에 따라 7~12학년에 다음과 같은 내용이 포함되었다.

- 우수반 과정에 자유입학제 도입
- 모든 학생들이 우수반 과정이나 대입 준비 과정을 선택하도록 하고 수준별수업은 점진적으로 폐지
- 모든 주요 교과과정에 일반학급 학생과 특수교육 학생 및 IEP 학생을 통합

교사 전문성 계발은 성취도를 더 높이고 그 노력을 지속하는 데 결정적인 요소다. 전문성을 계발하면 모든 학생에게 학습의 기회를 제공하는 일, 효과적인 수업을 계획하고 전달하는 데 필요한 능력 및 전략을 개발하는 일의 중요성을 더 잘 이해할 수 있다. 전문성 계발을 위해 우리는 분야별로 여러 책과 보고서를 참고했다(표 11.5).

고교 10~11학년 대상의 OTL 프로그램이 끝날 무렵 우리는 학생들의 최종 점수를 다시 한번 비교 검토했다. 여기서 우리가 주목한 것은 OTL 프로그램을 2년 연속 수강한 11학년생들과 처음 수강한 10학년생들의 자료 비교다(표 11.6, 표 11.7, 표 11.8). 2년째 되던 해의 데이터에는 교직원들이 추가로 관심을 기울여야 할 영역과 함께 OTL 프로그램의 긍정적인 결과가 드러났다.

프로젝트 진전 상황을 계속 모니터링하던 2008년, 우리는 4년 전에

깨달은 '냉혹한 사실'을 다시 한번 환기할 필요를 느끼고 8학년 학생들의 평가 결과를 살펴보았다(도표 11.2). 이들은 중학교에서 2년째 OTL 프로그램을 수강 중인 학생들이었다. 학생 전체는 물론 개별 집단, 즉 아프리카계 미국인 학생과 IEP 학생들의 점수까지 2004년보다 더 높은 성취도를 보여 주었다.

표 11.5 전문성 계발을 위한 자료들

분야	자료
OTL 실행의 근거	• 「You Don't Know Me Until You Know Me(당신이 알아볼 때까지 당신은 나를 모르고 있다)」(M.Fowlin) • 「The Greatest Educational Challenge(가장 위대한 교육적 도전)」 (P.Noguera) • 「Opportunity to Learn: Pursuing Equity and Excellence to Close the Achievement Gap(성취도 격차 해소를 위한 교육의 형평성 및 잠재력 실현 추구)」(P.Noguera) • 「Class Struggle(계급 투쟁)」(J.Mathews, 1998) • 「Responding to Class Struggle(계급 투쟁에 대하여)」(J.Mathews) • 「Failure Is Not an Option(실패는 선택이 아니다)」 (A. Blankstein, 2004, 2013) • 「좋은 기업에서 위대한 기업으로(Good to Great)」(J.Collins, 2001)
개별화수업	• 「Differentiation in Practice(개별화수업의 실제)」 (C.A.Tomlinson & C.A.Strickland, 2005)
데이터를 활용한 수업 설계	• 「Results Now(현재의 결과)」(M.Schmoker, 2006) • 「THE OPPORTUNITY: From 'Brutal Facts' to the Best Schools We've Ever Had(기회: '냉혹한 현실'에서 사상 최고의 학교로)」 (M.Schmoker) • 「Data Analysis for Continuous School Improvement(지속적인 학교 개선을 위한 데이터 분석)」(V.Bernhardt, 2004)

주목할 사실은 개별 집단과 학생 전체 간의 격차도 2004년에 비해 눈에 띄게 줄어들었다는 것이다. 이를 통해 우리는 그간의 노력이 올바른 방향으로 가고 있으며, 앞으로도 그 목표를 지속적으로 이어 가야 한다고 결론을 내렸다.

표 11.6 11학년(2년차) 및 10학년(신규 수강) 학생들의 통과율 비교

	영어 10학년	영어 11학년	사회 10학년	사회 11학년
전체 학생	83%	85%	88%	91%
IEP 학생	74%	74%	78%	73%

표 11.7 10학년(신규 수강) 학생들의 교과별 통과율

	영어	사회	수학	과학
전체 학생	83%	89%	86%	85%
IEP 학생	81%	81%	78%	80%

표 11.8 2006~2007년 우수반 학생들의 과정 통과율 및 A와 B 학점 취득 비율

학과	과정 통과율 (2006/2007)	A와 B 취득 비율 (2006/2007)
(고급) 영어 II	98% / 99%	98% / 99%
(고급) 영어 III	97% / 99%	84% / 91%
(고급) 영어 IV	100% / 100%	93% / 91%
(고급) 세계 문명 II	99% / 99%	84% / 81%
AP 미국학	99% / 99%	75% / 74%
AP 미국학 II	100% / 100%	95% / 90%
(고급) 대수학 II	98% / 99%	74% / 65%
(고급) 미적분학 입문	99% / 97%	86% / 61%
AP 미적분학	100% / 100%	69% / 94%

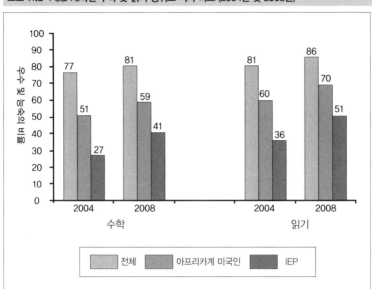

도표 11.2 PSSA 8학년 수학 및 읽기 성취도 격차 비교 (2004년 및 2008년)

좋은 학교에서 훌륭한 학교로

광범위한 개혁을 꾸준히 추진해 온 덕분에 지금 학교 현장에는 변화된 수업전략이 깊이 자리하고 있음을 확인할 수 있다. 우리는 모든 학생을 성공으로 이끄는 일에 헌신적으로 노력하고 있으며, 이는 OTL의 다음과 같은 성과를 통해서도 명확히 드러난다.

- 데이터를 더 쉽게, 더 많이 활용해 수업을 진행한다.
- 모든 교과과정은 질적으로 높은 수준과 엄격함을 보장하며, 학생

들은 이를 통해 대학이나 직업 세계를 준비한다.

- 우수반 과정과 AP 과정에 사회경제적 배경이 다양한 학생들을 더 많이 참여시킨다.
- 특수교육 학생들을 일반학급 학생들과 통합하고 필요한 지원을 강화한다.
- 개별화수업 및 유연한 집단 구성의 중요성을 강조한다.
- 학부모 및 교직원과 협력을 확대, 학생들의 학습 과정에 학부모들의 참여를 더 많이 유도하는 전략을 개발한다.

훌륭한 문화로 변화한 학구의 모습은 다음 사례에서도 확인할 수 있다. 지원 가정 자녀들이자 학업에 재능이 있는 9학년생 아프리카계 미국인 쌍둥이 자매의 이야기다. 이들은 재학 중인 학교의 교장에게 '우수반 투어 프로그램'을 만들어 달라고 요청했다. 그리고 새로 중학교에 입학하게 될 6학년생 대상의 오리엔테이션용 발표 자료를 준비했다. 발표는 각 초등학교에서 진행될 예정이었다. 몇몇 중학생들도 발표 준비에 참여했다. 발표의 주된 목적은 7학년부터 시행될 우수반 강좌에 더 많은 학생이 등록하도록 권유하려는 것이었다. 사실 우수반 강좌는 매우 높은 수준이지만, 만약 7학년부터 이런 강좌를 집중적으로 파고든다면 수준 높은 과정을 직접 경험하고, 훗날 고등학교에서 AP 과정을 듣는 데 필요한 공부와 과제, 필수적인 태도를 갖추는 데 익숙해질 수 있다. 이처럼 학생들 스스로 학생의 성공을 홍보하는 것보다 더 나은 방법이 또 어디 있겠는가.

OTL 방안을 전면적으로 실시한 지 어느덧 5년이 되었다. 우리는 그동안 많은 변화를 경험했다. 학점과 시험 점수, 출석에 관한 수치나 그래프 자료를 보면 모든 학생을 위한 엄격한 교과과정을 제공하려던 우리의 노력은 효과가 있었고, 계속 추진해 나갈 만한 가치가 있었다. 처음 교사와 관리자들에게 고정 관념을 깨고 과거의 관행에서 벗어나라고 요구하는 일은 쉽지 않았다. 하지만 지금의 결과는 진실이 무엇인지 말해 주고 있다.

우리는 성취도 격차를 좁히는 데 어느 정도 성공했다. 처음 이 여정을 시작했을 때 많은 사람이 우려했지만 형평성에 집중했던 우리의 노력은 모두에게 긍정적인 결과를 낳았다. 또한 기대하지 못했던 뜻밖의 성과들도 있었는데 이는 우리의 목표에 한층 더 추진력을 더해 준 것들이었다.

뜻밖의 성과

▍대학 진학률 상승

학구 졸업생 가운데 2년제 또는 4년제 대학교로의 진학 비율이 80퍼센트를 넘어선 것은 예상 못한 성과였다. 수준별수업이 폐지된 지 2년 후에는 90퍼센트까지 올라갔다. 이 비율은 꾸준히 지속되고 있다.

자기 충족적 예언(self-fulfilling prophesy)이란 것이 있다. 기대치나 예측이 어떻게 주어지는가에 따라 행동과 마음가짐이 달라질 수 있는 것이다. 우리 학생들 또한 그러했다. 자신이 대입 준비 과정에 배정되어 있음을 듣고 자신의 가능성을 믿게 되었다. 학생 중 대다수가 자신이 대학에 갈 준비가 되었으며, 대학에 진학할 가치가 있다고 생각했다. 졸업 후 모교를 방문한 학생들의 말을 들어 봐도 그렇다. 그들은 자신이 대학교에서도 충분히 잘해 나갈 수 있다고 여긴다. 우리는 미래를 충실히 대비하기 위해 엄격한 교육과정에 참여할 준비가 된 뛰어난 학습자들을 졸업생으로 내보내는 중이다.

▌AP 과정 등록 비율 향상

또 다른 흥미로운 결과는 AP 과정에 대한 참여도가 늘었다는 것이다. OTL 방안이 실시되면서 해당 과정에 등록한 학생 수는 2009년에 168명, 2013년에는 252명으로 증가했고, 해당 교과의 시험을 치른 학생 수도 2013년에는 620명까지 늘어났다. 대학에 진학하려면 최소한 하나 이상의 AP 강좌를 들어야 한다는 전제를 학생들이 실천에 옮긴 결과였다(Mathews, 1998).

등록 비율만 향상된 것이 아니다. AP 과정 시험에서 높은 점수를 받은 학생의 비율도 큰 폭으로 증가해 지역 언론에 소개되었을 정도였다. 2013년 기준 애빙턴 학구에서 AP 과정의 시험을 치른 학생 중 3점 이상의 좋은 성적을 받은 비율은 80.2퍼센트에 달했다. 이는 펜실베이니아주 평균인 68.3퍼센트, 전국 평균인 60.9퍼센트보다 훨씬 좋은 성과였다.

▍특수교육 학생들의 성공적 통합

우리의 목표는 학생들이 성공을 경험하게 하는 것이다. OTL 방안의 목표 중 하나는 특수교육 학생들을 대입 준비 강좌에 통합하여 가르치는 것이었다. 이를 위해서는 적절한 지원이 필요했다. 일부 회의론자들의 반발도 있었다. 그들은 일반 학급에 통합된 특수교육 학생들이 실패할 가능성이 높다며, 학부모들도 그런 변화를 원치 않을 것이라고 주장했다. 우리는 전면적인 실시에 앞서 특수교육 학생의 학부모와 보호자, 그리고 감독관 등이 함께하는 회의를 개최했고, 학생들을 대입 준비 프로그램에 포함하는 것이 적절한지에 관해 토론했다.

반대하는 학부모는 아무도 없었다. 일반 학생의 학부모들까지도 우리의 방안을 수용할 준비가 되어 있었다. 실제로 행동에 문제가 있었던 학생 가운데 일부는 특수교육 친구들과 함께하면서 행동이 좋아지고 책임감이 높아진 모습을 보여 주기도 했다. 그리고 학부모들은 학교가 모든 학생을 공평하게 대할 것이라는 사실에 대해서도 신뢰를 보내 주었다.

▍초등 교육과정의 엄정성 강화

OTL 방안은 초등 교육과정에도 영향을 미쳤다. 모든 학생은 7학년부터 대입 준비 과성에 포함되므로 K-6 초등학교들은 학생들을 확실하게 준비시켜야 했다. 우리는 초등학교 교육과정을 검토하고 엄정성을 강화했으며 그 결과 또한 긍정적이었다.

유색인과 소외계층 학생들의 비율이 높은 한 초등학교의 사례는 매우 인상적이다. 이 학교는 과거에 학력이 매우 낮았지만 여러 가지 노력과 개혁을 실행하면서 성취도가 크게 향상되었다. 2012~2013년에는 펜실베이니아주 학교평가시스템(PSSA)에서 과학 점수가 큰 폭으로 향상된 덕분에 '타이틀 I 우수 학교'로 지정되었고 2013년 가을에는 연방 정부 차원에서 '높은 진전을 이룬 학교'로 인정받았다.

▎학생 인구 증가

지난 5년간 우리 학구의 입학자 수는 꾸준히 증가했다. 그 전까지는 매년 7,400여 명 정도의 학생이 입학했고 약간의 증감만 있는 상태가 오랫동안 지속되었다. 그랬던 것이 2011년부터 확연한 증가세로 돌아섰고 2012년에는 7,640명이 입학, 지난 30년간의 입학생 수 가운데 최고 수치를 기록했다.

입학자 수 증가는 예상하지 못한 일이었다. 입학자 수가 늘어나면 공간이 문제가 될 수 있으므로 확실한 대책이 필요했다. 학구에 속한 애빙턴과 록리지 두 지역은 개발할 만한 택지가 거의 없는 상태였다. 미래를 위해 당장 계획을 세워야 했다. 교육위원회는 우리의 권고를 받아들여 2013년에 펜실베이니아 경제연맹(Pennsylvania Economy League, PEL)과 함께 미래의 입학자 수를 추정하는 연구를 진행했다. 연구 결과 2022년에는 지금보다 1,200명가량 더 늘어난, 약 8,834명에 이르는 입학생 수가 예상되었다.

학구 내 신생아 출산율이나 주택 이주 등의 변동 요인이 없는데도 학생 인구는 분명 증가 추세를 보이고 있었다. 그 원인으로 우리가 새롭게 알게 된 것은 바로, 학부모들이 인근의 사립 학교나 차터스쿨 대신 애빙턴 학구 내 공립학교 진학을 원한다는 사실이었다. 어떤 학부모는 일부러 우리 학구 내 유치원에 아이를 입학시켰다. 명문 사립학교 입학과 장학금 제안을 받았는데도 우리 학구에서 이룬 성취를 보고 그 제안을 거절했다고 말한 학부모도 있다.

▌수상과 인정

애빙턴 학구는 전국 단위의 권위 있는 상을 여러 차례 받았다. '청소년을 위한 미국 최고의 지역사회 대회'에서 6차례나 수상했고, 한 언론사에서 선정한 '미국에서 가장 살기 좋은 지역'으로 인정받기도 했다. AP 과정에 대한 소수 집단 아동의 높은 참여율과 성과를 인정받아 2011년과 2014년에는 칼리지보드(College Board)의 연례 수상자 후보로도 올랐다. 이런 권위 있는 상들은 모든 학생에게 도움이 되는 최상의 것을 학교에서 확실히 제공하는 데 도움이 되며, 학구 내 모든 교사와 학교, 그리고 애빙턴과 록리지 두 지역사회가 꾸준히 노력한 결과다. 아무것도 쉽게 얻는 것은 없다.

델라웨어밸리 컨소시엄(DVCEE)에 참여하면서 우리는 OTL 방안과 성과를 전국에 공유할 기회를 얻었다. 또한 펜실베이니아주 학교 학업성취도 개선 회의, 학교관리자 협회, 교육위원회협의회의 학교 리더십 회의 등에서 OTL 방안의 성과와 과정들을 발표할 수 있었다. 이 발표는 교육 관계자들의 호응을 이끌어 냈고 방문을 원하거나 더 많은 자료를 제공해 달라는 요청도 많이 받았다.

마무리하며

사실 학생들의 필요를 충족할 수 있었던 확실한 비결은 없다. 성공의 요인은 기술도, 마법도, 비밀스러운 교육과정도 아닌, 모든 학생의 잠재력을 실현하겠다는 의지였다. 개혁을 위한 모든 노력의 중심에 형평성이 있었고, 우리는 흔들림 없이 헌신했다. 많은 이가 열심히 연구하고 창의적으로 생각하며, 초점을 잃지 않고 전념해 왔다. 엄격하고 수준 높은 대입 준비 프로그램을 모든 학생, 적어도 가능한 한 많은 학생에게 제공하는 일, 그것이 바로 우리의 초점이었다. 이를 위해 우리는 수준별수업을 없애고, 성과에 집중했으며, 데이터를 심층적으로 분석했다. 효과가 있는 것과 없는 것을 끊임없이 조사하여 여러 학교의 지속적인 개선안을 수정 보완했다.

지금은 성취도 격차를 해소하려는 우리의 작업과 밀접히 관련된 기타 근본적인 요인들을 차분히 파악해야 할 때다. 최근 나는 새로운 관리자들로 구성된 포커스 그룹과 만난 적이 있다. 그들은 대부분 3년 미만의 관리자들로서 임명되기 전까지 애빙턴 학구에서 일한 경험이 없었다. 그 모임의 뚜렷한 목적은 애빙턴 학구에서 OTL 방안이 성공하는 데 기여한 '특제 소스'가 무엇인지 밝혀 내는 것이었다.

이들과의 모임에서 나는 모든 계획의 밑바탕에 언제나 학구의 사명, 비전, 가치, 목표가 있어야 한다는 점을 강조했다. 관리자들뿐만 아니라 교육위원회, 지역사회, 학부모, 학생, 그리고 학구 내 모든 교직원 사이에 원활한 의사소통이 이루어져야 한다는 사실도 덧붙였다.

실행은 모든 구성 요소를 대변하는 꾸준한 의사소통과 참여로 긴밀히 조직되고, 학생의 성취도에 중점을 두어 철저히 관리된다. 나는 학구의 문화에 대해 이렇게 말하는 이들이야말로 우리가 OTL 방안을 기획하고 그러한 목적이 한결같이 이어지도록 지지해 준 건전한 기반을 제공했다고 믿는다.

목적의 불변성은 실제로 개혁 방안을 기획하는 데 지침이 되고 성공적인 프로그램을 지속할 수 있도록 뒷받침한다. 우리의 노력이 인정받은 것은 분명 영광스러운 일이지만, 이 작업에서 무엇보다 절실한 것은 행동을 촉구하는 일이다. 웨이드 보이킨(A. Wade Boykin)과 페드로 노구에라(Pedro Noguera)는 저서 『Creating the Opportunity to Learn: Moving From Research to Practice to Close the Achievement Gap(학습의 기회 창출: 성취도 격차 해소를 위한 연구에서 실천으로)』(2011)라는 책에서 이렇게 말하고 있다.

> 유감스럽게도 도시 외곽 지역 학구들에서 학업성취도 향상을 보여 주는 곳은 점점 더 줄어들고 있다. 반면 메릴랜드주의 몽고메리 카운티와 펜실베이니아주의 애빙턴, 그리고 매사추세츠주의 브록턴은 예외적인 경우다. 이 학구들은 부유한 백인 학생들과 경제적으로 소외된 유색인종 학생들 간의 학업 격차를 줄이는 데 꾸준히 진전을 보여 주었다(p.146).

모든 학생이 필요로 하는 것은 무엇이든 얻을 수 있도록 교육에 형평성을 부여할 필요가 있다. 우리는 그것이 어떤 모습인지 점검하고, 또 어떤 모습이 바람직한지 고민하고 있다. 학생들의 요구에 부응하려면 어떤 점을 조정해야 할까? 이것은 우리 모두가 끊임없이 자신에게 묻고 있는 질문이기도 하다.

앞으로 우리는 모든 학생을 성공으로 이끈다는 비전과 목적에 초점을 두고 학생들을 지도할 것이다. 학생들의 성취도에 집중하면서 끝까지 그 길을 갈 것이다! 애빙턴 학구에서 계속해서 되풀이하며 재확인하는 것은 이것이다. "모든 학생의 잠재력 실현이 우리의 기준이며 학업성취도는 그 결과다."

12장 ── 변화의 열쇠를 찾다

교사 전문성 계발에 집중한 웨스트오렌지 학구

달린 버그

최근 나는 교수법을 논의하기 위해 마련된 초등학교 수학교사 모임에 참석한 적이 있다. 오전 프로그램의 강연자는 사전에 청중의 호응과 열의를 이끌어 내고 분위기를 풀기 위한 활동의 일환으로 탁자마다 편지지 크기의 종이와 매직펜을 준비했다. 그리고 종이로 간단한 텐트 모양을 만들어 각자 이름을 쓰고, 초등학교에서 수학을 가르치는 것과 관련해 학구에서의 경험을 나타낼 만한 숫자나 기호를 생각해 보라고 요청했다. 교사들은 모두 종이로 만든 텐트 모양의 명패 네 모서리에 가가 기호나 숫자를 하나씩 쓰고, 치례대로 자기소개를 하면서 각자가 선택한 숫자나 기호를 설명했다.

나는 종이의 네 모서리에 각각 '3400, 7, 4, 87'이라는 숫자 4개를 적었다. 그리고 차례가 되자 설명을 시작했다.

"매일 저와 함께 일하는 교사들과 관리자들은 '3400'명에 이르는 아이들의 삶을 바꾸는 일을 책임집니다. 우리 학구에는 문화와 사회경제적으로 다양한 초등학교 '7'개가 있습니다. 유치원부터 5학년까지 수학 프로그램을 전면 개편하는 작업을 시행한 지 올해로 '4'년째입니다. 최근 국가공통핵심성취기준 평가에서는 3~5학년생들 중 평균 '87'퍼센트가 수학에서 능숙 이상 등급을 보여 주었습니다. 이는 2009년 74퍼센트에서 상승한 수치입니다."

더 길게 자세히 말하고 싶었지만 짧게 끝내야 해서 그만두었다. 그날 내가 더 말하지 못했던 내용 중에는 우리 학구의 수학 수업과 관련된 흥미로운 세부 데이터들이 있다.

나는 뉴저지주 웨스트오렌지 학구의 초등 수학 감독관으로 오랫동안 일해 왔다. 교육과정과 수업의 질을 높이는 데 열정을 쏟은 덕분에 우리 학구에서는 사회경제적 격차나 인종, 문화적 차이에 따른 성취도 격차가 눈에 띄게 줄고 있었다. 대다수 학생의 성취도는 훨씬 높아졌고 능숙 등급 미만 학생 비율은 줄어들었다. 높은 수준의 수업을 원하는 상위 계층의 요구 또한 외면하지 않았기에 우수반 학생들의 성취 수준은 꽤 높은 편이었다. 성취도가 우수한 타 지역 학교, 특히 소외계층 학생들이 거의 없는 학교의 점수와 맞먹는 곳도 있다.

지금 우리는 새로운 개혁을 시작하려 한다. 이곳에서 의미심장하고 긍정적인 일이 일어나고 있다는 것은 앞으로 차차 알게 될 것이다. 물론 여전히 가야 할 길이 많이 남아 있고 더 많은 개선이 필요하다는 것도 알고 있다.

웨스트오렌지 학구는 인구 밀집 지역인 뉴욕시에서 직선거리로 약 24킬로미터가량 떨어져 있다. 사회, 경제, 문화적으로 워낙 다양한 특성 때문에 맨해튼의 축소판으로 묘사되기도 한다. 두 개의 산은 우리 지역의 특징을 잘 보여 주는 상징이기도 하다. 최상위 고소득층과 유명인부터 최근에 이민 온 빈민 계층까지 주민의 사회경제적 구성은 매우 다양하다. 조사에 의하면 우리 학구 내 가정에서 사용되는 언어는 영어 외에도 50여 가지나 된다. 이처럼 우리 학구는 활기 넘치고 도전과 기회를 제공하는 곳이다.

학구에서는 해마다 3~5학년을 대상으로 뉴저지주 학업스킬 및 지식평가(NJASK)를 실시하여 문해력과 수학, 과학 교과의 학업성취도를 파악해 왔다. 데이터를 분석하면 인구통계학적 측면에서 우리가 어떤 상황에 놓여 있는지도 알 수 있다. 아동낙오방지법에서 규정하고 있는 '하위 집단'의 개념을 적용하면 우리 학구의 3~5학년생 중 33퍼센트가 경제적으로 소외된 하위 집단에 속한다. 백인은 약 25퍼센트 정도이며, 아프리카계 미국인이 39퍼센트, 라틴아메리카계가 26퍼센트, 아시아계가 약 7퍼센트다. 나머지 3퍼센트는 아메리칸 인디언이나 태평양 섬 주민 혹은 둘 이상의 인종으로 구성되는 하위 집단으로 파악된다. 한두 번의 시험 자료로 학생의 성공이나 실패에 관해 모든 것을 알 수는 없지만 이런 정보는 동향을 파악하고 의사 결정을 돕는 정보를 얻는 기회이며 대화의 기반을 제공한다. 이 자료들은 모두 뉴저지주 교육부 웹사이트에 공개되어 있다(New Jersey Department of Education, 2013).

2009년과 2013년의 인구통계 집단별 학업성취도를 비교한 데이터를 통해 우리는 몇 가지 사실을 확인할 수 있었다. 표면적으로 보면 학생들의 전반적인 학업성취도는 향상된 것으로 나타났다. 나는 여기서 그치지 않고 학구에서 파악할 수 있는 가장 큰 규모의 하위 집단 세 개와 경제적 소외계층 학생들의 성취도를 일반 계층 학생들의 성취도와 비교해 보기로 했다. 그래야만 우리 학구의 상태를 더 정확히 파악할 수 있기 때문이다. 2009년의 수치는 학구에서 새로운 교육과정을 도입하기 이전, 2013년은 도입 이후에 해당하는 수치를 보여주는 자료다.(**표 12.1, 도표 12.1**)

표 12.1 3~5학년 인구통계 집단별 학업성취도 비교 (2009년과 2013년, 단위: %)

연도	전체 집단	백인	아프리카계 미국인	라틴 아메리카계	경제적 소외계층	일반 계층
3학년						
2009	74.0	90.0	68.0	62.4	58.8	80.8
2013	84.0	93.4	81.0	74.5	75.1	88.5
4학년						
2009	67.8	83.3	60.6	58.5	57.1	73.5
2013	87.1	93.0	83.2	83.1	80.4	90.4
5학년						
2009	79.2	93.9	74.5	70.4	65.4	85.2
2013	88.7	91.3	81.3	86.8	82.2	91.9

출처: 2009년 뉴저지주 교육부 학교 성적표와 2013년 뉴저지주 교육부 학업성취도 보고서에 실린 데이터

새로운 교육과정의 핵심 성공 요인은 명확히 식별 가능한 교수법에 있었다. 나는 수학 감독관으로서 7명의 초등학교 교장, 150여 명의 교사들과 협력하며 매일 3400명의 초등학생과 상호 작용하는 교수 팀을 지원해야 했다. 우리의 임무는 개별 학생의 성취도 개선과 함께 그들을 21세기 시민으로 준비시키는 데 있었다.

수학 교수법 개선을 담은 엄격한 교육과정이 7개 초등학교에서 시작된 지 5년을 넘었다. 학생 넷 중 하나가 주에서 실시하는 수학시험에서 낙제한다는 것은 그냥 넘어갈 수 없는 일이다. 그러기에 우리는 힘든 진행 과정과 많은 정보, 협력, 에너지가 필요했던 일을 함께 견뎌 내

도표 12.1 3~5학년 인구통계 집단별 능숙 이상 등급 비율(2009년과 2013년)

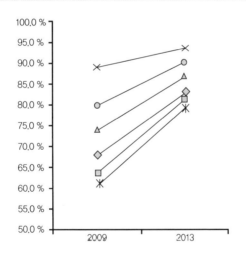

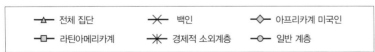

출처: 2009년 뉴저지주 교육부 학교 성적표와 2013년 뉴저지주 교육부 학업성취도 보고서에 실린 데이터

며 열심히 일했다.

노력은 지금도 꾸준히 진행되고 있으며 우리는 몇 가지 방법으로 성과를 점검하고 있다. 그중 하나가 주 교육부에서 해마다 발행하는 학업성취도 보고서를 통해 3~5학년 학생들의 성취도를 분석하는 일이다.

항목별 데이터를 살펴보면 사회경제적 하위 집단의 학업능력은 이전보다 개선된 듯하다. 이런 데이터는 현재 일어나는 일에 대해 통찰력을 준다는 점에서 유용하다. 학생들의 수업 관련 대화를 살펴보더라도 그동안 기울인 노력이 성공적임을 알 수 있다. 무슨 과목을 가장 좋아하느냐는 질문에 많은 학생들이 수학을 꼽았는데 이는 우리가 올바른 방향으로 나아가고 있음을 보여 준다. 교사들은 이처럼 커다란 변화가 생긴 것은 수학을 가르칠 때 사용한 수업전략의 효과라고 말한다. 그리고 학생들이 수학 과목에 좋은 성취도를 보이는 모습을 보며 행복감을 느끼게 된다고 말했다. 학부모들은 자녀들의 수학 능력과 수학적 통찰을 발견하고 즐거워한다. 나 역시 "우리 학생들은 … 때문에 수학을 못해요."라는 말을 더 이상 듣지 않게 되면서부터 중대한 변화가 시작되었다는 걸 실감하고 있다.

교실에서 성취도 격차가 줄어들고 있다. 이것이 가능해진 것은 학생들의 성공을 위해 가장 중요한 자원이 바로 교사라는 점을 모두가 인식한 덕분이다. 우리는 가장 먼저 교사에게 불필요한 것들과 교사들이 처한 어려움을 검토했고, 그것을 극복하기 위해 지원했다. 모든 학생이 성공적인 학습자가 되게 한다는 것이 모두가 공유하는 공통의 비전이며, 그러한 비전이 모든 교실에서 공평하게 실현되도록 만드는 일이 우리의 사명이었다.

웨스트오렌지 학구의 수학 감독관으로 근무하기 시작한 초기에 나는 학생의 학습을 개선하도록 교사를 지원하는 업무를 맡았다. 이 때 교사들과 협력해 수학 수업 모형을 새롭게 만들었는데, 그것은 학생마다 제각각 다른 학습방식과 요구를 반영하기 위해 다양한 자원과 개별화 전략을 활용하는 것이다. 교사 대부분은 그러한 수업 모형에 대해 매우 수용적이었고 학생들의 참여도 높으리라고 예상했다. 이런 방식의 수업에서 수학에 어려움을 겪는 학생들을 돕는 방법으로 가장 효과적인 것은 조작할 수 있는 교구를 사용하는 것이다. 학생들은 구체적인 조작 교구를 사용하면서 상징적 기호와 관련성을 발견하고 개념을 이해하는 데 도움받을 수 있다(Bruner, 1976). 전국수학교사협의회(NCTM)에서 제공하는 <Illuminations(일루미네이션즈)>라든가 <Mathsolutions(매스 솔루션)> 같은 수업들은 다양한 수학 개념을 잘 반영한 사례들이다. 이런 교구들은 수학 개념을 탐구할 때 교사들이 어떻게 학생들을 지원해야 할지 효과적으로 보여 준다. 가령 음료수 캔 둘레를 여러 개의 줄로 측정해 비교하면서 원주율의 개념을 알아본다거나(Burns, 2014), 종이접기나 빨대를 이용해 기하학적 모형을 만들고 모양이나 각도의 특성을 비교해 보는 것 등이 있다(NCTM, 2014). 게임의 형태로 정수, 분수, 소수를 이용한 연산을 연습하면서 학생들이 쉬운 풀이과정을 개발하도록 도와주는 아이디어들도 볼 수 있다.

아울러 우리는 학생들이 추론과 의사소통 능력을 키워 개념에 관한 지식을 쌓도록 도왔다. 당시 우리가 사용한 방법 중에는 학생 각자가 자신의 풀이 방법을 투명 슬라이드 필름에 기록하여 프로젝터로 화면에 띄운 뒤 자신의 방법을 설명하고 반 친구들과 토의하는 것이 있었다. 친구들은 질문하거나 설명에 대해 의견을 제기하곤 했다. 교사들과 나는 학구 내 워크숍을 개최하고 아이들이 수학 수업에서 문헌 자료를 얼마나 사용하는지 조사해 보았다. 이는 학생들이 실생활과 수학의 연관성을 깨닫는 경험을 갖지 못한다는 걸 알고, 이를 해소하는 방법을 교사들 스스로 이해하고 찾아내기 위해서였다(Burns, 2014).

수업 참관과 워크숍을 여러 차례 거듭하면서 나는 대부분의 교사들과 꽤 친해졌다. 교사들은 배려심이 강하고 근면하며 헌신적이었지만 새로운 것에 도전하려는 의지는 부족했다. 당시 발표된 아이디어와 수업 중 다수는 학습지도안으로 만들어 학구 내에 공유했지만 익숙한 교수법을 조정해야 한다는 사실을 불편해하는 교사들도 많았다. 특히 시험 부담이 큰 학년의 경우 더욱 그러했다. 충분히 이해할 수 있는 상황이었고 그러한 교사들일수록 수업에 변화를 주면 오히려 부담을 느껴 학생들의 성취도까지 영향을 끼칠 것 같았다. 학생들의 점수가 떨어질 수 있다는 두려움이 교사의 변화를 가로막는 가장 큰 장애물이었다.

수년간 협력교수를 경험한 결과, 교사들은 워크숍에서 시연하고 논의를 거친 여러 수업전략에 대해 충분히 이해하지만 막상 이런 전략을 일상적으로 자기 수업에 적용하는 방법은 잘 모르는 것이 분명했다. 대화에서도 초점은 교사들이 느끼는 두려움과 걱정에 맞춰졌다. 일부 교사는 학생들이 교실 밖에서 어려움을 겪지만 자기가 도울 방법이 없다고 걱정했다. 전통적인 교사 중심 수업에서 벗어나면 학습에 어려움을 겪는 학생들이 더 곤란해질지 모른다고 우려했다.

교사들과의 논의 속에서 나는 학생이 학습을 이해하고 받아들이는 방식에 불공평한 삶의 경험들이 분명히 영향을 준다는 데 동의했다. 그렇지만 한편으로는, 학습하는 중에 우리가 제공하는 경험들이 그런 삶의 불균형을 극복하게 하고 모든 학생의 참여를 불러올 만큼 다양해야 한다고도 믿었다. 그렇게 하는 유일한 길은 효과적인 수업전략들을 찾아내고 우리 학구 내 모든 교실에서 진행되는 수학 수업 전체에 반영하는 일이었다.

효과적인 수업전략들을 공평하게 전체 수학 수업에 반영하는 새로운 시도에는 연구기반 교재들을 사용하는 1년 단위의 교육과정이 필요했다. 교사들이 수학을 지도할 때 지속적인 지침으로 삼을 만한 교육과정, 그리고 학생들이 원하면 필요한 것을 기반으로 비계나 학습 확대를 선택할 권한을 갖는 교육과정 말이다. 교사들에게 여러 가지 자료를 전달만 하고 끝나기에는 충분하지 않을 것이었다. 처음부터 지속적인 전문성 계발 요구에 대한 명확한 계획이 세워져야 했다. 그런 이유로 수업전략에 대한 학구의 지침을 지원할 적절한 자료를 찾고, 더 많은 책임을 부여하여 올바르게 실행해야 했다.

한 교사가 나에게 이렇게 말했다.

"우리는 학생들에게 제일 좋은 것을 할 거예요. 하지만 그러려면 우리에게도 충분한 시간과 좋은 자료, 그리고 훈련이 꼭 필요하다는 걸 부디 교육청에 있는 분들이 알아주시면 좋겠어요."

우리는 수학 교수자료를 개편하는 문제에 주의를 기울였다. 교수자료는 수업을 바꿀 토대를 지원하는 수단이자 모든 학생을 성공으로 이끌 만한 양질의 것이어야 한다. 우리의 접근법은 다양한 학습을 지원할 수업전략을 모든 교사가 실행할 수 있도록 확고한 틀을 제공하는 데 있었다. 지금부터 우리 학구에서 전개된 그 과정에 대해 자세히 설명하겠다.

학구에서 초등학교에 적합한 새로운 수학 자료 구입을 고려하고 있을 때였다. 높은 수준의 전문성과 통찰력을 가진 교사위원회의 도움 덕분에 우리는 다양한 자료와 시범 수업을 여러 각도에서 분석할 수 있었다. 이들은 교사들이 수학 수업에서 연구기반 교수법을 사용하기로 결정을 내리는 데 도움이 될 자료들이 어떤 것인지, 각각의 특징은 무엇인지 확인해 주었다. 우리와 인구통계가 비슷한 성공적인 학구를 찾아 그 학구의 교사들이 수업하는 방식과 자료를 조사해 달라고 요청한 교사들도 있었다. 훌륭한 생각이었다!

이에 우리는 규모, 인구통계 및 사회경제적으로 우리 학구와 유사하면서 학생들이 성공적인 성과를 거둔 학구를 찾아보고 일부 학교의 수업을 참관하기로 했다. 참관에는 우리 학구의 수학 교사들도 여럿 동행하여 그곳의 교사들과 많은 대화를 나누었다. 이들은 어떤 수업이 효과적인지, 학생들은 수학에서 어떤 내용을 좋아하는지, 어떤 자료가 수업에서 효과적으로 쓰일 수 있는지 이야기했다. 특히 우리 교사들이 주로 질문했던 내용은 교수법을 바꿨을 때 겪었던 어려움이었다. 이러한 경험은 훗날 우리 학구에서 변화를 추진할 때에도 많은 도움이 되었다.

교실 수업을 재정의하고, 이런 활동에 도움이 될 보충 자료를 선택하는 전 과정을 다시 한번 돌아보면서 나는 무엇에 집중해야 하는지 명확히 알 수 있었다. 교육 공동체로서 우리가 추구하는 방향은 형평성, 즉 긍정적 차별을 구현한 수업이다. 그러자면 이런 수업이 어떤 형태인지 구체화하고 교사들과 공감대를 구축할 수 있어야 한다. 적절한 자원과 자료를 선택하는 일은 당연히 필요하지만, 최종적으로 이를 판단하고 결정하는 것은 교실의 전문가인 교사들의 몫이다. 지금까지 많은 토론과 논의를 거쳐 왔지만 모든 학생을 위해 긍정적인 변화를 이끌어 낼 방법을 찾아내는 데 가장 중요한 것은 교사들이었다.

나는 선정한 두 개의 시리즈를 놓고 교사들의 의견을 구하는 과정이 꼭 필요하다고 판단했다. 그래서 몇몇 학교에서 수험생 학년을 대상으로 시범 수업을 실시한 뒤 교사들에게 무엇이 더 효과적인지 묻는 설문을 실시하고 인터뷰를 진행했다. 이렇게 해서 최종적으로 선정된 자원을 활용한 수업이 시작될 수 있었다. 우리의 초점은 어떤 자원을 얼마에 구입할까에 있지 않았다. 그보다는 모든 학생이 수학 학습에 성공할 기회를 높일 수업전략을 체계적으로 적용하는 것과 관련되었다. 수업자료는 이런 목표를 뒷받침해야 했고, 전문성 계발은 그 과정을 적용하는 교사들을 지원해야 했다.

첫해 새 학년이 시작되기 몇 달 전 여름부터 교사들에게 자료가 제공되었다. 수업이 본격적으로 시작되기 직전인 9월에는 학년별 워크숍을 실시하여 수업에 관해 토론하고 방법에 관한 조언을 공유했다. 발표를 맡은 전현직 교사들은 우리가 제공하려는 자료를 사용한 경험이 풍부하고 해당 교수법에 능숙한 사람들이었다. 그들은 수준과 필요가 다양한 학생들 속에서 무엇이 효과적인 수업이 될지 여러 사례를 들어 설명했다. 교사들은 어떤 발표가 가장 유용하게 생각되는지, 그 이유는 무엇인지 이야기했다. 우리는 교사들의 말을 주의 깊게 듣고 그 피드백을 통해 다음 단계의 연수를 설계했다. 교장들은 중요한 아이디어와 수업전략을 이해하고 심리적인 지원을 할 수 있도록 교사들과 함께 연수에 참가했다. 교장들은 교사들의 문제를 해결해 주고 질문에 답했으며, 그들의 우려를 해결하는 또 다른 자원 역할을 충실히 수행했다.

불안감이 높은 시기였기에 우리는 교사들의 우려에 주의 깊게 귀를 기울여야 했다. 또한 새로운 교수법 실행에 필요한 학급 내 자원, 이를테면 조작 교구들과 도표, 그래픽 오거나이저, 학생용 소형 칠판 세트와 매직펜, 학습 게임 자료, 그리고 연습용 워크시트 같은 것들이 제대로 충분히 갖춰져 있는지도 거듭 확인했다.

지금까지 교사들은 압박과 부담이 높은 환경에서 수업을 디자인하고 구성하도록 요구받아 왔다. 새로운 교수법은 교사의 부담을 줄이고 창의력을 높이려는 아이디어였다. '유연한 금요일'도 그런 생각을 담은 프로젝트의 하나다. 수업의 기본 구성을 충실하게 유지한다는 전제하에 교사들은 각자 학생들의 필요에 맞게 다양한 방식을 적용해 볼 수 있는 확장된 활동이나 프로젝트를 매주 금요일 수학시간마다 운영할 수 있었다. '유연한 금요일'은 교사와 학생들로부터 높은 호응을 얻어 지금도 학구 내 모든 학교에서 활용하고 있다.

많은 교사들이 전문성 계발을 위한 연수가 부족하지 않을까 우려했지만 매년 꾸준히 연수가 진행되자 그런 우려는 사라졌다. 우리는 가장 많은 도움을 준 워크숍 발표자들을 다시 초청하고, 학생들을 위한 효과적인 모둠 사용법으로 이질적 짝모둠과 동질적 짝모둠, 소모둠 활동, 학급 전체 수업 같은 것들을 소개했다. 교사들은 일상 수업에서 형성평가를 진행하는 방법을 안내받았고, 이를 통해 학생들의 학습 정도를 파악하여 수업에 잘 적용하도록 교수법을 조정했다. 또한 수학 시간에 수동적인 학생들에게 학습 의욕을 일으킬 수 있는 수업 구성에 대해서도 확인했다. 전통적인 교사 중심 접근법에 익숙했던 교사들은 점차 점진적 책임 이양 모델(Gradual Release of Responsibility Model, GRR)에 능숙해졌다(Pearson & Gallagher, 1983). 이처럼 변화된 수업전략들이 모든 학교에서 일관성 있게 체계적으로 구현되면서 현장에도 긍정적인 결과가 나타나기 시작했다.

첫 번째 워크숍 이후 우리가 받은 피드백 중 가장 좋았던 것은 교사들에게 개별화된 워크숍을 제공해 달라는 요청이었다. 교사들은 전문성과 자신감의 수준이 무척이나 다양했기에 개별화수업에 관한 이해를 학구의 교원 연수에도 반영할 필요가 있었다. 이에 따라 우리는 교사 대상으로 추가 지원이 가장 절실한 영역은 무엇인지 묻는 온라인 설문 조사를 실시하기로 했다. 새로운 수학 교수법을 적용한 지 100일이 가까워질 무렵이었다. 교사들에게 제시한 5개의 선택지는 '앞으로 진행할 수업의 시연, 기술 지원 시연, 수업 속도 조절, 개별화수업 구현, 기타 사항'이었다. 학교 및 학년별로 응답을 모아 교사들의 요구를 분석한 결과 일련의 경향을 파악할 수 있었다.

우리는 학교마다 하루씩 워크숍 발표자를 파견하여 교사들의 전문성 계발을 돕기로 했다. 발표자에게는 미리 그 학교의 설문 조사 결과를 알려 주고 교사들에게 가장 필요한 것을 생각하도록 했다. 교장들은 연수를 위한 공간을 마련하고, 학년별 교사 팀이 소집단으로 발표자들을 만나도록 일정을 짜는 식으로 지원했다. 나는 많은 연수에 참가했는데 첫 시간에는 늘 다음과 같은 질문을 던졌다.

"잘 진행되고 있는 3가지는 무엇입니까? 그리고 그렇지 않은 3가지는 무엇입니까?"

흥미롭게도 그 질문에 대해 응답자 대부분이 "학생들은 정말 수학을 좋아합니다!"라는 말로 시작하곤 했다. 교사들은 잘 진행되고 있는 것들을 서로 공유하고 축하해 주며, 잘 진행되지 않는 문제에 대해서는 활발한 토론을 벌였다.

학교 단위로 교사 전문성 계발을 추진한 것은 최고의 성과라고 자부할 만하다. 교사들은 소그룹을 이루어 각자 맡은 학생들에 맞게 필요한 수업을 구성하고 준비했다. 전문적이되 편안하고 서로를 격려하는 생산적 분위기가 만들어졌다. 교사들이 워크숍에 참석하는 동안에도 모든 수업은 정상적으로 진행될 수 있었다. 대체 교사들이 학교마

제4원칙, 사실을 직시하고 두려움에 맞서라

다 적절히 투입되었고 워크숍이 근무지와 가까운 곳에서 열린 덕분이다. 이 모든 과정에서 중요했던 것은 교장의 수용적인 리더십이었다. 교장들의 적극적인 협조가 없었다면 교사들의 워크숍과 전문성 계발은 추진하기 어려웠을 것이다.

해마다 교사 연수는 더욱 충실해졌다. 기존 교사들 외에 새로 우리학구에 부임한 교사들을 위한 연수 프로그램도 추가되었다. 특수교육 및 기초학력 지도교사들도 일반 교사들과 함께 연수를 받았다. 새로운 초등 수학 수업 모형은 이런 과정을 거쳐 만들어졌고 교사들은 학생에 대한 정보를 바탕으로 개개인의 학습 요구에 부합하는 결정을 내릴 수 있게 되었다.

일부 교실에서는 새로운 교수법과 무관하게 여전히 독자적인 방식을 고수하고 있다. 이 문제는 지난 수년간 가장 심각한 장애물 중 하나였지만 교수 용어를 통일하고 학년별로 교사들이 협력하는 기회가 늘어나면서 조금씩 해결되었다. 실제로 성취도가 크게 향상된 몇몇 학년에서는 교사들이 정기적으로 모임을 갖고 수업에 관련된 계획과 실행, 다양한 문제들을 함께 해결해 나간 바 있다. 한 교사는 이런 전문가 그룹의 일원으로 활동한 경험 덕분에 학생들에게 문제 해결을 위해 협력하는 방법을 지도할 때 많은 도움이 되었다고 말했다.

학생들이 수학 성취도가 향상될 수 있있던 것은 서로 다른 학생들의 필요에 맞게 다양한 수업이 이루어졌기 때문이다. 기존의 수업 방식은 일부 뛰어난 학생들에게서만 효과를 발휘했다. 새로운 수학 프로그램과 수업전략은 긍정적 차별을 구현하고 공동체의 가치를 실현하려는 노력이다. 이러한 노력을 통해 더 많은 학생들의 학업 성적이 향상되었고 성취도 격차는 눈에 띄게 줄어들 수 있었다.

관리자들의 리더십도 중요한 역할을 했지만 교사들의 헌신적인 노력이 없었다면 이런 결과는 나올 수 없었을 것이다. 학생들의 학습 향상을 위해 교사들은 수업 자료를 효과적으로 사용하는 데 많은 노력을 기울였다. 지금 우리 학구는 어느 곳에 있는 초등학교든 수학 수업에서 똑같이 높은 기대치를 유지하고 있다. 이는 수백 건의 관찰과 현장 방문을 통해 확인한 사실로 일관되고 체계적인 변화다.

높은 기대치와 일관된 수준을 유지한 덕분에 학생들의 성취도가 부진한 부분이 한층 더 잘 드러나게 된 것도 긍정적이다. 학생들의 성공을 방해하는 요인이나 난관이 무엇인지 더 잘 판단하고 추가적인 지원 방안을 고안할 수 있었기 때문이다. 실제로 한 학교에서는 성취도가 위험 수준인 아이들을 대상으로 토요 아카데미를 개설했는데, 1년 만에 능숙 이상의 성취도를 보인 3~5학년생의 비율이 75퍼센트에서 90퍼센트까지 향상되는 결과가 나왔다. 특히 놀라운 것은 이들 중 경제적으로 소외된 계층의 비율이 57퍼센트를 차지했으며, 이는 학구 평균보다 월등히 높은 수치라는 점이다. 토요 아카데미 교사들에게는 일상적인 교실수업과 연계된 교재를 제공했다. 교사들은 학생들이 어려워하는 부분마다 비계 전략을 써서 단계적으로 학습을 지원했다. 공통의 교수 용어, 높은 기대치, 학생에게 익숙한 수업전략, 이 세 가지를 적절히 사용한 프로그램은 성공적으로 학생들의 성취도를 높여주었다.

최근 나는 한 교사와의 약속으로 학구 내 초등학교를 방문한 적이 있다. 주초에 참관한 수학 수업에 대해 논의할 참이었다. 약속한 교사를 기다리는 동안 어떤 교사가 내게 다가와 말을 걸었다. 그는 다른 학구로부터 여러 교사들이 이 학교의 수학 수업을 보러 온 것을 자랑스레 이야기했다. 또 다른 학구의 교사들이 이 학교 교사들에게 효과적인 수업 방법과 조언을 요청해 온다는 말도 했다. 우리 이웃들이 우리가 하는 일에 관심을 기울이고 조언을 구한다는 것, 이 얼마나 멋진 일인가!

지금까지 나는 웨스트오렌지 학구의 초등학교 교사들과 학생들의 노력에 관해 이야기했다. 이 글이 긍정적 차별로 모든 학생을 성공으로 이끌려는 이 책의 의도에 기여할 수 있기를 바란다. 일부 학생들의 개별적 요구에 집중하느라 수업이 제대로 진행되지 못할까 봐 우려할 필요는 없다. 학습이 부진한 학생 때문에 우수한 학생들을 가르치는 일에 방해를 받게 된다는 것도 잘못된 생각이다. 이는 데이터로도 입증된다. 우리 학구에서 초등 수학 평균점수가 전반적으로 상승할 수 있었던 것은 중상위 수준인 '부분적 능숙' 이상의 학생 수가 늘어난 덕분이다.

만약 여전히 우려를 떨치지 못하는 학부모가 있다면 우리 학구에서 산출된 데이터를 통해 이 사실을 확인할 수 있을 것이다. 다양한 배경을 지닌 학생들이 있는 교실에서는 소외계층으로 구성된 하위 집단뿐만 아니라 그 외의 다른 학생들도 함께 성장한다는 것을 보여 주는 데이터 말이다. 다양한 교실에서 수업한 학생들의 경우, 수학 과목에서 능숙 수준 이상인 학생이 무려 91퍼센트에 이른다. 그 이상인 우수 수준도 60퍼센트나 된다. 특히 교실 내 다양성이 증가할수록 최상위권 학생들은 매우 탁월한 실력을 보여 주었다.

모든 학생에게는 학업을 위해 저마다 필요한 부분이 있다. 성적이 우수하고 환경이 넉넉한 학생들 또한 마찬가지다. 다양한 구성의 교실을 이끌어 가는 교사는 학생 중심 환경을 조성하고, 단계적으로 수업을 지원하며, 성취도 격차를 해소하기 위해 유용한 방법들을 모색한다. 그런 교사들은 긍정적 차별의 방법으로 우수한 학생들이 학업 면에서 더 많은 진전을 이루도록 도울 것이다.

최근 나는 자녀가 여름방학 동안 다음 학년 수학 수업에 효과적으로 대비하려면 어떻게 해야 할지 고민하는 학부모와 상담을 진행한 적이 있다. 우리는 수학 실력을 키울 방법에 대해 여러 차례 논의했는데 그 과정에서 나는 그 학부모가 다른 학구로 이사를 해야 할지 심각하게 고민했다는 사실을 알게 되었다. 전학을 고민했던 이웃 학구는 이른바 '성공적'이라고 알려진, 경제적으로 넉넉하고 학업 성적도 우수한 아이들이 대다수인 곳이다. 학부모는 다양한 집단으로 구성된 우리 학구보다는 경제적으로 안정되고 우수한 아이들이 대부분인 이웃 학구가 교육적으로 더 좋은 선택이 아닐까 생각했다. 그러던 중 학부모의 지인인 한 변호사가 우리 학구의 교육 성취도 정보를 컴퓨터로 보여 주었다고 했다. 그리고 아이들이 지금 다니고 있는 학교가 이웃 학구의 학교보다 훨씬 좋은 성과를 내고 있는데 왜 굳이 전학을 생각하느냐고 말했다는 이야기도 들려 주었다. 나는 그 학부모의 진솔한 이야기가 무척 고마웠다.

이 학부모만이 아니다. 우리 학구가 얼마나 성공적인 성과를 내고 있는지 제대로 알지 못하는 사람들이 많다. 정보 부족으로 인해 우리 학구를 떠나기로 결심한 사람들이 있다는 사실은 매우 유감스럽다. 그래서 우리는 학부모들에게 우리의 성공을 더 적극적으로 알릴 책임과 필요를 느낀다. 이것이 우리가 다음 단계에서 해야 할 일이다.

제5원칙

지속 가능한 관계를 형성하라

유능한 리더는 학습의 핵심이자 성공의 필수 요건 속에 신뢰와 존중을 전제로 한 관계가 있다는 사실을 이해한다. 학교 구성원 사이에 신뢰하는 분위기가 형성되어 있지 않으면 학생들의 학업 성공률이 현저히 떨어진다는 연구 결과도 있다(Bryke & Schneider, 2004; Bryke, Bender Sebring, Allensworth, Luppescu, & Easton, 2010). 대담한 리더십 원칙 중 하나인 '지속 가능한 관계의 형성'은 개별 원칙들의 상호 작용 속에서 일어나며, '핵심에 다가서기'로부터 시작한다. 핵심에 다가선다는 말은 자신과 목표로 삼은 사명 간에 의미 있는 관련성을 발견한다는 뜻이다. 이는 뜻이 맞는 동료들을 개혁의 리더로 이끄는 매력적인 요소이기도 하다.

리더들은 교직원들과 지속 가능한 관계를 형성하고 궁극적으로 모든 아이와 관계를 맺게 된다. 이런 관계들은 조직이 추구하는 공통의 사명과 비전, 가치, 목표를 통해 유기적으로 형성된다(Blankstein, 2013). 좋은 관계는 도덕적인 목적보다 훨씬 더 강력하며 관계의 형성과 지속은 학교의 성공에 결정적인 요소다(Fullan, 2003).

13장에서 마커스 J. 뉴섬(Marcus J. Newsome)은 체스터필드 카운티 공립학구의 교육감으로서 어떤 방법으로 신뢰를 쌓고 관계를 형성했는지 보여 준다. 다양한 이해관계자들 사이에서 서로 부딪치는 의견이 쇄도할 때 이를 조정하려면 무엇이 필요한지에 관해 뉴섬의 글은 독특한 관점을 제공한다. 이 책의 과제, 즉 '긍정적 차별을 통해 모든 학생을 성공으로 이끄는 것'을 위한 지원을 위하여 뉴섬이 사용한 방법은 관계를 형성하고 지속하는 전략이다.

14장의 필자 루시 N. 프리드먼(Lucy N. Friedman)과 샤스키아 트레일(Saskia Traill)은 성공적인 방과후 프로그램을 확립하고 성장시키기 위해 조직 차원에서 관계를 형성하고 유지하는 사례를 제공한다. 이들은 방과후 프로그램의 성공을 위해 지역사회 관계자들의 협조를 이끌어 냈고, 이 사례는 학교와 지역사회 간의 관계를 조명한다. 이들이 초기에 배운 교훈이자 변화의 원칙으로 제시한 것은 "변화는 신뢰가 형성되는 속도만큼만 일어난다."라는 점이었다. 필자들의 인식처럼 관계의 영향력 및 중요성은 매우 크다. 관계가 형성되지 않으면 성공은 제한적으로 일어나거나, 일어나더라도 계속 이어질 수 없거나, 둘 다 어려워진다.

13장 ──────── 학교 내 관계 형성의 힘

긍정적 학교 문화로 변모된 체스터필드 카운티 학구

마커스 J. 뉴섬

워싱턴 D.C에서 교육자의 길을 걷기 시작한 이래 체스터필드 카운티 공립학구의 교육감 직책을 맡게 된 것은 전혀 예상 못한 일이었다.

나는 워싱턴 D.C 남동부의 가난한 마을에서 교직을 시작했다. 이 지역은 인종 차별 관행이 남아 있었고 교사들은 범죄와 폭력, 마약, 신체적·정신적 학대, 십 대의 임신, 소외와 무관심 같은 어려운 과제들을 숱하게 처리해야 했다. 나는 학생들의 삶을 바꾸는 교사가 되고 싶었고 학생들을 아꼈다. 학생들도 나를 잘 따랐다. 교사가 학생들을 위해 혼신의 노력을 다하지 않는다면 빈곤계층 학생들이 가난의 고리를 끊을 기회는 영영 없어질지도 모른다. 그래서 나는 주로 소수민족이 많이 거주하는 도시 빈민 지역 학구에서 25년간 교장, 관리자, 교육감으로 근무해 왔다.

체스터필드에 부임하게 되면서 나는 먼저 학생들의 학업성취도를 꼼꼼히 살펴보았다. 그리고 전통과 관습을 중시하는 이 지역 특유의 문화가 학생들의 성공과 발전을 방해하는 주범이라는 것을 깨달았다. 기존의 성과에 안주하며 변화를 꺼리는 분위기에서 21세기적 사고를 가지고 더 높은 단계로 나아가는 일은 분명 힘든 도전이다. 어쩌면 성취도가 바닥인 학교를 평균 수준까지 끌어올리는 것보다 훨씬 더 힘든 일일지도 모른다.

체스터필드에서의 경험

내가 부임할 당시 체스터필드 카운티 공립학구는 모범적인 학구로 명성이 자자했다. 학구를 이끌어 온 리더들은 안정적인 리더십을 보여주었다. 6년간 이 학구를 성공적으로 운영한 전임자는 버지니아주 공립학교를 총괄 관리하는 직책으로 임명되었고, 그 이전 전임자 또한 주 교육부에서 중요한 위치에 있었다. 이런 사람들이 거쳐간 자리를 내가 맡게 된 것이다. 여태껏 내가 일해 온 모든 직책을 통틀어 가장 큰 도전이자 변화였다.

가장 먼저 내 눈에 들어온 것은 성취도가 아니라 과밀 학급 문제였다. 지난 몇 년간 학생 인구는 매년 1천여 명 이상 증가해 왔다. 학교 신설과 증축에 관한 논의는 오래전부터 진행된 끝에 이미 주민 투표까지 마친 상태였다. 내가 부임한 해부터 3년간 고등학교 2곳과 중학교 2곳, 초등학교 2곳이 문을 열었고, 10여 개 학교는 대대적으로 개보수와 증축 공사를 진행했다. 그럼에도 상당수 학생이 조립식 트레일러로 만든 임시 교실에서 수업하는 형편이었다.

인구통계학적 특성은 주민들이 생각하는 것보다 훨씬 빠르게 변화하고 있었다. 문제는 이에 대비한 논의가 거의 이루어지지 못했다는 것이다. 2006년에 등록한 학생들을 살펴보면, 62퍼센트가 백인이고 27퍼센트가 아프리카계 미국인, 6퍼센트가 라틴아메리카계, 그리고 4퍼센트는 아메리칸 인디언과 아시아계, 태평양 지역민 등이다. 하지만 최근 백인 학생들의 비율은 54퍼센트까지 감소했고 아프리카계 미국인 학생, 라틴아메리카계 학생의 비율은 눈에 띄게 증가했다.

미국에서 유색인종이 다수인 학교와 학구는 백인이 다수인 학교나 학구보다 학업성취도가 떨어진다고 생각되고 있다. 그런 학교들 중 상당수는 빈곤층 거주 비율과 범죄 발생률이 높은 지역에 위치해 있다 보니 학생의 훈육에도 어려움이 많고 성취도에 대한 기대치도 낮다. 유능한 교사들도 부족하다. 흥미로운 점은 백인이 다수인 학구의 유색인종 집단에서도 이런 결과가 종종 관찰된다는 사실이다. 체스터필드 카운티 역시 이러한 흐름에 맞서 변화를 추구해야 했다.

2014년에 우리 학구에 등록한 학생 중 경제적 소외계층의 비율은 35퍼센트를 넘었다. 연방 정부의 정의에 따르지면 2만 명 이상의 학생이 빈곤 속에서 살고 있다는 뜻이다. 하지만 일부에서는 이런 가정 아이들에게 더 이상 세금을 낭비할 필요가 없다고 보는 시각도 있었다. 그저 부모가 게으르고 무능한 탓이라고 여겼기 때문이다. 이러한 사고방식 때문에 체스터필드 카운티 학구는 버지니아주 여러 지역들 가운데 꽤 큰 규모임에도 학생 1인당 보조금 액수가 가장 적었다.

교육자들 또한 급변하는 인구통계학적 문제로 많은 어려움을 겪고 있었다. 이 학구의 교사진은 내가 여태껏 함께 일하며 높게 평가했던 교사들만큼이나 유능하고 헌신적이었다. 하지만 가정과 학교에 영향을 미치는 온갖 사회경제적 문제를 교사 개인의 힘만으로 감당하기란 역부족이다. 이 사실은 2007년 봄 125명의 교사와 교육위원회 주최로 공개 토론회가 열렸을 때 한층 극명하게 드러났다.

회의에 참석한 교사들은 훈육하기 어렵고 배우려고 하지도 않는 학생들을 가르쳐야 하는 현실을 유감스러워했다. 그리고 "그런 애들은 배우려고 하는 다른 학생들에게 방해가 된다."라며 학교를 더 많이 설립해야 한다고 주장했다. 용감한 1년차 교사 하나가 대화의 방향을 교사의 책무성과 모든 학생에 대한 책임감 쪽으로 돌리려 애썼지만 다른 선배 교사들로부터 질책과 책망을 받았다. 이처럼 혼란스럽고 냉엄한 현실에 나는 한 대 얻어맞은 느낌이었다. 국제교육리더십센터의 빌 대깃(Bill Daggett)은 '문화가 전략을 압도한다.'라고 종종 말하곤 했다. 나는 형평성과 다양성을 포용하면서 모두를 성공으로 이끄는 항로로 배를 이끌어 가는 일이 곧 온 바다를 거칠게 뒤흔들 것이라고 직감했다.

인종과 관련된 공개적인 논의는 어떤 것이든 위험성이 다분했다. '정치적 올바름(political correctness, 인종과 성별, 종교, 성적 지향, 장애, 직업 등과 관련해 소수 약자에 대한 편견이 섞인 표현을 쓰지 말자는 정치

사회적 운동—옮긴이)'에 대한 과도한 강박 때문에 다양성과 관련된 대화 주제, 즉 나이, 성, 민족성, 출신지 같은 것은 논의 대상에서 제외되는 경우가 많다. 특히 미국에서 인종만큼 민감하고 양극화된 논의 주제는 없을 것이다. 체스터필드 카운티의 분위기 또한 그러했다. 이런 분위기에서 우리가 추진하려는 작업은 분명 용기와 전략이 필요한 일이었다.

이에 따라 우리는 아동낙오방지법을 기준으로 삼고, 논의 대상은 미국 교육부에서 규정한 하위 그룹, 즉 소수 인종, 장애 학생, 영어 학습자들, 소외계층 학생들로 잡았다. 학구 내 성취도 격차를 언급할 때에는 집단 간의 성취도를 비교하는 대신 오로지 100퍼센트라는 목표 기준에만 맞추었다. 예를 들면 "백인 학생들의 통과율은 90퍼센트, 라틴아메리카계 학생들의 통과율은 80퍼센트입니다."라고 말하는 대신, "백인 학생들 중 10퍼센트, 라틴아메리카계 학생들 중 20퍼센트가 목표 기준에 미치지 못했습니다."라고 말하는 식이다. 이렇게 하면 성취도 격차를 해소하는 문제는 특정 집단이 아니라 우리 학구 내 모든 집단에서 추진해야 할 과제가 된다. 이와 같은 접근법은 지역사회에서도 받아들여졌다.

내가 체스터필드 카운티 학구에 부임한 것은 2006년 10월, 학년이 시작된 지 거의 6주가 지난 때였다. 그러나 보니 교사들과 직접 만나고 소통할 기회는 2007년 여름에야 가질 수 있었다. 당시 학구에서는 매년 여름에 교육과정 아카데미를 개최했는데 이는 새로 시작되는 학년을 위해 중요하고 우선적인 사항들을 확정하는 자리였다. 나는 이 자리에서 우리가 헌신해야 할 내용에 관해 이야기했다. 모든 학생의 학업 성취에 대한 기대치를 높이고, 성취도 격차를 해소하며, 학교 구성원 모두를 존중하고 품위 있게 대하고, 우리 학급이나 학교의 학생들만이 아닌 모든 학생의 성공에 대해 책임을 다하자는 것이었다. 이 4가지 항목에 대한 헌신은 마이클 풀란(Michael Fullan)의 저서 『The Moral Imperative of School Leadership(학교 리더십의 도덕적 의무)』(2003)에서 좀 더 자세히 살펴볼 수 있다.

아울러 나는 교육위원회 공개 토론회에 참가했던 경험과 일부 학생을 '그런 애들'이라고 지칭하는 것을 듣고 느꼈던 실망감을 참석자들에게 이야기했다. 나 역시 한때 '그런 애들'의 하나였고, 내 형제자매와 부모님 또한 마찬가지였다. 청중석에 있던 교사 중에도 한때 '그런 애들'이었던 사람들이 있었다. '그런 애들'이란 말은 편의상 만들어 놓은 기준에 융화하지 못해 우리가 불편을 느끼는 학생을 가리키는 용어였다. 교육자로서 우리들의 임무는 '모든 학생'의 개별적 요구를 충족시키기 위해 수업전략과 교수법을 조정하고 변경하는 일일 터이다. 나는 모든 학생의 요구에 집중했고 학생을 돕고 싶어 하는 교사들의 신념에 호소하는 데 진심으로 최선을 다했다. 문화적인 이해와 어려움을 극복할 수단이 부족한 일부 교사도 있었지만 그들을 설득하고 지원하는 일 또한 내 임무였다. 교사들이 우리 지역사회를 바꿀 힘을 터득하는 데 필요한 자원과 훈련을 받도록 도와야 했다.

다행히 교사들 대부분이 어려운 도전을 받아들였다. 학생들의 성공을 돕기 위해 헌신을 다짐하며 나서는 교사들의 모습이 무척 자랑스럽고 뿌듯했다. 이 회의 이후 나는 우리 학구에서 두 번 다시 '그런 애들'이라는 말을 듣지 못했다. 단 한 번도 말이다.

100일간의 첫 여정

> 노련한 전략은 개별 행동을 강화한다. 강화된 행동은 서로에게 이
> 익이 되는 옵션을 생성한다. 각각의 승리는 오늘에 그치지 않고 내
> 일도 계속 이어진다.
>
> _ 맥스 매퀸(Max McKeown)

나는 운 좋게도 학생들의 성취도가 단기간에 상승하는 성과를 여러 차례 경험한 바 있다. 학교 관리자로서 경험했던 이러한 성과는 내게 깊은 통찰을 주었다. 즉 리더는 새로운 문화에 맞추어 유연하게 적응할 수 있어야 한다는 점이다.

신임 교육감으로 새로운 직책을 부여받았을 때 과거의 경험이나 학구에 대한 선입견을 바탕으로 섣부른 변화를 시도하는 경우가 많다. 일부는 종종 이전 직책이나 학교, 또는 학구에서 시행했던 일을 똑같이 반복하는 식의, 판에 박힌 설계를 하기도 한다. 친구나 옛 동료들을 새로운 리더진에 포함시키는 경우도 있다. 이런 행동은 위기에 처한 학구에서는 간혹 효과를 보기도 한다. 하지만 나는 일부러 그렇게 하지 않았다. 내가 부임한 학구들이 특별한 위기를 겪고 있지 않았던

것도 있었지만, 기존 리더진의 역량을 알아보고 싶었다. 그런 다음에야 비로소 부담 없이 변화를 추진하며 이해관계자들의 참여를 편안하게 받아들일 수 있었다. 이 과정 덕분에 나는 초기부터 교직원들과 지역사회로부터 신뢰를 얻게 되었다.

체스터필드 카운티 공립학구와 뉴포트뉴스 공립학구의 교육감으로 부임 후 수립한 '100일 계획'은 신임 교육감의 목표와 포부를 보여주는 것이었다. 이 계획의 목표는 다음과 같다.

- 학교 교육위원회 위원 및 주요 인사들과 팀으로서 강력한 관계를 구축한다.
- 학구의 전문가 협회 및 교직원 단체들과 강력하고 협력적인 관계를 구축한다.
- 지역 및 주, 연방 공무원들과 두터운 파트너십을 구축한다.
- 학구와 지역사회의 인구통계적 상황 및 문화, 규범을 이해하고 존중한다.
- 인쇄 및 전자 매체를 이용해 목표와 기대치를 명확히 전달한다.

이 계획은 다음과 같은 3단계로 진행되었다.

1단계 (착수 전)	내외부 이해관계자들의 의견 청취
2단계 (착수)	혁신안 개발과 실행을 위한 프로세스 구축
3단계 (이행)	모두를 성공으로 이끌 혁신안 설계 및 개발

▌1단계(착수 전) : 내외부 이해관계자들의 의견 청취

본격적인 시작에 앞서 우리는 내외부 이해관계자 및 단체들과 회의를 하며 의견을 듣고 학습하는 시간을 가졌다. 학부모 집단, 기업, 시민 단체, 연방 및 주 그리고 지역의 선출직 공무원들을 포함하는 외부 지도자뿐만 아니라 학구 내부의 지도자 단체, 교육청 관리자, 교장, 교사, 직원 등 많은 관계자의 의견을 수집했다. 교육위원회와 학교 관리자들에게는 매주 갱신한 정보를 제공했으며 피드백을 받는 과정도 있었다. 1단계가 끝날 무렵 공식 보고서를 작성했다.

새로운 업무를 시작한 지 한 달쯤 되었을 무렵 교육위원회 위원 중 한 명과 나누었던 대화가 생각난다. 그는 내가 좀 더 솔직하고 강력하게 의견을 피력했으면 좋겠다고 말했다. 확실히 내게는 많은 아이디어와 의견이 있었지만 학구의 분위기나 문화가 낯설었던 터라, 완전히 익숙해질 때까지 의견을 드러내고 싶지 않았다. 지역에서 일어난 일들과 문제가 되는 이슈들을 파악하고 누가 유력 인사인지도 알아야 했다. 그래야만 나의 발언이 좀 더 현명하고 권위 있게 받아들여질 것이다.

이제야 밝히는 사실이지만 사실 나는 교육감 직책을 수락하기 전 교육위원회 측과 중요한 대화를 나눈 적이 있다. 2006년 8월경의 일이었다. 교육감 직을 제안받았을 때 나는 수락의 조건으로 당시 교육위원회 위원장에게 다음 두 가지를 요청했다.

"위원회의 면접 질문은 주로 교직원들의 문제에 집중되어 있습니다. 하지만 저는 교육위원회가 학생들에게 초점을 두고 헌신해야 한다고 생각합니다. 여기에 대한 확신을 얻고 싶습니다."

"교육위원회에서 질문하신 내용 대부분은 사소한 사항 하나하나까지 통제하는 것이었습니다. 교육위원회가 교육감을 사사건건 간섭하지 않겠다는 것을 보장해 주셨으면 합니다."

얼마 뒤 위원장으로부터 나의 요청에 대한 답신을 받았다. 교육위원회는 학생들을 최우선 순위에 두어 지도할 것이며, 학교 시스템의 일상적 운영은 교육감과 교직원에게 맡길 것을 보장한다는 약속이었다. 교육위원회의 입장에 대해 내가 느낀 바를 말하자면, 그들은 학구의 관리자들과 교직원들이 학생들을 잘 교육하고 있다고 보고 성과에 대해 성인들의 책임을 확실히 하고 싶어 하는 듯했다. 이 문제들은 내게도 매우 중요했으며 타협할 수 없는 일이었다. 그리고 이 논의들은 정직하고 개방적이며 신뢰할 만한, 생산적인 분위기를 확립하는 데 큰 도움이 되었다.

▌2단계(착수) : 혁신안 개발과 실행을 위한 프로세스 구축

2단계에서 역점을 둔 것은 리더십이었다. 그동안 학구와 지역에서 많은 의견을 듣고 관찰하며 학습한 덕분에 좀 더 적극적으로 나설 수 있겠다는 자신감을 얻은 것이다. 부임 직후 나는 학교 시스템에 관해 찾아볼 수 있는 모든 문서를 읽고 연구했으며, 모든 정보와 통계를 머리에 담으려고 노력해 왔다. 학생들의 시험 점수와 졸업률, 훈육, 출석 현황, 교육과정 설계, 프로그램, 설문 및 감사 보고서, 전문성 계발, 예산, 주요 프로젝트, 시설, 지역 사업체, 경제, 정치적 영향 등 필요하다 싶은 데이터는 모두 들춰보았다. 이를 통해 나는 교육감과 교육위원회가

제5원칙, 지속 가능한 관계를 형성하라

어떻게 소통할 것인지, 그리고 학교 시스템의 관리 및 운영에 대해 어떻게 책임질 것인지 등에 관해 방향을 정할 수 있었다. 이 과정은 우리가 나중에 '혁신안'이라고 부르게 될 새로운 전략의 초안을 개발하는 시작점이 되었다.

▌3단계(이행) : 모두를 성공으로 이끌 혁신안 설계 및 개발

이제 새로운 전략을 기획할 차례였다. 버지니아주 교육부에서는 각 지역의 학구마다 2년 단위로 전략안을 개발하도록 요구하지만, 전략안의 내용과 관련해서는 별다른 기준이 없다. 내가 넘겨받은 기존 전략안은 파워포인트로 작성된 짧은 발표 자료가 전부였다. 전략안을 개발한 경험이 풍부했던 나로서는 이 일이야말로 학교 시스템의 과제와 미래를 강력하게 구체화할 수 있는 즐거운 과제였다.

내가 가장 먼저 한 일은 학구에 관해 알게 된 모든 것을 간략한 사명, 비전, 그리고 네 개의 우선적 목표로 요약하는 것이었다. 이 일을 진행할 당시 교육감을 지원하는 특별 보좌관과 일대일 회의를 하며 의견을 나눈 것이 기억난다. 보좌관은 버지니아주 교육부에서 정책 개발을 이끈 경력이 있는 유능한 사람이었다. 그녀는 내가 요약한 내용을 살펴보고 마음에 들어 하며 "이 전략안을 뭐라고 부르실 거예요?" 하고 물었다. 나는 이렇게 대답했다.

"모두를 성공으로 이끄는 설계라고 부르고 싶네요. 그것이 내가 학구에 기대하는 것이니까요. 그리고 이후의 실행 또한 여기서 만들어진 전략적 설계에 따르게 될 거예요."

이후 보좌관은 내 의견을 좀 더 보완하여 정리했고, 이렇게 작성된 전략안은 교육위원회를 거쳐 공표되었다. 하지만 이때 작성된 것은 초안에 불과했다. 실질적인 목표와 추진을 위한 조치들, 그리고 책무성을 판단할 평가 체계 등을 완성하기까지는 1년 가까운 시간이 더 필요했다.

모두를 성공으로 이끄는 설계 2020

급변하는 세상에서 다가올 내일을 단지 오늘보다 조금 낮거나 못한 정도로만 생각하는 것은 더 나은 미래로 나아가는 데 도움이 되지 않는다. 교육자 및 지역사회 리더로서 미래를 계획한다면 상상력에 더하여 강력한 트렌드를 보여주는 데이터에 관심을 기울일 필요가 있다. 계획은 개발에서 끝나지 않고 살아 움직이는 전략으로 바뀌어야 한다. 여기서 살아 움직이는 전략이란 학생과 학교, 지역사회를 성공적인 미래로 이끄는 데 도움이 될 전략적인 비전을 말한다.

_ 게리 막스(Gary Marx)

새로운 혁신안의 초안은 2007년 12월에 채택되었고 2008년 6월과 2009년 6월에 수정되었다. 이 계획에는 다음과 같이 학생과 교직원을 위한 5가지 목표가 포함되었다.

- 모든 학생의 성취도 향상 및 성취도 격차 감소
- 학습자를 지지하며 안전하고 성장을 촉진하는 학습환경 마련
- 유능하고 지적인 인력 배치
- 지역사회로부터의 투자
- 효과적이며 효율적인 운영 및 관리

이 계획은 2010년에 큰 변화를 겪으면서 '모두를 성공으로 이끄는 설계 2020'이란 명칭으로 바뀌었다. 새롭게 수정된 계획은 버지니아주 표준에 맞게 학생과 교직원에 대한 기대치를 반영했는데, 특히 지식, 스킬, 가치라는 3대 영역에서 모든 학생이 성취하길 바라는 기대치가 명시되었다. 세부 목표에는 학생들이 교과에서 반드시 알아야 할 것, 할 수 있어야 하는 것들을 규정하고, 교육위원회와 지역사회의 기대치를 비롯해 주에서 요구하는 스킬과 태도도 반영했다. 모든 성취목표는 학생 중심적으로, 3가지 범주에서 사명과 비전을 실현하도록 설계했다. 3가지 범주란 학업적 성취, 21세기 스킬과 기술, 그리고 시민 의식과 핵심 가치였다.

이어서 지역사회 대상의 공개 포럼이 개최되었다. 『Sixteen Trends: Their Profound Impact on Our Future(우리의 미래를 좌우할 16개의 트렌드)』의 저자 게리 막스(Gary Marx)가 연사로 참여하여 세상을 변화시킬 주요 트렌드를 소개했다. 여기에는 인구통계학적 변화, 그것이 평생학습에 미치는 영향, 그리고 우리의 일상을 좌우할 만한 정치경제적 요인들이 있다. 체스터필드 카운티에서는 이후에도 여섯 차례에 걸쳐

공개 포럼이 추가로 개최되었는데 여러 전문가들이 포럼에 참여해 주었다. 미 해군 장교이자 우주 비행사였던 수전 킬레인(Susan Kilrain)은 융합과학(STEM)에 관한 논의를 이끌었다. 교사이자 음악가이며 '세계 평화 게임'의 개발자인 존 헌터(John Hunter)는 현 세대의 학생들이 어떻게 하면 세계 평화를 이룰 수 있는지에 관해 강연했다. 기업가 정신에 관한 발표는 우리 학구 출신으로 성공한 졸업생 중 한 명인 조엘 에르브(Joel Erb)가 주도했다. 그는 불과 열다섯 살 때 'INM 유나이티드'를 설립하고 최고 경영자가 된 인물이다. 마지막 연사인 버지니아 커먼웰스 대학교의 총장 마이클 라오(Michael Rao) 박사는 대입 준비와 관련한 토론을 맡았다.

새롭게 구성된 혁신 팀에는 교사와 학교 관리자, 학부모 외에 학생과 지역사회 시민들도 다수 참여했다. 혁신 팀은 학구의 비전과 사명, 그리고 우선적 목표들을 뒷받침하기 위한 하위 목표와 세부 목표를 설계하도록 했다. 이 외에도 학구의 진전 상황을 측정하고 관리할 수 있도록 데이터 분석을 담당할 전문위원회가 설치되었다.

우리가 설정한 성공 지표에는 주 정부와 연방 정부의 요구를 뛰어넘는 진일보한 목표가 담겨 있었다. 학생 정학과 퇴학, 졸업률에 대한 기본적인 평가 외에 8학년에 대수학 I 과정 수료, AP 과정과 대학 강좌 동시 수강, 국제바칼로레아 같은 엄격한 과정의 수강 비율을 평가한 것을 보아도 그렇다. 소수 집단 출신자를 학구 내 인력에 의무적으로 할당하는 방안도 포함되었다(이 조치는 일부 주민들로부터 거센 비판을 받기도 했다).

제5원칙, 지속 가능한 관계를 형성하라

혁신 팀은 매주 모임을 갖고 학생들의 성취도와 지역사회의 기대, 법적 요건, 미래 수요 등을 분석하여 초안을 작성했다. 감독 기관의 참여를 확실히 끌어내기 위해 교육위원회와 지역사회 구성원들은 최종 채택 전까지 열성적으로 제안을 수정하고 의견을 제시했다. 교직원들은 성공을 평가하는 적절한 기준을 수립할 수 있도록 목표 및 하위 목표별로 책무성 기대치를 제공하고 수정 검토했다.

이렇게 해서 2011년에 새로운 비전과 사명을 담은 혁신안이 발표되었다. 이때 채택된 비전과 사명은 다음과 같다.

비전

급변하는 세상에서 모든 학생이 잘 적응하고 성공할 수 있도록 흥미롭고 적절한 교육을 제공한다.

사명

가족 및 지역사회와 협력하여 모든 학생에게 수준 높은 교육을 실시함으로써 높은 성취도를 달성하도록 지원한다. 아울러 학생 개개인의 다양한 요구와 관심을 충족시키는 여러 가지 선택 사항 및 기회를 제공한다.

이 계획은 학습에 대하여 다음과 같은 의도를 담고 있다.

- 혼합형 학습: 대면 수업의 장점과 디지털 시대의 기술을 통합해

학생들이 언제 어디서든 학습기회를 누리도록 한다. 이것은 모든 학생에게 온라인 원격 기술을 일대일로 이용할 수 있게 함으로써 정보 격차를 해소하려는 것이다.

- 프로젝트기반학습: 벅(Buck) 학습연구소와의 제휴를 통해 모든 학년과 교과 영역에서 프로젝트기반학습을 일관되게 진행한다. 이는 모든 학생의 흥미와 연결되고 실제 현실 상황과 관련지어 배우는 학습기회를 창출하려는 것이다.
- 시민의식 제고 및 사회공헌 학습: 인지학습 외에도 지역사회에 필요한 관련 프로젝트들을 실시하여 시민 의식과 공공을 위한 학습 과정을 강화한다.

공교육 부문의 수상자이며 교사이자 작가인 제이미 볼머(Jamie Vollmer)는 "학교 혼자서는 그 일을 다 할 수 없다."라고 말했다. 벅 학습연구소와의 제휴 외에도 우리는 수많은 기관 및 전문가와 긴밀하게 협력하여 우리의 노력을 효과적으로 뒷받침해 왔다. 실제로 21세기 학습을 위한 파트너십, 파이 델타 카파 인터내셔널사, 국제 교육리더십센터, 마자노 연구소, 리더십 및 학습 센터, 에듀리더 21, 교육 신탁, 하버드 대학교 등이 우리와 협력한 곳들이다. 이들은 모두 우리의 작업을 지지하고 방향을 제시해 주었으며, 조언을 아끼지 않고 작업을 검증하는 데도 큰 도움을 주었다.

심층적인 조사

조사하지 않은 것은 기대도 하지 말라.

_W. 클레멘트 스톤(W. Clement Stone)

우리 학구의 규모나 책무성과 연관된 중대한 이해관계와 복잡성을 생각해 보면, 개선이 필요한 모든 영역을 나 혼자서 판단하는 것은 불가능했을 것이다. 나는 2007년에 교육위원회의 승인을 받아 파이 델타 카파에 학교교육과정 시스템의 관리 감사를 위탁했다. 학교 현장의 모든 문서와 결과를 학교 밖의 시선으로 자세히 분석하고 검토하려는 의도였다. 외부 감사의 목적은 우리 학구의 관리자들과 교직원들이 교육과정의 관리 체계를 어느 수준으로 개발하고 시행했는지, 즉 우리 시스템이 건실하고 유효하게 운영 가능한지 객관적으로 밝혀내려는 데 있었다. 적어도 우리 학구에서 효과적이고 효율적으로 학교 시스템을 운영하고 있다는 확신을 얻고 싶었다.

그 과정에서 나는 '등가 달성 기간(years to parity)'이라는 개념에 주목했다. 이것은 각각의 집단이 동등해지는 데 걸리는 기간을 말한다. 이 개념을 적용하면 개별 하위 집단의 성취도 동향을 분석하여 상위 집단, 즉 백인 학생들과의 학업적 형평성을 충족하는 데 필요한 햇수를 예측할 수 있을 것이다. 하지만 감사 팀은 이 내용을 보고서에 포함시키지 않으려 했다. 지역사회 단체와 학교 내 여러 부서와 논의한 결과, 우리 학구의 시민들은 아직 이런 민감한 대화를 받아들일 준비가 되지 않았다고 판단했다는 것이었다. 나의 강력한 반대로 결국 감사 팀은 등가 달성 기간에 관한 데이터를 포함하여 최종 보고서를 작성했다. 만약 이 데이터가 제외되었다면 보고서의 신뢰도는 무척 불완전했을 것이다.

보고서에 따르면 체스터필드 카운티 학구의 전문가들은 대체로 학생 중심적이고 미래 지향적이라고 평가되었다. 교실 분위기는 학습에 열정적이면서도 활기차고 유쾌했으며 교직원들은 자부심을 갖고 있었다. 점점 더 다양해지는 학생들과 교사를 위해 추가 지원이 필요함을 보여 주는 지표들도 눈에 띄었다. 학습부진 학생에 대한 변명일 수도 있겠지만 일부 교직원들은 학교 공동체 내의 인종적, 사회경제적 다양성과 변화에 대한 편견과 반발심을 내비치기도 했다.

100건이 넘는 감사를 마치고 감사 팀은 기준에 미치지 못한 영역의 개선 필요성과 함께, 개선을 위해 어떤 조치가 필요한지 다양하게 제안해 주었다. 이후 이 제안들은 대부분 '모두를 성공으로 이끄는 설계' 혁신안에 통합되었다.

수학적 격차 해소

> 정의는 그 상황에 영향을 받지 않는 사람들이 영향을 받는 사람들만큼 분노하게 될 때에야 비로소 구현될 것이다.
>
> _ 벤저민 프랭클린(Benjamin Franklin)

내가 부임하기 전까지 체스터필드 카운티 학구에서 성취도 격차에 대한 공개적 논의가 이루어진 적은 거의 없었다. 그런데 학구에 부임하여 데이터를 검토하던 중 나의 눈에 들어온 불편한 통계 수치가 있었다. 대수학 강좌에 수강 등록한 중학생의 비율이 겨우 35퍼센트였던 것이다. 당시 우리 학구에서는 중학교에서부터 '모두를 위한 대수학(Algebra for ALL)' 프로그램을 도입하여 모든 중학생이 8학년을 마칠 때까지 대수학 과정을 수료하도록 되어 있었다. 대수학은 엄격하게 운영되는 고교 과정 및 대학 입학을 위한 관문에 해당한다. 그러기에 모든 중학생에게 대수학 과정을 수료하도록 하는 것은 무척이나 야심차면서도 가치 있는 목표다. 중학생 전체의 수강 등록 비율이 낮은 것도 문제였지만 더욱 심각한 문제가 있었다. 아프리카계 미국인 및 라틴아메리카계 학생의 수강 비율은 15퍼센트로 더 낮았고, 경제적 소외계층 학생의 수강 비율은 5퍼센트도 채 되지 않는다는 사실이었다.

나는 지역사회 내에서 회의가 개최될 때마다 이 통계를 예로 들어 우리 학구의 문제점을 상기시켰다. 그리고 학부모와 리더, 교사, 관리자들에게 종종 이렇게 질문하곤 했다.

"왜 경제적 소외계층 학생 집단의 중학생 가운데 대수학을 수강하는 비율이 5퍼센트밖에 되지 않는 걸까요? 나머지 95퍼센트의 DNA에는 뭔가 다른 게 있을까요?"

물론, 당연히 그렇지 않다. 문제는 DNA가 아니라 기회의 격차에 있다. 기회의 격차를 없애지 못한다면 성취도 격차를 해소하기란 불가능한 것이다. 지금 우리 학구의 모습을 보면 이 사실을 확인할 수 있다.

모든 중학생 가운데 약 95퍼센트가 고교 입학 전 대수학 강좌를 수강하고 있으며 통과율은 버지니아주 평균을 넘어선다.

주목할 점은 우리가 어떤 일을 했느냐이다. 우리가 시도한 변화는 오랫동안 지속되어 온 수준별수업 제도였다. 이 제도로 인해 대수학 강좌를 수강할 기회가 사회경제적 지위를 바탕으로 부여되고 있었다. 물론 학업에 성공하는 데 필수적인 탄탄한 기초가 부족한 상태의 학생을 엄격한 과정에 섣불리 등록시키면 오히려 더 큰 피해를 끼칠 우려가 있다. 대수학 강좌 수강에 관련된 여러 가지 쟁점들은 실제로 매우 중요했고, 학생들의 반 편성 또한 신중히 진행해야 했다.

교육과정을 일부 조정하여 초등학교 4학년부터 수학 교과에 속성과정을 제공하자는 방안에 대해서도 일부에서는 회의적인 반응이었다. 소외계층 학부모들의 지원 부족, 일부 학생의 준비도 부족, 내용상의 어려움 때문에 학생들이 좌절하지 않을까 염려한 것이었다. 경험은 풍부하지만 변화에 익숙하지 않은 교사들 또한 마찬가지였다. 학생 집단의 다양성이 늘면서 빚어진 학교 내 인구통계학적 변화는 그들에게도 어려운 과제였지만 말이다. 중학교 교사들은 학생들이 준비가 부족한 상태에서 과연 어려운 대수학 개념을 이해할 수 있을까 우려했다. 실제로 우려할 만한 일이기도 했다.

그럼에도 불구하고 학구에서는 열의를 갖고 이러한 목표를 추진해 나갔다. 초등학교 수학 교과에 속성과정이 도입되고 6학년 및 7학년의 수학시간이 배로 늘어났다. 이것은 4년 과정의 수학수업이 2년 과정으로 줄어든 것이나 마찬가지였다. 이 과정을 좀 더 자세히 알고 싶다면 프랜시스 스파일헤이거(Frances R. Spilehager)의 저서 『The Algebra Solution to Mathematics Reform: Completing the Equation(수학교육 개혁에 대한 대수학의 해법)』(2011)을 참고하기 바란다.

전환을 위한 열쇠

단순함은 가장 세련된 정교함이다.

_ 레오나르도 다 빈치(Leonardo da Vinci)

그간의 경험에 비추어 보면, 총체적인 학교 개혁을 통해 주목할 만한 학업성취도 개선을 이루어 내는 데 많은 시간이 필요한 것이 아니다. 그보다는 혜안을 가지고 문제를 분석하며 높은 이해력을 지니고 문제를 파악하는 리더와 팀이 필요하다. 전략적인 진단과 효과가 입증된 처방도 있어야 한다. 리더는 어떤 문제나 상황에 대해 원인과 결과를 파악하고 이해할 수 있어야 한다.

메릴랜드주의 저학력 학교였던 칠럼(Chillum) 초등학교에서 교장으로 근무했던 첫해의 일이다. 나는 모든 해답을 이미 알고 있다고 생각하며 자신만만했다. 내가 먼저 솔선수범하고, 최상의 교수법을 익혀 공유하고 속도를 올리면 표준화시험 점수는 즉시 향상될 것으로 생각했다. 그랬던 내가 이듬해 여름, 학교의 전체 성적이 겨우 2퍼센트포인트 올라갔다는 결과를 받고 얼마나 낙담했는지 모른다. 어떻게 이럴

수가 있을까, 생각하고 또 생각했다. 나보다 더 열심히 일하고 더 열정적인 교장은 아마 없을 거라고 모든 사람이 입을 모아 말했었다. 그러나 냉정하게 첫해를 돌아본 결과 내가 들인 노력은 헛된 것이나 다름없었다. 나는 학교에 있던 기존 인력은 변화에 맞지 않으니 새로운 사람들로 교체해야 한다고 판단했다. 그리고 이를 합리화하느라 기존의 초라한 성과를 기록하는 일에 너무 많은 시간과 에너지를 쏟았던 것이었다. 그다음 해, 나는 데이터 분석과 교사들의 스킬 개발에 집중했다. 학생들의 시험 점수는 조금씩 향상되기 시작했다. 하지만 전반적인 성취도는 여전히 우리 학구의 13만여 명의 학생들 중 가장 낮은 수준이었다.

이듬해 봄이 되어서야 나는 비로소 무엇이 문제였는지 확실히 파악할 수 있었다. 가장 큰 문제는 바로 모든 것을 고치려고 한 나 자신에게 있었다. 할아버지의 말씀을 인용하면 나는 '확실한 전문 분야 없는 팔방미인'일 뿐이었다. 단순하다. 학교를 종합적으로 개선하고 싶다면 한 가지 일에 집중하여 그것을 훌륭히 해내면 된다. 우리 학교의 경우 그 한 가지는 바로 읽기였다! 읽기를 어려워하는 학생에게 지도의 초점을 두어야 했다.

나는 학구 감독관 중 읽기와 언어 과목의 지도를 맡은 사람을 찾아가 최고의 읽기 지도교사를 두 사람 정도 소개해 달라고 부탁했다. 감독관은 학구 전체의 읽기 지도교사 회의에서 우리 학교의 채용 계획을 알렸다. 놀랍게도 꽤 많은 교사가 관심을 보였다. 규모도 작고 최저 학력 수준인 우리 학교에 말이다. 나는 27명의 읽기 전문가를 면접한 끝에 4명을 교사로 채용했다. 사실 채용이 가능한 인원은 1명뿐이었는데 말이다. 그 덕분에 나는 재정을 메우기 위해 수업 보조인력을 없애고 교재 개발에 할당된 예산을 전환하는 등 많은 일을 해야 했다.

학생들의 성취도는 놀라울 정도로 향상되었다. 새 학년이 시작되는 9월 실시된 예비시험에서는 학년 기준 읽기 성취도에 도달한 학생들이 55퍼센트에 불과했다. 그러나 본격적으로 읽기에 초점을 맞춘 수업을 시행하고 8개월 뒤인 이듬해 5월에 치른 시험에서는 89퍼센트의 학생들이 학년 기준 읽기 성취도에 도달했다. 우리가 했던 결정은 옳았다. 불과 1년 만에 우리는 학교 전체의 읽기 점수가 34퍼센트포인트나 상승하는 것을 직접 확인했다. 더욱 감동적인 것은 메릴랜드주 평가(Maryland State Assessments)에서 우리 학교가 가장 높은 성취도 증가를 보인 것이다. 수학, 과학, 그리고 사회를 포함한 모든 평가 영역에서 우리 학교 학생들의 평균 점수는 두 자릿수로 상승했다. 탁월하게 향상된 성취도 덕분에 메릴랜드주 교육부에서 우수 학교로 인정받았고 나는 다음 해에 교육청 관리직으로 승진했다. 뿌듯한 점은 새로운 교장이 부임해서도 이러한 성과를 계속 유지했다는 사실이다. 함께 일했던 동료 교사들 몇몇은 지금까지도 계속해서 놀라운 성공을 경험하고 있다.

그렇다. 우리는 학교를 변화시켰다. 우리 스스로 세운 계획을 실행하는 데 집중하며 지속하는 방법을 터득했기에 칠럼 초등학교의 변화는 어려운 일이 아니었다. 진짜 난관은 3만 3천 명의 학생이 있는 뉴포트뉴스 학구 전체를 바꾸려고 했을 때와, 체스터필드 카운티 같은 교외 학구로 변화 규모를 확대해야 했을 때였다. 다행히 호프(HOPE) 재단과의 협업 및 최근에 문서화된 프로세스(Hargreaves & Fink, 2005; Blankstein, 2011) 덕분에 단기간에 변화를 이룩했고 성취도 격차도 줄일 수 있었다. 뉴포트뉴스 학구의 경우 법에 규정된 연간적정향상도(AYP) 기준을 충족한 학교 수가 1년 만에 두 배로 늘어났다. 내가 교육감이 된 지 3년째 되던 해에는 학구 내 모든 고등학교가 《뉴스위크》 선정 '미국 최고의 고등학교' 목록에 들었다.

체스터필드 카운티 학구에서 겪은 난관은 조금 달랐다. 모든 학생의 성취도를 높이는 동시에 성취도 격차를 줄이려면 어떤 방법이 최선이었을까? 우리는 '모두를 성공으로 이끄는 설계'를 충실히 실행하면서 문해력 향상에 역량을 집중했다. 교육감이 된 첫해 나는 경험이 풍부한 읽기 지도교사 60명을 추가로 채용하여 각 학교로 보냈다. 그들은 각자 속한 학교에서 학생들의 문해력과 교사 전문성 계발을 이끌었다. 결과는 주목할 만했다. 성취도 격차를 줄이면서 모든 학생의 성취도를 더 높인다는 목표에 실질적인 진전을 보인 것이다. 버지니아주 성취기준평가(SOL)의 읽기 부문에서 성취도가 향상되었고 수학에서도 괄목할 만한 진전을 보였다(**표 13.1**, **표 13.2**).

탁월한 문화를 만드는 것은 쉽지 않은 일이다. 인생에서 대부분의 일이 그렇지만 시작 자체가 진행에서 가장 힘든 일이 되기도 한다. 하지만 지금부터 내가 공개하는 비결을 알면 조금 쉬워질 수 있다. 베스트셀러 작가인 짐 콜린스(Jim Collins)가 『좋은 기업을 넘어 위대한 기업으로(Good to Great)』(2001)라는 책에서 소개한 '플라이휠(flywheel)'이란 개념이 바로 그 비결이다. 콜린스는 약 25톤 중량의 커다란 금속 원반인 거대하고 무거운 플라이휠을 상상해 보라고 말한다. 교육자의 입장에서 플라이휠은 학교나 학교 시스템을 나타내는 비유다. 가능한 한 빨리 플라이휠이 움직이고 이동할 수 있도록 모두의 힘을 모아야 한다. 교육부에서 규정한 중대한 이해관계로 얽힌 책무성을 충족하기 위해서다.

학구를 움직인다는 것은 엄청난 노력이 필요하다. 교장이 된 첫해

표 13.1 체스터필드 카운티 모든 학년의 버지니아주 성취기준평가(SOL) 읽기 통과율

구분	2006 결과	2009 결과	변화
모든 학생	87	92	+5
백인	92	94	+2
아프리카계 미국인	79	86	+7
라틴아메리카계	78	88	+10
특수교육 및 장애	67	73	+6
경제적 소외계층	76	83	+7
영어학습자(ELLs)	67	85	+18

출처: 2009년 버지니아주 교육부 자료를 변형함

표 13.2 체스터필드 카운티 모든 학년의 버지니아주 성취기준평가(SOL) 수학 통과율

구분	2006 결과	2009 결과	변화
모든 학생	77	90	+13
백인	83	93	+10
아프리카계 미국인	64	86	+22
라틴아메리카계	66	88	+22
특수교육 및 장애	54	73	+19
경제적 소외계층	61	86	+25
영어학습자(ELLs)	66	84	+18

출처: 2009년 버지니아주 교육부 자료를 변형함

에 나는 정말 열심히 변화를 추진했지만 성과는 미미했다. 그럼에도 불구하고 노력을 멈추지 않고 변화에 집중했기에 2년이 지난 뒤 그 플라이휠을 완전히 한 바퀴 돌리게 된 것이다. 3년째에 접어들 즈음에는 플라이휠의 회전이 빨라진 덕분에 이전보다 더 빠르고 완벽하게 한 바퀴를 회전시킬 수 있는 동력을 얻었다. 전보다 더 열심히 민 것도 아니었는데 플라이휠은 이제 스스로 속도를 높이는 중이다. 내 뒤를 이어 후임 교장이 부임했을 때는 플라이휠의 추진력에 가속도가 더해져 한층 빨라졌다.

체스터필드 카운티 학구에서 나는 많은 경험을 쌓았고 권한, 집단, 그리고 속도 사이의 적절한 균형을 이해하게 되었다. 학교의 리더들이 제일 좋은 사례를 단순 복제하여 쓰지 않는 이유는 무엇일까? 그것은 모든 학교와 시스템이 저마다 다르기 때문이다. 리더들은 권한, 집단, 속도의 적절한 균형을 결정해서 조직의 독특한 문화를 발전시켜야 한다. 학구 및 학교 시스템에는 그들만의 고유한 DNA가 있다.

체스터필드 카운티는 2010년까지 3년 연속으로 모든 학교가 주 교육부로부터 학력을 공식 인증받은 학구가 되었다. 학생들의 성취도는 이후 수년간 큰 변화 없이 일정한 수준을 유지했는데 이 원인은 두 가지 측면에서 생각할 수 있다. 하나는 버지니아주 교육부가 2011년부터 시험을 더욱 어렵게 바꾸고 통과에 필요한 기준 또한 상향 조정했기 때문이다. 주 교육감인 페트리샤 라이트(Patricia Wright) 박사는 이 조치로 시험 통과율이 약 25퍼센트포인트 떨어질 것으로 예측한 바 있다. 또 하나는 지난 수년간의 경기 침체로 심각한 예산 삭감이 있었다는 점이다. 우리 학구의 경우 운영 자금이 1억 달러가량 줄어들었고 시설 개선 프로젝트 예산도 1억 5천만 달러나 삭감되었다. 버지니아주에서 가장 큰 규모의 학구이다 보니 예산 삭감의 폭도 다른 학구보다 훨씬 컸다. 이로 인해 학급당 인원수가 늘어났고 읽기 지도교사, 심리 상담사, 사회 복지사, 진단 전문가, 수업 보조인력, 학습지원코치 등 취약한 학생들을 지원해 오던 전문가들이 많이 사라졌다. 현재 학부모, 재계, 공무원들은 이러한 변화의 영향을 실감하고 있으며 보조금 증액을 강력히 요구하고 있다. 모든 학교에서는 형평성을 높이기 위한 지원 재구축 작업이 진행 중이다.

여기서 반드시 짚고 넘어가야 할 것이 있다. 학생의 성공을 단순히 시험 점수를 잘 받는 것으로만 판단해서는 안 된다는 사실이다. 시험 점수 이상의 무언가가 꼭 필요하다. 교육자들이 교직을 선택한 까닭은 대개 그들이 어린 시절 만났던 훌륭한 교사들로부터 가르침을 받은 덕분이다. 그렇게 받은 인생의 멋진 교훈은 표준화시험으로 측정할 수 없는 것들이다. 우리의 목표는 단지 학생들을 시험에 잘 대비시키는 데 그치지 않는다. 그들이 삶에서 성공할 수 있도록 준비시키는 일이 가장 중요하다. 가장 성공적이라고 꼽힌 학생 가운데 일부는 시험 성적이 나쁠 수도 있다. 지금까지 나는 시험에서 거둔 성취도를 주로 이야기했지만, 이는 훌륭한 시민 의식과 도전 정신을 갖추고 사회에 기여하는 구성원이 될 준비를 증명하는 여러 성취도 가운데 하나의 예일 뿐이다.

의도적인 노력

▎문화적 역량 키우기

> 다양성 속에 아름다움과 강함이 있다는 것을 부모들이 자녀에게
> 가르쳐야 할 때다.
>
> _ 마야 안젤루(Maya Angelou)

체스터필드 카운티는 지난 몇 년간 계속 발전해 왔고 문화적 역량을 갖추기 위한 훈련은 모든 학생을 성공으로 이끌기 위한 우리의 여정에 중요한 요인이었다. 최근의 인구통계에 따르면 버지니아주의 인구는 늘어나고 있으며 소수민족 집단의 증가세가 두드러진다(U.S. Census Bureau, 2010). 지난 10년간 라틴아메리카계 인구는 91.7퍼센트, 아시아계 인구는 68.5퍼센트, 아프리카계 미국인은 약 12퍼센트 증가했고, 인구 조사의 가정 환경에 '둘 이상의 인종'을 표기할 수 있는 체크박스가 처음으로 등장했다. 이렇게 작성된 인구통계 보고서에 따르면 2010년 버지니아주 인구 중 2.9퍼센트가 둘 이상의 인종에 속했다(U.S. Census Bureau, 2010).

체스터필드 카운티의 인구통계 변화와 관련, 우리는 2009년에 '모두를 성공으로 이끄는 설계'의 일환으로 문화적 역량을 키우는 방안에 착수했다. 교직원들이 우리 지역에서 일어나는 다양한 인구 구성 변화에 관해 확실히 인지하도록 하기 위해서였다.

이 작업은 앞에서 모두를 이끌 유능한 리더가 필요했다. 마침 3명의 적임자가 있었다. 전문성 계발을 지휘한 해럴드 손더스(Harold Saunders), 이콥 초등학교의 교장인 조슈아 콜(Joshua Cole), 그리고 제임스리버 고등학교의 교감인 로라 팰컨(Laura Falcon)이었다. 이들은 워크숍에서 전문성 계발을 위한 리더십 연수 훈련을 진행하고, 각 학교의 리더들이 자신의 학교로 돌아가 그 훈련을 전파할 수 있도록 했다. 이 방법은 분명 효과가 있었지만 학구 및 학교 수준에서는 좀 더 많은 것들이 필요했다.

이에 따라 교직원들을 위한 2부작 시리즈 '문화에 관한 대화'가 마련되어 2013년부터 본격적으로 시작되었다. 기획 의도는 참석자들 스스로 자신에 대해 알고 배경이 다양한 사람들과 연결되게 하자는 것이었다. 아울러 참석자들은 불공정과 그에 대한 대처법을 배우고, 자신이 깨달은 교훈을 각자의 일터로 가져가도록 했다. '문화에 관한 대화'는 그해 내내 몇 번 더 제공되었으며 수많은 교직원이 그 과정에 참여했다.

▮ 기술이라는 훌륭한 도구 사용

모든 교실, 모든 학생, 모든 교사의 손에 기술을 실현할 필요가 있다. 기술은 우리 시대의 펜이며 종이이기 때문이다. 또한 기술은 우리가 세상의 많은 것을 경험할 수 있게 하는 렌즈이기도 하다.

_ 데이비드 워릭(David Warlick)

우리 학구에는 부모가 매일 함께 책을 읽어 주는 학생들이 있다. 그 부모들은 자녀를 박물관이나 유럽 여행에 데려가며, 학교 수업 외에도 문화적으로 풍부한 경험을 하도록 한다. 모바일 기기는 이런 환경을 갖지 못한 학생들에게 공평한 경쟁의 장을 만들어 줄 수 있다. 안전하고 책임 있게 사용할 수 있다면, 그리고 대면 수업과 효과적으로 통합할 수 있다면 거의 모든 학생의 손에 있는 모바일 기기는 긍정적 차별을 구현하는 훌륭한 도구가 될 것이다.

체스터필드 카운티 학구에서 실행한 혁신안은 학생들을 교육하는 기존의 방식에 엄청난 변화를 가져왔다. 그 혁신안은 교사들과 리더들을 훈련하는 방식까지 바꿔 놓았다. 학생들이 21세기의 학습자가 되기를 바란다면, 우리 리더들도 21세기의 교육자가 되어야 한다. 그뿐만이 아니다. 기술 활용 교육은 문화적 역량을 키우는 교육 형태이기도 하다. 오늘날 시장에서 기술 활용 도구들을 적은 비용으로 더 쉽게 이용하게 된 점을 감안하면 교육자들이 모든 학생에게 맞춤형 교육을 제공할 가능성도 더 커졌다.

지금까지 체스터필드 카운티 학구에서는 예산 한도 내에서 학생들에게 3만 2천 대의 컴퓨터를 배포해 왔다. 글로벌 경제환경에서 사업을 일으키려면 탄탄한 기술의 뒷받침 없이는 불가능하다. 모든 기업인과 정치가, 교육자, 그리고 학부모는 모바일 기기를 소지하고 있다. 그럼에도 불구하고 우리 학구를 맞춤형 기술이 지원되는 환경으로 바꾸는 일은 내 경력에서 매우 어려운 도전 중 하나였다. 어떤 관리자의 말처럼 '내 생전에는 일어날 수 없을' 일로 생각될 정도였다. 참고로 이 관리자는 나중에 생각이 바뀌어 우리 개혁의 가장 강력한 지지자 중 한 사람이 되었다.

우리는 다른 어떤 것보다 적은 비용으로 큰 효과를 낼 수 있다는 사실을 들어 의사 결정권자들을 설득해 나갔다. 교직원들은 다른 여러 학구에서 성공적으로 실행된 프로젝트를 조사했으며, 교육에 활용할 기술에 관해 최근의 연구 문헌들을 검토했다. 우리는 교실에서 여섯 종류의 서로 다른 모바일 기기를 활용해 1년 동안 시범 연구를 진행했다. 학구 내 교사와 관리자를 대상으로 2년간의 전문성 계발 프로젝트를 실시하고 학생, 학부모, 교육자, 기업인, 그리고 선출직 공무원까지 논의에 참여시켰다.

전환점은 학구의 새로운 계획을 지원할 보조금이 전혀 필요 없는 방안을 제시함으로써 마련되었다. 이 때문에 우리 학구에서는 3년 동안 새 컴퓨터에 대한 투자를 축소해야 했다. 구매 과정을 협상해 가장 비용이 저렴하면서도 합리적인 성능의 노트북 컴퓨터를 임대 방식으로 계약했다. 다른 프로젝트에서 절약한 자금을 옮겨 오기도 했다. 이런 방식으로 전체적인 비용을 낮추고 운영비를 절감해야 했지만 우리가 주력한 것은 모든 학생들에게 공평한 교육 기회를 충분히 제공하는 일이었다. '모든' 학생을 대상으로 언제 어디서든 학습할 기회를 제공하게 된다면 '모든' 학생들의 참여 및 학업성취도는 꾸준히 높아질 것이다.

결론

변화가 다가오고 있다. 현명하다면 다가올 변화를 받아들여야 한다. 미국의 인구통계학적 동향에 따르면 향후 25~30년 이내에 미국의 시민 중 대다수는 유색 인종이 될 것이라고 한다. 사회의 주류를 이루는 세대는 과거와는 판이하게 다른 세대로 교체될 것이다. 미래를 바라보는 교육자라면 이러한 문제에 안타까워하기보다 오히려 다양성을 통해 얻을 수 있는 장점과 기회들을 적극 수용해야 한다. 다른 것에 눈 돌릴 여유는 없다. 교육자들은 전략적이며 혁신적으로 계획하고 그 계획들을 효과적으로 실행해야 한다. 긍정적 차별로 모든 학생을 성공으로 이끄는 것, 이것이 교육에서 초점을 두고 주력해야 할 일이다. 용기를 내어 문화에 관한 대화를 나누고, 지역사회와 허심탄회하게 소통하며, 이해관계자들에게 권한을 부여하고, 기술을 활용해 커다란 정보 격차를 해소해야 한다.

14장

학교와 지역사회 간
관계 형성의 힘

방과후 시간을 활용한 지역사회 연계 프로그램

루시 N. 프리드먼, 샤스키아 트레일

형평성에 관한 대화는 대개 오전 9시부터 오후 3시까지의 학교 일과 시간에 초점을 두고 이루어져 왔다. 하지만 이것만으로는 충분하지 않다. 학생이 하루 동안 부딪치는 무수히 많은 학습기회를 연결하여 의미 있는 학습경험을 제공하는 것이야말로 형평성, 즉 긍정적 차별의 시작점이 될 것이다.

이 장에서는 방과후학교법인(The After-School Corporation, TASC)에 대해 소개하려 한다. TASC는 15년 전 뉴욕시에서 저소득층 아동의 방과후활동을 체계적으로 지원하기 위해 설립되었고 지역 단체 및 여러 학교의 협력 네트워크로 발전했다. TASC의 사명과 비전을 이루는 핵심은 모든 학생을 위한 형평성 강화에 있다. 하지만 이러한 목표를 실현하기 위한 전략은 계속해서 달라져 왔다.

초기 10년

1998년 당시 우리는 청소년을 위한 우수한 방과후 프로그램을 뉴욕시 공공 서비스의 근간으로 개발하겠다는 야심 찬 목표를 세웠다. 열린사회재단의 후원 덕분에 우리는 뉴욕시 전역의 방과후 프로그램에 보조금과 관리 서비스를 지원할 수 있었다. 다른 단체 중에도 우리와 유사한 목표를 가진 곳들이 있었다. 소외된 계층의 아동들도 오후 3시부터 6시 사이에 부유한 가정의 아이들이 누리는 것과 같은 경험을 해야 한다는 것이었다. 초기만 해도 방과후 프로그램은 저소득층 아동의 학습부진을 지원하거나 부모들이 일하는 동안 돌봄을 담당하는 서비스 정도로 생각되었다. 보스턴, 프로비던스, 시카고 및 기타 도시 지역의 방과후 프로그램에 공적 자금을 투입해야 한다고 주장하는 사람들은 저소득층 청소년들을 위한 양질의 프로그램을 개발하려는 취지에 공감하여 미래 지향적인 이들 사업에 동참했다.

TASC는 장기적으로 공적 자금을 투입해 도시 전역에서 광범위한 사업을 전개하려는 계획을 갖고 있었다. 우리는 그 점을 염두에 두고 보조금 조건에 관해 몇 가지 중요한 결정을 내렸다. 청소년을 위한 비영리 시설들은 현재 동등하게 분포되지 않았으며, 도시에서 꼭 필요한 곳에 자리한 것도 아니었다. 한 세대 전 또는 그보다 이전에는 맨해튼 남동쪽이나 브루클린 외곽 지역에 갓 이주한 가난한 이민자들을 위한 시설이 지어졌지만, 현재 그 지역에는 1백만 달러짜리 콘도미니엄이 지어지고 고가의 수제 햄버거들이 팔리는 실정이다. 지역의 모든 자원을 효율적으로 활용하고 프로그램이 지역마다 균형 있게 확산되려면 학교에서 방과후 프로그램을 운영할 필요가 있었다.

프로그램을 위한 보조금은 비영리 청소년 단체들에 우선적으로 제공했다. 그러한 단체들은 청소년의 발달이나 상황에 대해 좀 더 높은 안목을 지녔으니 우수한 프로그램을 제공하는 데도 유리한 위치고, 보조금이 학교 예산에 편입되는 것보다 이런 방식이 실제로 더 많은 영향을 미칠 것으로 판단했기 때문이다. 우리는 학교에서 제공하는 방과후 프로그램을 이용할 학생들은 일반적인 학생들과 구분해서 생각해야 한다고 보았다. 학교 밖의 다른 곳에서 방과후 프로그램을 진행할 경우, 부모들이 아이들을 데리러 갈 수 없는 형편이거나 그럴 의사가 없어 프로그램에 참여하지 못하는 경우가 생긴다. 하지만 학교에서 그런 프로그램을 제공한다면 관리 주체가 교장이 될 것이고, 학교가 오전 9시부터 오후 3시까지의 시간을 다루는 방식에도 영향을 미칠 수 있다.

2001년 아동낙오방지법 통과에 기여한 많은 연구가 있다. 미국 학생들의 학력이 다른 부유한 나라에 비해 낮은 수준이며, 특히 빈곤층 학생의 학력 저하가 심각하다는 사실을 보여 주는 연구들이었다. 법안이 통과되자 학교 수업 일과가 달라지고 각종 시험과 책무성이 증가했다. 각 주와 지역 학구, 개별 학교에서는 수학과 영어 같은 시험과목에 더 많이 집중하기 위해 학교가 책임져야 하는 다른 영역의 교육과정 범위를 축소했다. 이 정책은 방과후수업에도 여러 가지 변화를 가져왔다.

우선 학교의 리더가 방과후수업을 보는 시각이 달라졌다. 정규수업에서 배제된 또 다른 학습기회를 제공하는 수단으로 방과후수업을 보게 된 것이다. 과학과 사회같이 핵심 영역으로 여기는 교과목뿐만 아니라 예술이나 체육 같은 과목의 수업시간이 축소되거나 사라진 상황이었다. 초등학교 교사 대상 설문 조사에 따르면 캘리포니아주 초등학교에서 학생들이 과학 수업을 받는 시간이 주당 60분 이하라는 대답이 40퍼센트나 되었다(Dorph et al., 2011). 뉴욕주의 경우 미술 교과에 필요한 최소 수업시수 기준을 충족한 학교의 비율은 우려스러울 정도로 낮았다. 2014년에 뉴욕시의 드 블라지오(de Blasio) 시장은 공립학교의 미술교사 수를 늘리기 위해 예산을 추가 지원하겠다고 약속했을 정도였다. 학부모들 또한 이런 교과목들의 수업시수가 적절히 확보되기를 바랐지만 동시에 아이들이 숙제를 마칠 시간도 보장해 주기를 원했다. 아이들이 학교에 있는 시간이 늘어났기 때문이었다.

둘째, 방과후 프로그램은 대개 소집단 수업으로 운영된다. 소집단 수업은 청소년을 위한 공적 자금 투입을 위한 선결 조건이기도 했다. 이런 방식의 장점을 인식한 학교 리더들은 방과후 시간을 개인 교습에 활용하는 방안을 모색하기 시작했다.

마지막으로 십 대의 임신과 비만처럼 국가가 나서야 할 사회 문제에 대응하도록 설계된 프로그램에 대한 관심이다. 학교 리더들과 비영리 단체들은 방과후 시간을 활용, 이런 프로그램을 실행하려 시도하게 되었다.

관련 연구

방과후 프로그램의 옹호자들은 프로그램을 제대로 이해하고 품질을 높이기 위한 연구를 지원했다. 연구의 목적은 방과후 프로그램의 개념을 규정하고 학교 안팎과 학구 전역에서 방과후 프로그램을 광범위하게 제공하기 위한 근거를 마련하는 것이었다. 그리고 연구를 통해 방과후 프로그램에 참여한 아동들이 참여하지 않은 또래 집단에 비해 사회성과 학업능력이 향상되었는지를 조사하고자 했다. 흥미로운 사실은 이 연구들이 방과후 프로그램으로 인한 불공평의 문제를 다루었다는 점으로, 어떤 요소들이 참여자와 비참여자 간에 차이를 일으켰는지를 조사한 연구라는 것이다.

TASC가 후원하는 방과후 프로그램 및 기타 다수 프로그램에 대한 평가를 보면 학생들의 성취도와 표준화시험 점수 및 학교 출석률이 개선된 것을 확인할 수 있다(Durlak & Weissberg, 2007; Lauer et al., 2006; Miller, 2005; Vandell et al., 2006; Russell, Mielke, Miller, & Johnson, 2007; Reisner, White, Russell, & Birmingham, 2004). 연구자들은 특히 프로그램 수강 시간과 출석 일수가 교육적 성과와 상관관계가 있다는 걸 밝혀냈다. 시범 프로그램에 최소 2년간 참여한 학생들, 그리고 60일 이상 프로그램에 참석한 학생들은 수학 표준화시험 점수가 눈에 띄게 향상되었다. 아프리카계 미국인 및 라틴아메리카계 학생, 무상 급식 대상 학생들의 성적이 오른 것도 확인되었다. 이에 따라 방과후 프로그램들이 성취도 격차를 없애는 데 유용하다는 증거가 제공되었다(Durlak &

Weissberg, 2007; Lauer et al., 2006; Miller, 2005; Vandell et al., 2006).

연구자들은 성적, 인종, 민족성, 가계 소득이 유사한 집단을 선정하고 이들 중 참여자와 비참여자를 구분해 연구를 진행했다. 그런데 일부에서는 참여자들과 비참여자 간에 고려되지 않은 다른 차이가 존재할 수 있다며 의문을 제기했다. 우리는 그런 문제 제기와 비판을 수용하기로 했다. 사실 주거 불안이나 재정 문제, 의료 문제 등에서 심각한 위험을 겪고 있는 가정에서는 아마 우리가 마련한 프로그램에 정기적으로 참여할 가능성이 작았을 것이다. 이 말은 오후 3시 이후 구조화된 학습기회에 참여함으로써 학업이나 사회정서적 발달을 기대할 만한 학생들도 있지만, 그보다 더 심각한 환경의 학생들, 아마도 집에서 최소한의 지원만을 받는 학생들은 프로그램 등록조차 하지 못해서 계속 뒤처진다는 뜻이다.

데이터 및 우리의 경험으로 보아 학생들이 성과를 얻으려면 프로그램의 품질은 분명 중요했다. 학교장이 활발하게 관여하는 프로그램과 학생들이 정기적으로 참여하는 프로그램의 품질은 우수해 보였다. 하지만 여전히 해결되지 못한 한 가지 문제가 있었다. 학교의 손길이 닿지 않는 취약한 환경의 아동과 가정에서는 이런 프로그램에 자발적으로 등록하지 않는다는 점이었다. 초등학교보다 중학교 대상 프로그램에서 더더욱 그러했다. 이에 우리는 모든 아동이 정규 수업일수 외에 늘어난 학습기회에 정기적으로 참여하게 하는 새로운 접근법을 개발했다.

학습의 확대를 위한 동기 부여

처음 10년간 우리는 학교와 지역사회의 협력 관계가 성숙해 가는 것을 목격했고, 가장 큰 성과를 거두는 프로그램은 교장이 열의를 갖고 프로그램에 깊이 관여하는 학교에서 나온다는 점도 발견했다. 교장들은 추가 시간에 대해서도 학생과 교사 모두를 위해 혁신을 시도할 기반으로 여기고, 교사들이 새로운 수업기법이나 교육과정을 학습할 시간으로 보았다. 그리고 수업이 배정되지 않은 시간을 학생 중심 프로젝트기반학습에 투자할 수 있다는 사실도 깨달았다. 프로젝트기반학습을 통해 학생들은 6~8주간 자신의 흥미에 따라 프로젝트를 형성하여 주체적으로 학습해 나갈 수 있다. 자기 재능을 계발하기도 하고, 과학 기술을 활용해 새롭고 독창적인 방식으로 학습 공간의 범위를 확대하는 것도 가능하다. 부담 없는 환경에서 실수로부터 배우고 여러 가지 아이디어들을 실험해 볼 수도 있을 것이다.

우리에게 가장 결정적인 동기가 된 것은 '기회의 격차'였다. 교장들과 정책 입안자들, 그리고 많은 사람이 기회의 격차에 대해 점점 더 자주 언급한다. 학업능력과 지식의 차이가 아닌, 도시를 비롯한 거주환경이나 학습환경, 직업, 경험 등에서 나타나는 격차였다. 이런 요인들은 아동이 싱장하면서 어휘를 풍부하게 습득하고 맥락의 미묘한 의미를 이해하는 데 매우 중요하다. 청소년기에 학생들이 자신의 미래를 다양한 가능성을 열어 놓고 그려 보게 하는 요인이기도 하다. 현재 우리와 긴밀하게 협력하는 교장 중에 브롱스 지역의 라몬 곤살레스

(Ramón González) 교장이 있다. 그는 'M.S. 223 재무및기술실험학교'를 운영하고 있는데 그의 말에 따르면, 학생들에게 방과후 오후 시간에 무엇을 하고 싶은지 설문 조사를 했을 때 가장 많은 답으로 '시험 준비'와 '농구'가 나왔다. 다른 것은 학생들이 거의 경험해 본 적이 없었기 때문이다. TASC에서 초등 6학년생을 대상으로 수행한 연구에서는 중상위 및 고소득층 가정의 학생들이 학습에 쏟는 시간이 저소득층 아동보다 6,000시간이 많았다고 했다. 이 말은 6,000시간만큼의 학습 격차가 존재한다는 뜻이다.

우리의 활동에 또 다른 지침이 된 것은 성공적인 차터스쿨 모델의 핵심적 특징 중 하나가 수업시간 확대라는 점을 밝힌 연구(Gleason, Clark, Clark Tuttle, & Dwoyer, 2010)였다. 이 연구는 뉴욕시의 거의 모든 차터스쿨 학생을 대상으로 한 것인데, 도시의 고학력 차터스쿨의 경우 학생에게 더 많은 학습 시간을 제공했고, 특히 영어(읽기)에서 그러했다(Hoxby, Murarka, & Kang, 2009).

방과후 시간이 늘어날수록 학생들에게 잠재적인 혜택은 늘어날 것이라 예상했지만 반드시 그런 것만은 아니었다. 학습기회를 제공하는 비영리 청소년 단체들의 역량과 학생의 경험을 제한할 만한 위협들이 점점 뚜렷이 부각되었다. 게다가 학습을 보충하기 위한 연장수업 프로그램도 전국적으로 증가하고 있었다. 마이애미-데이드 카운티 공립학구의 경우 '학교 개선 지대(School Improvement Zone)'라는 이름의 학교 개혁을 추진하면서 39개 학교에서 학년별 수업시수를 모두 확대했다(Urdegar, 2009).

그럼에도 이들 학교에 다니는 학생들은 읽기, 쓰기 평가에서 비교 대상 학교의 또래 집단보다 월등히 뛰어난 실력을 보여 주지는 못했다. 우리는 이런 식의 프로그램들은 불공정을 더욱 크게 만들 뿐이라고 느꼈다. 아이들 개개인의 필요와 상관없이 똑같은 연습문제집 몽땅 제공하는 바람에, 오히려 늘어난 일일 학습 시간 동안 다른 체험학습이나 심화학습을 못 하게 막는 장애물이었기 때문이다.

이런 이유로 우리는 교육에 대한 새로운 접근법을 개발해서 실행에 옮겼다. 바로 '학교의 확장(ExpandED Schools)' 프로그램이다.

학교의 확장

'학교의 확장' 프로그램에서는 초등학교 및 중학교가 지역사회의 사회복지 시설이나 청소년 대상의 여러 단체와 협력하게 된다. 전통적인 학교 일과는 6시간 30분 정도지만 여기에 2시간 30분~3시간 정도가 더 추가되며 교사, 학부모, 학생도 기획에 참여한다. 예술 활동, 스포츠 등 대부분 중상위 소득 계층 가정에서나 누릴 수 있는 전문 교육이 소외계층 아동들을 위한 학습 시간에 포함된다. 이런 기회를 통해 학교 교육과정의 범위는 확대되고, 청소년들은 미래를 좀 더 신나고 확신하게 그릴 수 있다. 교사들은 학교에서 보내는 시간이 통찰과 영감을 극대화하도록 좀 더 자유롭게 수업을 계획하고, 심화하며, 협력한다. 2013~2014년에 우리는 뉴욕시와 볼티모어 그리고 뉴올리언스에서 40

여 곳의 '학교의 확장' 프로그램을 지원했다.

지역사회 협력자들은 학교 내부의 자원을 공유함으로써 더 많은 학생이 잠재력을 계발할 기회를 얻을 수 있게 한다. 이를 통해 가난이라는 난관을 극복하고 성공적인 직장 생활에 꼭 필요한 높은 수준의 능력과 스킬을 성취하도록 더 많은 시간을 효율적으로 제공할 수 있다. 이러한 목적을 위해 '학교의 확장' 프로그램에서는 다음 4가지의 핵심 요소를 반영하고 있다.

- 균형 잡힌 교육과정을 위한 더 많은 시간
- 학교와 지역사회의 협력 관계
- 학생의 참여를 높일 수 있는 맞춤형 수업
- 지속 가능한 비용 모델

일부 학교에서는 자기주도성을 기를 수 있는 리더십 워크숍이나 대중 연설, 토론, 그리고 해당 지역사회와 관련된 문제기반 학습 활동을 진행하기도 한다. 이런 학교에서는 6학년생 대부분이 독서 모둠에 참여하고 있다. 학생들은 자유롭게 책을 선택해 또래들과 함께 읽는다. 학교는 독서 코치를 두어 이들이 독해력을 키우고 참여를 늘리도록 지원한다.

청소년의 자기주도성을 높이는 방안은 많은 학교와 지역사회에서 관심을 갖고 있는 문제 중 하나다. 부유한 계층의 청소년들은 성인이 되었을 때 자신이 속한 사회에서 맡을 역할이 이미 보장되어 있다고 여길지 모른다. 반면 소외된 학생들과 경제적으로 빈곤한 가정의 학생들은 그렇지 못하다. '학교의 확장' 프로그램에서는 청소년들이 자신의 미래에 대한 신념을 갖고 현실에 도전하며 변화를 추구할 수 있는 학습활동을 제공하고 있다.

초기의 교훈

첫째, 협력하는 문화로 바뀌기까지는 시간이 필요하다.

처음 우리는 학교 및 지역사회 파트너들이 적극적으로 협력하여 학교 수업을 재편성하고 학교 문화를 변혁할 것이라 생각했다. 하지만 변화는 오로지 신뢰가 형성되는 속도만큼만 일어난다. 심지어 그 속도는 예상했던 것보다 훨씬 더 느리다. 불신과 오해는 양측 모두에서 생길 수 있다. 학교의 리더와 교사들이 지역사회 파트너의 능력을 불신하거나, 지역사회 파트너들이 학교 정책을 불신하며 자신들의 자원을 학교에 제공하고 공유하기를 꺼릴 수 있다는 것이다. 이 때문에 우리는 처음부터 양측의 조화를 중요하게 여겼고, 학교와 지역사회 파트너 간에 적절한 짝을 찾도록 지원했다. 그럼에도 불구하고 과거의 부정적인 경험으로 인해 학교나 지역사회 단체의 구성원이 서로 경계하고 비판을 가하는 일은 피할 수 없었다.

과중한 책무성과 고부담 평가 또한 새로운 협력의 속도를 늦춘 원인이었다. 이런 요인들은 위험을 무릅쓰고 혁신에 참여하려는 학교 리더들과 교사들의 의지를 꺾고, 수학과 영어 외 영역에 시간을 할애하는 것까지 제한할 위험이 있다. 시험 점수를 올리라는 압력이 높아지면 교장들은 교육과정에 균형과 충실함을 높일 시간과 자금을 포기하는 대신 시험 준비를 위해 추가로 수업시수를 확대하는 쉬운 방법을 선택할 것이다. 실제로 많은 교장들이 그러한 선택을 했다. 학생들의 학업 및 사회정서적 발달에 오랫동안 영향을 미칠 만한, 더 흥미로운 경험과 현실적인 문제 해결 방식을 제공하겠노라고 약속했던 몇몇 진취적 교장들조차 그러했다. 일회성 시험에 집중할수록 변화의 속도는 느려진다. 시험만을 위한 학습 시간이 늘어나는 만큼 형평성을 달성하는 일은 더 어려워진다.

우리는 이러한 문제들을 두고 학교의 목표에 기여할 수 있는 서로의 자산과 가능성에 대해 상호 존중하는 분위기를 조성하려고 노력했다. 여러 차례의 기획 회의와 현장 지도를 통해 기대치를 적절히 유지하고 자원을 원활히 활용할 수 있도록 지원했다. 지역사회 파트너들의 경우 자금 유치나 인력 채용 문제에서 융통성과 민첩성을 보여 줄 수 있다. 학교 측은 자신들이 보유한 상당량의 자원과 법적 지위를 통해 협력의 신뢰성을 높일 수 있다. 양측의 협력 관계가 성숙해지면서 서로가 공통의 목표를 위해 일하고 결과에 대한 책무성을 공유하게 된다. 그러자면 공동으로 계획하고, 아이디어를 시도하고, 재조정과 재투자를 거듭해야 한다. 교육과정, 심화학습 활동, 일정 조정, 인력 구성에 변화를 기하려면 다양한 형태의 의사소통이 수시로 필요하다. 이 모든 과정이 효과적으로 진행되려면 변화에 대한 저항 자체를 인정해야 한다. 필요한 일부 영역에서 한두 가지의 구체적 변화를 집중적으로 추진하는 단계적인 전략뿐만 아니라, 결정된 사항에 대해서도 이해관계자들이 의문을 제기할 수 있도록 발언권을 열어 놓을 필요가 있다.

파트너들은 기존에 존재하던 벽을 무너뜨려야 한다. 그 벽은 그들이 존재조차 몰랐던 것일 수도 있다. 브루클린의 벤슨허스트에 있는 학교에서 교장과 지역사회 단체의 대표가 만나 그들 사이의 '보이지 않는 선'에 대해 이야기한 적이 있다. 양측 모두 그 선을 넘지 않아야 한다고 생각했다. 매년 초 양측 실무자들은 응급 상황에 대비해 서로의 휴대 전화 번호를 공유하곤 했지만 서로 속을 터놓고 이야기한 적은 거의 없었다. 기획 과정에 참여하면서 대화를 이어 간 뒤에야 비로소 그들은 상대의 작업에 관해 질문하고 서로 배울 수 있다는 걸 깨달았고 지금은 거의 매일 통화하고 있다. 이처럼 양측이 각각 협력 관계에 쏟는 노력을 조정하고 각각의 강점을 이끌어 내기 위해서는 기획 과정에서 더 일찍, 더 많은 이야기를 나누는 것이 중요하다.

둘째, 학교와 학구는 운영을 재고할 필요가 있다.

학교는 교수법 및 학습법의 재고, 그리고 문화를 바꾸는 것 외에도 운영에 관해 다시 생각해야 한다. 대부분의 학교에서 건물 관리인을 운영하는 방식을 보자. 방과후 프로그램이 진행되는 시간 동안 그들은 사용하지 않는 다른 교실을 청소한다. 만약 학교 전체가 오후 5시나 6시까지 교실을 사용한다면, 사용하지 않는 교실에 입실할 수 없으니까 관리인들은 청소를 하기 어렵다. 이 경우 학교는 교실 및 다른 공간의 활용과 청소에 대한 세부 운영 계획을 마련해야 한다. 또 하나의 예로 방과후 프로그램에서 참석자들에게 제공하는 간식이나 저녁 식사가 있다. 방과후 프로그램에 참여하는 모든 학생에게는 저녁 식사가 제공되어야 한다. 하지만 일반적인 학교 급식실은 학교 일과 중 제공하는 점심에 전력을 쏟기 때문에 오후 5시 30분이나 6시 즈음 제공하는 저녁 식사까지 감당하기는 어렵다. 이런 문제들, 즉 학교의 재설계 및 유연한 운영을 방해하는 복잡한 규정과 정책을 간소화하자면 학구 차원의 지원이 매우 중요하다. 방과후 프로그램에 참여하기 위해 학생들이 이동하는 문제도 기존과 다른 방식을 취할 필요가 있다. 우리는 학부모가 직접 학생을 데리고 오가는 방식 대신 학교에서 진행하는 방과후수업 시간을 연장해 학생들이 이동할 필요가 없도록 운영했다. 이에 더하여 학구의 기술적 지원을 통해 수업시간을 기존보다 두 시간 더 추가하기도 했다.

자금 지원 요건을 갖추는 일은 종종 행정적인 부담을 초래하곤 한다. 추가 시간에 대한 비용 지급을 위해서는 관청의 인가, 프로그램 모니터링을 위한 방문과 평가, 신청 및 결과 보고서 작성을 포함한 여러 업무가 필요하다. 어떤 학교의 예를 들면, 21세기지역사회학습센터의 자금과 뉴욕시 청소년및지역사회 개발부의 자금을 각각 지원받아 프로그램을 제공했는데 저마다 보조금 지급 요건이 판이하게 달랐다. 이 때문에 담당 교직원은 학교 시스템 외에도 별도의 데이터 시스템에 접속해 일일이 프로그램 참가자의 정보와 내용을 입력하는 수고를 해야만 했다.

셋째, 학교와 학구, 지역사회 단체들이 공적 자금을 혁신적인 방법으로 사용하려면 명확성이 필요하다.

공적 자금의 적절한 용도와 관련해 명확성이 떨어지면 학교 및 지역사회 협력자들이 혁신적인 방법으로 자금을 사용할 수 없다. 학구의 지원 부서는 초중등교육법 제1장 및 제3장 같은 교육 자금 관련 규정들을 좀 더 명확히 이해할 필요가 있다. 이 규정은 늘어난 수업시수 지원을 위해 혁신적인 방식으로 사용될 수도 있는 것들이다. 방과후 자금은 대부분 정해진 학교 일과에는 사용할 수 없다. 지역사회 파트너들이 주도하는 방과후 학습과 전통적인 학교 수업 간의 경계가 희미해지면 이러한 자금의 사용 시기와 방법에 관한 규정도 모호해진다. 현재 늘어난 학습 시간에 사용이 가능한 공적 보조금 중 하나는 21세기지역사회학습센터의 자금이다. 이 보조금은 초중등교육법 제1장에 규정된 할당액에 따라 각 주에서 관리한다. 뉴욕주에서는 이 보조금을 학교 정규 일과에 사용하고 있지만 기존의 학교 운영 자금을 '대체'하는 것이 아니라 '보완'할 목적이라는 점을 명확히 해야 한다는 전제가 있다. 보완과 대체의 차이가 모호하고 주관적이다 보니 일부 학교 리더들과 지역사회 파트너들은 새로운 방식으로 자금을 사용하려는 시도 자체를 포기한다. 정책 입안자들 또한 마찬가지로 공적 자금을 폭넓게 분배하는 경향이 있는데 그로 인해 도움이 가장 절실한 특정 학교나 지역사회의 학생들이 배제될 수 있다. 단 한 학교에 여러 혜택이 주어지는 것은 불필요하다는 인식을 부를 위험이 있으므로 예산을 엄격하고 조화롭게 편성해야 한다.

모든 학생을 성공으로 이끄는 접근

학습 시간 확대로 모든 학생의 성공이 무엇인지 재정의할 기회가 마련되었다. 부유한 가정에서 자녀를 위해 준비하는 다양한 기회들을 보면 알 수 있다. 아이들의 도전 욕구를 부추기고, 실패를 극복하도록 도와주면서, 신나고 재미있게 배울 수 있도록 만드는 에너지 충전소 같은 학습기회 말이다. 모든 학생이 제각기 필요에 따라 즐겁게 학습하는 일은 표준화시험 점수가 오르는 것보다 더욱 큰 의미가 있다. 창의적인 문제 해결자, 참여하는 시민, 글로벌 리더로서 국가를 만들어 나갈 바탕이 된다는 점에서 그렇다. 기업가들은 이런 능력의 가치를 인식하고 K-12 및 고등 교육에서도 이 능력을 키워 달라고 요청하고 있다. 수학과 영어 교과에서 지식과 스킬은 분명히 중요하다. 이것들을 포기하지 않으면서도 확장된 학습에 개입하는 데 특히 유용한 두 가지 영역이 있다. 하나는 사회정서적 발달이고, 또 하나는 융합과학(STEM)이다.

▌사회정서적 발달

교장, 교사, 보조금 교부자, 정책 입안자 모두가 학교 일과에 사회정서적 학습을 구현할 방법을 찾기 위해 노력한다는 사실을 확인할 수 있었다. 연방 정부는 사회정서적 학습을 공개 토론의 최우선 주제 중 하나로 삼고 있다. 보조금 지급을 신청한 다수의 지원자를 가리는 우선순위는 사회정서적 학습이다. 이에 따라 TASC는 학생들의 사회정서적 성장을 학교가 측정할 수 있도록 학교 팀과 공동으로 학생 개개인에 필요에 맞는 학습 일과를 마련하고, 이를 분석하고 성찰하는 프로세스를 개발했다. 긍정적 차별은 학생들이 개별 영역에서 성장할 수 있도록 하는 바탕이 된다.

동기 부여 및 근면성 제고를 통해 지적 성장이 가능하다는 믿음에 관한 연구(Dweck, 2006)도 진행되었다. 이 연구는 학업성취도 격차를 해소하는 데 사회정서적 발달이 중요하다는 사실에 대한 관심을 불러일으켰다. 시카고 연구 컨소시엄의 보고서(Farrington et al., 2012)는 학습에서 이른바 '비인지적 요인'에 관한 연구를 진행하여 논의를 위한 기반을 제공했다. 사회정서적 발달을 학업 발달과 똑같이 중요하게 파악할 수 있도록 측정 기준을 마련하라는 요구와, 사회정서적 학습에 대해 고부담 책무성을 부과할 위험이 있는 정책들을 피하라는 요구 사이에는 여전히 긴장이 계속되고 있다.

▌ 융합과학

전미연구평의회(NRC)의 『Framework for K–12 Science Education(K–12 과학 교육의 기본 틀)』(2012)과 뒤이어 나온 차세대 과학기준(Next Generation Science Standards, 2014)은 과학적 실행 및 공학적 설계가 교육에 미치는 유용한 영향을 확실하게 보여 준다. 학생들이 직접 실험해 보고, 어설프게나마 실패를 거듭하면서 조작해 보는 활동들은 정규 학교 수업시간에 포함하기 어려울 수 있다. 노이스재단과 모트재단을 비롯한 여러 단체의 도움 덕분에 융합과학(STEM)은 방과후 프로그램에서 매우 중요한 영역으로 떠올랐다. 방과후 프로그램 교사 가운데 상당수는 학교수업과 연관되고 보완되며 수업에 영감을 주는 창의적인 프로그램들을 능숙하게 활용한다. TASC에서는 몇몇 단체와 함께 융합과학을 활용한 전문 아카데미(STEM Educators Academy)를 운영하고 있다. 교사들과 지역사회 교육자들은 여름방학 동안 전문적인 단체의 지도에 따라 훈련받는다. 훈련 내용은 과학 지식, 기술, 그리고 융합과학을 활성화하는 실천적 기법들이다. 훈련을 마친 교육자들은 학교로 돌아가 실습했던 것들을 토대로 학생들을 가르치면서 서로 협력하고 내용을 조정한다. 이렇게 해서 집단으로 최대의 효과를 내기 위해 힘쓴다.

앞에서 언급한 전미연구평의회의 책은 특히 과학 학습에서 정의적 영역의 중요성을 명시했다는 점에서 주목할 만하다. 에릭 졸리(Eric Jolly)와 로버트 타이(Robert Tai) 등은 과학에 참여하고 탐구활동에 흥미를 갖는 일은 과학과 관련된 분야로 진출하는 데 큰 영향을 미칠 수 있다고 말한다. 이들의 연구는 과학과 관련된 학문을 대상으로 했지만 모든 내용 영역으로도 확대 가능하다. 방과후 프로그램의 청소년 발달에 대한 인식은 정의적 과제를 충족시키는 데 도움이 될 수 있다. 학생들에게 사회정서적 스킬을 명확히 지도할 뿐만 아니라 그러한 스킬을 구축할 기회를 제공하는 활동, 예를 들면 그룹 프로젝트나 학생들이 자체 수집한 증거를 토대로 가설을 제시하는 발표회 등이 그러하다.

낙관적 기대

학습 시간의 확대라는 개념은 앞으로 15년쯤 뒤 지금과는 다른, 어쩌면 혁명적이기까지 한 사고와 프로세스를 갖춘 학교로의 변화를 촉진하게 될지도 모른다. 학생과 교육자는 시공간의 제약을 지금보다 덜 느낄 것이고, 고부담시험에 대한 압박도 줄어들 것이다. 학습 일과는 지금보다 더 풍성하게 채워질 것이다. 학생들은 도전적인 질문을 제기하고, 그런 질문에 답하고, 주장하고, 토론을 진행할 것이며, 실패와 반성을 거쳐 자신들의 지식과 소양을 시험해 보고 적용할 것이다. 학습을 지원하는 테크놀로지 덕분에 언제 어디서든 학습이 가능할 것이며, 이는 형평성 구현에도 도움이 될 것이다. 물론 테크놀로지를 효과적으로 통제하지 못할 경우 부유층과 소외계층 학생 간의 격차가 더욱 커지는 상황을 초래할 수도 있지만 말이다.

변화를 주도해야 할 주체는 바로 교장이다. 마이클 풀란은 교장을 학습 선도자로 묘사하는데, 다른 이해관계자들이 성공을 목표로 삼고 주인 의식을 갖도록 만드는 '밀고 당기는 힘'을 발휘하라고 말한다(Michael Fullan, 2014). 확장된 학습에 참여하는 교장은 지원 팀과 긴밀히 협력하여 변화를 이끌 리더에게 필요한 소양을 철저히 습득해야 한다. 아무쪼록 모든 교장들이 동료들과의 학습기회를 통해 불필요한 시행착오를 반복하지 않기를 바란다. 그리고 변화를 이루어 내기까지의 시간을 줄이며 확장된 수업을 원하는 사람들에게 도움을 주기를 희망한다.

미래의 교사와 학교 리더들이 주도적으로 학교 문화를 바꿀 수 있다는 희망을 잃지 않도록 교육계가 나서서 협력을 이끌고 확신을 심어주기를 기대한다. 아울러 그들이 각자의 학구에서 필요한 노력을 지속할 수 있게 교육계가 도와주기를 바란다. 학습 시간 확장은 교육계와 학구의 입장에서 보면 혁신을 시도하고 실험할 기회가 더 늘어나는 계기로 생각할 수도 있다. 교육자들은 청소년들과 소규모 집단을 이루어 시간을 보내면서, 세세하고 엄격하게 규정된 수업 범위나 순서를 지켜야 한다는 부담에서 벗어나 실험적인 교육과정과 수업기법을 시도할 수 있을 것이다.

학습 시간 확장 전략은 형평성 구현을 통해 모든 학교와 모든 학생이 학업적, 사회정서적 목표를 달성할 수 있게 할 것이다. 소외계층 청소년들이 지금보다 더 활기차고 흥미로운 교육을 받을 수 있도록 학습 시간 확장이 지금보다 더 핵심적인 전략으로 인식되기를 바란다. 오바마 전 대통령의 '형제의 보호자(My Brother's Keeper, 소외계층 젊은이들을 위한 기회의 평등을 구현하기 위해 양질의 교육, 경제적 기회, 멘토링 및 지원 시스템을 갖추려는 구상-옮긴이)'와 같은 방안들은 소외계층 청소년들의 성공을 위해 무엇이 필요한지에 대해 전국적인 관심을 촉발했다. 우리는 모든 청소년이 잠재력을 발휘하는 데 도움을 줄 수 있도록 학교의 역할 및 학습 시간 연장의 의미가 좀 더 분명해지기를 희망한다.

이 모든 일은 학교의 변화 방향과 방법에 대해 학교의 리더, 학부모, 교사, 학생, 그리고 지역사회 교육자들이 함께 뜻을 모으고 결정하는 일에서 시작된다. 보조금 또한 매년 지급하는 방식이 아니라 다년간에 걸쳐 통합해 지급하는 방식으로 바뀌기를 기대한다. 재정 지원에 관련된 보고 요건을 간소화하고, 통학 수단이나 특수 지원, 보육, 학교 급식에 대한 유연성이 지금보다 더 커지기를 바란다. 이런 유연성은 혁신을 촉진하고 형평성 구현에 기여하며, 모든 학생을 성공으로 이끄는 데 도움이 될 것이다.

맺음말

지금까지 용기 있는 리더십의 원칙들이 실제로 나타난 사례들을 살펴보았다. 이제 이 책의 서두에서 언급한 용기 있는 리더들에게 행동을 촉구하는 내용으로 글을 끝맺고자 한다. 교육의 형평성, 즉 긍정적 차별을 구현함으로써 모든 학생을 성공으로 이끄는 일은 시민 모두의 경제적, 교육적 향상과 함께 전반적인 삶의 질 향상으로 이어져야 하며, 이를 위해서는 리더들이 먼저 첫걸음을 내디뎌야 한다. 앤디 하그리브스(Andy Hargreaves)는 유럽의 세 나라에 대한 연구 결과와 경험을 요약적으로 제시하면서 정책 입안자들을 위한 권고 사항을 제시한다. 그의 주장은 실패한 정책들은 과감히 폐기하고 학생들의 의욕을 키워주는 정책들을 새롭게 추구하려는 데 있다.

15장 ——————— 용기 있는 리더를 위하여

개혁의 추진과 실행을 위한 과제들

앤디 하그리브스

더는 미룰 수 없다

2014년 초 세계 출판 시장에 누구도 예상하지 못한 베스트셀러가 나타났다. 방대한 쪽수의 양장본 학술 서적인 『21세기 자본(Capital in the Twenty-First Century)』이란 책이었다. 학계의 주류도 아니고 거의 무명에 가까웠던 프랑스 경제학자 토마 피케티(Thomas Piketty)의 이 책은 세계 출판계를 강타했고 빗발치는 논란을 불러일으켰다.

　이 책은 과거 수 세기 동안 연관성이 없이 보였던 소득과 부에 대해 방대한 글로벌 통계 데이터를 자세히 연구하고, 놀랍도록 단순한 결론을 내린다. 부의 분배는 점점 더 소수의 손에 집중되고 있으며 특히 미국에서 이런 경향이 두드러진다는 것이다. 이는 부의 분배에 관해 환멸을 느껴왔던 전 세계 중산층 독자들이 오랫동안 의구심을 품어 왔던 사항이다. 사실 제2차 세계대전 이후 30여 년간 사회복지 정책, 정부의 투자, 인구 성장 등의 요인으로 경제 및 교육 측면에서 형평성은 어느 정도 증가한 것이 맞다. 하지만 피케티는 1980년대에 들어오면서 20세기 초반의 전형적인 불평등 현상이 미국 내에 뚜렷이 부활했다고 말한다(Piketty, 2014).

불평등에 관여한 것은 소득만이 아니라 부동산, 토지 같은 요인들도 있다. 부유한 사람과 그렇지 못한 사람을 차별해 온 방식 또한 불평등을 점점 더 심화시킨 한 요인이다. 피케티의 연구에 의하면, 달라진 세상에서는 축적된 자산을 대대로 물려주므로 사회와 가정의 성공은 성취가 아닌 상속에 좌우된다. 계층 간의 이동성은 둔화하고 공교육의 효과는 이전보다 훨씬 약해졌다. 여러 측면에서 지난 30여 년간 미국을 비롯한 여러 나라들은 사실상 부자들의 귀족 사회로 돌아간 셈이다. 계급 간의 투쟁은 일어나지 않았으나 엄청난 부를 소유한 상위 1퍼센트의 존재는 미국과 여러 나라에서 더 이상 환상이나 과장이 아니다.

모든 사람이 불평등의 문제를 나쁘게 생각하는 것은 아니다. 심지어 극단적 불공평에 대해서도 말이다. 일부는 불평등이 세대 간의 문제일 뿐이라고 말한다. 물론 젊은이들이 승진을 거듭하고 더 많은 소득을 올려 꾸준히 저축을 이어 가면 그들도 언젠가는 부유해질 수 있다. 하지만 피케티가 지적하는 것처럼 대부분의 경제적 불평등은 세대 간이 아니라 세대 내에서 발생한다.

어떤 사람들은 부라는 특권 또한 자본주의의 최고 장점인 노력과 보상의 관계를 보여 준다고 주장한다. 게으르고 무능한 사람은 다른 사람과 똑같은 이득을 기대할 수 없다고 믿는 이들도 많다. 이들은 우리가 추구해야 할 모습이 평등 사회가 아니라 능력주의 사회라고 여긴다. 모든 사람이 공평하게 성공할 기회를 누리되, 재능과 업적과 노력을 입증한 이들은 다른 사람들보다 훨씬 더 많은 소득을 얻는 사회가 바람직하다고 주장한다. 실제로 싱가포르는 그러한 기본 원칙 위에서 경제 개발을 거리낌 없이 추진했다. 국가 내 거의 모든 자산이 국영인 체제에서 '동등하게' 주택 지원과 교육 기회, 적절한 의료 서비스를 제공하고, 근면하고 성과가 좋은 사람들에게는 더 많은 보상이 이루어지도록 한 것이다(Kwang et al., 2001; Yew, 1998).

하지만 능력주의 사회는 근본적 결함이 있다. 첫째는 마이클 영(Michael Young)이 『능력주의(The Rise of the Meritocracy)』라는 책에서 탁월하고도 신랄하게 묘사한 내용으로, 모두가 능력에 따라 보상받는 사회에서 능력이 모자란 사람들(적극적으로 활동하는 장애인들도 포함할 수 있다)은 상속이나 조기 교육 같은 운마저 따르지 않아 발전이나 기회가 제한될 때 낙담하고 분개할 것이다(Young, 1958). 둘째로 극소수 집단에 부가 편중될수록 기존 특권층의 정치적, 경제적 영향력이 점점 커지는 상관관계에 따라, 경쟁의 장 또한 특권층에게 더 유리한 방식으로 기울어진다. 1812년 매사추세츠주에서 벌어진 '게리멘더링(gerrymandering, 주지사였던 엘브릿지 게리가 자기 정당에 유리하도록 선거구를 조작한 것-옮긴이)'이나 특정 부유층에 이득을 주기 위해 세금

제도를 변경하고 취약계층을 지원할 공공 투자 규모를 축소하는 일들이 그러한 예다. 공공 투자 규모의 축소는 대부분 공교육에 대한 투자를 줄이는 것까지 포함한다. 결국 능력주의 사회에서는 상위 중산층이 지배 계급이 되어 부자들이 지배하는 금권 국가로 변모하기 마련이다 (Piketty, 2014). 셋째로 '불평등할' 자유 또한 사회의 정의적 신념이자 시민의 권리일 수 있지만, 불평등의 정도가 어느 수준을 넘어서게 되면 사회 전반의 삶의 질을 극도로 악화하고 해로운 영향을 끼치게 된다는 점이다.

국가 간의 사회경제적 조건 차이를 비교한 연구 발표 자료로 전염병에 관한 연구자인 리처드 윌킨슨(Richard Wilkinson)과 인류학자인 케이트 피킷(Kate Pickett)의 데이터를 제시하려 한다. 『평등이 답이다: 왜 평등한 사회는 늘 바람직한가(The Spirit Level: Why More Equal Societies Almost Always Do Better)』(2009)에서 윌킨슨과 피킷은 미국의 여러 주 및 국가 차원에서, 사회 문제와 보건 관련 문제들이 어떤 차이를 보이는지 조사했다. 이 문제들 속에는 우울증 비율과 불안, 알콜 중독, 십 대의 임신, 약물 의존, 아동 및 성인 비만, 학업성취도 저하, 특정 범죄에 대한 투옥률 및 형벌의 가혹함, 폭력, 자살, 총기 소지, 불신 정도, 유아 사망률, 사회적 이동성이 포함된다. 그리고 이 차이를 설명할 만한 다양한 변수를 탐구한 결과 '경제적' 요인이 사회 및 보건과 관련된 문제에서 나타나는 차이를 설명할 주요한 예측 변수라고 결론지었다. 더욱 중요한 것은 '극심한 빈곤'이라고 규정하는 최소한의 수준을 넘어선 경우, 사회 및 보건과 관련된 문제에서 나타나는 차이를 가장 확연히 드러내는 요인은 국가와 국가 간 부의 수준이 아니라 국가 내에 존재하는 소득 불평등의 정도라는 사실이다.

한 가지 예를 살펴보자. 윌킨슨과 피킷(Wilkinson & Pickett, 2009)은 사회 및 보건 문제들의 종합 지수를 산정한 다음 여러 국가와 주(州)의 소득 불평등 정도와 이 지수의 관계를 살펴보았다. 그 결과 문제가 적은 나라들은 소득 불평등 정도가 낮은 노르웨이, 스웨덴, 네덜란드, 핀란드, 일본으로 나타났다. 미국의 주 가운데 문제가 적고 불평등 정도가 낮은 곳은 뉴햄프셔, 노스다코타, 버몬트, 미네소타, 아이오와였다. 반면 사회 및 보건 문제가 심각하고 불평등도 심한 나라로는 영국, 포르투갈, 그리스, 뉴질랜드가 있다. 미국은 불평등 정도가 특히 심각했으며, 그중에서도 루이지애나, 미시시피, 앨라배마의 결과는 다른 모든 주보다 훨씬 심각했다.

유네스코에서 5년마다 실시하는 국제 설문조사 결과 또한 이와 유사한 패턴을 보여 준다. 이 설문은 선진국의 15세 아동을 대상으로 가정, 학교, 지역사회의 복지 정도를 조사하는 것이다. 설문 결과 복지가 우수하다고 평가된 것은 네덜란드, 노르웨이, 아이슬란드, 핀란드, 스웨덴, 독일 등 강력한 정부가 집권하는 국가들이었다. 이 조사에서 미국은 26위로 리투아니아·라트비아·루마니아 바로 위, 그리고 슬로바키아·그리스의 바로 아래였다(UNICEF, 2013).

그렇다면 빈곤 가정과 그 자녀들이 직면한 극심한 불평등과 사회 및 보건 문제의 폐단을 어떻게 해결할 것인가? 피케티는 불평등이 지나치게 심해지면 자연스럽게 사회의 균형을 이루어 내는 조정 기능도 사라진다고 말한다. 분명한 것은 상황이 스스로 변할 때까지 기다리고만 있을 수는 없다는 점이다. 과도하고 배타적인 특권에 대한 사람들의 불만이 1789년 프랑스에서 일어났던 혁명처럼 나타날지도 모른다. 큰 전쟁 또한 사회를 변화시키려는 반응을 촉발할 수 있다. 조국을 위해 힘을 합쳐 싸웠던 서로 다른 계층의 사람들이, 전선에서 돌아오자마자 공평하고 공정한 사회를 요구하며 일어섰던 제2차 세계대전 직후가 바로 이런 점이 잘 드러난 시기였다.

하지만 우리는 현재 저절로 조정되는 기능을 기대할 수 없고, 또 다른 세계대전을 희망해서도 안 되는 상황이다. 그렇다면 우리에게 어떤 선택이 있을까? 피케티는 공정성과 분배의 정의라는 원칙이 지배하는 사회 개혁의 시대에, 누진 과세는 최상위 계층에서 최하위 계층으로 부의 일부를 재분배하는 데 도움이 된다고 말한다. 그러한 부의 일부는 소외계층 및 빈곤층의 조건과 기회를 개선할 목적으로 공교육과 공익을 위해 사용할 수 있다.

저명한 일부 교육학자들은 학생들의 성취도 격차가 대부분 학교 밖 요인에 의해 나타나고, 교육 정책 및 전략 영역 밖의 문제들이라는 점을 강조한다(Berliner, 2006, 2009; Ravitch, 2011). 실제로 미국에서 빈곤, 열악한 유아 보육, 출산에 관한 법적 지원 부족, 환경적 위해 요소, 이웃 간 폭력, 가계 불안정과 그로 인한 빈곤층 노동자들의 불안정한 생활 등의 요인들이 학생들의 낮은 학업성취도를 가장 잘 예측하는 지표가 되고 있기도 하다.

반대로 국제학업성취도평가(PISA)에서 아시아를 제외하고 최고의 성취도를 보이는 국가들은 누진 과세를 비롯해 강력한 정부 주도의 공공 투자 전략을 시행해, 최극빈층 가정의 자녀들을 빈곤과 불안으로부터 보호한다. 이런 국가에서는 학교와 교사가 아이들 홀로 빈곤과 싸우도록 방치하지 않는다(OECD, 2011).

교육의 형평성과 탁월성

사회경제적 불평등이 극심한 미국에서 교육적 성취 또한 높게 나타날 것이라 예상하긴 어렵다. 실제로 많은 전문가들은 국제학업성취도평가 같은 글로벌 평가에서 미국의 성취도는 기껏해야 중간 수준일 것으로 보고 있다. 그리고 싱가포르나 중국 등 성취도가 높은 아시아 국가들에서 시행 중인 시스템을 본떠 교육 개혁을 시작해야 한다고 말한다(Tucker, 2011).

그러나 그들이 중간 수준이라고 불평하는 미국의 학업성취도는 사실 미국 교사들의 우수성을 보여 주는 중요한 증거이자 업적이다. 수많은 아동이 엄청난 사회적 결핍과 박탈, 극심한 가난, 무주택 같은 주거 안정 결여, 인종 차별, 열악한 의료 서비스 등 극복하기 어려운 위험들 속에 방치되었다는 점을 생각하면 더욱 그렇다(Sahlberg, 2014). 이런 상황에서도 매사추세츠주 등 일부에서는 세계 최고 수준의 성취도를 보이는 국가나 시스템에 필적하는 성과를 거두고 있다(MBAE, 2014). 이런 점만 보아도 미국의 교사들을 비난하기는 어렵다. 오히려 불평등을 줄이고 교육의 질을 높이기 위한 자원으로서 교사들과 학교에 기대와 희망을 품어볼 수 있다.

OECD의 분석에 따르면 학업성취도에 영향을 미치는 모든 중요한 요인들은 학교 밖의 것들이다(OECD, 2011). 그럼에도 불구하고 의도적인 교육정책이나 전략은 형평성과 탁월성의 측면에서 긍정적 혹은 부정적인 영향을 줄 수 있다. 국가가 교육제도 안팎에서 채택하는 정책이나 전략들이 어떻게 조합되어야 하는지에 관하여 국제적인 사례 3가지를 살펴보기로 한다.

▌핀란드: 양질의 교육, 높은 형평성

2007년 1월 나는 OECD에서 주도하는 연구(Hargreaves, Halasz, & Pont, 2008; Hargreaves & Shirley, 2009)에 참여하기 위해 핀란드로 향했다. 이 연구는 교육 정책과 교육 리더십 실행 간의 관계, 그리고 시스템 전반의 교육 성과에 관한 것이었다. 당시 핀란드는 최고의 학업성취도를 자랑하는 국가로 세계 곳곳에서 방문자들이 쇄도하고 있었지만 그러한 성과를 이룬 요인에 대해서는 핀란드 교육자들조차 제대로 답하지 못하는 수수께끼 같은 상황이었다.

그곳에서 우리는 핀란드의 성공을 뒷받침한 요인 몇 가지를 일관되고 체계적으로 설명할 수 있었다. 먼저 모든 아이를 미래 사회의 창조자로 키워내려는 핀란드 공교육의 강력한 비전과 가치를 들 수 있다. 교사들의 높은 사회적 위상도 중요하다. 핀란드에서는 수준 높은 교사 양성 프로그램을 운영하면서 엄격한 심사를 거쳐 교원을 선발하고 석사 학위를 부여한다. 교육과정 개발이나 주요 정책 결정 과정에서 교사 간, 학교와 지방자치단체 간의 협력적 문화가 정착되어 있다는 점도 빼놓을 수 없다. 아울러 미국처럼 시험기반 책무성을 높이기보다는 광범위한 협력과 신뢰의 시스템을 갖춘 점 또한 중요한 요인이었다. 이런 전략들은 교사의 자질 향상과 함께 강력하고 협력적인 리더십을 지원해 교육 전반의 질을 높인다.

이에 더해 핀란드인 학자 파시 살베리(Pasi Sahlberg)는 교육의 형평성에 집중하는 것을 성공의 주요 요인으로 보고 있다(2011). 1980년대 중반부터, 특히 실업률이 20퍼센트 가까이 치솟았던 1992년의 엄청난 경제 위기 이후 핀란드는 미국에서처럼 학생 전체의 성취도 향상을 목표로 삼기보다 경제적 형편이 제각각인 아이들 사이의 성취도 및 기회 격차를 줄이는 데 중점을 두었다. 현재 미국의 아동 빈곤율이 20퍼센트인 데 비해 핀란드는 4퍼센트에 불과하다는 것만 보아도 알 수 있다. 이는 핀란드가 강력한 사회복지 정책을 펼쳐 왔다는 걸 분명히 보여 준다. 핀란드 공교육이 좀 더 공평한 출발점을 제공하는 데 도움이 되는 요소들이 있다. 핀란드 아이들의 98퍼센트가 자발적으로 다니는 무상 유치원, 출산 후 3년까지 자녀를 돌보도록 유급으로 여유 있게 제공되는 가족 휴가, 그리고 아동의 학습 어려움에 대한 조기 개입과 상황을 진단하고 문제를 조정하는 데 쏟는 지대한 관심이 그것이다.

1980년대에 수준별수업을 폐지하면서 그간 대상 교과들의 교육 성과에서 두드러진 격차를 낳았던 과목 내의 수준 차이가 사라졌다. 유례없이 포용적인 교육 정책 덕분에 지원이 필요한 학생들은 특별한 도움을 받을 수 있으며 실제로 고등학교 졸업 전 지원을 받는 비율이 50 퍼센트에 달한다. 이는 불평등 문제를 해소하는 데에도 기여했다. 그 결과 핀란드는 성취도 격차가 크게 개선되었고 전반적인 교육의 질이 나 기준에서도 상당한 진전을 보였다(Sahlberg, 2011).

핀란드는 교육 형평성에 대하여 꾸준한 관심을 기울이고 있으며 교육의 격차와 어려움을 없애는 데 우선순위를 두고 있다. 이는 궁극적으로 양질의 교육을 모두에게 제공하기 위해서이며, 기준을 높인 뒤 격차를 줄이기보다 먼저 격차를 줄이는 쪽이 더 낫다고 판단했다는 점을 시사한다.

▌웨일스: 높은 형평성, 낮은 교육의 질

핀란드와 비교할 만한 나라로 영국의 웨일스(Wales)가 있다. 웨일스의 인구는 약 300만 명 정도로 핀란드의 절반 정도다. 지리적으로는 영토 대부분이 농업 지역이고 남쪽 해안 지역 쪽에 도시가 밀집해 있다. 웨일스나 핀란드 모두 국경을 맞댄 큰 이웃 나라와 오랜 역사 속에서 가깝고도 불안한 관계를 이어 왔다. 따라서 국가 정체성과 자율성을 유지하는 문제는 무척 중요한 관심사였다.

두 나라의 학업성취도 또한 일부 비슷한 점이 있다. 두 나라는 모두 포괄적이고 종합적인 공교육 시스템을 유지한다. 핀란드와 마찬가지로 웨일스도 국제학업성취도평가(PISA) 결과 형평성에서 높은 점수를 보이고 있는데, OECD 평균과 비교해 학교 및 사회경제적 배경의 영향을 덜 받는 것으로 나타난다(OECD, 2014).

하지만 비슷한 점은 여기까지다. 교육의 형평성에서는 모범적인 기록을 보이지만 웨일스의 학업성취도는 하위권이다. 영국을 구성하는 네 나라(잉글랜드, 스코틀랜드, 웨일스, 북아일랜드-옮긴이) 중 순위가 가장 낮게 나오는데, 이는 우연이 아닌 실질적 수치에 근거한 통계로 보인다(OECD, 2014). 즉 웨일스의 교육은 형평성은 높은 수준이지만 전반적인 탁월성이나 품질은 실망스러운 결과를 보이는 것이다. 이유가 무엇일까?

2013년 10월 웨일스 정부는 자국 교육의 개선 전략 검토를 위해 OECD에 방문을 요청했다. OECD는 이를 위해 5인으로 구성된 팀을 만들었고, 나는 팀에 포함된 2명의 전문가 중 한 사람으로 참여했다. 우리가 작성한 보고서는 2014년 5월에 발간되었는데(OECD, 2014), 여기에 권고한 4가지 사항 중 일부를 소개하겠다.

첫 번째 권고는 장기적인 안목으로 정책을 정의하고 실행하라는 것이었다. 핀란드의 경우 창조적인 지식 노동자들을 중심으로 사회와 경제를 개발한다는 목표를 세우고 그 수단으로 교육을 택했다. 그런 핀란드와 달리 웨일스는 국제적인 평가에서 순위를 높이려는 것 외에 다른 변화를 추진하려는 뚜렷한 비전을 볼 수 없었다. BBC에서는 웨일스 정부가 학생들에게 바라는 학습자 유형을 다룬 기사에서 우리의 보고서를 인용해 "웨일스 정부, 교육에 대한 장기적 비전 부재"라는 제목을 뽑았다(BBC, 2014). 우리가 보고서에서 언급한 것은 웨일스 정부가 학습자에 대한 비전을 개발하고 그 비전을 측정할 수 있는 명확한 장기 목표로 설명해야 한다는 것이었다(OECD, 2014).

두 번째 권고는 일관된 평가 프레임워크를 마련해야 한다는 것이었다. 영국 정부로부터 권한을 이양받은 이래(1997년부터 2011년까지 웨일스는 독립적인 입법, 행정, 사법 권한을 획득하여 자치권을 행사하게 됨–옮긴이) 웨일스는 표준화시험을 점차 폐지해 나갔다. 사실 영국의 학업성취도는 국제 수준에서 볼 때 그리 높은 편이 아니었고, 웨일스를 포함한 영국 내 모든 학교 시스템은 미국처럼 대규모의 표준화시험 프로세스를 갖추고 있지 않다. 핀란드의 성공적인 학교들은 표준화시험을 시행하지 않는다는 점도 고려되었다. 이 학교들은 목표의 달성을 측정하기 위해 임의의 표본 집단을 대상으로 시험을 치르긴 하지만 그 결과를 공개하지는 않는다. 이런 점을 모두 종합하면 웨일스의 표준화시험 폐지는 정치나 문화적 선언에 그치지 않고 교육적으로도 타당해 보였다.

하지만 나쁜 것을 제거하는 일이 좋은 것을 도입하는 일과 항상 똑같은 결과를 가져오진 않는다. 표준화시험이 사라지자 웨일스 교사들은 혼란에 빠졌다. 이들은 학급 단위의 평가에 대한 훈련을 받은 적이 거의 없었던 데다 평가 결과를 교사들끼리 조정하고 피드백하는 일에도 익숙하지 않았다. 좋은 성과를 보여 줘야 한다는 강박과 부담 때문에 점수를 부풀리는 일이 적지 않게 발생했다. 더 심각한 문제는 웨일스 정부가 2~9학년에 표준화시험을 재도입하는 등 다소 지나친 대응에 나선 것이었다. 우리는 앞서 세운 전략을 재검토하고 시험 대비 수업 같은 부작용을 최소화해 전략을 개선하는 데 주력하라고 조언했다. 또한 싱가포르와 캐나다 등 학업성취도가 높은 나라처럼 표준화시험을 일부 학년에서만 제한적으로 치르고, 확보한 재정을 학급 평가에 필요한 교사 훈련에 쓸 것을 제안했다.

세 번째 권고는 웨일스의 개선 계획 진행 과정에 관한 것이다. 수업의 질을 높이기 위한 접근법에서 웨일스는 핀란드와 차이가 있었다. 핀란드에서 우수한 교사들이 교직에 입문할 수 있는 것은 국가가 교육에 관해 지닌 비전의 힘, 그리고 교사들의 높은 사회적 위상 덕분이다. 핀란드에서는 교사 양성 프로그램 지원자 중 상위 10퍼센트만 교사로 선발한다. 반면 웨일스는 대학 졸업생 중 상대적으로 성적이 우수한 집단에서 교사를 모집하는 데 어려움을 겪었다. 최근에 와서야 겨우 정부에서 재정을 지원하여 경력이 짧은 교사를 위한 석사 학위 지원 프로그램을 시작한 정도다. 우리는 이 프로그램을 지속하며 확장해야 한다고 권고했다.

교사의 전문성 자본 개발에서 웨일스는 핀란드보다 훨씬 어려운 상황이다. 핀란드를 검토할 때 인상적이었던 것은 교사들이 학생들을 잘 안다는 믿음을 가진 점이었다. 핀란드 교사들은 외부의 지시에 따라 대응하기보다 학생들의 진전을 스스로 평가할 수 있는 기본 조건을 갖추었다고 볼 수 있다. 반면 웨일스 교사들은 너무나 많은 것을 너무나 빨리 실행해야 한다는 과중한 부담에 시달리고 있었다. 우리는 영국의 사례 등 다른 지역을 돌아보고 그들의 실수로부터 배울 것을 조언했다. 문해력과 수리력 가운데 우선순위를 정하고, 먼저 문해력을 갖춘 다음 수리력을 높이거나 그 반대로 하는 식이다. 그래야만 교사들이 자기 교수법을 매번 바꾸지 않아도 된다.

결국 웨일스와 핀란드는 교사들의 사회적 자본, 특히 교사들이 서로 얼마나 협력하는가 하는 부분에서 달랐던 것 같다. 지금까지 보았듯이 핀란드에서는 교사들이 공동으로 교육과정을 설계하는 등 교사들의 업무와 협력이 긴밀히 통합되어 있다. 관료가 아니라 교사들이 교육과정 계획에 대한 가장 중요한 책임을 지며, 다른 어떤 선진국보다 업무 시간 동안 동료 교사들과 자주 만난다. 교사들은 학생의 성공에 대해 자신의 학급이나 학년에 국한하지 않고 '모든 학생'이라는 순수하게 집단적인 책임감을 지니고 있다. 반면 웨일스는 전문학습공동체(PLCs)를 어떻게 구성할지 학교 단위로 훈련하는 방식으로 교사 협업을 개발하려고 했고, 이 일에 광범위한 규모로 투자를 단행했다. 그러나 웨일스의 전문학습공동체는 사실상 명확하지 않고 일관된 초점도 없었다. 핀란드가 교육과정 개발에 초점을 두었듯이 웨일스는 문해력 개선이나 학급 평가 등에 초점을 둘 수 있었을지도 모른다. 또한 교사들이 초기 훈련 과정 이후에도 협력을 지속하도록 학교에서 동료들을 만나는 시간을 늘려 줄 자금 지원이 없었다. '학교 내 교사 협력'은 모든 학생의 요구를 충족할 수 있는 사회적 자본인데, 웨일스는 이런 점에서 핀란드보다 효과가 낮은 듯했다.

학교들이 서로 배우며 서로를 지원하는 방식을 살펴보면, 교사 간에 사회적 자본을 탄탄하게 개발하기 위한 부분 중 하나를 찾을 수 있다. 우리는 핀란드에서 탐페레시 지역 중등학교들이 모든 학생의 성공을 지원하기 위해 자원과 아이디어를 어떻게 공유하는지 관찰했다. 경쟁이 아니라 협력, 이것이 핀란드 교육 전문가들의 윤리를 구성하는 핵심 요소다. 웨일스의 경우 정부 주도로 학교 간 협력 방안을 만들기 시작했는데, 우리의 검토 결과나 혹은 이전의 검토(Hill, 2013)에서 밝힌 바로 파악할 때 매우 초기 단계였다. 게다가 그러한 방안들은 협력적인 전체 시스템 내에서 문화의 일부가 된 게 아니라 실패하는 학교를 바꾸려는 것이었다. 즉, 위기에 대한 대응으로 시작되었을 뿐이다. 학교 간의 협력 모델 또한 국제적인 사례를 활용하면서 웨일스 특유의 해결책을 개발한 게 아니라 런던의 일부 사례에 지나치게 의존하여 그것을 모방한 것이었다. 그러다 보니 일부 학교에서는 자신들과 완전히 다른 학교와 협력할 것이 예상되자 부담을 느끼고 혼란스러워했다. 일부 학교의 경우 어떤 집단에서는 성취도가 높은 학교로, 또 다른 집단에서는 성취도가 낮은 학교로 분류되면서 다른 학교와 협력하는 데 극심한 혼란과 어려움을 겪었다.

핀란드는 교육의 형평성과 탁월성을 비교적 쉽게 결합했던 반면 웨일스는 다음 몇 가지 이유로 어려움을 겪었던 것 같다. 웨일스가 꿈꾸는 차세대 학습자들의 모습에 대해 영감을 주는 비전이 부족했고, 우수한 자질을 지닌 교사들이 교직에 진출하도록 격려할 방법이 없었다. 또한 교사나 학교가 체계적이고 지속 가능한 기반에서 모든 학생에게 필요한 학습을 지원하기 위해 협력할 수 있는 조건과 문화를 충분히 갖추지 못했던 점도 이유로 들 수 있다. 웨일스가 교육 개혁의 전략과 결과에서 핀란드에 가까워지자면 지금과는 다르고 좀 더 신중한 정책들이 필요하다. 예를 들면 웨일스 전체를 대상으로 하는 비전을 개발하여 발표한다거나, 석사 학위 자격 과정을 확대해서 교직의 전문성 자본을 강화하는 방법이 있을 것이다. 외부에서 주도하는 방안의 양과 건수를 줄이는 대신, 교사들이 학교 내에서 일상적으로 협력하는 시간을 좀 더 많이 갖도록 하여 교사들의 문화를 개선하는 방법도 있다. 아울러 개선된 교육의 질과 형평성이 시스템의 전반적인 문화를 이루도록 학교 간 협력 방안을 개발하는 일도 필요하다.

▌스웨덴: 낮은 형평성, 낮은 교육의 질

핀란드의 이웃에는 한때 핀란드를 지배했던 나라 스웨덴이 있다. 스웨덴은 한때 형평성과 탁월성을 상징하는 전형적인 나라로 생각되기도 했지만, 1990년대에 시장 주도형 교육 개혁과 지방 분권화를 적극 도입하면서 크고 작은 변화를 겪었다. 그 결과 2003년 국제학업성취도 평가에서는 다른 OECD 국가들 모두가 평균 이상의 성취도를 보인 반면 스웨덴은 가장 큰 폭으로 성취도가 하락했다.

게다가 이 기간에 교육의 형평성 면에서도 심각한 퇴보를 보였다. 스웨덴에서 '자율 학교(free school)'라고 불리는 학교들의 경영권은 수익을 최우선 목표로 하는 헤지펀드 기업들이 소유하고 있다. 이들 학교는 영미권과 유사한 방식으로 개혁을 실행했다. 스웨덴의 학업성취도는 탁월한 성과를 보이는 이웃 국가들보다 뒤처지고 있으며, 성취도가 낮은 영국과 미국 쪽으로 점점 더 가까워지고 있다. 스웨덴의 교육 개혁 전략이 영국이나 미국과 비슷하다는 점 또한 꽤 흥미롭고도 중요한 사실이다.

컬럼비아 대학교의 교수인 레이 피스먼(Ray Fisman)은《슬레이트

(Slate)》지에서 스웨덴의 학력 저하에 대해 언급한다. 스웨덴의 '바닥을 향한 경쟁'의 원인은 교육자들이 자율 학교의 점유율을 높이기 위해 더 많은 학생, 더 나은 학생을 유치하려고 학점을 부풀리는 데서 찾을 수 있다는 것이다. 이는 자유 시장 신봉자들이 흔히 지나치곤 하는 경쟁의 어두운 면이다. 학부모들이 자녀의 고득점을 중요하게 추구하거나 학교가 보조금을 더 많이 지원받기를 바란다면 어떨까? 우수한 교사를 채용하여 더 나은 교육을 제공하는 방법도 있지만, 그보다는 쉬운 문제를 쉽게 채점함으로써 점수를 높이는 편이 경제적이다(Fisman, 2014). 스웨덴은 미국의 뉴욕 같은 도시에 비해서도 자율 학교나 차터 스쿨의 비중이 높다. 이런 학교의 수가 많아질수록 규제가 더 어려워지고 시스템이 부패할 가능성은 더 커진다. 피스먼은 미국의 개혁가들이 스웨덴의 개혁을 타산지석으로 삼아야 한다고 말한다.

앞에서 든 피스먼의 글에 대하여 비판적 논조를 취하는 사람들도 있다. 이들은 자율 학교 등 사립학교 수가 전체 교육 시스템의 퇴보를 좌지우지할 만큼 많은 것은 아니라는 점, 그리고 사립학교 시스템은 공립학교 시스템에 비해 나쁘지 않고 더 낫다는 점을 들어, 시스템의 부패는 모델 자체가 나빠서라기보다 실행을 잘못한 결과라고 주장한다(Sahlgren, 2014; Sanandaji, 2014). 이들의 주장에 따르면 오히려 개혁을 아주 강하게 추진하지 못한 점이 문제가 된다. 학교에서 학생들이 자유롭게 스마트폰을 사용하고 모자를 쓸 권리가 있는데도 여전히 중앙집중적인 통제가 지배한다는 점이 개혁을 망치는 주범이다. 스웨덴에서 교사의 자질이 부족한 것은 급여가 열악하기 때문이고, 성취도가 낮아진 것은 1990년대에 도입된 소위 진보적 교수법의 여파라고 일축한다.

이런 반응을 보면서 나는 브루킹스 연구소(Brookings Institute)의 연구(Loveless, 2012)를 떠올렸다. 이는 수준별수업을 폐지해 학업성취도가 개선된 사례를 일부에서 과대 해석하는 경향에 관한 분석이다.

1999년 폴란드의 교육 개혁은 수준별수업에 국한되지 않고 학교 시스템을 전면적으로 개편하는 데 초점이 있었다. 교육 개혁 방안 속에는 학교에 대한 권한의 분산, 학교의 자율성 확대, 교사들의 급여 인상, 새로운 국가 평가 시스템, 핵심 교육과정 및 국가 성취기준 채택, 대학 수준에서의 교사 양성 교육의 개혁, 새로운 교사 승진 체계 등 다양한 내용이 들어 있었다. 국제학업성취도평가에서 폴란드의 점수가 오른 것은 이런 정책 가운데 하나가 주효했거나 여러 가지가 결합한 결과일 것이다. 어떤 요인은 성취도를 떨어뜨리거나 부정적인 효과를 끼쳤을 수도 있다. 어떤 요인은 손실을 상쇄할 만큼 점수를 올리는 데 기여했을지도 모른다. 핵심은 바로 이것이다. 어떠한 개혁 방안도 시스템 전체를 긍정적으로 변화시키는 데 단독으로 압도적인 영향을 끼칠 수 없다는 것이 데이터가 말해 주는 결과다(pp.28~29).

임의로 혹은 이념적으로 선택된 하나의 개혁 방안이 개선을 좌우했다고 말하는 것도, 성취도가 하락한 것에 대한 책임을 덮어쓰는 것도 불합리한 일이다. 그런 점에서 위 연구의 결론은 분명 타당하다. 하지만 너무 많은 변수를 제시하는 허무주의적 답변 또한 만족스럽지 않기는 마찬가지다. 이례적인 개선이나 하락을 두고 여러 가지 개혁

맺음말

방안 모두에 조금씩 책임이 있다거나, 방안 중 대다수에 책임이 있다거나, 혹은 그 어떤 것도 전적으로 책임질 수는 없을 것이라는 식의 대답 말이다. 그런 허무한 답변은 변수들이 어떤 방식으로 어떤 과정을 거쳐 상호 작용을 하는지 이해해야 할 사회과학의 의무를 저버리는 일이다.

스웨덴의 시장 개혁을 옹호하는 이들이 언급한 예외들은 실제로 개혁을 약화시키는 규칙일 수 있다. 전문성 자본이 약한 박봉의 교사들이 인간의 발전과 폭넓은 공익이라는 핀란드식 비전에 끌려, 시장의 이익에 호소하는 분열적 개혁에 환멸을 느낀다고 가정해 보자. 이렇게 힘든 상황에 놓인 교사들이 학생 중심적이고 복합적인 교육이나 높은 품질의 수업 평가를 제공할 리는 없다. 웨일스가 바로 그랬다. '한 사람을 위한 모두'를 중시하는 핀란드와 달리 모두가 서로를 적대시하는 경쟁적인 시장 체제의 스웨덴 교육에서, 학교 간의 협력과 지원이라는 사회적 자본은 약화될 것이 뻔하다. 손실은 어느 한 부문에만 국한되지 않을 것이며, 궁극적으로는 캠벨의 법칙(Campbell's Law)으로 알려진 '부패의 효과'가 교육 전체를 지배할지 모른다. 사회적 의사 결정에 수치화한 계량적 지표를 많이 사용할수록 부패 압력에 더 많이 노출되고 본래 모니터링하려던 사회적 과정을 왜곡하기 쉬운 법이다(Campbell, 1976).

2014년 9월 선거가 다가오면서 주요 정당들은 스웨덴의 교육이 퇴보하는 데 대한 대중의 불안을 잠재우기 위해 여러 가지 방안을 모색했다. 교직의 위상과 교사의 자질을 높이는 것도 그런 대응 방안의 하나였고, 교사들의 급여 인상이나 행정 부담 축소, 그리고 교사 선발 기준을 높여 학력이 낮은 집단에서 교사를 뽑지 않도록 하는 방안 등이 포함되었다. 사립학교 소유주들이 학교를 장기 소유하게 할 것, 공립학교의 수익권을 제한하고 수익을 의무적으로 학교에 재투자할 것, 학교를 선택하는 제도를 완전히 폐지할 것 등을 요구하는 여론에 대응해 사립학교에 이전보다 많은 규제를 가했다.

국제학업성취도평가 결과만 놓고 볼 때 시장 주도의 개혁 프로그램을 추진한 국가에서 강력한 성과를 거둔 사례는 지금까지 네덜란드를 제외하면 없다. 예외에 해당하는 네덜란드 또한 역설적으로 강력한 복지 국가라는 맥락에 놓여 있다. 시장경제에 기반한 스웨덴과 미국의 교육 개혁은 비슷한 점이 많다. 이를 감안하면 학교 개혁가들은 스웨덴의 급격한 성취도 저하와 그 원인이 된 정책을 매우 꼼꼼히 살펴볼 필요가 있다.

교육적 함의

지금까지 우리는 교육의 탁월성과 형평성의 관계에서 차이를 보이는 세 국가를 살펴보았다. 핀란드는 아시아를 제외하면 세계 최고의 성취도를 자랑하는 국가이며, 형평성에서도 모든 나라 가운데 최상의 수준을 보여 준다. 핀란드의 이러한 성과는 규모나 지리적 위치에서 나온 것이 아니라 지난 수십 년에 걸쳐 추진한 체계적인 교육과 정책의 결과로 보아야 한다. 웨일스는 포괄적이고 종합적인 공교육 시스템으로 형평성에서 높은 성취도를 기록했지만 교육의 질에서는 성과가 미약했다. 스웨덴은 한때 교육의 질과 형평성 양면에서 높은 성과를 보였지만 시장 주도의 공격적인 교육 개혁을 시작하면서부터 성취도가 하락하여, 형평성과 교육의 질 양면에서 모든 선진국 중 가장 큰 폭의 퇴보를 경험했다. 이는 어떤 면에서 시장 주도 개혁의 시작이 촉발한 결과로 보인다. 세 국가의 사례로부터 배울 수 있는 바람직한 방향을 다음과 같이 제시한다.

• 지역의 공립학교에 투자하라

학업성취도가 높은 나라들은 모두 공립학교 시스템에 막대한 투자를 한다. 네덜란드를 제외하면 이들 나라에서 사립학교 시스템의 규모는 크지 않다. 네덜란드의 경우 역사적으로 법의 보호를 받아온 종교 기반 대안학교들이 많다. 고학력 국가에서는 차터스쿨이 최고의 선택지가 아니다. 미국이나 스웨덴의 경우 차터스쿨은 공립학교 시스템에 부정적인 영향을 끼칠 만큼 많은 정책적 지원을 받았으나 성과는 미미했고, 지역 내 다른 공립학교들로부터 교사와 학생 정원을 빼앗고 있다. 게다가 대부분의 차터스쿨은 그들이 대체하려던 일반 공립학교보다 더 관습적으로 운영된다(Goldring & Cravens, 2006). 만약 모든 학교가 핀란드처럼 훌륭하다면 대다수의 학부모가 지역의 공립학교를 선택할 것이 분명하다.

• 지역의 책임과 통제력을 회복하라

핀란드를 비롯해 학업성취도가 높은 교육 시스템은 홍콩이나 싱가포르 같은 도시 국가 또는 지역 학구의 형태로 학교를 지역 단위에서 잘 통제한다. 물론 스웨덴과 웨일스의 사례에서 보았듯이 지역의 통제가 강력하다고 해서 모든 시스템이 좋은 성과를 내는 것은 아니다. 하지만 시장 경제 원리에 따라 지역 학구를 파괴하거나 축소하는 식의 교육 정책으로 성취도를 향상시킨 사례 또한 없다. 지역 단위로 운영되는 학구는 높은 성취도와 학력을 유지하는 시스템의 기본 토대이자 공적 민주주의의 기초가 된다. 만약 학구가 너무 작거나, 부패했거나, 인종 및 거주지에 따라 서로 분리되었다면 학구를 시스템에서 제거할 것이 아니라 개혁해야 한다.

• 재정을 공평하게 배분하라

학업성취도가 높은 시스템에서는 거주지나 부동산 등의 문제가 교육의 질을 좌우하도록 두지 않는다. 존슨 대통령이 초중등교육법을 제정한 이후 이러한 불공평을 해소하기 위해 정부 차원의 보조금을 고안했으나, 보조금 지급을 둘러싸고 점점 더 많은 조건이 달라붙고 있다. 이 말은 이미 심각한 사회적 불이익에 맞서고 있는 학교들이 재정적 지원을 받기 위해 여러 가지 변화 방안을 마련해 실행해야 하는 부담과 함께, 보조금 관련 서류를 꾸준히 작성해야 하는 부담까지 견뎌내야 한다는 뜻이다. 공립학교에 지급되는 보조금을 부동산세나 재산세처럼 학구 간의 불공평을 만들어 내는 세금과 연동하지 말고, 공평하게 지급할 수 있는 다른 유형의 세금으로 옮겨야 한다.

• 전문성 자본의 투자를 늘리고 순환을 도우라

인적 자본을 키우려면 무엇보다 교사들의 전문성 자본에 투자해야 한다(Hargreaves & Fullan, 2012). 핀란드처럼 최고의 성과를 거두는 나라들은 대학 졸업생 중 성적이 우수한 집단에서 교사를 선발한다. 그리고 대학과 연계하여 실무적인 문제들을 심층적으로 연구하고, 엄격한 교사 양성 프로그램을 통해 훈련시킨다. 교사들은 교직에 배치되기 전 여러 학교에서 실습 기반의 폭넓은 경험을 쌓는다.

우리는 교사와 교육의 가치에 관해 좀 더 강력하고 긍정적인 메시지를 전달할 필요가 있다. 좀 더 다양한 방식으로 교사들을 지원해야 한다. 학생과 학교에 대해 설득력 있는 비전을 명확히 제시하고, 교사들의 노동 조건과 협력 기회를 확대하고 개선해야 한다. 아울러 교사들이 함께 교육과정을 설계하고 전문적인 교수법을 개발하도록 교사의 업무에 좀 더 유연성을 부여해야 한다. 역설적이지만 교사에게 서로 협력할 시간을 더 많이 부여하는 편이 부진한 학생의 학습 시간을 연장하는 것보다 성취도 향상에 더 효과적이다(Bailey, 2014). 상명 하달식 개혁 조치들에 짓눌리지 않으면 교사들은 학생을 더 잘 파악하고 학생의 징신 긴깅과 복지를 위해 최선을 다한 시간저 여유를 갖게 된다. 교사에게 전문적인 평가 방법을 개발하도록 지원해야 한다. 승아니면 패라는 매우 위협적인 경쟁 체제에서 본인의 학교와 직업의 존속을 놓고 두려워하지 않게 하면, 교사들은 점수 부풀리기 같은 유혹에 빠지지 않고 효과적인 학급 평가에 집중할 것이다. 교사들이 동료들과 함께 엄격한 교육을 기꺼이 받으며 꾸준히 능력을 키울 수 있게 되면 철저하고 효율적인 개별화수업이 가능해진다.

• 학교 간 협력을 강화하라

저학력 학교들은 분명히 더 좋게 바뀔 수 있다. 학업성취도가 높은 시스템을 보면 학교 개선을 위해 상부에서 중재 팀을 파견하는 방식보다는 학교 내부에서 집단적인 책임감을 구축하는 방식을 취한다. 이런 방식에서는 성취도가 높은 학교들이 저학력 학교를 적극적으로 지원하며, 학구나 주 교육부 차원에서 자원을 배분한다. 또한 학구의 경계를 넘어서는 공동의 노력까지 이루어진다(Fullan & Boyle, 2014).

• 책무성보다 책임감을 우선하라

수업의 질을 높이는 데 있어 유능하며 우수한 교사들, 즉 좋은 수업을 개발하고자 협력하며 학교의 모든 학생에 대해 책임을 공유하는 교사들보다 좋은 것은 없다. 학업성취도가 높은 국가들은 이 점을 충분히 이해한다. 수업의 질적 개선을 확인하고 싶다면 시험에 더욱 신중할 필요가 있다. 시험에 맞춘 수업이나 이미 불안정한 학교 안팎에서 교사와 교장을 순환시키는 식의 배치는 없어져야 한다. 또한 점수를 올려야 한다는 공포를 학교에서 지워야 한다. 이런 공포 때문에 실제로 애틀랜타에서 대규모의 노골적인 부정행위가 일어났던 것이다 (2009년 애틀랜타주 공립학교들이 표준화시험 점수를 높이기 위해 답안지를 교체하는 방식으로 점수를 부풀린 행위로, 44개 학교와 수백 명의 교육자가 처벌받았음–옮긴이). 시험 점수에 몰입하는 것은 캠벨의 법칙(Campbell's Law)에서도 예견되었지만 '뒤틀린 동기'를 부여할 위험이 있다(Aviv, 2014). 만약 모든 학생의 성공을 위해 전문가들이 집단적인 책임감을 발휘하도록 적극적으로 지원하면, 책무성이 부여된 장기 과제들까지도 상당 부분 저절로 해결될 것이다.

• 주변을 격려하는 리더십을 개발하라

교육의 형평성 추진을 위해서는 제대로 훈련받은 헌신적인 리더십이 필요하다. 마틴 루터 킹은 "인류애를 높이는 모든 노동은 고귀하고 중요하며 심혈을 기울여 임해야 한다."라고 말했다. 마치 150여 년간 아프리카계 미국인들의 역사를 규정해 온 '정의와 기회를 얻기 위한 투쟁'처럼 형평성의 궁극적 목표는 향상에 있다(Gaines, 1996). 형평성은 또한 '주변을 격려하는 리더십'이란 프로세스를 요구한다. 몇몇 개인이 아닌 다수의 사람이 주변 사람들의 사기를 북돋울 용기와 헌신과 불굴의 의지를 갖도록 그들을 고무시킬 리더십 말이다(Hargreaves, Boyle, & Harris, 2014).

핀란드의 경우 이런 방식의 리더십은 모든 교사가 주도적으로 학생들의 성취도에 대해 집단적인 책임감을 느끼는 모습에서 잘 드러난다. 그런 교사들 사이에서 선출된 교장들 또한 과정을 주도하기보다는 과정이 쉬워지도록 지원하는 리더십을 자신의 임무로 여기는 것만 보아도 알 수 있다. 캐나다 온타리오주의 학업성취도가 높은 교육 시스템은 전문가 리더십을 잘 보여 준다. 온타리오주 행정부 리더들은 문해력 개선을 위한 개혁에 책임감 있게 임했다. 감독을 맡은 72명의 학구 교육감 또한 특수교육과 일반교육의 통합을 위해 헌신적으로 일했으며 온타리오주의 고무적인 변화에 이바지했다. 교원 노조는 재직 중인 수천 명의 교사를 중심으로 일어난 혁신을 정부와 함께 지지했다(Hargreaves & Braun, 2012). 반면 웨일스와 스웨덴과 미국에서는 리더십이 성취도 관리에 집중되어 있다. 미국에서 소위 '교육 리더십'이란 것은 실제로는 학급에서 이루어지는 교사의 능력을 관찰할 수 있도록 점검표를 작성하는 역할로서, 소수 무능한 교사들의 퇴출을 정당화할 객관적 증거로나 쓰인다(Fullan, 2014). 학교와 시스템 리더십은 더 이상 미뤄 둘 수 없는 문제다. 지금은 리더십을 변화를 일으키는 원동력으로 생각해야 할 때다. 리더십은 숫자로 규정되는 1등을 향해 앞다퉈 경쟁하는 시스템을 관리하는 일이 아니라, 학습자들이 장차 무엇이 되어야 하는지를 보여 주는 새로운 비전을 관리하는 일이다.

• **긴박감을 기회로 재규정하라**

하버드 대학교 경영학 교수 존 코터(John Kotter)가 내세운 '긴박감(sense of urgency)'이란 개념은 미국을 비롯한 여러 나라의 교육 개혁가들을 자극하고 용기를 주었다. 긴박감은 종종 위기나 공포로 여길 경우가 많다. 코터는 만약 긴박감이 파멸을 암시하는 용어로 묘사되면, 사람들은 자기 일자리와 미래에 대해 불안해하고 두려워하며 조직에서 요구하는 엄청난 속도의 변화를 만들 수 없다고 한다(Accelerate:

Building Strategic Agility for a Faster-Moving World, 2014). 샌디에이고 대학교의 앨런 데일리(Alan Daly)에 따르면, 미국의 위협적인 개혁 환경에서 교장들은 자기와 학교의 생존에 집중하느라 스스로 경직되며 위험을 회피하고 장기적인 사고를 할 수 없는 상황에 놓여 있다(2009).

하지만 긴박감을 기회로 해석할 경우를 가정해 보자. 물론 지극히 어려운 일이긴 하지만, 그럴 경우 지역사회 전체가 더 큰 목표와 공동의 이상을 달성하기 위해 분발하고, 자발적으로 시간을 할애하며, 지금까지와는 다르게 움직이도록 자극할 수 있다. 이것이야말로 바로 지금 교육 개혁가들이 해야 할 일이다.

형평성 주도의 교육 개혁에는 어떤 요소들이 있을까? 이 말은 핀란드나 싱가포르, 캐나다처럼 되어야 한다는 뜻은 아니다. 이전까지 한 번도 간 적이 없는 길을 가야만 할 것처럼 심사숙고하라는 뜻도 아니다. 미국의 경우 차라리 린든 B. 존슨 대통령이 이룩한 교육 정책을 재검토하고 재구성하는 편이 나을 수 있다. 존슨 대통령은 사회인으로서의 첫발을 공립학교 교사로 내디뎠다. 이때의 경험은 그의 인생에 큰 영향을 미쳤는데, 대통령이 되어서는 헤드스타트(Head Start, 저소득 가정의 미취학 아동을 위한 학습 지원 프로그램–옮긴이) 및 초중등교육법 제정을 추진했으며, 빈곤 지역 내 학교 지원을 위한 연방 기금 배정 등 엄청난 교육적 유산을 남겼다. 그는 "교육은 문제가 아니라 기회다."라는 말처럼 교육과 사회 변화의 갈림길에서 국가가 가야 할 방향을 명확히 규정했다.

미국 국민에게 있어서 기회란 달성해야 할 목표나 도달 순위 정도가 아니다. 변화에 대한 고무적인 비전, 즉 앞으로 미래를 살아갈 사람들이 어떤 모습이어야 하는지에 관한 비전이자 그 비전에 대한 신뢰를 뜻한다. 그리고 그 기회는 최고의 교육을 제공하는 지역 내 공립학교에 자녀를 입학시키려고 애쓰는 일이 될 것이다. 소수의 무능한 교사를 퇴출하는 일에 집요하게 매달리기보다는 모든 아이를 위해 우수하고 열정적인 교사들을 배출하는 데 집중하는 일이 될 것이다. 무엇보다도 그러한 기회는 앞으로 나아갈 방향을 찾도록 우리를 고무시키고, 다시 한번 더 공평하고 포용적인 미래를 창조하는 일에 앞장서게 한다. 세계 최고의 교사라는 명성과 존경을 받게 될 새로운 세대의 훌륭한 교사들에게 우리의 미래를 맡긴다.

참고 문헌

FOR EVERY STUDENT
모든 아이를 위하여

Blankstein, A. (2004, 2010, 2013). *Failure is not an option*. Thousand Oaks, CA: Corwin.

Introduction: Achieving Excellence Through Equity for Every Student
긍정적 차별, 교육 변화의 새로운 패러다임

Ames, C. A. (1990). Motivation: What teachers need to know. *Teacher's College Record*, 91(3).

Ames, C. (1992). Classrooms: Goals, structures, and student motivation. *Journal of Educational Psychology*, 84, 261–271.

Barton, P., & Coley, R. (2010). *The black-white achievement gap: When progress stopped*. Princeton, NJ: Education Testing Service.

Bell, D. (1973). The coming of post-industrial society: *A venture in social forecasting*. New York, NY: Basic Books.

Blankstein, A. (2004, 2010, 2013). *Failure is not an option*. Thousand Oaks, CA: Corwin.

Boykin, A. W., & Noguera, P. (2011). *Creating the opportunity to learn: Moving from research to practice to close the achievement gap*. Washington, DC: ASCD.

Bronfenbrenner, U. (1975). *The ecology of human development in retrospect and prospect*. Invited address at the final plenary session of the Conference on Ecological Factors in Human Development held by the International Society for the Study of Behavioral Development, University of Surrey, Guildford, England, July 13–17.

Brooks-Gunn, J., Fuligni, A. S., & Berlin, L. J. (2003). *Early child development in the 21st century: Profiles of current research initiatives*. New York, NY: Teachers College, Columbia University.

Carnoy, M., & Levin, H. (1985). *Schooling and work in the democratic state*. Palo Alto, CA: Stanford University Press.

Chatterji, M. (2006). Reading achievement gaps, correlates, and moderators of arly reading achievement: Evidence from the early childhood longitudinal study (ECLS) kindergarten to first grade sample.

Journal of Educational Psychology, 98(3), 489–507.

Connor, C. M., Morrison, F. J., & Petrella, J. N. (2004). Effective reading comprehension instruction: Examining child × instruction interactions. *Journal of Educational Psychology, 96*, 682–698.

Darling-Hammond, L. (2011). *The flat world and education.* New York, NY: Teachers College Press.

Dweck, C. S. (1999). *Self-theories: Their role in motivation, personality and development.* Philadelphia, PA: Psychology Press.

Eccles, J. S., & Gootman, J. (2002). *Community programs to promote youth development.* Washington, DC: National Academy Press.

Equity and Excellence Commission. (2013). *For each and every child: A strategy for education equity and excellence.* Washington, DC: Author. Retrieved from http://www.foreachandeverychild.org/The_Report.html

Fischer, C. (1996). *Inequality by design: Cracking the bell curve myth.* Princeton, NJ: Princeton University Press. Fischer, K. W., & Bidell, T. R. (2006). Dynamic development of action, thought, and emotion. In R. M. Lerner (Ed.), Handbook of child psychology: Vol 1. Theoretical models of human development (6th ed., pp. 313–399). New York, NY: Wiley.

Frey, W. (2013). *Shift to majority-minority population happening faster than expected.* Washington, DC: Bookings Institute.

Fullan, M., & Boyle, A. (2014). *Big city school reforms: Lessons from New York, Toronto and London.* New York, NY: Teachers College Press.

Harris, D. (2008). *Educational outcomes of disadvantaged students: From desegregation to accountability.* In H. F. Ladd & E. B. Fiske (Eds.), Handbook of esearch in education finance and policy. New York, NY: Routledge.

Jackson, C. K., Johnson, R. C., & Persico, C. (2014). *The effect of school finance reforms on the distribution of spending, academic achievement & adult outcomes.* NBER working paper #20118, May 2014.

Kahlenberg, R. (2012). *The future of school integration: Socioeconomic diversity as an education reform strategy.* New York, NY: Century Foundation Press.

Katznelson, I., & Weir, M. (1985). *Schooling for all. Berkeley*: University of California Press.

Kuhn, T. (1962). *The structure of scientific revolutions. Chicago, IL:* University of Chicago Press.

Lehman, N. (1996). *The big test.* New York, NY: Ferrar, Straus, and Giroux.

Mickelson, R., & Bottia, M. (2010, April). What we know about school integration, college attendance, and the reduction of poverty. *Spotlight on Poverty.*

National Center for Education Statistics. (2013). *Digest of education statistics* (Table 203.50). Retrieved from http://nces.ed.gov/programs/digest/d13/tables/dt13_203.50.asp

National Center for Learning Disabilities. (2014). *What you should know about the law.* Retrieved from http://www.ncld.org/

Oakes, J. (2005). *Keeping track*. New Haven, CT: Yale University Press.

Organisation for Economic Co-operation and Development. (2012). *Programme for international student assessment*. Retrieved from http://www.oecd.org/pisa/keyfindings/pisa-2012-results.htm

Paris, S., & Newman, R. (1990). Developmental aspects of self-regulated learning. *Educational Psychologist, 25*, 87–102.

Pascual-Leone, A., Amedi, A., Fregni, F., & Merabet, L. B. (2005). The plastic human brain cortex. *Annual Review of Neuroscience, 28*, 377–401. doi:10.1146/annurev.neuro.27.070203.144216

Resmovitz, J. (2014, August 20). ACT scores paint troubling picture for students of color. *Huffington Post*.

Rothstein, R. (2004). *Class and schools: Using social, economic, and educational reform to close the black-white achievement gap*. Washington, DC: Economic Policy Institute.

Sahlberg, P. (2011). *Finnish lessons: What can the world learn from educational change in Finland?* New York, NY: Teachers College Press.

Standing Bear, L. (2011). My people the Sioux. In J. Agonito (Ed.), *Lakota portraits: Lives of the legendary plains people*. Kearney, NE: Morris.

Suárez-Orozco, C., Suárez-Orozco, M. M., & Todorova, I. (2009). *Learning a new land: Immigrant students in American society*. Cambridge, MA: Harvard University Press.

Syme, S. L. (2004). Social determinants of health: The community as empowered partner. *Preventing Chronic Disease: Public Health Research, Practice, and Policy, 1*(1), 1–4.

Trzesniewski, K., & Dweck, C. (2007). Implicit theories of intelligence predict achievement across an adolescent transition: A longitudinal study and an intervention. *Child Development, 78*(1), 246–263.

Tyack, D. B., & Cuban, L. (1995). *Tinkering toward utopia: A century of public school reform*. Cambridge, MA: Harvard University Press.

Tzu, S. (2007). *The art of war*. Minneapolis, MN: Filiquarian Press.

Wagner, T. (2008). *The global achievement gap: Why even our best schools don't teach the new survival skills our children need—and what we can do about it*. New York, NY: Basic Books.

Wood, D. (1998). How children think and learn (2nd ed.). Oxford, UK: Blackwell.

1. Brockton High School, Brockton, Massachusetts

학교 차원의 변화 _ 브록턴 고등학교의 변화로 살펴본 5가지 리더십

Vaznis, J. (2009, October 12). Turnaround at Brockton High. *The Boston Globe*. Retrieved from http://www.boston.com/news/education/k_12/mcas/articles/2009/10/12/turnaround_at_brockton_high/

2. The Path to Equity: Whole System Change

시스템 차원의 변화 _ 실제 교육 변화 사례로 살펴본 5가지 리더십

David, J., & Talbert, J. (2013). *You'll never be better than your teachers.* San Francisco, CA: Cowell Foundation.

Fullan, M. (2014). *The principal: Three keys for maximizing impact.* San Francisco, CA: Jossey-Bass.

Hargreaves, A., & Fullan, M. (2012). *Professional capital.* New York, NY: Teachers College Press.

Knudson, J. (2013). *You'll never be better than your teachers.* Washington, DC: American Institutes for Research.

GETTING TO YOUR CORE
제1원칙, 핵심에 다가서라

Bennis, W. G. (1989). *On becoming a leader.* New York, NY: Addison-Wesley.

Blankstein, A. (2004). *Failure is not an option: Six principles that guide student achievement in high-performing schools.* Thousand Oaks, CA: Corwin.

3. Building a School of Opportunity Begins With Detracking
기회의 격차 줄이기 _ 수준별수업 폐지로 긍정적 차별을 구현한 록빌센터 학구

Burris, C. C. (2014). *On the same track: How schools can join the 21st century struggle against desegregation.* Boston, MA: Beacon Press.

Burris, C. C., & Garrity, D. T. (2008). *Detracking for excellence and equity.* Alexandria, VA: ASCD.

Burris, C. C., Heubert, J., & Levin, H. (2006). Accelerating mathematics achievement using heterogeneous grouping. *American Educational Research Journal, 43*(1), 103–134.

Carter, P., & Welner, K. G. (2013). *Closing the opportunity gap: What America must do to give every child an even chance.* Oxford, England: Oxford University Press.

International Baccalaureate Organization (IBO). (2004). *Diploma programme assessments: Principles and practice.* Retrieved October 30, 2005, from http://web3.ibo.org/ibis/documents/dp/d_x_dpyyy_ass_0409_1_e.pdf

Oakes, J., Wells, A. S., Jones, M., & Datnow, A. (1997). Tracking: The social construction of ability, cultural politics and resistance to reform. *Teachers College Record, 98,* 482–510.

Peterson, J. M. (1989). Remediation is no remedy. *Educational Leadership. 46*(6), 24–25.

Sahlberg, P. (2010). *Finnish lessons: What can the world learn from educational change in Finland?* New York, NY: Teachers College Press.

Welner, K. G. (2001). *Legal rights, local wrongs: When community control collides ith educational equity.* Albany, NY: SUNY Press.

Welner, K., & Burris, C. C. (2006). Alternative approaches to the politics of detracking. *Theory Into Practice, 45*(1).

4. The Voices and Hearts of Youth: Transformative Power of Equity in Action
삶과 미래를 바꾸는 교육 _ 형평성 구현의 문화로 학생들을 변화시킨 오크힐 학교

5. Empowering Students and Teachers Through Performance-Based Assessment
자기주도학습자로 성장시키는 힘 _ 평가방법 혁신으로 형평성을 구현한 뉴욕 수행기준 컨소시엄

Brazile, D. (2014, July). Speech presented at the American Federation of Teachers annual convention in Los Angeles, CA.

Dewey, J. (1916). *Democracy and education.* New York, NY: Macmillan.

Foote, M. (2007, January). Keeping accountability systems accountable. *Phi Delta Kappan,* 88(5), 359–363.

Performance Standards Consortium. (2012). *Data report on the New York Performance Standards Consortium.* New York, NY: Author. Retrieved from http://www.nyclu.org/files/releases/testing_consortium_report.pdf

MAKING ORGANIZATIONAL MEANING
제2원칙, 조직 차원의 의미를 구축하라

Frankl, V. (2000). *Man's search for meaning.* Boston, MA: Beacon Press. (Original work published 1959)

6. Human Capital as a Lever for Districtwide Change
전략적 인재 배치 _ 저학력 학교에 최고의 인재를 배치한 샬롯-메클렌버그 학구

7. Personalized Learning
맞춤형 학습기반 설계 _ 명확성, 맥락, 문화, 자본으로 살펴본 변화 프레임워크

Blad, E. (2014, April). More than half of students "engaged" in school, says poll. Education Week, 33(28), pp. 1, 14–15. Retrieved from http://www.edweek .org/ew/articles/2014/04/09/28gallup.h33. html?tkn=LONFebxh1gTC9N 9vjP%2FZ0Nxxf%2F%2Fa0%2FW7KB46&print=1

Center for Public Education. (2012). *The United States of education: The changing demographics of the United States and their schools.* Retrieved from http://www .centerforpubliceducation.org/You-May-Also-Be-Interested-In-landingpage-level/Organizing-a-School-YMABI/The-United-States-of-education-The-changing-demographics-of-the-United-States-and-their-schools.html

Chen, M. (2012). *Education nation.* San Francisco, CA: Jossey-Bass.

Dewey, J. (1907). The school and social progress. *In The school and society* (pp. 19–44). Chicago, IL: University of Chicago Press.

Fullan, M., & Hargreaves, A. (2012a). *Professional capital: Transforming teaching in every school.* New York, NY: Teachers College Press.

Fullan, M., & Hargreaves, A. (2012b, June 6). *Reviving teaching with professional capital.* Education Week, 31(33), 30, 36.

Fullan, M., & Langworthy, M. (2014). *A rich seam: How new pedagogies find deep learning.* Retrieved from http://www.michaelfullan.ca/a-rich-seam-hownew-pedagogies-find-deep-learning/

Godin, S. (2013). *Stop stealing dreams.* Hubpages. Retrieved from http://www.squidoo.com/stop-stealing-dreams

Howard, J. (2011). *Feedback is fundamental.* Efficacy Institute. Retrieved from http://www.efficacy.org/Resources/TheEIPointofView/tabid/233/ctl/ArticleView/mid/678/articleId/426/Feedback-is-Fundamental.aspx

Hudley, C. (2013). *Education and urban schools.* American Psychological Association. Retrieved from http://www.apa.org/pi/ses/resources/indicator/2013/05/urbanschools.aspx

Klein, J. I., Rice, C. (chairs), & Levy, J. (project director). (2012). *US education reform and national security. Council on Foreign Relations.* Retrieved from http://www.cfr.org/united-states/us-education-reform-national-security/p27618

McTighe, J., & Wiggins, G. (2012). *From common core standards to curriculum: Five big ideas.* Retrieved from http://grantwiggins.files.wordpress.com/2012/09/mctighe_wiggins_final_common_core_standards.pdf

Sizer, T. (1999). *No two are quite alike. Education Leadership,* 57, 1, 6–11.

8. Who Wants a Standardized Child Anyway? Treat Everyone the Same—Differently
삶과 관련된 교육과정 _ 개인의 필요에 맞춘 실질적 학습, 빅픽처러닝

MPR Associates. (2012). Big Picture Learning: High school alumni report. Berkeley, CA: Author. Retrieved from http://www.bigpicture.org/wp-content/uploads/2013/05/BPL-Report-Final-Jan-2013_2.28.13.pdf

Reville, P. (2014, April 23). Stop the tinkering: We need a new K–12 engine. *Education Week.* Retrieved from: http://www.edweek.org/ew/articles/2014/04/23/29reville_ep.h33.html

9. Equitable Ways to Teach Science to Emergent Bilinguals and Immigrant Youth
다양한 문화적 기반의 활용 _ 이중언어 학습자와 함께하는 수업

Bartlett, L., & García, O. (2011). *Additive schooling in subtractive times: Bilingual education and Dominican immigrant youth in the Heights.* Nashville, TN: Vanderbilt University Press.

Boykin, W., & Noguera, P. (2011). *Creating the opportunity to learn: Moving from research to practice to close the achievement gap.* Washington, DC: ASCD.

Camarota, S. A. (2012). Immigrants in the United States, 2010: A profile of America's foreign-born population. *Center for Immigration Studies.* Retrieved from http://www.cis.org/articles/2012/immigrants-in-the-united-states-2012.pdf

Dewey, J. (1963). *Experience and education.* New York, NY: Touchstone. (Original work published 1938)

García, O. (2009). *Bilingual education in the twenty-first century: A global perspective.* Malden, MA: Wiley/Blackwell.

García, O., Kleifgen, J. A., & Falchi, L. (2008). From English language learners to emergent bilinguals. *Equity Matters: Research Review No. 1. A Research Initiative of the Campaign for Educational Equity,* 1–59.

Gay, G. (2002). Preparing for culturally responsive teaching. *Journal of Teacher Education,* 53(2), 106–116.

González, N., Moll, L., & Amanti, C. (2005). *Funds of knowledge: Theorizing practices in households, communities, and classrooms.* Mahwah, NJ: Lawrence Erlbaum.

Ikas, K. R. (2002). *Chicana ways: Conversations with ten Chicana writers.* Reno, NV: University of Nevada Press.

Menken, K., Kleyn, T., & Chae, N. (2012). Spotlight on "long-term English language learners": Characteristics and prior schooling experiences of an invisible population. *International Multilingual Research Journal,* 6, 121–142.

National Clearinghouse for English Language Acquisition (NCELA). (2013). *The biennial report to congress on the implementation of the Title III state formula grant program.* U.S. Department of Education. Office of English Language Acquisition, Language Enhancement, and Academic Achievement for Limited English Proficient Students.

National Research Council. 2000. *Inquiry and the national science education standards.* Washington, DC: National Academy Press.

Next Generation Science Standards. (2014). Retrieved May 18, 2014, from http://www.nextgenscience.org

Noddings, N. (1992). *The challenge to care in schools: An alternative approach to education.* New York, NY: Teachers College Press.

Prieto, L., & Villenas, S. A. (2012). Pedagogies from Nepantla: Testimonio, Chicana/Latina feminism and teacher education classrooms. *Equity & Excellence in Education,* 45(3), 411–429.

Suárez-Orosco, C., Suárez-Orosco, M. M., & Todorova, I. (2008). *Learning in a new land: Immigrant students in American society.* Cambridge, MA: The Belknap Press of Harvard University Press.

Valenzuela, A. (1999). *Subtractive schooling: US Mexican youth and the politics of caring.* Albany: State University of New York Press.

ENSURING CONSTANCY AND CONSISTENCY OF PURPOSE

제3원칙, 목표에 일관되게 집중하라

Ash, K. (2012, February). K–12 marketplace sees major flow of venture capital. *Education Week*, 31(19), 1, 10–11.

Evans, R. (1996). *The human side of school change.* San Francisco, CA: Jossey-Bass.

10. The Journey Toward Equity and Excellence: The Massachusetts Experience

형평성 구현의 여정_ 메사추세츠주 교육 개혁을 돌아보며

Carnegie Forum on Education and the Economy & Task Force on Teaching as a Profession. (1986). *A nation prepared: Teachers for the 21st century.* Washington, DC: The Forum.

Center on the Developing Child at Harvard University. (2010). *Key concepts: Toxic stress.* Cambridge, MA: Author.

Danns, D., & Span, C. M. (2004). History of schooling. In T. L. Good (Ed.), *21st century education: A reference handbook* (p. 267). Thousand Oaks, CA: Sage.

Massachusetts Business Alliance for Education. (1991). *Every child a winner!* Billerica, MA: Author.

Massachusetts Department of Elementary & Secondary Education. (2014). *High school dropouts 2012– 13: Massachusetts public schools.* Malden, MA: Author.

National Center on Education and the Economy (U.S.) & Commission on the Skills of the American Workforce. (1990). *America's choice: High skills or low wages!* Rochester, NY: Author.

National Center on Time and Learning. (2011). *Time well spent: Eight powerful practices of successful, expanded-time schools.* Boston, MA: Author.

National Commission on Excellence in Education. (1983). *A nation at risk: The imperative for educational reform.* Washington, DC: Author.

National Education Commission on Time and Learning. (1994). *Prisoners of time: Report of the national education commission on time and learning.* Washington, DC: Author.

Rothstein, R. (2004). *Class and schools: Using social, economic, and educational reform to close the black-white achievement gap.* Washington, DC: Economic Policy Institute.

Shriner, J. G., Ysseldyke, J. E., Thurlow, M. L., & Honetschlager, D. (1994). "All" means "all": Including students with disabilities. *Educational Leadership,* 51(6), 38–42.

FACING THE FACTS AND YOUR FEARS

제4원칙, 사실을 직시하고 두려움에 맞서라

11. Focusing on Equity Propelled Us From Good to Great

: Abington School District's Opportunity to Learn Initiative

좋은 학교에서 훌륭한 학교로 _ 보이지 않는 격차 개선에 집중한 애빙턴 학구

Bernhardt, V. (2004). *Data analysis for continuous school improvement.* Larchmont, NY: Eye on Education.

Blankstein, A. (2004). *Failure is not an option: Six principles that guide student achievement in high-performing schools* (1st ed.). Thousand Oaks, CA: Corwin.

Blankstein, A. (2013). *Failure is not an option: Six principles that guide student achievement in high-performing schools* (3rd ed.). Thousand Oaks, CA: Corwin.

Boykin, A. W., & Noguera, P. (2011). *Opportunities to learn: Moving from research to practice to close the achievement gap.* Alexandria, VA: Association for Supervision and Curriculum Development.

Burris, C. C. (2003). Providing accelerated mathematics to heterogeneously grouped middle-school students: The longitudinal effects on students of differing nitial achievement levels. *Dissertations Abstracts International,* 64(5), 1570.

Collins, J. (2001). *Good to great: Why some companies make the leap.* New York, NY: Harper Business.

Fowlin, M. (2005). *You don't know me until you know me.* Presentation to the Abington School District.

Mathews, J. (1998). *What's wrong (and right) with America's best public high schools: Class struggle.* New York, NY: Random House.

Mathews, J. (2003). *Responding to class struggle.* Presentation to the Abington School District.

No Child Left Behind Act of 2001 (Public Law 107-110).

Noguera, P. (2008). *The greatest educational challenge.* Presentation to the Abington School District.

Noguera, P. (2013). *Opportunities to learn: Pursuing equity and excellence to close the achievement gap.* Presentation to the Abington School District.

Oakes, J. (1985). *Keeping track: How schools structure inequality.* New Haven, CT: Yale University Press.

Oakes, J., & Lipton, M. (1990). *Making the best of schools.* New Haven, CT: Yale University Press.

Pennsylvania Economy League. (2013). *Analysis of demographics and housing and related activity and projections of public school enrollments in the Abington School District,* 2012–2013. Author.

Schmoker, M. (2006). *Results now: How we can achieve unprecedented improvements in teaching and learning.* Alexandria, VA: Association for Supervision and Curriculum Development.

Schott Foundation. (2009). *The opportunity to learn.* Cambridge, MA: Author.

Tomlinson, C. A., & Strickland, C. A. (2005). *Differentiation in practice: A resource guide for differentiating curriculum.* Alexandria, VA: Association for Supervision and Curriculum Development.

12. Equity and Achievement in the Elementary School: How We Redesigned Our Math Instruction to Increase Achievement for Every Child

변화의 열쇠를 찾다 _ 교사 전문성 계발에 집중한 웨스트오렌지 학구

Bruner, J. (1976). *The process of education.* Cambridge, MA: Harvard University Press.

Burns, M. (2014). *Math reads.* New York, NY: Scholastic. Retrieved from http://mathsolutions.com/about-us/marilyn-burns/

National Council of Teachers of Mathematics (NCTM). (2014). *Illuminations for teaching math.* Verizon Foundation. Retrieved from http://illuminations.nctm.org/Lesson.aspx?id=1992

New Jersey Department of Education. (2013). *NJ DOE school performance report.* Retrieved from http://education.state.nj.us/pr/

Pearson, P. D., & Gallagher, M. (1983). The instruction of reading comprehension. *Contemporary Educational Psychology, 8,* 317–344.

BUILDING SUSTAINABLE RELATIONSHIPS

제5원칙, 지속 가능한 관계를 형성하라

Blankstein, A. (2013). *Failure is not an option: Six principles that guide student chievement in high-performing schools* (3rd ed.). Thousand Oaks, CA: Corwin.

Bryke, A., Bender Sebring, P., Allensworth, E., Luppescu, S., & Easton, J. Q.(2010). *Organizing schools for improvement.* Chicago, IL: University of Chicago Press.

Bryke, A., & Schneider, B. (2004). *Trust in schools.* New York, NY: Russel Sage Foundation.

Fullan, M. G. (2003). *The moral imperative of school leadership.* Thousand Oaks, CA: Corwin.

13. A Journey Toward Equity and Excellence for All Students in Chesterfield

학교 내 관계 형성의 힘 _ 긍정적 학교 문화로 변모된 체스터필드 카운티 학구

Blankstein, A. (2011). *The answer is in the room.* Thousand Oaks, CA: Corwin.

Collins, J. (2001). *Good to great.* New York, NY: HarperCollins.

Fullan, M. G. (2003). *The moral imperative of school leadership.* Thousand Oaks, CA:Corwin.

Hargreaves, A., & Fink, D. (2005). *Sustainable leadership.* San Francisco, CA: Jossey-Bass.

Marx, G. (2014, April). Twenty-one trends for the 21st century: Out of the trenches and into the future. *Education Week.*

Spilehager, F. R. (2011). *The Algebra solution to mathematics reform: Completing the equation.* New

York, NY: Teachers College Press.

United States Census Bureau. (2010). *State and county quickfacts.* Retrieved from http://quickfacts. census.gov/qfd/states/51000.html

Vollmer, J. (2010). *Schools cannot do it alone: Building public support for America's public schools.* Fairfield, IA: Enlightenment Press.

14. Equity Through Expanded Learning Time

학교와 지역사회 간 관계 형성의 힘_ 방과후 시간을 활용한 지역사회 연계 프로그램

Dorph, R., Shields, P., Tiffany-Morales, J., Hartry, A., & McCaffrey, T. (2011). *High hopes—few opportunities: The status of elementary science education in California.* Sacramento, CA: The Center for the Future of Teaching and Learning at WestEd. Retrieved from http://www.wested.org/ resources/high-hopesmdash-few-opportunities-full-report-the-status-of-elementary-scienceeducation-in-california/

Durlak, J. A., & Weissberg, R. P. (2007). *The impact of after-school programs that promote personal and social skills.* Chicago, IL: Collaborative for Academic, Social, and Emotional Learning.

Dweck, C. (2006). Mindset: The new psychology of success. New York, NY: Random House.

Farrington, C., Roderick, M., Allensworth, E., Nagaoka, J., Seneca Keyes, T., Johnson, D. W., & Beechum, N. O. (2012). Teaching adolescents to become learners: *The role of noncognitive factors in shaping school performance: A critical literature review.* The University of Chicago Consortium on Chicago School Research. Retrieved from https://ccsr.uchicago.edu/sites/default/files/publications/ Noncognitive%20 Report.pdf

Fullan, M. (2014). *The principal: Three principles to maximizing impact.* San Francisco, CA: Jossey-Bass.

Gleason, P., Clark, M., Clark Tuttle, C., & Dwoyer, E. (2010). *The Evaluation of charter school impacts,* June 2010. Washington, DC: US Department of Education, Institute of Education Sciences, National Center for Education Evaluation and Regional Assistance. Retrieved from http://ies.ed.gov/ncee/ pubs/20104029/pdf/20104029.pdf

Hoxby, C. M., Murarka, S., & Kang, J. (2009). *How New York City's charter schools affect achievement: Second report in series.* Cambridge, MA: New York City Charter Schools Evaluation Project. Retrieved from http://www.nber .org/~schools/charterschoolseval/how_NYC_charter_ schools_affect_achievement_sept2009.pdf

Lauer, P. A., Akiba, M., Wilkerson, S. B., Apthorp, H. S., Snow, D., & Martin-Glenn, M. L. (2006). Out-of-school-time programs: A meta-analysis of effects for atrisk students. *Review of Educational Research,* 76(2), 275–313.

Miller, B. M. (2005). Pathways to success for youth: What counts in after-school. *Massachusetts After-School Research Study (MARS).* Retrieved from http://supportunitedway.org/files/MARS-Report. pdf

National Research Council. (2012). *A framework for K–12 science education standards.* Washington, DC: National Academy Press.

Next Generation Science Standards. (2014). http://www.nextgenscience.org/

Reisner, E. R., White, R. N., Russell, C. A., & Birmingham, J. (2004). *Building quality, scale, and effectiveness in after-school programs.* Washington, DC: Policy Studies Associates.

Russell, C. A., Mielke, M. B., Miller, T. D., & Johnson, J. C. (2007). *After-school programs and high school success: Analysis of post-program educational patterns of former middle-grades TASC participants.* Washington, DC: Policy Studies Associates.

Urdegar, S. M. (2009). *Miami-Dade County Public Schools: School improvement zone final evaluation report.* Miami, FL: Miami-Dade County Public Schools, Office of Program Evaluation. Retrieved from http://media.miamiherald.com/ smedia/2009/05/14/18/Zone.source.prod_affiliate.56. pdf

Vandell, D. L., Reisner, E. R., Pierce, K. M., Brown, B. B., Lee, D., Bolt, D., & Pechman, E. M. (2006). *The study of promising after-school programs: Examination of longer term outcomes after two years of program experiences.* Report to the Charles Mott Foundation. Retrieved from http://www.gse.uci.edu/childcare/pdf/afterschool/PP%20Examination%20in%20Year%203.pdf

Coda
맺음말

15. The Iniquity of Inequity
: And Some International Clues About Ways to Address It
용기 있는 리더를 위하여 _ 개혁의 추진과 실행을 위한 과제들

Aviv, R. (2014). Wrong answer: In an era of high-stakes testing, a struggling school made a shocking choice. *The New Yorker, XC.* Retrieved July 28, 2014, from http://www.newyorker.com/ magazine/2014/07/21/wrong-answer

Bailey, M. (2014). Lessons from a school that scrapped a longer student day and made time for teachers. *Hechinger Report.* Retrieved July 28, 2014, from http://hechingerreport.org/content/lessons-school-scrapped-longer-studentday-made-time-teachers_16663/

Berliner, D. (2006). Our impoverished view of educational research. *Teachers College Record*, 108(6), 949–995.

Berliner, D. C. (2009). *Poverty and potential: Out-of-school factors and school success.* Tempe, AZ: Education Policy Research Unit.

Campbell, D. (1976). *Assessing the impact of planned social change.* Kalamazoo:Evaluation Center, College of Education, Western Michigan University.

Daly, A. (2009, April). Rigid response in an age of accountability: The potential of leadership and trust.

Educational Administration Quarterly, 45(2), 168–216.

Fisman, R. (2014, July 15). Sweden's school choice disaster. *Slate.* Retrieved July 28, 2014, from http://www.slate.com/articles/news_and_politics/ the_dismal_science/2014/07/sweden_school_choice_the_country_s_disastrous_experiment_with_milton_friedman.html

Fullan, M. (2014). *The principal: Three keys to maximizing impact.* San Francisco,CA: Jossey-Bass.

Fullan, M., & Boyle, A. (2014). *Big city reforms.* New York, NY: Teachers College Press.

Gaines, K. K. (1996). *Uplifting the race: Black leadership, politics, and culture in the twentieth century.* Chapel Hill: University of North Carolina Press.

Goldring, E., & Cravens, X. (2006). *Teacher's academic focus for learning in charter and non-charter schools.* Nashville, TN: Vanderbilt University.

Hargreaves, A., Boyle, A., & Harris, A. (2014). *Uplifting leadership: How organizations, teams, and communities raise performance.* Hoboken, NJ: Wiley.

Hargreaves, A., & Braun, H. (2012). *Leading for all: A research report of the development, design, implementation and impact of Ontario's "Essential for some, good for all" initiative.* Ontario, Canada: Council of Ontario Directors of Education.

Hargreaves, A., & Fullan, M. (2012). *Professional capital: Transforming teaching in every school.* New York, NY: Teachers College Press.

Hargreaves, A., Halasz, G., & Pont, B. (2008). The Finnish approach to system leadership. In B. Pont, D. Nusche, & D. Hopkins (Eds.), *Improving school leadership: Vol. 2. Case studies on system leadership* (pp. 69–109). Paris, France: OECD.

Hargreaves, A., & Shirley, D. (2009). *The fourth way.* Thousand Oaks, CA: Corwin.

Hill, R. (2013). *The future delivery of education services in Wales.* Cardiff, UK: Robert Hill Consulting.

Kotter, J. P. (2014). *Accelerate: Building strategic agility for a faster-moving world.* Boston, MA: Harvard Business Review Press.

Kwang, H. F., Ibrahim, Z., Hoong, C. M., Lim, L., Lin, R., & Chan, R. (2001). *Lee Kuan Yew: Hard truths to keep Singapore going.* Singapore: Straits Times Press.

Loveless, T. (2012). *How well are American students learning?* Washington, DC: Brookings Institute.

MBAE. (2014). *The new opportunity to lead: A vision for education in Massachusetts in the next 20 years.* MA: MBAE.

Measuring devolution: Carwyn Jones on record and future. (2014). BBC News. Retrieved July 28, 2014, from http://www.bbc.com/news/uk-wales-27811294

Organisation for Economic Co-operation and Development (OECD). (2011). *Strong performers and successful reformers in education: Lessons from PISA for the United States.* Paris: OECD.

Organisation for Economic Co-operation and Development (OECD). (2014). *Improving schools in Wales: An OECD perspective.* Paris: OECD.

Piketty, T. (2014). *Capital in the twenty-first century*. Boston, MA: Harvard University Press.

Ravitch, D. (2011). *The death and life of the great American school system: How testing and choice are undermining education*. New York, NY: Basic Books.

Sahlberg, P. (2011). *Finnish lessons: What can the world learn from educational change in Finland?* New York, NY: Teachers College Press.

Sahlberg, P. (2014). *Five U.S. innovations that helped Finland's schools improve but that American reformers now ignore. Answer Sheet*. Retrieved July 28, 2014, from http://www.washingtonpost.com/blogs/answer-sheet/wp/2014/07/25/fiveu-s-innovations-that-helped-finlands-schools-improve-but-that-americanreformers-now-ignore/

Sahlgren, G. (2014). *Is Swedish school choice disastrous—or is the reading of the evidence?* The Friedman Foundation for Educational Choice RSS. Retrieved July 28, 2014, from http://www.edchoice.org/Blog/July-2014/Is-Swedish-School-Choice-Disastrous-or-Is-the-Read

Sanandaji, T. (2014). Sweden has an education crisis, but it wasn't caused by school choice. *Slate*. Retrieved July 28, 2014, from http://www.national review.com/agenda/383304/sweden-has-education-crisis-it-wasnt-causedschool-choice-tino-sanandaji

Tucker, M. S. (2011). *Standing on the shoulders of giants: An American agenda for education reform*. Washington, DC: National Center on Education and the Economy (NCEE).

UNICEF. (2013). *Child well-being in rich countries: A comparative overview*. Innocenti Report Card 11. Florence: UNICEF Office of Research.

Wilkinson, R., & Pickett, K. (2009). *The spirit level: Why more equal societies almost always do better*. London, UK: Allen Lane.

Yew, L. K. (1998). *The Singapore story: Memoirs of Lee Kuan Yew*. Singapore: Simon & Schuster.

Young, M. (1958). *The rise of the meritocracy*. Harmondsworth, UK: PenguinBooks.

필진 소개

앨런 M. 블랭크스테인(Alan M. Blankstein) 교육 리더십 및 학교 개혁 분야 전문가로 매년 전 세계 수천 명의 교육자를 대상으로 강연과 워크숍을 진행하고 있다. 음악 교사로 근무했고 교육기업 솔루션 트리(Solution Tree)를 거쳐 파이 델타 카파(Phi Delta Kappa)에서도 일했다. 호프(HOPE) 재단을 설립, 미국 내 국공립 학교들을 대상으로 교사 중심의 전문학습공동체 조직, 학교관리자의 리더십 아카데미 운영 등 학교 환경과 현장 리더십의 변화를 적극적으로 지원했다. 저서 『Failure is not Option(실패는 선택이 아니다)』(2004)를 비롯, 18권의 책에서 편집자와 저자로 기여했고 <에듀케이션 위크> 등에 20여 편의 교육 칼럼을 게재했다.

페드로 노구에라(Pedro Noguera) 미국 캘리포니아 주립대학교에 학교개혁연구센터(CTS)를 설립하는 등 학교가 지역과 국가의 맥락에서 사회경제적 발전에 어떻게 영향을 주고받고 기여하는지에 대해 활발히 연구하고 있다. 뉴욕 대학교, 버클리 대학교 등에서 교수로 재직했고 2014년에는 미국 국립교육아카데미 회원으로 선출되었다. 현재 서던캘리포니아대학(USC) 로시에 교육대학원 교수로 교육의 평등과 사회적 정의에 대한 연구를 수행하고 있다.

로레나 켈리(Lorena Kelly) 미국 버지니아 비치의 공립학교에서 교감으로 재직했으며 교육 리더십 박사학위를 갖고 있다. 초등교사로 시작해 언어영역 커리큘럼 코디네이터로서 문해력 향상에 기여했으며 현재 교사들의 전문성 개발을 지원하고 있다.

(1장) 수전 사코비츠(Susan Szachowicz) 미국 브릿지워터 주립대학교에서 역사학 및 사회학을 전공하고 석사학위를 받았으며 매사추세츠주 앰허스트 대학교에서 교육 리더십 및 행정으로 박사학위를 취득했다. 메사추세츠주 브록턴 고등학교에서 역사 교사로 오랫동안 근무했고, 2004년에 브록턴 고등학교 교장으로 임명된 이후 문해력 중심의 학교 개혁을 주도하여 괄목할 만한 성과를 거두었다.

(2장) 마이클 풀란(Michael Fullan) 토론토 대학교 온타리오 교육연구소 소장 및 명예교수이

며 스코틀랜드 에딘버러 대학교와 캐나다 니피싱 대학교에서 명예박사학위를 받았다. 조직변화와 교육개혁 분야에서 세계적으로 인정받는 최고 권위자로서, 다수의 글로벌 교육 변화 프로젝트 연수·컨설팅·평가에 참여했다. 1988년부터 2003년까지 토론토대학교 교육학부 학장을 역임하면서 대규모 교육대학의 합병을 주도하는 등 조직 혁신을 주도하기도 했다. 세계 여러 나라에서 교육부처와 관계기관의 시스템 전반에 걸친 개선을 위한 정책 제안 및 전략개발 자문과 평가를 수행해 왔다. 변화관리 분야의 명저로 꼽히는 『Leadership and Sustainability(리더십과 지속성)』, 『Breakthrough(돌파구)』, 『학교개혁은 왜 실패하는가(The New Meaning of Educational Change)』, 『The Six Secrets of Change, Realization(변화 실현의 5가지 비밀)』 등 다수의 저서를 집필했고 이 책들은 여러 나라에서 번역 출판되었다.

(3장) 캐럴 코빗 버리스(Carol Corbett Burris) 컬럼비아 대학교에서 박사 학위를 받고 2000년 이후 뉴욕 록빌센터 학구 사우스사이드 고등학교의 교장으로 일했다. 수학 수준별수업 폐지를 연구한 논문으로 2003년 전국 중등학교 교장 협회의 '올해의 논문상'을 수상했으며, 2010년에 뉴욕주 학교 행정자 협회(School Administrators Association of New York State)에서 수상했고, 2013년에는 '올해의 뉴욕주 교장'으로 선정되었다. 형평성과 긍정적 차별, 잠재력 실현 등에 관한 많은 저서를 출판했다. 『Detracking for Excellence and Equity(긍정적 차별로 모두를 성공으로 이끄는 수준별수업 철폐)』(2008)와 『Opening the Common Core: How to Bring ALL Students to College and Career Readiness(핵심을 개방하라: 모든 학생을 대학 및 직업 준비로 이끄는 방법)』(2012)의 공동 저자이며 『On the Same Track: How Schools Can Join the 21st Century Struggle Against Re-segregation(같은 길에 서다: 학교가 21세기 인종 재차별에 맞서 싸우는 방법)』을 집필했다.

(4장) 린다 하퍼(Linda Harper) 20년 경력의 중등교육 관리자로 다수의 수상 경력을 갖고 있다. 2009년에 오크힐 학교 교장으로 부임, 특수교육 및 대안학교 프로그램인 스타 아카데미와 성공준비 아카데미를 개발 운영했다. 오크힐 학교의 성과는 학교 중퇴 위기에 처한 학생들을 지원하기 위한 프로그램의 모범으로 미국 전역에서 연구 보급되고 있다.

(5장) 에이브럼 발로위(Avram Barlowe) 33년간 뉴욕시 공립 고등학교에서 역사 및 사회 과목을 가르쳤다. 어번 아카데미의 창립 회원이며 뉴욕 수행기준 컨소시엄(New York Performance Standards Consortium)에 활발하게 참여했다. 『Teacher to Teacher(교사가 교

사에게)』 시리즈 3개 권의 저자이기도 하며, 공영 TV 교육채널에서 미국사 강좌를 강의하기도 했다.

(5장) 앤 쿡(Ann Cook) 수행 기반 평가시스템을 사용하는 공립중등학교 연합체인 '뉴욕 수행기준 컨소시엄'의 책임자이자 어번 아카데미의 공동 설립자이다. 『Teacher to Teacher(교사가 교사에게)』 시리즈 편집인으로 일했고 교육 분야의 수많은 논문과 출판물을 펴냈다. 또한 몬스터 시리즈를 포함한 여러 권의 아동 서적을 쓴 저자이기도 하다.

(6장) 앤 블레이크니 클라크(Ann Blakeney Clark) 데이비슨 대학교에서 영어 학사 학위를 취득하고 버지니아 대학교에서 특수교육 석사학위를 받았다. 1983년에 샬롯-메클렌버그 학구에서 행동 및 정서 장애 아동 지원 교사로 시작하여 다양한 교육행정 직책 및 초중고 교장을 역임했으며, 부교육감으로서 학구의 개혁을 이끌었다.

(7장) 앨리슨 즈무다(Allison Zmuda) 예일 대학교에서 학사학위와 교사자격증을 취득했다. 8년간 공립 고등학교에서 사회과 교사로 일한 경험을 살려 교육 컨설턴트 및 저술가로 경력을 전환했다. 『Transforming Schools(학교를 변혁시키기)』(2004), 『Breaking Free From Myths About Teaching and Learning (교수 및 학습에 관한 사회적 통념에서 벗어나라)』(2010) 등을 저술했다.

(8장) 데니스 리트키(Dennis Littky) 미시건 대학교에서 심리학 및 교육학 박사학위를 취득했다. 세이어 중·고등학교 교장으로 근무했다. 더멧스쿨과 빅픽처러닝, 칼리지 언바운드의 공동 설립자이자 공동 이사장이다. 40여 년에 걸쳐 도시와 교외, 농촌 지역의 중등교육에 광범위하게 기여해 왔으며 그 공로로 다양한 상을 수상했다.

(9장) 에스트렐라 올리바레스 오렐라나(Estrella Olivares-Orellana) 뉴욕 주립대학교에서 생화학을 전공하고 컬럼비아 대학교에서 석사학위를 받았다. 뉴욕주 고등학교의 이중언어 과학 교사로 근무했으며 이중언어 환경에서의 과학 교육 그리고 이민자 학생들의 학습경험에 관심을 갖고 현장 연구를 진행했다.

(10장) 폴 레빌(Paul Reville) 하버드 대학교 교육대학원(HGSE) 교육정책 및 행정실행 분야의 교수이자 교육재설계 연구소의 소장이다. 매사추세츠주 교육부 장관을 역임했고 매사추세츠주 교육위원회의 위원장을 지냈다. 또한 교육을 위한 기업연합을 공동 설립했고 매사추세츠주 개혁 검토위원회 위원장을 역임했다. 콜로라도 칼리지를 졸업하고 스탠퍼드 대학교에서 석사학위를 받았다. 교육에 관한 공로를 인

정받아 다섯 개의 명예 박사학위를 소지하고 있다.

(11장) 에이미 시셀(Amy F. Sichel) 라파예트 칼리지에서 심리학을 전공했고, 펜실베이니아 대학교에서 학습심리학을 전공하며 석사와 박사 학위를 취득했다. 37년간 애빙턴 학구의 교사 및 교육감으로 재직했으며, 소수 민족을 포함한 학교와 학구의 성취도 격차를 끌어올린 공로로 2010년에 펜실베이니아주 '올해의 교육감'으로 선정되었다.

(11장) 앤 베이컨(Ann H. Bacon) 애빙턴 학구에서 K-12 수학 코디네이터 및 중학교 수학 교사로 근무했고 교육과정 기획을 총괄했다. 체스넛힐 대학교에서 수학을 전공했고 펜실베이니아 대학에서 교육학 석사와 박사학위를 받았다. 이후 델라웨어 밸리 대학 등에서 강의를 진행했다. 필라델피아 지역 수학교사협회와 펜실베이니아주 수학교사협회 회장을 역임했고 주 교육부의 수학 자문위원회 회원으로 활동했다.

(12장) 달린 버그(Darlene Berg) 미국 뉴저지주의 공사립 학교 및 포르투갈 리스본 외곽의 여러 학교에서 재직했다. 다양한 사회문화적 배경을 지닌 아동들을 가르쳤고 뉴저지 교육부의 협력적 성취도평가 및 계획(CAPA) 팀에서 일했다. 몬클레어 스테이트 대학교에서 교육리더십으로 석사 학위를 받고 웨스트오렌지 학구에서 초등 수학코치 및 수학 감독관으로 일했다.

(13장) 마커스 뉴섬(Marcus J. Newsome) 컬럼비아 특별구 공립학구에서 교사로 직업을 시작했으며 교육과정 작성자, 교장, 뉴포트뉴스 공립학구의 교육감을 포함해 다양한 직책에서 관리자로 일했다. 버지니아주 체스터필드 카운티 공립학구에서 교육감으로 재직하며 성취도 격차 해소와 디지털 격차 감소, 평가 설계, 전문성 개발, 21세기 교수 및 학습에 대한 해결책을 제시하여 많은 교육자에게 영감을 주었다.

(14장) 루시 N. 프리드먼(Lucy N. Friedman) 브린마우어 대학교에서 학사학위를, 컬럼비아 대학교에서 사회심리학으로 박사학위를 받았다. 불우한 아이들에게 더 많은 기회를 제공하고 타고난 재능을 발전시켜 높은 수준의 성취를 이룰 수 있는 교육 프로그램에 관심을 가졌다. 범죄피해자 지원 및 옹호 단체인 세이프 호라이즌(Safe Horizon)의 초대 사무총장을 지냈으며, 방과후학교법인(TASC) 출범에 기여하여 초대 대표를 맡았다.

(14장) 샤스키아 트레일(Saskia Traill) 컬럼비아 대학교에서 학사학위를, 스탠퍼드 대학교에서 문헌심리학으로 박사학위를 받았다. 지역사회 경제개발을 위한 통찰 센터의

프로그램 관리자로 근무하면서 조기돌봄 및 교육 시스템 구축을 위해 노력했다. 이후 방과후학교법인(TASC)의 정책 및 연구 부문 부총재를 맡았고 도시 공립학교 연합인 에드스쿨(EdSchool)의 연구와 정책 활동을 담당했다.

(15장) 앤디 하그리브스(Andy Hargreaves) 교육 변화와 리더십, 학교 개혁 분야의 세계적 전문가로 꼽힌다. 온타리오 교육대학원 국제교육변화센터의 공동 설립자이자 이사장이었고, 보스턴 칼리지 린치교육대학 학장 및 캐나다 온타리오 주지사의 교육 고문을 지냈다. 데니스 셜리(Dennis Shirley)와의 공저『학교교육 제4의 길(The Fourth Way)』등 다수 저서를 집필했다.

찾아보기

긍정적 차별로 모든 학생을 성공으로 이끄는

대담한 리더십 5가지 원칙

2024년 7월 1일 초판 1쇄 발행

엮은이 앨런 M. 블랭크스테인, 페드로 노구에라, 로레나 켈리
옮긴이 이종미

펴낸이 이찬승
펴낸곳 교육을바꾸는책
편집 마케팅 장현주 김태균
교정교열 쟁이랩
디자인 FOLIO DESIGN

출판등록 2012년 4월 10일 | 제313-2012-114호
주소 서울시 마포구 양화로 7길 76, 평화빌딩 3층
전화 02-320-3600(경영) 02-320-3604(편집)
팩스 02-320-3611

홈페이지 http://21erick.org
이메일 gyobasa@21erick.org
유튜브 youtube.com/user/gyobasa
포스트 post.naver.com/gyobasa_book
트위터 twitter.com/GyobasaNPO
인스타그램 instagram.com/gyobasa

ISBN 978-89-97724-28-4 (03370)